Program Planning and Evaluation for Social Welfare

사회복지프로그램 개발과 평가

- 개념설계에 기초한 창조적 사회복지사의 워크북 -

조운희 저

양 성 원

서 문

오늘날 사회복지조직은 사회복지시설평가와 관련된 책무성 확보 등의 기관 내 · 외적인 위협에 노출되어 있고, 이에 종사하는 사회복지사는 차별화된 전문적인 프로그램 개발 · 운영관리 · 평가에 관한 공식적 · 비공식적인 압력에 노출되고 있다.

이러한 시대적인 요구에 능동적으로 대응하기 위한 사회복지조직과 사회복지사는 한편으로는 시장중심의 사업을 전개하고자 하는 경영마인드와 창조성, 마케팅 등 전략적인 사고능력 및 포괄적인 사회복지실천에 관한 이해와 그 적용능력이 상생적인 개념을 기반으로 하는 실천역량을 필요로 한다. 다른 한편으로는 사회복지조직은 조직측면에서 운영관리평가에 의한 조직유지관리 기능을 강화하고, 관리측면에서는 사례 · 프로그램 · 운영관리평가에 의한 정보관리체계 구축해야 할 뿐만 아니라, 전략측면에서도 서비스전달기능 내지 개발기능을 강화해야 한다.

그러므로 사회복지사가 프로그램을 계획한다는 것은 '왜 프로그램을 개발하는가?'하는 정체성에 관한 "Know why" 영역과 이를 토대로 전략적인 계획으로 구체화하려는 실천방법에 관한 "Know how"가 균형을 이루는 기관운영과 프로그램 개발 평가가 되어져야 한다는 점이 주요한 명제 내지 전제가 되어야 한다.

이러한 전략적인 사회복지계획은 차별화를 위한 전략이자 전술이고, 이는 사회복지사의 창조성과 직접적인 관련성이 있으며, 창조성의 토대는 가장 사회복지적인 것일 때에 가능한 것이다. 사회복지사로서의 역량발휘는 어떠한 전략적인 사고와 관점을 개념설계한 전술을 사회복지현장에서 실현하고자 하는 노력에서 비롯된다는 점이 무엇보다 중요하다.

이와 아울러 사회복지서비스의 계획 및 평가는 사회복지지식의 실제적인 적용능력을 극대화 한 결과물이라고 할 수 있다. 그렇기 때문에 개별적으로 습득한 교과목을 사례와 프로그램 등에 창조적으로 혼합해서 실천과학으로써 응용과학으로써 종합과학으로써 적용할 수 있는 능력이 오늘날 강조된다는 점이다.

그래서 저자는 사례계획과 평가, 프로그램의 계획과 평가 그리고 운영관리평가에 공통적으로 활용할 수 있는 '사회복지실천의 메타개념'을 토대로 계획과정과 사회복지실천기록을 통합할 수 있는 프로그램 개발 · 관리 · 평가 방안을 모색하고자 하는 의도를 이 책에 담아보고자 하였다.

고민 끝에 저자가 어떻게 사례를 다루어야 할지 몰라 당황해 했던 풋내기 사회복지사 시절과, 90년대 초 우리나라 최초로 시행된 삼성복지재단 프로그램 공모신청을 처음 작성하면서 교재도 없고 어느 곳에서도 자문받지 못해 안타까웠던 기억을 떠올리며, 사회복지사 후배들의 어려움이 무엇인지를 공감하면서 이들이 수월하게 학습하면서도 사회복지현장에서 프로그램 개발 · 관리 · 평가 능력을 향상시키는데 도움이 되고자 하는 간절한 마음으로 이 책을 집필하게 되었다.

이러한 저자의 집필의도를 마음에 품은 지 거의 10년이 되어갈 무렵... 저술을 위한 자료수집과정에서 Heus, M. J. & A. Pincus, 1986, *The Creative Generalist: A Guide to Social Work Practice*, Barneveld: Micamar Publishing. 이 원서를 발견해서 첫 번째 대출자가 되면서 감사와 기쁨 그리고 도전의 감격으로 『사회복지프로그램 개발과 평가-창조적 사회복지사를 위한 지침서』를 2005년에 발간한 바 있다.

그러나 저자가 다년간 사회복지현장과 소통해온 경험과 25년 넘도록 사회복지프로그램 개발과 평가 교과목을 교수한 경험에서 파악된 프로그램 기획을 위한 전략적 사고요인에 사회적 자본, 행복감, 마을복지공동체, 복지문화 등의 추가적인 보완과

'PROGRAM DESIGN' 과정을 실제적인 프로그램기획과정에 부합한 재구조화 작업 등이 필요한 것으로 판단하였다. 그래서 예비사회복지사뿐만 아니라 현장의 사회복지사에게 사례계획과 프로그램 개발평가 시 어렵게 여겨지는 문제확인 과정에서부터 계획서 완성까지 맥락적으로 연계사고에 의해서 일관작업을 수월하게 할 수 있고, 연역적인 논리체계에 의한 프로그램 계획서 작성방법과 귀납적인 논리체계에 의한 프로그램 계획서 작성방법을 병행학습 하는 지침서가 되도록 개정 증보하게 되었다.

아직도 부족한 점이 많다. 그렇지만 관심있는 여러분들의 기탄없는 비판과 조언을 받아 이 분야의 연구에 더욱 노력할 것을 다짐하는 마음으로 개정증보판을 발간하고자 용기를 내었다. 아울러 이 책이 사회복지실천가로서 전략적인 사고능력을 보충해서 사회복지프로그램 개발과 평가를 자신감 있게 수행하는데 도움이 되기를 소망한다.

언제 어디서나 동행하시는 하나님의 은혜에 감사드리고, 프로그램개발 교육과정에서 풀리지 않았던 숙제를 해결할 수 있게 세 번째 연구년을 허락해 준 나의 영광스런 일터 영남신학대학교와 현장 종사자로서 감수과정을 함께한 포항종합사회복지관 전상현 부장, 김서로 팀장, 장혜령 팀장, 사회적 기업 '나무를 심은 사람'에서 헌신하는 문신혜 팀장, 강의용 파워포인트 작업을 한 사회복지대학원의 박주학 선생, 원고교정에 도움을 준 학부 백지연 학생과 나의 든든한 가족, 배분사업 작성방법을 교육목적으로 활용하도록 수락해준 사회복지공동모금회 그리고 출판을 맡아주신 양성원의 강철원 사장님의 배려와 직원 여러분의 수고에 감사드린다.

2021년 7월

저자　조 운 희

차 례

PART 2 프로그램계획과 전략적 사고

PART 3 프로그램 계획

PART 4 프로포절 자체평가와 실행관리(A)

PART 5 측정 및 평가 보고(M)

PART 1

책무성과 계획

Chapter 01 책무성과 전략적 계획

Chapter 02 사회복지실천의 메타개념에 기초한 계획

Chapter 01

책무성과 전략적 계획

오늘날 공공자금을 받는 대다수 프로그램들은 계속 지원을 받는 전제조건으로써 자신들의 서비스를 평가하도록 되어 있고(성규탁 역, 1992: 304), 운영비를 지원하는 기관도 예산할당의 정당성을 확보하기 위해서 그 비용과 프로그램의 성과에 대한 구체적인 증거를 요구하고 있다(Reid, 1974: 586).

뿐만 아니라 정부는 1997년부터 사회복지사업법 제43조의2(시설의 평가), 동법 시행규칙 제27조의2(시설의 평가)에 의거해서 보건복지부장관 및 시 · 도지사는 3년마다 시설에 대한 평가를 실시하여야 하며, 2012년도부터 그 결과를 공표하거나 시설의 감독 · 지원 등에 반영할 수 있으며 시설 거주자를 다른 시설로 보내는 등의 조치를 할 수 있도록 제도화하고 있다.

그러나 사회복지시설평가가 제도화되고 20여년이 훨씬 지난 현재에도 저자가 입법조치 전에 실시했던 종합사회복지관과 노인종합복지회관 자체시설평가(전재일 등, 1996: 206-221; 박태영 · 조운희, 2000: 54-67)에서 지적한 사항과 그 이후 지방자치단체의 주도로 3년간 전개된 대구광역시 달서구 6개 종합사회복지관 평가, 그리고 보건복지부 주관 종합사회복지관, 요양시설, 육아시설 등의 현장평가에 참여한 과정에서 제시되었던 개선방안이 여전히 문제점으로 노출되고 있다.

이를테면 ① 명확한 기관정책 및 운영목표의 설정, ② 전략적 기획 강화, ③ 하드웨어적 정비 및 그 운영의 내실화, ④ 아메바(amoeba)적인 조직화, ⑤ 기관 나름의 직원개발 방안 강구, ⑥ 사례관리와 프로그램 기획 능력 배양, ⑦ 관리자의 지도감독 기능강화, ⑧ 미학적 요소를 포함한 시설관리 방안 강구, ⑨ 지역특성 반영한 서비스/프로그램 개발 · 운영, ⑩ 사회복지마케팅 전략 모색, ⑪ 수혜자-제공자 원칙에 기초한 지역조직화 사업의 강화, ⑫ 사례 및 프로그램 평가 능력 배양, ⑬ 노력성을 표현할 수 있는 사회복지실천기록 능력과 기술 개발 등을 위한 방안이 여전히 강구되어야 할 것으로 요구되고 있다.

상기의 운영평가결과는 예전이나 지금이나 세월이 지나갔음에도 불구하고 반복해서 지적되는 이유가 있다. 그것은 다름이 아니라 사회복지조직의 산출결과(outputs)인 서비스나 프로그램은 수면 위에 보이는 빙산의 일각일 뿐이고 마케팅 접근방법, 전략적인 계획 및 종합적인 질 관리(TQM) 등은 수면에 잠겨있는 부분이라는 인식이 부족하기 때문이라고 할 수 있다(Boehm, 1996: 61).

다시 말해서 사회복지조직은 일차적으로 직원과 조직을 개발하기 위한 조직유지관리기능을 강화하고자 함으로 말미암아 이차적으로 서비스전달기능이 향상된다. 마케팅 측면에서 보면 내부마케팅이 토대가 된 외부마케팅 또는 가화만사성(家和萬事成, When one's home is happy[harmonious], all goes well.)에 대한 간절함이 더욱 충분해야 한다는 것이다.

이는 다음의 〈그림 1-1〉에서 제시되고 있는 바와 같이 조직유지관리체계와 서비스전달체계에 관한 운영관리평가 결과를 SWOT 분석해서 조직유지관리체계에 대한 내부마케팅과 서비스전달체계에 대한 외부마케팅을 수행함으로 가능할 수 있다.

더군다나 오늘날 사회복지조직은 법률 제 · 개정과 정부정책, 기금의 형태, 조직 내 이익집단의 가치와 권력균형의 변화, 그리고 클라이언트의 태도, 행동, 욕구 변화 등과 같은 환경요인에 영향(Bargal & Schimid, 1992: 1-13)을 받고 있을 뿐만 아니라 ① 관련

조직 간의 경쟁, ② 대체서비스의 출현, ③ 공급자의 권력 약화, ④ 소비자의 권력 강화 및 ⑤ 새로운 조직 출현(Boehm, 1996: 62-69)으로 인한 위협에 노출되고 있다.

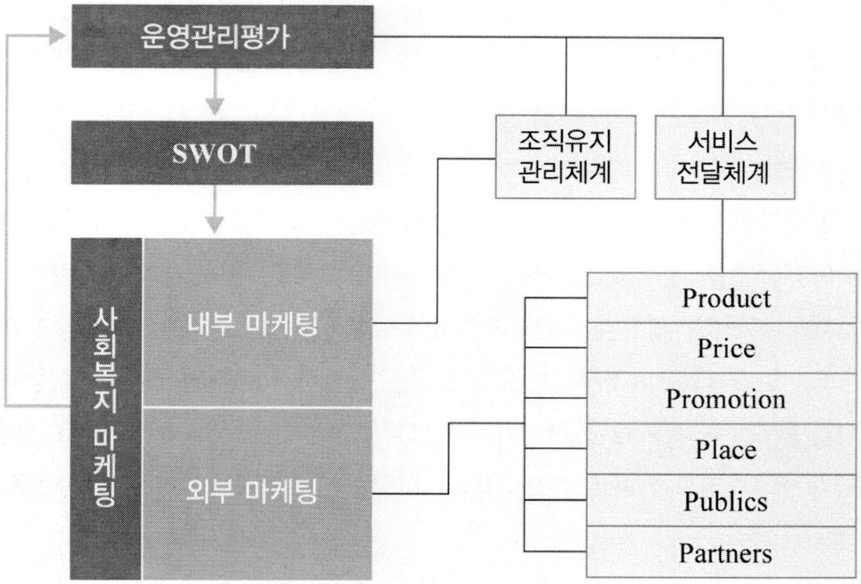

〈그림 1-1〉 운영관리평가를 위한 내 · 외부 마케팅 흐름도

그러므로 사회복지조직은 이러한 사회복지환경 변화에 능동적으로 대처할 수 있는 조직유지관리 차원의 내부마케팅이 이용자 중심에서 직원과 조직을 개발해서 종합적인 품질관리를 운영목표로 하는 전략적인 계획이 우선 강화되어야 할 필요성이 있다.

Ⅰ. 내부마케팅을 위한 SWOT 전략

사회복지조직의 운영관리에 대한 평가는 ① 전문직의 가치를 바탕으로 한 책임성 확보, ② 이용자 중심 · 목적지향성, ③ 단순한 운영평가가 지양되는 통합평가, ④ 이용자평가 활용, ⑤ 서비스 질 보장, ⑥ 과정중심, ⑦ 운영의 합리화 도모, ⑧ 정치경제적 관점 및 ⑨ 사회복지마케팅 개념 등을 그 원칙으로 삼고 평가되어야 한다고 저자(1998 · 1999)는 제안하고 있다.

이러한 평가원칙 하에 사회복지조직 운영체계를 기관평가영역, 직원평가영역 및 서비스평가영역으로 구분하고, 이 기관 · 직원 · 서비스 각 영역마다 성과평가해서, 이 결과를 토대로 기관평가영역과 직원평가영역이 상호작용하여 서비스평가영역에 미치는 영향이 어떠한가 하는 과정평가까지 포함되는 통합평가를 해야 한다고 주장하였다. 특히 과정평가는 이용자 중심에서, 직원과 조직을 개발함으로써, 궁극적으로 종합적인 질 관리가 이루어지도록 하는 과정중심의 임파워먼트 평가모형의 적용이 중요하다(조운희, 1998, 2006).

이를 위해서는 다음의 〈그림 1-2〉에서 나타낸 바와 같이 사회복지조직 내 · 외부 환경변화에 대응할 수 있는 실천전략을 SWOT 분석모형 활용으로 내부마케팅 전략을 모색하는 것이다.

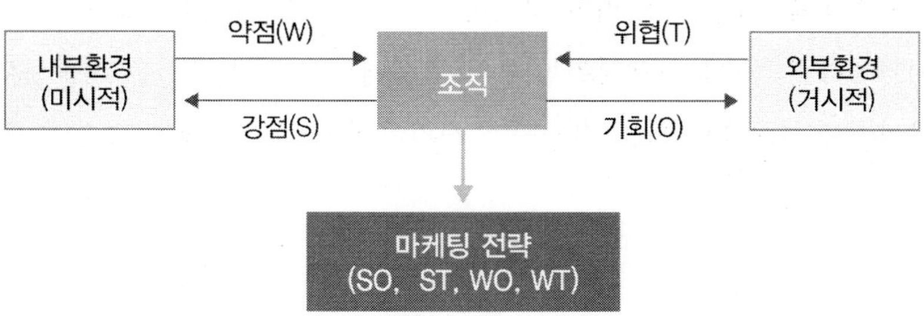

〈그림 1-2〉 SWOT 분석모형

SWOT 분석모형은 경영기법의 하나로 조직 내의 경영능력과 환경변화를 동시에 고려하여 적절한 대응전략을 구사하는 것이다. 이를 위해서 기관내부 환경에 대한 강점(Strength)과 약점(Weakness)을, 기관외부 환경에 대한 기회(Opportunity)와 위협(Threat) 요소의 규명을 토대로 진단하는 방법이 활용된다. 이러한 분석의 목적은 강점과 기회는 무엇이고 어떻게 최대한으로 활용하고 있으며, 약점과 위협에 대해서는 어떻게 대응하고 있는가를 평가하는 것을 목적으로 한다.

① 강점(Strength)은 미시적 차원에서 기관의 내부에 초점을 맞추며 기관의 장점이 되는 요소나 활동 등이 포함된다. 기관의 전통, 직원간의 응집력, 직원들의 전문화, 기금확보 및 서비스전달 능력 등이 이에 해당된다. 사회복지사는 기관내부의 장점분석에 초점을 두고, 기관의 목적을 효과적으로 달성시키는데 도움을 줄 수 있는 요소들을 규명하며, 기관의 모든 장점을 규명하여 목록화 한다.

② 약점(Weakness)은 미시적 차원에서 기관내의 업무를 제한하거나 방해하는 요소나 활동 등으로 직원의 노령화, 고질화된 직원들의 사기 저하, 프로그램의 비전문성과 낙후성, 재원고갈, 직무만족도, 부서간 조정기능 약화 등이 이에 해당된다. 사회복지사는 기관내부의 취약점에 초점을 두고, 기관의 모든 단점을 규명해서 목록화 한다.

③ 기회(Opportunity)는 기관외부 환경적 요인과 기관내부 조직적 요인이 잘 규합되면 기관의 목적달성에 상당한 혜택을 줄 수 있는 요소나 활동을 일컫는 것이다. 지역사회에서의 지명도 향상, 기관 이미지 개선, 자원봉사자 확보와 교육성공 등이 이에 해당된다. 사회복지사는 기관발전 저해요소를 규명해서 기관의 발전에 기여할 수 있는 긍정적인 대외적 요소가 무엇인가에 초점을 두고 목록화 한다.

④ 위협(Threat)은 거시적 차원에서 위협발생 가능한 외부의 여건과 상황으로 이것이 실제로 발생한다면 기관에 상당한 피해를 줄 수 있는 여러 요소들을 말한다. 이를테면 해당 상부기관과의 갈등, 다른 기관과의 경쟁력 약화, 모금활동 실패, 경제적 또는 사회적 여건으로 인한 전반적인 지지기반 약화 등이 이에 해당된다. 사회복지사는 기관의 발전에 위협을 줄 수 있는 외적 요소에 초점을 두고 발전저해 요소를 규명해서 목록화 한다. 위협요인 분석은 정치(Political), 경제(Economic), 사회(Social) 및 기술(Technological) 차원에서 받게 되는 영향을 파악하는 PEST분석 도구를 활용한다.

⑤ 전략(best fit it)은 SWOT의 강점, 약점, 기회 및 위협 요소를 규명해서 목록화한 바를 중심으로 다음의 〈표 1-1〉 SWOT 분석과 마케팅(경영) 전략 특성을 토대로 차별화전략 수립에 기여할 수 있도록 한다.

〈표 1-1〉 SWOT분석과 마케팅(경영) 전략 특성

내부환경 / 외부환경		강점(S) ① ② ③ ④...	약점(W) ① ② ③ ④....
기회(O)	① ② ③ ④....	강점–기회(SO)전략: 기회를 활용하기 위해 강점을 사용하는 공격마케팅 전략	약점–기회(WO)전략: 약점을 극복함으로써 기회를 활용하는 방향전환마케팅 전략
위협(T)	① ② ③ ④....	강점–위협(ST)전략: 위협을 회피하기 위해 강점을 사용하는 다각화마케팅 전략	약점–위협(WT)전략: 위협을 회피하고 약점을 보완하는 방어마케팅 전략

다음의 〈표 1-2〉는 종합사회복지관 SWOT 분석표 작성의 한 예이다.

〈표 1-2〉 ○○종합사회복지관 SWOT분석표

S	① 상생적인 지역특성사업에 도전하려는 정신이 좋다. ② 청소년 동아리사업이 주민과의 유대감 형성에 기여하고 있다. ③ 전문상담프로그램에 계약직 직원을 채용하여 예산절감효과와 전문성 향상에 기여하고 있다. ④ 사회복지학과 학생을 인턴장학생으로 활용해서 지속적이고 책임있는 업무보조를 하게 함으로써 사회복지사의 단순업무를 감소시키고 있다. ⑤ 마을활동가 양성교육 등의 사업을 통해 지역과 상생적인 기관이미지 호평이 있다. ⑥ 사회복지사의 기관에 대한 자부심이 높다.	① 일선사회복지사들의 경력이 짧고 중간관리자의 영향력이 크다. ② 직원들의 지역주민조직화 지식 및 경험 부재에 대한 염려가 크다. ③ 자문위원회의 운영이 형식적이다. ④ 법인전입금이 취약하고 이용료에 의존해서 프로그램이 운영되고 있다. ⑤ 마케팅에 대한 기관전체의 사고전환이 부족하다. ⑥ 공간이 협소하다. ⑦ 직원수에 비해 운영되고 있는 프로그램이 너무 많다. ⑧ 체계적인 사례 · 프로그램 · 운영관리평가가 수행되지 못하고 있다. ⑨ 시설평가에 대비한 기록이 미비하다.	W
O	① 관할시의 복지에 관한 관심 및 재정지원이 증가하고 있다. ② 관련 전문단체에서의 직원보수교육 기회가 증가되고 있다. ③ 프로그램 제안기회가 증대되는 경향이 있다. ④ 이웃사촌복지센터 시범사업기관 선정 등으로 지역사회복지 사업수행기관 이미지가 지역에 자리매김 되고 있다. ⑤ 우리 복지관은 전략적인 기관변화를 위한 기관정책 수립 의지가 있다. ⑥ 홍보사업 강화에 의한 지역사회의 인지도와 후원이 증가되는 추세이다.	① 이용자의 생산적인 관리가 미흡하다. ② 종합복지관의 기능약화, 이용대상별 복지관 기능강화 현상 나타나고 있다. ③ 시의회에서의 복지예산 삭감 경향이 예상된다. ④ 행정복지센터가 복지관의 기능과 역할에 위협요인으로 작용할 수도 있다. ⑤ 복지관 기능 재정립 시도가 중앙차원에서 진행 중이다. ⑥ 전반적으로 복지관 기능과 역할 등에 대한 존치 자체에 대한 반성 요구가 높아지고 있다.	T

Ⅱ. SWOT분석에 기초한 사회복지마케팅 전략

〈표 1-3〉 종합사회복지관 SWOT분석 전략개발 결과에 대한 예이다.

〈표 1-3〉 ○○종합사회복지관 SWOT분석 전략개발 결과

구분	강점(S)	약점(W)
기회(O)	강점-기회(SO)전략: 복지관 경영이념인 '상생'에 부합된 이웃사촌복지센터를 전진기지로 삼아 마을 살리기 사업을 통한 주민조직에 의한 지역개발 공격마케팅 전략	약점-기회(WO)전략: 조직 및 직원 개발 약점을 극복하고자 지역사회정원사의 역량을 강화하는 교육과 주민조직 및 지역개발 모델 복지관이 될 기회로 삼는 방향전환마케팅 전략
위협(T)	강점-위협(ST)전략: 마을 살리기 사업을 중심으로 복지관 본래 기능정립 도모에 어울리는 다양한 지역복지사업 모형 개발을 위해 다각화마케팅 전략	약점-위협(WT)전략: 복지관에 대한 구조적인 위협과 조직 및 직원 역량 강화를 위한 최선의 방어는 복지관 본래 지역사회복지 기능강화 방향으로 전환하려는 방어마케팅 전략추진

이와 같이 SWOT분석에 의한 내·외부마케팅 전략을 개발한 후에는 마케팅의 대상이자 수단인 서비스/프로그램, 비용, 판촉활동, 전달장소, 인적자원 차원을 세부영역으로 하는 차별화 전략을 개발할 수 있는 구체적인 실행전략을 마련한다.

① **서비스 차별화**: 수준 높은 전문가, 신속성 또는 주문에 의한 서비스를 제공하거나, 클라이언트 문제해결 능력, 지명도 높은 브랜드명 또는 소비자 품질 인증(customer royalty) 또는 혁신적이고 새로운 기술을 활용한 서비스 제공 등의 전략을 모색한다.

② **비용 차별화**: 자원봉사자를 활용하거나, 집단사회사업적인 접근을 통해서 또는 일반경비 및 행정비용의 경감 내지 효율성 도모 전략을 확인한다.

③ **판촉활동 차별화**: 틈새시장을 확보하기 위해 지리적·인구론적인 특성, 수입, 직

업, 사회(적)문제 유형, 교육수준, 종교 등에 기초한 차별화 노력 등을 점검한다.

④ **전달장소 차별화**: 조직관리, 재정관리, 환경관리, 시설관리 및 인사관리에 관한 조직유지관리기능을 점검함과 아울러, 지리적 위치와 관련된 접근성, 서비스이용의 편의성, 대중교통 활용의 용이성, 주차시설, 그리고 처우기준, 선정방침, 서비스/프로그램 이용시간대, 직원배치, 가정방문 또는 원외출장 · 상주 프로그램 여부, 건물외부구조, 내부 공간, 전시, 직원복장 등에 대한 인식, 후각적 · 촉각적 요인 등과 같은 전달장소에 대한 이미지 관리에도 유념한다.

⑤ **인적자원 차별화**: 기관내적 측면에서는 자원 및 자문을 제공하는 개인, 집단 조직 등의 기관외부인이 포함되는 투입자, 기관의 서비스/프로그램 수혜를 받는 클라이언트 또는 이용자인 산출자 그리고 기능직, 사회복지사, 이사, 간호사, 사무직 등 서비스/프로그램 운영에 영향을 미치는 기관종사자들이 포함되는 전환자간에는 서로 어우러진 생태학적인 균형(ecological balance)이 존재해야 하며, 발생하는 욕구를 충족시키기 위해 쉽게 해산되고 재조직될 수 있는 탄력적인 균형(volatile balance)이 있어야 한다. 그리고 기관외적 측면에서는 상기의 투입자, 산출자, 전환자 간에는 경쟁적인 관계와 협력적인 관계가 공존하기 때문에 반드시 동일한 이익은 아닐지라도 상생적인 또는 호혜적인 목적을 달성하기 위해 함께 활동하는 관계형성이 유지되도록 해야 한다.

이와 같이 마케팅이 사회복지기관에 도입 · 활용되어야 하는 이유는 실제적으로 사회복지서비스는 이용자의 참여도 여하에 따라 성공여부가 결정된다고 해도 지나치지 않기 때문이다. 그래서 상업적 마케팅의 분석도구 및 전략이 사회복지기관의 계획과 행정에 도입하여 클라이언트에게 미친 영향을 이익이라고 규정할 경우 사회복지분야에서도 신뢰성을 확보할 수 있는 창조적인 접근방법이 되고, 서비스이용자의 욕구에 대응하고 변화하는 환경조건에 적응할 수 있게 하는 중요한 역할을 할 수 있다(Genkins, 1985: 40.; Stornor, 1986: 51).

그러므로 사회복지마케팅은 사회복지조직 내 · 외의 정보수집, 소비자에게 접근하는 방법 계획, 소비자의 욕구를 바탕으로 한 새로운 서비스 개발, 서비스에 대한 광고, 주민과의 관계형성 전략, 기금획득, 클라이언트를 모집하고 등록하는 활동(Lenard, 1995: 135) 등을 점검할 수 있게 하는 수단이 된다.

나아가 사회복지마케팅은 사회복지법제상의 임의규정을 활용하거나, 사회보장장기발전계획 등에서 제시하고 있는 정책정보 또는 지방자치단체의 보건복지정보를 활용하는 정보마케팅이 그 대상이 되기도 한다. 그러므로 앞으로 복지정책 형성 내지 제도화를 위한 촉진자, 대변자 내지 옹호자로서의 사회행동마케팅과 사회광고에 대한 관심을 두고 직원과 조직개발을 위한 전략으로 활용하도록 보다 적용범위를 확대해야 할 것이다.

Ⅲ. 사회복지마케팅 전략수행과 사회복지사 역할

실제적으로 사회복지조직의 사회복지사가 상기의 〈그림 1-1〉 운영관리평가를 위한 내 · 외부 마케팅 흐름도에 따라서 내부마케팅을 위한 SWOT분석에 기초한 사회복지마케팅 전략을 모색해야 하는 과제는 어려운 역할이다.

이를 사회복지사가 원활히 수행하기 위해서는 '고용인으로서의 자아(employee self)', '사회복지실천 전문직으로서의 자아(social work self)' 그리고 '업무수행자로서의 자아(vocational self)' 이른 바 이 "3개 자아(three selves)"의 균형 잡힌 역할이 요구된다(Heus & Pincus, 1986: 237)는 것이다.

이를테면 초기단계에서 사회복지조직은 인테이크 과정에서부터 사람들이 조직체계로 참여토록 하는 과제에 관심을 두고 있다. 이로 인해 '피고용자로서의 자아'는 조직의 목표달성 책임을 완수해야 하는 과제에, '사회복지실천 전문직의 자아'는 사람들이 문제해결과정에 관여하도록 하고 사람들과 자원 그리고 문제해결기술을 공유함으로써 전문직의 목적을 달성해야 하는 과제에 관심을 두게 된다. 반면에 '업무수행자의 자아'는 피고용자의 자아와 전문직의 자아가 서로 경쟁적인 다툼을 하는 접점지역에서 전문직의 가치를 표현하면서 자신의 업무스타일을 실천하고자 나름대로 노력하게 되는 상황에 처하게 된다(Heus & Pincus, 1986: 237).

그러므로 사회복지사는 계획과정 수행 각 단계마다 기관과 클라이언트와 사회복지사 자신의 욕구를 동시에 충족시킬 수 있는 시너지적인 해결방안을 모색하는, 이른바 세 개 자아의 균형을 유지하는 것이 주요한 과제라고 하는 점을 유념하면서 전략적으로 대처해야 한다.

☞ 제2장 사회복지실천의 메타개념에 기초한 계획 선행학습 키워드

Chapter 02

사회복지실천의 메타개념에 기초한 계획

Ⅰ. 사회복지계획의 개념

계획(planning)이라는 용어는 '개발(development)', '기획(planning)' '설계(design)' 또는 '디자인' 등의 다양한 용어와 동의어로 사용되어지고 있으며, 간혹 '프로그래밍(programming)'이란 용어로 표현되기도 한다.

"계획은 최선의 수단을 통해서 목표를 달성하도록 안내하는 미래지향적인 일련의 행동을 결정하는 준비 과정"이라고 Dior(1967: 99)는 정의하고 있는 등 학자에 따라 다양하게 제시되고 있기 때문에, 계획에 대한 정의에 포함된 공통적인 속성은 다음과 같다(York, 1982: 12-13).

① 계획은 미래지향적이다.
② 계획은 계속적인 과정이다.
③ 계획은 의사결정과 관계가 있다.
④ 계획은 목표 지향적이다.
⑤ 계획은 목표와 수단을 연결시킨다.

이러한 속성을 가진 계획의 목적 혹은 그 필요성은 다음과 같다(York, 1982: 13-14).

① 불확실성을 감소시킨다.

② 문제해결 및 의사결정 활동에 대한 합리적인 기술을 도입케 한다.

③ 책임성을 향상시킨다.

④ 의사결정에의 참여를 향상시킨다.

이와 같은 기획목적을 달성하고자 프로그램을 과학적으로 설계해야 하는 것이 중요하다. Skidmore(1995)는 프로그램 계획이 중요한 이유는 바로 ① 불확실성 감소, ② 합리성 증진, ③ 효율성 증진, ④ 효과성 증진, ⑤ 책임성 이행, ⑥ 프로그램 관리자들의 관심과 욕구 충족, ⑦ 사회복지조직 실무자의 사기진작을 위해서라고 제시하고 있다(정무성, 2005: 139-141).

Ⅱ. 사회복지계획의 유형

계획은 물리적 계획, 경제적 계획 및 사회적 계획으로 대별된다. 사회복지계획(human service planning)은 사회계획에 포함되며, 개인의 사회적 문제를 해결하도록 돕는 개인에 초점을 둔 계획과 사회집단 및 체계간의 구조적인 관계에 초점을 둔 사회계획으로 구분된다(York, 1982: 14-15).

더군다나 사회복지계획은 '다양한 사회복지 실천대상을 위해서 공 · 사 사회복지조직이 개인적 문제 또는 사회문제에 대응하도록 계획한 프로그램을 통해 서비스가 제공되게 한다. 그래서 계획된 프로그램은 하나의 목적과 복수의 목표를 달성하도록 안내하는 일련의 독립적인 활동이라는 특성'을 가지고 있다.

이러한 점에서 사회복지계획은 사회복지실천분야 또는 그 대상인 아동, 청소년, 노인, 장애인, 여성, 다문화, 지역사회, 학교, 의료, 정신보건, 군대, 경찰, 종교 등등에 따라 구분할 수도 있고, 사회복지프로그램을 계획하는 조직형태에 따라 공공사회복지계획과 민간사회복지계획으로, 또는 사회복지계획이 대상으로 하는 문제초점이 무엇인가에 따라 ① 개인에 초점을 둔 사례계획, ② 집단중심의 프로그램 계획, ③ 사회구조적인 관계 중심의 프로그램 계획으로 구분할 수도 있다.

이처럼 개인, 집단 및 관계 중심의 사회복지계획이 그 목적(내용)이 무엇인가에 따라 정지운 · 김지자(1986)는 ① 욕구 중심의 계획(need-based planning), ② 문제해결 중심의 계획(problem-solving based planning), ③ 자원활용 중심의 계획(resource-allocation based planning), ④ 참여 중심의 계획(participatory planning)으로 유형화되기도 하고(정무성, 2005: 142-143), 프로그램의 목적(내용)이 욕구 중심이든, 문제해결 중심이든, 자원활용 중심이든, 참여 중심의 프로그램이든지 간에 프로그램 계획 목표(기능)가 무엇인가에 따라 ① 사례관리기능, ② 서비스제공기능, ③ 지역조직화기능의 프로그램으로 나누어지기도 한다.

특히 사회복지공동모금회(2021)는 〈표 2-1〉과 〈표 2-2〉에서와 같이 배분사업 신청유형과 프로그램사업을 분류하고 있다.

〈표 2-1〉 사회복지공동모금회(2021) 배분신청사업 분류

<table>
<tr><td rowspan="3">프로그램사업</td><td>성과 중심형</td><td>• 성과목표달성을 통해 사업참여자의 의미있는 변화를 꾀하고, 나아가 지역사회 변화의 기초를 다지는 사업
• 주로 단년도 형태를 띠며, 사업참여자의 역량강화 또는 소규모의 지역사회 네트워크 구축 등의 사업을 포함</td></tr>
<tr><td>성과 확산형</td><td>• 2년 이상 계획하는 다년도 사업으로 사업참여자의 의미있는 변화뿐만 아니라 지역사회, 나아가 우리 사회에 파급력(Impact)을 미치는 것을 지향하는 사업</td></tr>
<tr><td>산출 중심형</td><td>• 현재 당면한 지역사회 이슈 및 개인(또는 가족)의 문제 해결을 위한 지원사업으로 성과목표 달성보다는 사업수행과정에 중점을 두는 사업</td></tr>
<tr><td colspan="2">기능보강 사업</td><td>• 기능보강을 통해 현재의 문제를 해소하거나 보다 의미있는 사업을 향후 수행하고자 하는 사업
• 장비보강, 개보수, 자동차 구입 등이 해당</td></tr>
</table>

배분사업 신청 유형은 프로그램 사업과 기능보강 사업으로 구분하고, 프로그램 사업은 성과중심형, 성과확산형, 산출중심형 3가지 유형으로 분류하고, 각각의 프로그램계획 목표별로 그 하위목표를 설정해서 세분화하고 있다.

〈표 2-2〉 사회복지공동모금회(2021) 프로그램사업 분류

사업구분	모금회 지속가능발전목표(C-SDGs)
기초생계 지원	• 경제적 빈곤 퇴치 • 영양 및 급식지원/기아종식
교육/자립 지원	• 교육 및 자립역량 강화 • 양질의 일자리 만들기 • 적정기술과 정보기술격차 해소 지원
주거/환경 개선	• 모두를 위한 깨끗한 에너지 • 지속가능한 지역사회 인프라 구축 • 지속가능한 생산과 소비 • 기후변화와 대응 • 해양생태계 보존 • 육상생태계 보호
보건/의료 지원	• 신체 · 정서적 건강과 회복 • 깨끗한 물과 위생
심리/정서 지원	• 신체 · 정서적 건강과 회복
사회적 돌봄 강화	• 사회적 배제 감소와 불평등 완화
소통과 참여 확대	• 성평등 • 지속가능한 지역사회 인프라 구축 • 사회적 약자의 권리증진
문화 격차 해소	• 사회적 배제 감소와 불평등 완화

Ⅲ. 사회복지계획의 특성

1 사회복지조직의 체계적 특성과 계획

현대의 조직체는 지식에 기초한 조직(knowledge organization)과 종사자(knowledge worker)로 특징지어지며 이는 사회복지조직의 참된 모습이라고 Drucker가 지적하고

있는 바와 같이, 사회복지조직도 프로그램 운영과 직원을 이해하기 위한 목적으로 정보를 수집하고 저장하며 검색하는데 상당한 노력을 하고 있다.

Martinez-Brawlez & Delevan(1993: 84-85)은 사회복지기관이 수행하는 기능과 과제를 다음의 〈표 2-3〉과 같이 제시하고 있다.

〈표 2-3〉 사회복지기관의 기능과 과제

자원관리기능	기획 · 프로그래밍 기능	지원서비스기능	직접서비스기능
① 예산편성 ② 기금 모금 ③ 사업위탁 ④ 보조금 · 계약사항 관리 ⑤ 회계 · 보고 ⑥ 자산조성 ⑦ 인사관리 ⑧ 시설관리	① 계획 · 기관운영정책 ② 개발 ③ 프로그래밍 ④ 평가	① 정보체계관리 ② 정보제공 · 의뢰 ③ 클라이언트기록 · 데이터베이스 관리 ④ 이송	① 직원배치 ② 원외상주서비스 ③ 원외방문서비스 ④ 인테이크 · 의뢰 ⑤ 사정 ⑥ 일반사회복지사 사례관리 ⑦ 전문사회복지사 사례관리 ⑧ 기타–사례회의 세미나 등

이처럼 다양한 기능을 효과적으로 수행해야 하는 사회복지기관이 예산삭감 등으로 인한 한정된 자원으로 기관을 운영해야 할 경우, 우선적으로 사회복지기관의 주요 자원인 인적 · 물적 · 재적인 자원을 분석하고, 두 번째는 첫 단계의 자원분석에 기초한 효과적인 행동전략을 선정하며, 마지막으로 앞 단계의 자원분석 및 행동전략단계와 장기계획을 달성하려는 노력 간의 관련성을 평가하는 과정이 포함된 체계적인 접근방법(Kingthon & Heidelman, 1984: 531-533)이 요구된다.

이를테면 사회로부터 위임받은 임무를 충실하게 수행할 수 있는 사회복지조직은 일단 조직자체의 인적 · 물적 · 재적 자원관리 및 조직관리 뿐만 아니라, 변화하는 환경에 대비하기 위해서 지역사회의 정보를 수집하고 관계기관과의 유기적인 협조 또는 교환관계를 유지 관리해야 보다 질적으로 향상된 서비스전달기능을 원활하게 수행할 수 있는 관리정보를 획득해야 가능하다.

그러므로 이러한 정보관리에 대한 시대적인 요구는 사회복지영역에서도 책임성 확보와 관련된 평가, 기관 내·외부로부터 다양한 위협에 노출되고 있는 현재의 상황에 보다 적극적으로 대처하기 위해서는 시장중심의 사업을 전개할 수 있는 전략적인 계획이 현실적으로 요구되고 있다.

2 전략적인 계획과 관리모형

전략적인 계획을 위해서 사회복지조직은 기업경영 성격으로, 사회복지사는 사회복지실천 가치를 기초로 하는 경영마인드로 전환하고자 하는 변화가 요구된다.

경영의 요소는 조직, 관리 및 전략으로 구성되어 있다.

이 경영의 3요소는 상호 유기적인 관계를 바탕으로 작용하기 때문에 어느 한 요인의 기능강화를 위해서는 나머지 두 요인도 함께 강화되어야 한다.

이러한 측면에서 사회복지기관 및 시설도 조직요인 측면에서는 운영관리평가에 의한 조직유지관리 기능을 강화해야 하며, 관리요인 측면에서는 사례·프로그램·운영관리 평가에 의한 운영관리정보체계(MIS)를 구축해야 하고, 전략측면에서도 서비스 전달기능과 개발기능을 강화해야 한다.

이러한 경영 요소에 부합되는 전략적인 사회복지계획은 마케팅 접근방법이 요구된다. 뿐만 아니라 서비스효과성과 운영관리의 효과성을 접목시키고자 하는 Patti의 성취모형, Rapp와 Poertner의 이용자 중심모형, Thomas, Bargal & Schmid 등의 발달모형, 그리고 Martin, Berman의 종합적인 질 관리모형(TQM) 등을 기반으로 해야 한다.

이에 대한 자세한 설명은 제10장 프로그램 실행관리에서 다루고자 한다.

3 사회복지실천과정과 계획

사회복지전문직으로서의 노력은 실천과정을 통해서 이루어진다. 사회복지실천과정은 일반적으로 초기과정, 사정과정, 계획과정, 변화과정, 종결과정으로 구분되고 있다(전재일 외, 2000: 305).

특히 여기에서 중요한 사실은 Allen-Mears, Washington & Welsh(1986: 273)는 서비스계획에 대한 체계적인 접근방식이 있다는 것이다. 바로 ① 문제사정, ② 목적설정, ③ 개입 계획, ④ 평가가 서비스계획을 위한 필수요인이라는 것이다. 그리고 York(1988: 193)도 프로그램계획의 4요소는 ① 문제확인, ② 목적설정, ③ 프로그램 계획, ④ 평가라고 언급하고 있다.

상기의 ① 문제확인, ② 목적설정, ③ 개입 또는 프로그램 계획, ④ 평가 요소가 사회복지실천과정의 초기과정, 사정과정 및 계획과정에서 공통되는 요소일 뿐만 아니라 미시적, 중간적, 거시적 수준의 개입이나 어떠한 개입체계에서도 요구되는 필수불가결한 사항이며, 모든 사회복지사에게 공통적으로 요구되는 핵심요소라는 것이다.

이러한 프로그램 계획과정의 4요소는 다음의 〈그림 2-4〉에서와 같이 선행되는 단계가 완수되어야 다음 단계로 진행되는 단방향의 선형구조라기보다는 순환구조이며 또 각 단계는 다른 단계와 의존적인 관계가 있다(York, 1988: 193-200). 그러므로 보다 적절한 계획과정이 어떠한가를 실제적으로 이해하기 위해서는 프로그램계획 요소의 상호작용적인 특성을 충분히 학습하는 것이 중요하다.

1) 문제확인과 목적설정

문제확인은 문제분석에 의해서 바람직하지 못한 사회적 상황에 대한 정의 및 욕구사정에 의한 특정집단의 특정한 욕구의 범위에 대한 측정이 포함된 계획의 첫 단계이다. 문제확인 단계가 중요한 이유는 기본적인 사회가치와 사회적 상황에 대한 변화노력을 이해하기 위한 전제가 되기 때문이다. 이러한 점에서 문제확인은 목적설정 단계에 의존하게 되며, 역으로 목적설정은 문제확인에 의존하게 된다. 왜냐하면 문제확인이 되지 않는 상태에서는 문제를 해결하기 위한 목적을 설정할 수 없기 때문이다. 목적은 사회문제나 욕구를 얼마나 충족시켜야 하는가를 구체화하기 때문에 목적설정은 문제분석 및 욕구측정이 전제되어야 한다.

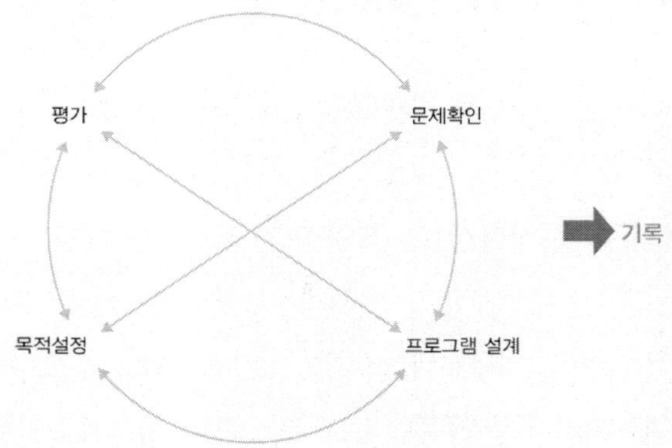

Source: R. O. York, 1988, *Human Service Planning: Concepts, Tools, & Methods*, Chapel Hill: The University of North Carolina Press, p. 194.

〈그림 2-1〉 사회복지프로그램계획 요소의 순환관계

2) 문제확인과 계획

문제확인의 특성은 욕구와 이에 대한 지역사회의 대응 간에 차이가 있는가를 확인해서 특정한 욕구를 충족시키기 위한 지역사회의 능력을 결정하는 것이다. 이러한 점에서 프로그램계획단계는 문제확인 단계에서 도움을 받게 된다. 특히 계획과 문제해결의 상호작용성은 사회문제를 프로그램으로 해결하고자 하는 방안을 계획하는 과정에서 나타나기 때문에, 문제의 원인이 무엇인가? 하는 질문에 대한 해답을 모색하는 과정에서 프로그램의 대안을 확인하도록 안내 받게 된다.

3) 문제확인과 평가

사회적인 노력이 바람직하지 않는 지역사회의 상황을 변화시키는데 작용한 성공정도를 점검해야 문제분석은 완전해진다. 문제분석을 이해한다는 것은 무엇이 성공했으며 무엇이 실패했는가에 관한 확인뿐만 아니라, 성공과 실패 이유에 관한 통찰력이 요구된다. 문제분석은 개인적 · 환경적 또는 기능적 · 구조적 측면에서 이루어져야 하며, 또한 사회상황을 변화시켜온 정도를 점검하는 프로그램평가도 포괄적이어야 한다. 이와 같이 문제확인 기술은 프로그램평가를 위해서도 활용될 수 있다. 평가는 끝임과 동시에 시작이다.

4) 목적설정과 계획

목적설정과 계획 간의 가장 뚜렷한 관계성은 프로그램 계획과정에서 설정한 목적 및 목표를 달성하도록 계획된다는 것이다. 그러므로 프로그램은 목적, 목표 및 지역사회의 우선성을 기술한 선택의 정도에 따라 선정된다. 프로그램의 목적은 자원할당을 하는 등의 프로그램 노력 수준을 구체화한다. 실제적으로 목표는 활용 가능한 잠재적인 자원을 결정하지 않고서는 설정될 수 없을 뿐만 아니라, 얼마나 서비스를 전달할 수 있는가를 파악하지 않고서는 달성목표를 수립할 수 없다. 또한 목적 및 목표는 프로그램과 사회문제를 연결하는 기능을 한다. 목적설정은 프로그램과 사회문제 사이에 전략적으로 위치해서 연결고리 역할을 한다. 프로그램은 분명하게 진술한 문제를 얼마나 변화시키고자 하는가의 정도를 구체화한 목적 및 목표의 안내를 받는다. 그래서 프로그램계획단계는 변화를 달성할 수 있도록 구체적인 대응책을 설계하는 것이다.

5) 목적설정과 평가

목적설정과 평가간의 상관성은 목적 및 목표에 의해서 방향성이 제공되지 않는다면 평가가 수행될 수 없다는 점에 있다. 이를테면 프로그램이 무엇을 달성하고자 하는가를 모른다거나 또는 목적이 측정 가능한 용어로 기술되어 있지 않다면 평가가 수행될 수 없기 때문이다. 평가는 수립된 목적을 기준으로 달성정도를 확인해서 의도하는 판단을 결정하기 때문에, 평가의 본질적인 과제는 적절한 목적 내지 목표가 수립되었는가를 고려하는 것이라고 할 수 있다. 그러므로 목적 설정 시에 평가도구 및 평가방법을 포함한 평가계획을 반드시 수립해야 한다.

6) 계획과 평가

평가는 곧 끝이자 시작이라고 하는 것처럼 계획과 평가간의 상관성은 정보의 필요성에 서로 의존한다. 이를테면 프로그램 계획은 평가정보에 의존하며, 평가의 완성은 프로그램 정보에 의존하기 때문이다.

실제적으로 상기의 계획요인 4개의 상호작용적 특성과 관련해서 사회복지사가 반드시 고려해야 하는 중요한 이유가 있다. 바로 그것은 프로그램 계획에 대한 심사결과에서 나타난 다음과 같은 지적사항 때문이다(정영순, 1999: 7-10).

① 문제원인과 프로그램 목표와의 관련성 부족
② 프로그램 내용과 프로그램 수행방법의 혼돈
③ 하위목표와 프로그램 내용간의 논리적인 연관성 부족
④ 프로그램 내용과 수행방법이 사회복지사의 의도적인 개입을 안내할 만큼 구체성 부족
⑤ 목표와 프로그램 효과성 평가와의 관련성 부족

그러므로 사회복지실천과정의 상호의존적인 특성은 실천과정의 각 단계를 분리해서 활용하는 방법보다 오히려 문제확인, 목적설정, 서비스계획 및 평가를 맥락적인 일관작업에 의한 계획과정으로 적용하고자 하는 개념으로 인식이 요구된다고 할 수 있다.

4 사회복지실천기록과 계획

이순신 장군의 난중일기가 소중한 기록유산으로 가치가 있는 바와 같이, 사회복지실천에서의 기록 역시 문제확인 과정에서부터 종결과정까지 분리되어서는 안 된다.

그렇기 때문에 문제확인과 기록과정, 실행계획과정과 기록과정, 실행과정과 기록과정 그리고 평가과정과 기록과정이 동시에 적용될 수 있는 이른바 계획과정≒기록과정이 되게 하는 실제적인 노력이 필요하다. 이를테면 계획하는 과정자체가 기록과정이 될 수 있도록 해야 한다는 것이다.

이렇게 계획과정과 기록과정이 동시에 진행된다면 오늘날의 사회복지기관의 책무성 확보를 위한 시설평가는 기록된 자료를 토대로 효율적으로 이루어질 수 있게 된다. 그래서 계획과정≒기록과정은 시설평가에 관한 부담감과 평가준비과정에 추가적인 시간투자를 줄이는 효과를 충분히 보장한다.

☞ Ⅳ. 사회복지실천의 메타개념에 기초한 계획 선행학습 키워드

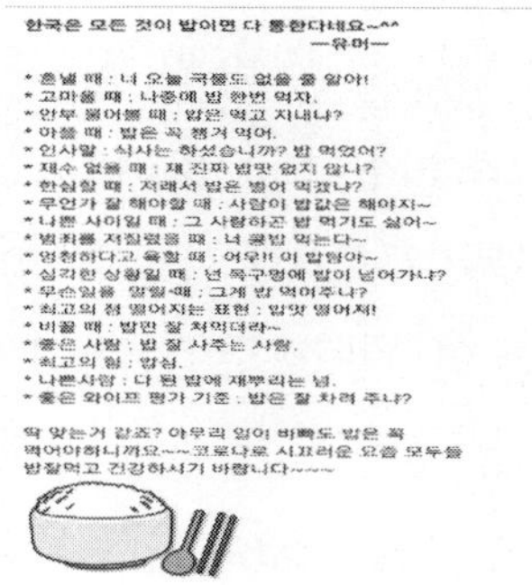
한국은 모든 것이 밥이면 다 통한다네요~^^
—유머—

* 혼낼 때 : 너 오늘 국물도 없을 줄 알아!
* 고마울 때 : 나중에 밥 한번 먹자.
* 안부 물어볼 때 : 밥은 먹고 지내냐?
* 아플 때 : 밥은 꼭 챙겨 먹어.
* 인사말 : 식사는 하셨습니까? 밥 먹었어?
* 재수 없을 때 : 재 진짜 밥맛 없지 않냐?
* 한심할 때 : 저래서 밥은 벌어 먹겠냐?
* 무언가 잘 해야할 때 : 사람이 밥값은 해야지~
* 나쁜 사이일 때 : 그 사람하곤 밥 먹기도 싫어~
* 범죄를 저질렀을 때 : 너 콩밥 먹는다~
* 멍청하다고 욕할 때 : 어우!! 이 밥팅아~
* 심각한 상황일 때 : 넌 목구멍에 밥이 넘어가냐?
* 무슨일을 말릴 때 : 그게 밥 먹여주냐?
* 최고의 정 떨어지는 표현 : 밥맛 떨어져!
* 비꼴 때 : 밥만 잘 처먹더라~
* 좋은 사람 : 밥 잘 사주는 사람.
* 최고의 힘 : 밥심.
* 나쁜사람 : 다 된 밥에 재뿌리는 놈.
* 좋은 와이프 평가 기준 : 밥은 잘 차려 주냐?

딱 맞는거 같죠? 아무리 일이 바빠도 밥은 꼭 먹어야하니까요~~코로나로 시끄러운 요즘 모두들 밥잘먹고 건강하시기 바랍니다~~~

? +!!!

Ⅳ. 사회복지실천의 메타개념에 기초한 계획

취업포털 잡코리아가 1,300여 명의 직장인을 대상으로 가장 어려운 업무가 무엇인지 묻는 조사를 실시했는데, 65.5%라는 비율로 '제안서 · 기획서 작성 업무'가 선택되었다(박경수, 2014: 5). 이와 같이 사회복지사에게도 계획서 작성이 다른 직장인들의 압박감만큼 거대하다고 할 수 있다.

한편으로는 도대체 프로포절(제안서 · 기획서)이 무엇이기에 모두가 어려워하는 업무라고 하는가? 그렇다면 어떻게 하면 조금이라도 수월하게 작성할 수 있겠는가? 하는 질문을 하면서도, 또 다른 한편에서는 20개의 만능동사로 영어회화가 된다 하고, 기본문형 100개로 영작도 프리토킹도 된다 하며, 심지어 6개 마법동사로 영어회화가 끝난다 하는 등등을 운운하고 있다는 것이다. 그렇다면 사회복지실천에서도 만능동사, 기본문형, 마법동사 같은 것이 없을까? 하는 질문이 저자에게는 계속되는 고민거리이자 숙원과제 중의 하나이었다.

이에 저자는 예비사회복지사뿐만 아니라 현장의 사회복지사에게도 도움이 될 사회복지실천의 메타개념에 기초한 모형 개발에 대한 묵은 갈증을 풀고자 하였다. 이를 토대로 사례관리, 프로그램개발계획, 사회복지조사 및 운영관리평가에도 공통적으로 활용될 실천방법을 모색하고자 하였다.

사회복지실천의 메타개념에 기초한 실천모형 개발은 공저한 학교사회사업(1997) 중에서 저자가 집필한 사정과정과 평가 및 종결과정이 단초가 되어, 후속연구로 "사회복지관 운영관리의 평가모형 개발에 관한 연구"(1998), 사회복지관 운영관리평가(1999), "포괄적인 사회복지실천개념 연구"(조운희, 2002: 105-129), "사회복지프로그램 계획 평가 연구"(2004b) 등을 토대로 사회복지프로그램 개발과 평가(2004a), 사회복지조사론(2006) 출간 등에서 그 적용을 위한 연구와 교육이 현재까지 계속되는 연속선상에 있다.

이 과정에서 박경일(1998) 교수가 PROGRAM의 머리글자를 활용한 프로그램개발평가 7단계 세부 24과제를 제시한 연구(신복기 등, 2002: 409)를 접하고 사회복지실천의 메타개념에 기초한 실천모형 개발 연구에 대한 동지애도 느끼며 계속연구의 필요성에 설렘도 있었다. 퇴계 이황 선생의 "만 가지 이치, 그 하나의 근원은 단 번에 깨쳐지는 것이 아니므로 참마음, 진실 된 본체는 애써 연구하는데 있다."는 명언과 성경에 "그리스도 안에서 일만 스승이 있으되 아버지는 많지 아니하니 그리스도 예수 안에서 내가 복음으로써 너희를 낳았음이라(고전 4:15)"는 말씀에 용기를 얻어 『사회복지실천의 메타개념 기반 모형 개발』을 위해 노력한 결과를 여기에 제시하면 다음과 같다.

전술한 바와 같이 사회복지조직의 체계적 특성, 계획과정 4요소의 상호작용적 특성 및 사회복지실천기록 연계 필요성을 반영한 '업그레이드된 포괄적인 사회복지실천 개념프레임', 이른 바 '사회복지실천의 메타개념 기반 모형, PROGRAM DESIGN'이다. 'PROGRAM DESIGN'이 계획과정에 실제적으로 적용되기 위해서는 다음과 같은 장점이 있어야 함을 전제로 하였다.(조운희, 2002: 122).

① 체계이론, 생태체계이론, 강점이론, 권한부여이론 등의 사회복지실천 관점을 반영한 계획을 가능하게 해야 한다.
② 미시적, 중간적, 거시적 수준에서의 사정과 평가방법까지를 포함하는 계획을 일관작업으로 할 수 있게 해야 한다.
③ 클라이언트, 사회복지사 및 기관 등의 행동체계가 문제점을 공유하고 개선방안을 검토 · 실행하기 위해서 과정중심에서 적용할 수 있어야 한다.
④ 사회복지실제에서의 서비스계획을 지향하는 체계적 접근의 작업순서와 부합된 기록을 가능하게 하는 장점이 있어야 한다.

이를 위해서 사회복지실천 개념들 중에 ①문제(problems), ②자원(resources), ③장애요인(obstacles), ④목적과 목표(goal & objectives), ⑤계획(planing), ⑥실행(implementation) 그리고 ⑦평가(evaluation)를 사회복지실천과정으로 삼는 것이다. 그리고 이 사회복지실천과정의 ⑤계획(planing) 과정에는 '무슨 이유로 누가 언제까지 어디의 자원으로 무엇을 해서 어떻게 달성한 걸 알지?' 질문에 대한 답으로 5W1H(Who, Why, When, Where, What, How)의 6개 과제를 다음과 같이 포함하였다.

과제1: Why(왜)에 해당되며 문제-수단-결과-평가의 프로그램가설 설정
과제2: Who(누가)와 관련된 기관, 직원, 이용자/클라이언트 등의 활동체계 수립
과제3: When(언제까지)으로 목표달성 소요시간과 과정목표 설정
과제4: Where(어디의 자원으로) 예산 등 자원활용 계획 수립
과제5: What(무엇을)으로 수단가설과 관련된 정책적, 방법적, 특수한 접근방법 등의 행동조치 또는 수행내용 선정과 관련된 구체적인 중재활동 결정
과제6: How(어떻게 결과달성을 확인하는가)로 평가가설과 관련해서 효과성, 효율성, 품질 등을 확인하기 위한 평가지표와 평가방법 결정

결론적으로 〈그림 2-2〉에서와 같이 'PROGRAM'에는 창조적인 사고를 토대로 ① 문제확인(Problem Analysis & Need Assessment), ② 자원체계 확인(Resource System Identification), ③ 장애요인 확인(Obstacles Identification), ④ 목적과 목표(Goal & Objectives) 설정, ⑤ 실행계획 설계(Representing Action Plan), ⑥ 실행 · 관리(Action & Management) 및 ⑥ 측정과 평가(Measure & Evaluation)를 포함하는 7개 작업과정으로 구성된다.

그리고 ① 문제확인, ② 자원체계 확인, ③ 장애요인 확인을 통합해서 사회복지사는 '전문직'이라는 의미를 부여하여 이를 'PRO'라고 칭하고, 사정(Assessment) 과정으로 설정하였다. 이렇게 구조화하면 사정과정-계획과정-개입과정-평가종결과정을 포함하는 사회복지실천과정과 기본맥락이 동일하기 때문에 'PROGRAM DESIGN' 적용 확장성을 강화되게 한다.

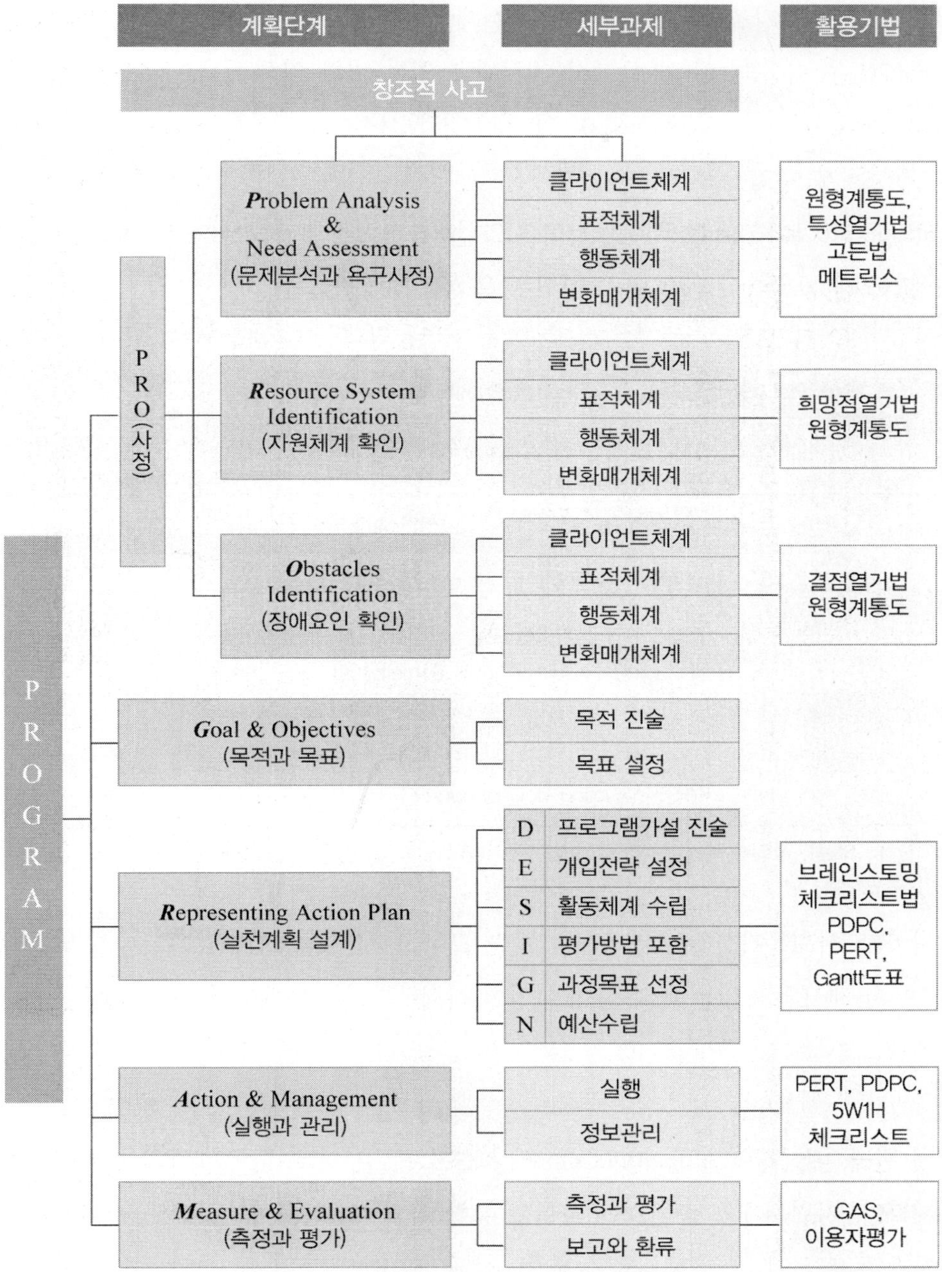

출처: 조운희, 사회복지프로그램 개발과 평가(서울: 청목출판사, 2004a), p.35(재구성).

〈그림 2-2〉 사회복지실천의 메타개념에 기초한 계획과정과 과제

특히 저자가 강조하는 ⑤ 실천계획 설계(Representing Action Plan)의 핵심과제인 「DESIGN」은 다음의 〈표 2-4〉에서 제시되고 있는 바와 같이 ① 프로그램가설 진술(Describing program hypotheses), ② 개입전략 선정(Eliciting intervention strategies), ③ 활동체계 수립(Setting action systems), ④ 평가도구와 평가방법 포함(Including evaluation tools & methods), ⑤ 과정목표 설정(Generating process objectives), ⑥ 예산편성(Noting down budget)이 포함되는 6단계로 구성된다.

〈표 2-4〉 프로그램 실천계획 설계(DESIGN)의 세부과제

①	D	프로그램가설 진술(Describing program hypotheses)
②	E	개입전략 선정(Eliciting intervention strategies)
③	S	활동체계 수립(Setting action systems)
④	I	평가도구와 평가방법 포함 (Including evaluation tools & methods)
⑤	G	과정목표 설정(Generating process objectives)
⑥	N	예산편성(Noting down budget)

출처: 조운희, 사회복지프로그램 개발과 평가(서울: 청목출판사, 2004a), p.36(재구성).

나아가 '사회복지실천의 메타개념 기반 모형, PROGRAM DESIGN'은 다음의 〈그림 2-3〉에서 제시되고 있는 바와 같이 다양한 사회복지실천 연계모형으로 확장을 가능하게 한다.

첫 번째, 메타개념 기반의 'PROGRAM DESIGN'을 사회복지실천과정과 연계하면, ① 문제확인, 자원체계와 장애요인 확인을 통합한 'PRO' 즉, 사정(Assessment) 과정, ② 목적과 목표 설정, ③ 실행계획 설계, ④ 실행 · 관리 및 ⑤ 측정과 평가 과정으로 구축되어 사례계획 모형으로 적용 가능하게 된다.

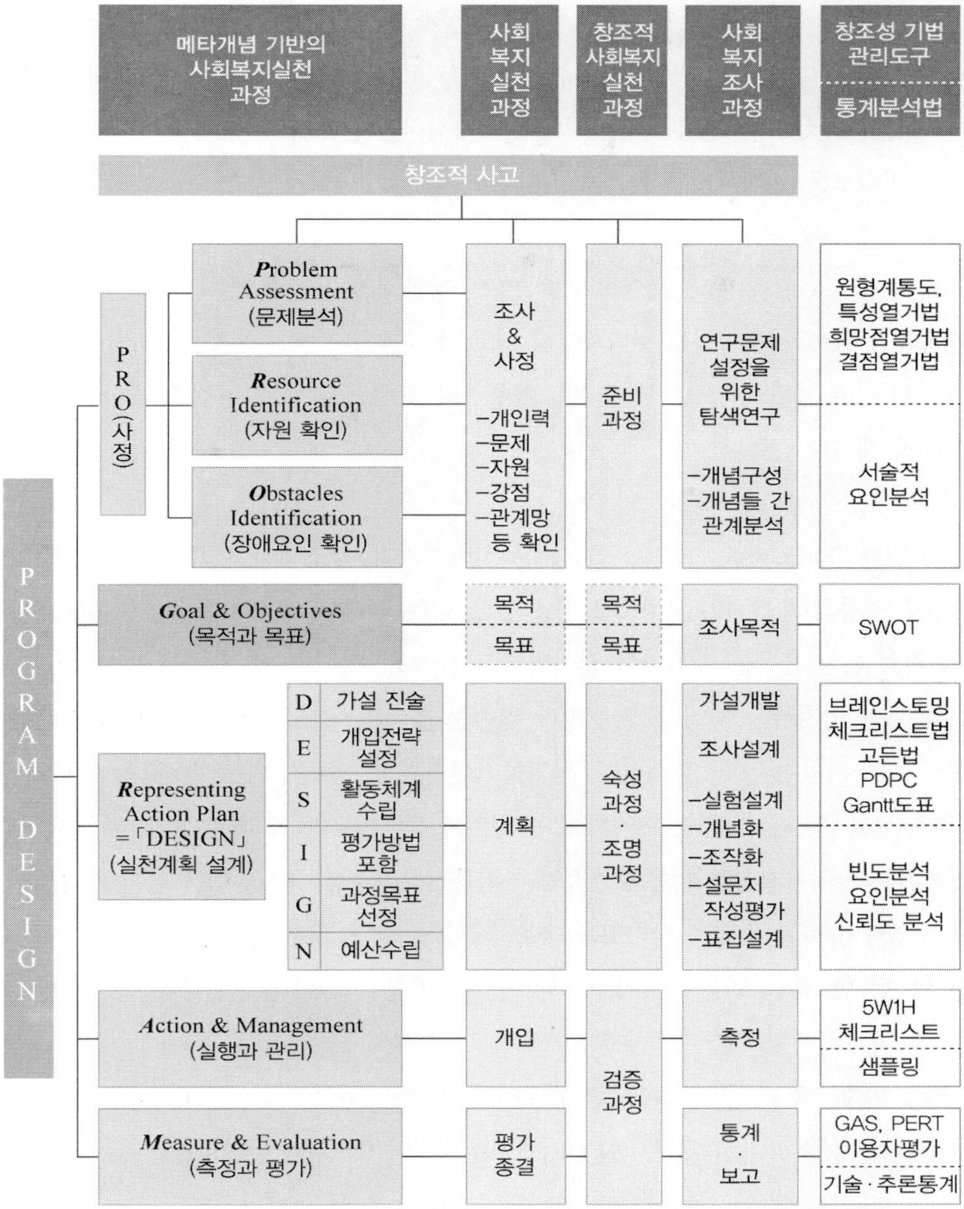

출처: 조운희, 사회복지프로그램 개발과 평가–창조적 사회복지사를 위한 지침서(서울: 청목출판사 2004a), p. 35; 조운희, 사회복지조사론–학습자 중심의 논제 설정부터 보고서 작성까지(서울: 양서원, 2015a), p. 14를 토대로 재수정 보완.

〈그림 2-3〉 'PROGRAM DESIGN'과 사회복지실천과정 확장성

두 번째, 조사방법론과 연계하면, 'PRO' 사정과정은 연구문제 확인을 위한 탐색연구과정이고, 그 다음은 조사목적과 목표 설정이 되고, 실행계획 설계는 조사설계, 조사도구 작성과 표집으로, 실행관리는 데이터를 수집하는 본조사로, 측정과 평가는 통계 · 보고 과정으로 연계하게 된다.

세 번째, Heus & Pincus(1986: 114-117)의 창조적인 문제해결 사회복지실천과정과 연계하면 'PRO' 사정과정은 준비과정이 되고, 실행계획 설계는 숙성과정(Incubation)과 조명(Illumination)과정으로 연계되며, 실행관리 및 측정과 평가는 검증(Verification)과정과 연계된다.

네 번째, 'PROGRAM DESIGN'을 사회복지실천과정, 창조적인 사회복지실천과정, 조사방법론 등의 포괄적인 모형으로 적용되어진다는 의미는 하나의 마네킹에 봄옷, 여름옷, 가을옷, 겨울옷을 계절마다 갈아입히거나 속옷, 티셔츠, 조끼, 외투 등을 입히는 것과 같은 이치라는 것이다. 계절마다 입히는 옷이나 속옷, 티셔츠, 조끼, 외투 등은 곧 사회복지실천과정, 창조적인 사회복지실천과정, 조사방법론 등이고, 마네킹은 'PROGRAM DESIGN'이라는 이치와 같은 것이다. 그리고 'PROGRAM DESIGN'과 나란히 연계되는 사회복지실천과정, 창조적인 사회복지실천과정, 조사방법론 등의 각 단계마다 수행해야 하는 과업은 차려입은 속옷, 티셔츠, 조끼, 외투 등의 제단부위마다 겹쳐진 한 겹 한 겹의 모양세가 바로 그것이라는 맥락으로 이해하면 된다.

다섯 번째, 'PROGRAM DESIGN'을 PIE모형과 연계하면 과학적 합리성이 강조되는 계획 · 설계(Planning & design)과정은 'PROGR', 조직관리성이 강조되는 실행(Implementation)과정은 'A', 정치사회성이 강조되는 평가(Evaluation)과정은 'M'에 해당된다. 그래서 '(PRO+G+DESIGN)+A+M' 전체 과정에 요구되는 프로그램개발자로서의 사회복지사 역할은 옹호자와 중재자이고, '(PRO+G+DESIGN)'과정에서는 계획가와 조사자의 역할이, 'A' 과정에서는 관리자, 조장자, 직접서비스 제공자의 역할이, 그리고 'M' 과정에서는 조사자와 평가자의 역할이 요구된다.

여섯 번째, 최근에는 지금까지 활용되어온 'PROGRAM DESIGN'에 형태에 따른 '연역적인 논리체계에 의한 프로그램 계획서 작성방법'과는 맥락을 달리한 '귀납적인 논리체계에 의한 프로그램 계획서 작성방법'이 실제적으로 사용되어지고 있다. 이를테면 사회복지공동모금회 배분사업 안내(2021)에서는 ① 사업명, ② 사업내용 및 추진전략, ③ 예산편성, ④ 문제의식(사업의 필요성), ⑤ 목표 및 평가, ⑥ 사업종료 후 지향점 양식에 따른 귀납적인 논리체계에 의한 프로포절을 요구하고 있다. 이는 상기의 네 번째 'PROGRAM DESIGN'을 마네킹에 봄옷, 여름옷, 가을옷, 겨울옷을 계절마다 갈아 입히는 예시로 설명한 바의 또 다른 확장성에 관한 것이다. 결과적으로 잘 차려 입힌 마네킹이 'PROGRAM DESIGN'된 프로포절이고, 바지부터 입히고 윗옷을 입히거나 왼 팔부터 먼저 입히고 오른 팔을 입히거나 그 반대로 입히거나 하는 순서상의 차이일 뿐이라는 맥락으로 이해하면 된다. 그래서 저자는 일차적으로 프로그램 계획과정이 연역적 논리체계에 의해 수행하고, 최종적인 제안서를 자원제공기관의 요구에 따라 연역적 논리체계 또는 귀납적 논리체계에 의한 프로포절로 마무리하도록 주장한다. 이를 위해 〈부록〉에 게재한 사회복지공동모금회의 프로그램 작성방법을 숙지하여 병행학습이 되도록 권면한다.

이에 저자는 먼저 Know why 측면에서 프로그램계획을 위한 전략적인 사고와 관련된 사회복지실천의 필요충분조건, 사회복지마케팅, 시너지, 창조성, 종교와 행복감, 사회적 자본과 교양, 마을 살리기와 지역공동체, 복지문화, 제4차 산업혁명과 사회복지교육 등에 관해서 고찰한 후에, Know how 측면에서 「프로그램 계획」의 영문표기인 「PROGRAM DESIGN」의 머리글자로 구성된 프로그램 계획과정과 실행계획 수립을 위한 DESIGN단계마다 세부적인 설명을 전개하고자 한다.

PART 2

프로그램계획과 전략적 사고

Chapter 03

사회복지실천의 필요충분조건

언젠가 『2000년』이라는 정기간행물에 게재된 "2000년대의 주역들 - 미래의 지도자 30명" 중에 "사회복지사"가 자랑스럽게 소개된 사실은 우리 사회복지사의 자세와 위상을 재음미하게 하고, 또 한편으로는 보다 차원 높은 사회복지교육이 요구되고 있음을 의미한다.

사회복지사는 문제와 함께 한다. 무엇보다 중요한 것은 사회복지전문직으로서 문제를 어떠한 시각으로 인식하는가가 중요하다. 전문직마다 지향하는 가치와 지식 기반에 차이가 있다. 이와 같이 사회복지사가 제반 사회문제를 보는 시각에도 엄연한 차이가 있다는 점을 유념해야 한다. 왜냐하면 하나의 사실을 보는 관점은 "객관적 사실에 대해서 객관적인 인식을 하기보다는 주관적 인식"을 하기 때문이다.

사회복지사가 프로그램 계획 및 설계를 위해서 우선 사회적 문제 내지 생활문제에 대한 인식이 선행되어야 한다. 이를 위해 이는 사회복지사가 지녀야 할 지식체계를 필요조건으로, 사회복지사가 내면화해야 하는 가치체계를 충분조건으로 그리고 가치와 지식의 상호작용에 의한 실천기술을 사회복지사의 필요충분조건으로 전제되어야 함을 의미한다. 이를 바탕으로 사회복지사가 프로그램으로 전환시키기 위한 기본적인 마인드가 정립된다.

더군다나 사회복지학은 순수과학이기 보다는 실천과학이요 응용과학이며 또한 종합과학이기 때문에 사회복지사는 장기간 학습한 지식기반을 사회복지실제에서 실천하고 응용하는 맛과 멋이 더욱 가치가 있는 것이다.

사회복지실천에 개입되는 요소는 가치, 인간행동에 관한 지식, 실천기술 및 의도적인 변화이며 이는 사회복지전문직의 주요한 특성(Heffernan, Shuttlesworth & Ambrosino, 1992: 10-11)이라고 지적한 바와 같이, 이 장에서는 사회복지프로그램 계획가로서의 사회복지사가 바람직한 문제인식을 토대로 의도적인 변화를 도모하기 위한 서비스/프로그램을 개발하기 위해서 요구되는 지식과 가치와 기술에 관해 고찰하고자 한다.

Ⅰ. 사회복지실천의 필요조건

『교과서 중심』 또는 『지식에 기반을 두는 실천』을 중심에 두되 교과서에 없는 『개념설계까지 갖춘 사회복지사』야말로 유능한 사회복지사이다. 이는 사회복지사가 어떠한 실천적인 지식을 습득해야 하고 또한 어떻게 실행 가능한 자신의 지식으로 구축해야 하는가? 하는 질문이 매우 중요하다. 그래서 일차적으로 사회복지사가 대학교과과정에서 학습하게 되는 다음의 지식체계를 토대로 사회복지사로서의 Know why를 토대로 Know how의 지식으로 개념설계하려는 노력이 요구된다.

① **기초지식**: 인간이해, 환경이해 및 인간과 환경과의 역동성을 이해하기 위한 성격(personality) 및 사회체계가 상호작용하는 다양한 수준(개인, 가족, 소집단, 사회조직, 지역사회, 사회제도, 문화, 생활체계, 국가와 정부)에 대한 지식

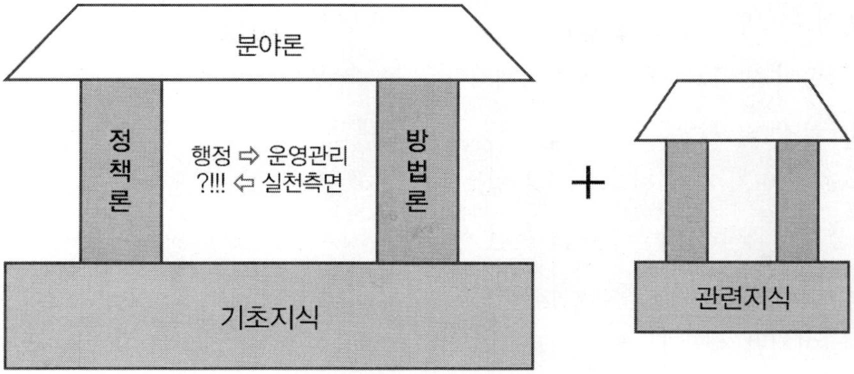

〈그림 3-1〉 사회복지학의 지식체계

② **방법론**: 사회복지사가 현실을 자각하고 클라이언트의 상황을 이해하여 원조활동에 지침이 될 수 있는 개별사회사업, 집단사회사업 및 지역사회조직사업 등의 직접적인 접근방법과 사회복지조사, 사회복지(사업)행정 등의 보조적인 접근방법 및 정신분석적 접근법, 일반체계적 접근법, 생태체계적 접근법, 가족치료 등의 특정한 접근법에 관한 지식

③ **정책론**: 사회문제와 이로 인해 파생되는 사회적 문제 내지 생활문제의 내용, 예방·치료 프로그램, 제도, 사회복지정책 등에 관한 지식

④ **분야론**: 기초지식을 바탕으로 사회복지실천 방법론 및 정책론이 실제적으로 적용되는 전문분야론에 대한 목표, 철학, 기능 및 서비스 등에 관한 지식

⑤ **관련지식**: 사회학, 심리학, 인류학, 정치학, 경제학, 의학, 교육학, 철학, 생물학, 마케팅 등의 관련 전문직에 관한 지식

상기의 사회복지지식체계는 과거와 달리 형식면에서는 사회복지 윤리와 철학, 사회복지프로그램 개발과 평가, 사회복지조사론 이수 후의 심화과정인 사회복지자료분석론, 사회복지지도감독론 등의 교과목이 새로이 개설되었는가 하면, 내용면에서도 기존의 사회복지행정론 교과목이 기관행정 중심에 비중을 두고 있을 뿐만 아니라, 개별사회사업 및 집단사회사업 교과목이 각각 사회복지실천론과 사회복지실천기술론으로 변

경되면서 통합방법론 중심의 대학교육에 의한 일반사회복지사 양성에 초점을 둔 오늘날의 경향이 반영된 사회복지지식체계라고 할 수 있다.

Heus & Pincus(1986: 43-44)는 특정 주제에 대한 지식은 우리가 원하든 원치 않던 방향(way)이던지 간에 진리(true)로 믿는 정보이며, 객관적으로 관찰된 그 무엇이며 우리의 경험과 과학을 입증하는 그 어떤 것이라고 지적하고 있다. 예컨대 오전에 구름이 몰려오는 현상이 관찰되자 비가 올 것을 믿는 경우가 제대로 된 지식이요 정보라는 것이다. 이처럼 계획가로서의 사회복지사는 포괄적으로 상기의 지식을 습득함과 동시에 사회문제 해결에 사회복지실천지식을 단순한 정보나 지식 그 자체가 아니라 삶의 실천지혜로 접목시키는 능력을 갖추어야 한다.

특히 사회복지프로그램 개발을 위해 강조되고 있는 지식은 문제, 자원, 장애요인 사정과정에서부터 실천계획을 수립해서 실행한 후의 결과평가까지 '증거중심의 사회복지실천'과 동의어로 사용되는 '과학적 기반을 둔 실천(scientifically based practice),' '증거 기반의 실천 또는 근거 중심의 실천(evidence-based practice),' '개발연구 활용(developmental research and utilization: DRU)' 등을 토대로 데이터를 수집해서 프로포절에 묘사되어지게 해야 한다(조운희, 2015a: 12).

이는 과학적인 조사연구방법을 통해 가능한 것이기 때문에, Tripodi & Epstein(1978)의 사회복지실천 개입 전 과정에 조사연구의 논리와 단계를 적용 시키는 방법, Gordon(1984)과 Rothman(1978)의 조사연구결과에서 실천적 함의와 지침을 도출해내는 방법, Bloom & Fischer(1982)의 조사연구와 실천을 통합하려는 단일사례연구설계의 활용 등과 아울러 다양한 형태의 구성주의적 방법 등에 관한 연구와 교육 및 학습이 요구되고 있다(정순둘, 2003, 506-507).

이를테면 규범적 욕구, 인지적 욕구, 표현적 욕구, 상대적 욕구 형태로 나타나는 정보를 파악해서 프로그램계획 단계마다 활용되어질 수 있게 훈련되어져야 한다. 예컨대 표현적 욕구형태로 나타나는 기관자체 또는 지역사회 유관기관의 유사프로그램 현황 또는 홈페이지 방문 프로그램 조사, 지역사회자원조사를 하거나, 교과서 및 조사연구 보고서에서 규범적 욕구 정보, 이론적 배경, 국내외 성공사례, 조사결과로 나타난 인지적 욕구내용 등을 수집해서 활용하는 이른 바 필요한 자료원이 어디에 어떤 형태로 존재하는가에 대한 실질적인 지식이 요구된다.

Ⅱ. 사회복지실천의 충분조건

가치란 "선호하는 것 또는 선택하는 것에 대한 기준이며, 잠재적이거나 실제적인 행동을 정당화시켜 주고, 선택된 행위들의 바람직한 상태를 일컫는 개념"이고(Williams, 1967: 23), "행동 방침이며 행동을 관장하는 원칙과 관련된 가설 내지 신념"(Heffernan, Shuttlesworth & Ambrosino, 1992: 27)일 뿐만 아니라, 실천가의 일상적인 활동에 반영되어 전문직의 실천방향을 제시해 준다고 Halmos는 지적하고 있다(Comptom & Galaway, 1984: 68). 이러한 가치에서 비롯된 행동규칙이 윤리이며, 이는 어떤 가치에 따라 행하는 것에 관한 옳고 그름의 방향을 알려준다(Heus & Pincus, 1986: 44).

이와 같이 가치와 윤리의 의미를 분명히 해서 사회복지실천에서 그 역할을 모색하는 것이 무엇보다 중요하다. 특히 사회복지사가 사회복지서비스를 필요로 하는 사람을 원조하는 계획을 수립할 때 어떠한 생각을 갖는 것이 바람직한가, 문제를 해결하고자 어떻게 처리하는 것이 바람직한가 또는 어떤 결과를 도모하도록 하는 것이 바람직한가 하는 사고와 판단을 할 수 있어야 한다.

그러므로 사회복지사가 실천장면에서 어떤 클라이언트와 관계를 하던지 간에 모든 인간은 불완전하지만 존엄하고 자기실현의 욕구가 있기 때문에 자기 자신에 관한 결정을 스스로 할 수 있는 권리가 있으며, 균등한 기회를 보장해야 할 뿐만 아니라 클라이언트의 고통을 함께 나누고자 하는 「사회복지 기본이념을 바탕으로, 잠재적인 능력을 개발하여 성장을 도모하고 미래를 지향하도록 원조한다」는 기본적인 사고(mind)에서 사회복지전문직의 활동이 비롯되어야 한다는 점이 무엇보다 중요하다.

이러한 동기적 가치는 ① 클라이언트의 인간 내적인 측면(intrapersonal), ② 인간관계적인 측면(interpersonal), ③ 인간과 환경과의 관계적인 측면(personal- environmental) 및 ④ 환경적인 측면(environmental)에서 문제를 파악하고, 이를 해결하도록 돕는데 목표적 가치를 두고 방법적인 관점에서의 가치를 실현하도록 한다(Reid, 1977: 374). 방법적 가치는 NASW의 사회복지사 윤리강령에서 제시하고 있는 사회복지의 전문성을 인정해 주는 사회에 대한 의무감, 서비스이용자에게 직접 개입하는 실천가로서의 의무감, 전문직 자체에 대한 의무감 및 동료 · 소속기관에 대한 의무감 등이 포함된다.

이와 같이 사회복지실천 가치는 다음과 같은 다양한 의미와 기능을 포함하고 있다고 할 수 있다.

① 사회복지실천 가치는 사회복지사에게 전문적인 실천과 자기성장의 원천이다.
② 사회복지사가 다양한 사회문제를 인식하게 하는 여과장치 및 안내자의 역할을 한다.
③ “왜(Why) 그렇게 하는가?” 라는 질문에는 이상적 수준의 의미로 기능하며, 어떻게(How) 할 것인가? 라는 질문에는 목표 성취기준의 기능을 한다.
④ 클라이언트의 욕구이며 권리이자 자원체계인 동시에 사회복지사의 의무이자 실천대상이다.
⑤ 사회복지실천을 위한 원리 내지 지침이며 실천기술의 성격을 갖는다.
⑥ 사회복지실천의 이론적인 토대인 사회체계이론, 생태체계, 권한부여 및 강점 관점 등의 시각을 제공한다.
⑦ 창조성의 기초가 된다.
⑧ 가치마케팅의 원재료가 된다.

이와 관련된 것으로 다양한 사회복지분야마다 제시되고 있는 아동의 실천적인 권리, 아동복지 기본원칙, 어린이헌장, 청소년헌장, 경로헌장, 노인강령 등과 같은 원칙, 헌장, 강령 또는 사회복지관련 국제협약이나 세계선언 등이 사회복지사에게 어떠한 함의를 내포하고 있는가에 대한 해답을 구하는 노력을 경주함으로써 자기 나름의 '실질적인 지식(knowhow)'을 연마해야 한다는 것이다.

① 아동의 실천지향적 권리(원칙)

- 정상적인 가정생활을 누릴 수 있는 권리(안정된 가정생활)
- 사회보장 혜택의 권리(경제적 안정)
- 보건과 의료적 서비스를 받을 권리(보건 · 의료보호)
- 교육을 받을 권리(교육)
- 적절한 여가, 오락 및 문화적 생활을 누릴 수 있는 권리(오락)
- 학대 · 방임 및 착취로부터 보호받을 권리(노동)
- 특수한 치료, 교육 및 보호를 받을 권리(특수보호)

② 청소년헌장(1998년 10월 25일)

- 청소년은 자기 삶의 주인이다.
- 청소년은 인격체로서 존중받을 권리와 시민으로서 미래를 열어 갈 권리를 가진다.
- 청소년은 스스로 생각하고 선택하며 활동하는 삶의 주체로서 자율과 참여의 기회를 누린다.
- 청소년은 생명의 가치를 존중하며 정의로운 공동체의 성원으로 책임있는 삶을 살아간다.
- 가정, 학교, 사회 그리고 국가는 위의 정신에 따라 청소년의 인간다운 삶을 보장하고 청소년 스스로 행복을 가꾸며 살아갈 수 있도록 여건과 환경을 조성한다.

〈청소년의 권리〉

- 청소년은 생존에 필요한 기본적인 영양, 주거, 의료, 교육 등을 보장 받아 정신적, 신체적으로 균형 있게 성장할 권리를 가진다.
- 청소년은 출신, 성별, 종교, 학력, 연령, 지역 등의 차이와 신체적, 정신적 장애 등을 이유로 차별 받지 않을 권리를 가진다.

- 청소년은 물리적 폭력뿐만 아니라 공포와 억압을 포함하는 정신적인 폭력으로부터 보호받을 권리를 가진다.
- 청소년은 사적인 삶의 영역을 침해받지 않을 권리를 가진다.
- 청소년은 자신의 생각과 느낌을 자유롭게 펼칠 권리를 가진다.
- 청소년은 자유로운 의사에 따라 건전한 모임을 만들고 올바른 신념에 따라 활동할 권리를 가진다.
- 청소년은 배움을 통해 진리를 추구하고 자아를 실현해 갈 권리를 가진다.
- 청소년은 일할 권리와 직업을 선택할 권리를 가진다.
- 청소년은 여가를 누릴 권리를 가진다.
- 청소년은 건전하고 다양한 문화, 예술활동에 자유롭게 참여할 권리를 가진다.
- 청소년은 다양한 매체를 통하여 자신의 삶에 필요한 정보에 접근할 권리를 가진다.
- 청소년은 자신의 삶과 관련된 정책결정 과정에 민주적 절차에 따라 참여할 권리를 가진다.

〈청소년의 책임〉

- 청소년은 자신의 삶을 소중히 여기며 자신이 선택한 삶에 책임을 진다.
- 청소년은 앞 세대가 물려준 지혜를 시대에 맞게 되살려 다음 세대에 물려줄 책임이 있다.
- 청소년은 가정, 학교, 사회, 국가, 인류공동체의 성원으로서 자기와 다른 삶의 방식도 존중할 줄 알아야 한다.
- 청소년은 삶의 터전인 자연을 소중히 여기고 모든 생명들과 더불어 살아간다.
- 청소년은 통일시대의 주역으로서 평화롭게 공존하는 방법을 익힌다.
- 청소년은 남녀평등의 가치를 배우고 이를 모든 생활에서 실천한다.
- 청소년은 가정에서 책임을 다하며 조화롭고 평등한 가족문화를 만들어간다.
- 청소년은 서로에게 정신적, 신체적 폭력을 행사하지 않는다.

- 청소년은 장애인을 비롯한 소외 받기 쉬운 사람들과 더불어 살아간다.

③ 경로헌장

노인은 우리를 낳아 기르고 문화를 창조 계승하며, 국가와 사회를 수호하고 발전시키는데 공헌하여 온 어른으로서 국민의 존경을 받으며, 노후를 안락하게 지내야 할 분이다. 그러나 인구의 고령화와 사회구조 및 가치관의 변화는 점차 노후생활을 어렵게 하고 있다.

우리는 고유의 가족제도 아래 경로효친(敬老孝親)과 인보상조(隣保相助)의 미풍양속을 가진 국민으로서 이를 발전시켜 노인을 경애하고 봉양하여 노후를 즐길 수 있도록 노인복지 증진에 정성을 다해야 한다.

우리는 아래와 같은 사항을 구현하기 위하여 다함께 노력한다.

첫째, 노인은 가정에서 전통의 미덕을 살려 자손의 극진한 봉양을 받아야 하며, 지역사회와 국가는 이를 적극 도와야 한다.

둘째, 노인은 의식주에 있어서 충족되고 안락한 생활을 즐길 수 있어야 한다.

셋째, 노인은 심신의 안정과 건강을 누릴 수 있어야 한다.

넷째, 노인은 자신의 능력에 따라 사회활동에 참여할 수 있어야 한다.

다섯째, 노인은 취미 오락을 비롯한 문화생활과 노후생활에 필요한 지식을 얻는 기회를 가져야한다.

④ 노인강령

우리는 사회의 어른으로서 항상 젊은이들에게 솔선수범하는 자세를 지니는 동시에 지난날 우리가 체험한 고귀한 경험 업적 그리고 민족의 얼을 후손에게 계승할 전승자로서의 사명을 자각하며, 아래 사항의 실천을 위하여 다함께 노력한다.

1. 우리는 가정이나 사회에서 존경받는 노인이 되도록 노력한다.
2. 우리는 효친경로의 윤리관과 전통적 가족 제도가 유지 발전되도록 힘쓴다.
3. 우리는 청소년을 선도하고 젊은 세대에 봉사하며 사회정의구현에 앞장선다.

Ⅲ. 사회복지실천의 필요충분조건

사회복지실천과정에서의 기술은 지식(순수과학)과 지혜(응용 · 실천 · 종합과학)의 차이점에 대한 해답을 구하는 것과 같은 맥락에서 이해되어야 하며, 다음과 같은 함수관계에 의해 이루어진다.

Skill = f(Value · Knowledge)

技術 = 技(Science) + 術(art)

이러한 사회복지의 가치와 지식의 함수관계에 의한 기술은 〈그림 3-2〉와 같이 통합적인 관점에서 문제를 파악해서 구체적인 접근방법을 모색해서 목표를 달성코자 실천해야 한다는 점이 사회복지사에게 요구되는 필요충분조건이라고 할 수 있다.

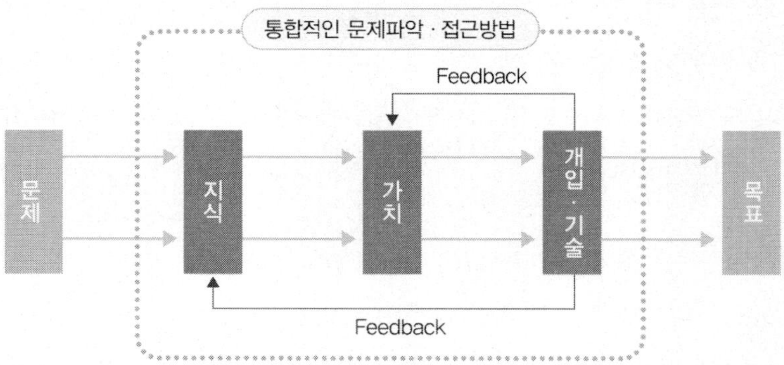

〈그림 3-2〉 가치, 지식 및 기술과의 관계

사회복지사의 실천기술은 사회복지 가치와 지식을 바탕으로 포괄적으로 문제를 확인하는 사정과정을 토대로 문제해결방안을 계획하는 과정을 거친 후에, 개입과정과 평가 · 종결 과정을 수행함으로써 개별 클라이언트 또는 가족, 집단 및 지역사회의 문제해결을 위한 목표를 달성하게 된다.

이와 같이 사회복지사에게 요구되는 실천기술은 다음의 〈그림 3-3〉에서와 같이 Gilbert & Specht(1979: 225-229)가 제시하고 있는 직접적인 접근방법과 간접적인 접근방법의 통합을 위한 교육모형이 좋은 길잡이가 될 수 있다.

Gilbert & Specht는 핵심적 통합모형(통합방법)의 교육과정에 요구되는 기초지식으로 ① 문제분석, ② 프로그램 설계, ③ 의사결정체계 개발과 활용, ④ 평가를 주요과제로 제시하고 있다. 이는 계획가로서의 사회복지사에게는 핵심적인 과제일 뿐만 아니라, 일반사회복지와 전문사회복지의 공통분모라는 점이 무엇보다 중요하다.

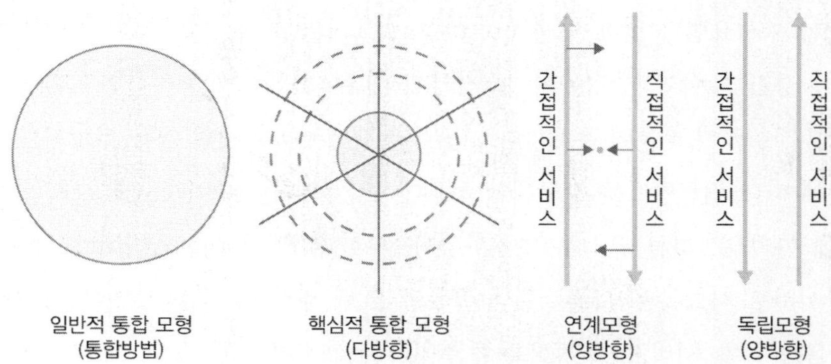

〈그림 3-3〉 직 · 간접적인 접근방법의 통합을 위한 교육 모형

이는「사회복지실천에서 함께 어울림과 하나 됨」이라는 표현이 직접적이지는 않더라도 오늘날 사회복지교육에서 강조되는「포괄적인, 통합적인」형용사의 의미가 무엇을 함의하고 있는지를 파악하는 것이 중요하다. 나아가 일반사회복지와 전문사회복지, 정책적 접근방법과 전문적 접근방법, 미시적 · 중간적 · 거시적 실천방법론 모두 공통적으로 내포하고 있음을 전제로 하는「사회복지실천을 위한 기본 기본틀」로 이해되어져야 한다는 것이다.

상기에 언급한「포괄적인, 통합적인」형용사의 의미나「사회복지실천을 위한 기본틀」은 곧 '제너럴리스트 개입 모델(Generalist Intervention Model; GIM)'에 대한 이해를 요구한다는 의미이다.

제너럴리스트 실천가는 어떠한 문제, 이를테면 아동이나 노인 학대문제도, 빈곤문제도, 미시적 · 중간적 · 거시적 수준의 문제도 그 어느 것을 다룰 때에도 이 GIM 기본기술을 공통으로 사용하여 사회복지실천을 위한 역할과 직책을 감당할 수 있다고 주장한다(Kirst-Ashman & Hull, 1999: 47).

이를테면 콧물이 나거나 코가 막혔을 때에는 코감기 약만 하나 사서 복용하면 되지만, 코도 막히고 열도 나고 몸살기운도 있고, 오한도 들고, 기침도 하고, 가래도 끓는 등의 복합적인 증상을 보일 때는 의사나 약사가 어떻게 처방하느냐 하는 것과 같은 것이다. 가지각색의 감기증상의 처방은 바로 '대증요법'을 적용하되 가장 고통 받는 증상에 대한 주사요법과 함께 약물치료 등을 병행하는 한다. 이와 같이 사회복지사가 실제에서 경험하는 다양한 문제는 특정하게 매뉴얼화 된 방법 하나만으로는 해결이 불가능하다. 그렇기 때문에 문제마다 대상마다 생태체계적 상황 등을 포괄적으로 분석한 판단에 따라 접근방법을 강구해야 하는데 같은 식재료를 가지고도 요리할 때마다 요리사에 따라 또 다른 음식을 조리하듯이, 사회복지사도 마찬가지이다.

이런 이치로 사회복지실천이 ① 사람들의 문제 해결 및 대처 능력을 향상시키고, ② 사람들을 자원, 서비스 및 기회를 제공하는 체계와 연결하고, ③ 사람들이 효과적이고 인도적인 수행을 촉진하며, ④ 사회정책의 발전과 개선을 목적(Pincus & Minahan, 1973: 8)으로 가능한 모든 윤리적 수단을 사용하여 도움이 필요한 사람들을 돕는 것이기 때문에 GIM 실천가에게 유연성과 창의성은 핵심 자질이다(Kirst-Ashman & Hull, 1999: 3).

그래서 제너럴리스트 사회복지실천은 ① 생태체계적 관점에서의 모든 문제를 관심대상으로 삼아, ② 환경변화를 목표로 삼고, ③ 환경이 클라이언트 문제에 반응케 하며, ④ 전문적 가치 강조와 준수 측면에서 나름의 독창성을 가진다(Kirst-Ashman & Hull, 1999: 4-5). 이는 변화를 위해 모든 수준의 체계를 대상으로 하는 절충주의 지식기반과 전문적 가치 및 광범위한 기술을 토대로 ① 제너럴리스트가 조직 구조 내에서 효과적으로 활동을 하되 지도감독 하에 수행하고, ② 광범위한 전문적 역할수행을 전제로, ③ 계획된 변화 과정에 비판적 사고능력을 적용하고, ④ 클라이언트에게 권한 부여를 강조하는 실천을 하는 것이다(Kirst-Ashman & Hull, 1999: 5).

특히 Gibbs et al.(1994)는 사회복지실천 실제에서 비판적 사고가 요구되는 일반적인 차원은 ① 클라이언트가 어떻게 서비스를 받고 처우를 받는가에 대해, ② 개입이 어떻게 작동하는지, 정말로 효과적인가에 대해, ③ 문제의 양면에 대한 주장을 평가하여 "사실"인 주장을 신중하게 검토하는가에 대해, ④ "과학적 추론"을 사용하여 논증을 분석해서 진실과의 불일치 및 차이가 있는가에 대해 관심을 두어야 한다(Kirst-Ashman & Hull, 1999: 30 재인용)고 진술하고 있다.

GIM 문제해결과정은 계약, 사정, 계획, 실행, 평가, 종료 및 사후조치를 포함한 7단계 과정을 통해 수행되며, 개인을 강조하는 미시적 수준의 실천; 그룹의 대인관계에 초점을 맞춘 중간수준의 실천; 미시적 수준과 중간적 수준 사이에 있는 가족과의 실천; 마지막으로 조직과 대규모 시스템이 주요 개입 대상이 되는 거시적 실천 이 세 가지 수준의 실천 전반에 관계된 문제를 분석하고 다양한 수준의 개입으로 문제를 해결할 수 있게 하는 제너럴리스트 접근방법이다(Kirst-Ashman & Hull, 1999: 46-47).

다음의 〈그림 3-4〉는 Kirst-Ashman & Hull(1999: 31-46)이 제시하고 있는 GIM의 실천과정에 관한 〈그림 1.3~그림 1.8〉을 하나의 그림으로 제너럴리스트 실천과정을 재구성한 것이다.

실제적으로 사회복지실천과정은 일차적으로는 〈그림 3-4〉 제너럴리스트 사회복지실천과정 흐름도에 따라서 실행계획을 수립한 후에, 2차적으로 전문적인 개입이 이루어진다.

2차적인 전문적 개입에 대한 사회복지실천은 우선 관계 구축 기술인 따뜻함, 공감, 진정성 등과 의사소통기술, 대인관계기술, 인터뷰 기술, 상담기술 등의 기본기술을 토대로 수행하면서 개인수준, 가족수준, 중간적 수준 및 거시적 수준에서 요구되는 개입전략을 선정해서 변화과정을 수행한다.

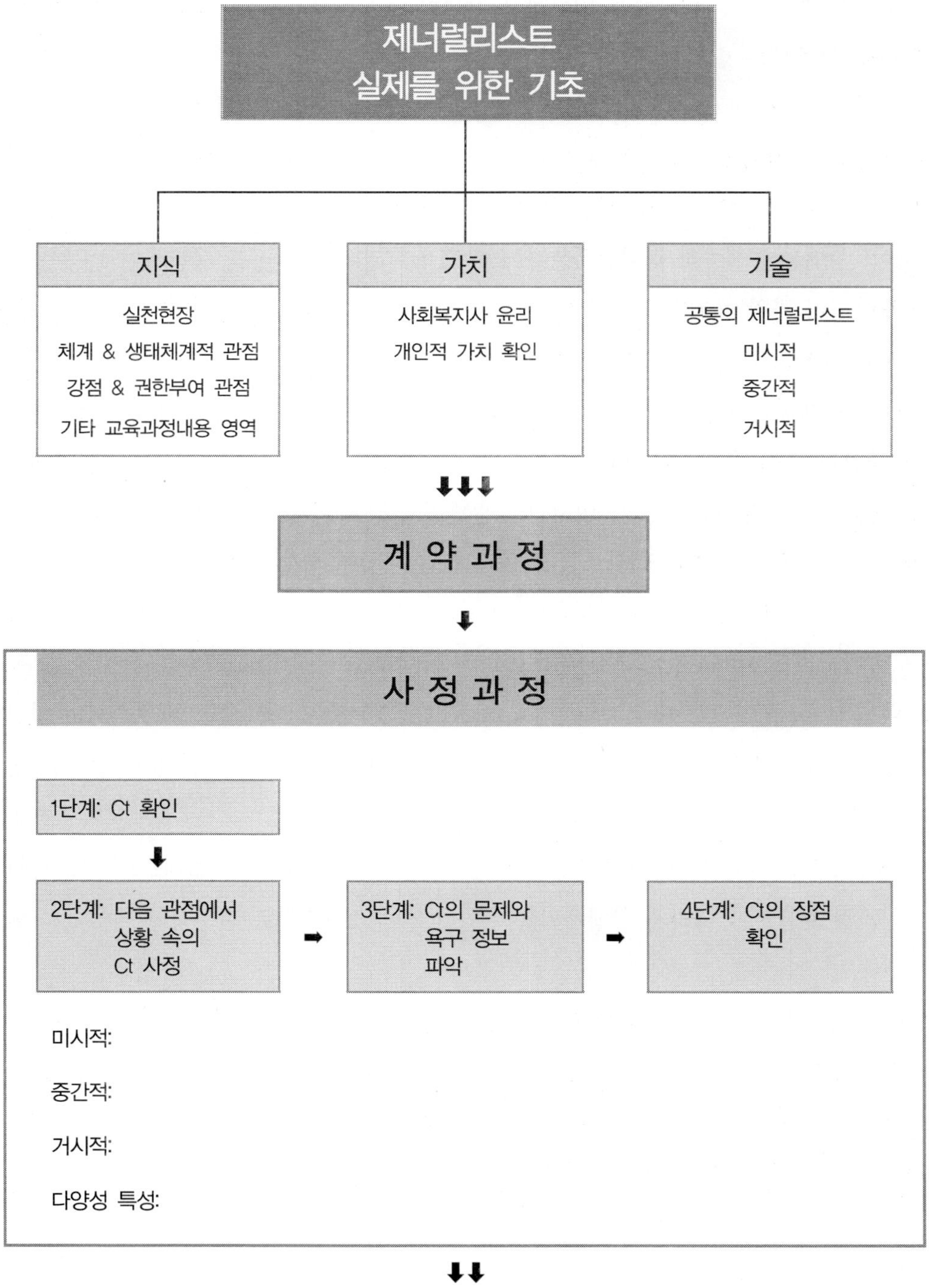
제너럴리스트
실제를 위한 기초
지식
실천현장
체계 & 생태체계적 관점
강점 & 권한부여 관점
기타 교육과정내용 영역
가치
사회복지사 윤리
개인적 가치 확인
기술
공통의 제너럴리스트
미시적
중간적
거시적
계 약 과 정
사 정 과 정
1단계: Ct 확인
2단계: 다음 관점에서 상황 속의 Ct 사정
3단계: Ct의 문제와 욕구 정보 파악
4단계: Ct의 장점 확인
미시적:
중간적:
거시적:
다양성 특성:

계 획 과 정

1단계: Ct와 함께 활동

2단계: 문제 우선순위 결정 →

문 제
1.
2.
3. 등등

3단계: 문제를 욕구로 전환

문제	→ 욕구
1.	
2.	
3.	

4단계: 욕구에 대한 개입수준 평가

욕구 #1: 등등

	a. 대안확인	b. 솔루션 제안	c. 평가:		
			찬성	단점	Ct 강점
미시적					
중간적					
거시적					

5단계: 목적 설정

6단계: 목표 구체화

	누가?	무엇을 할 것인가	언제까지	성과평가는 어떻게 할 것인가?
1.				
2.				
3.				

7단계: 계약 공식화

⬇⬇⬇

실 행 과 정

	실 행 수 준		
	미시적	중간적	거시적
계획 준수성			
모니터 과정			
계획수정(필요시)			
계획완료 (가능한 한 최대로)			

⬇⬇⬇⬇

평 가 과 정

조사원칙 적용

⬇

목표달성 정도 검토

목 표	달성정도	종료 또는 재사정 선택
1.		
2.		
3.		

⬇

종 료

⬇

사후조치 — **재사정** / **관계종료**

Source: Kirst-Ashman, K. K. & G. H. Hull. jr. 1999. *Understanding Generalist Practice*. Chicago: Nelson-Hall Publishers, 31-45 재구성.

〈그림 3-4〉 제너럴리스트 사회복지실천과정 흐름도

개입수준마다 필요한 개입전략은 다음의 제8장 실천계획 설계의 Ⅲ. 개입전략 선정의 5. 개입수준에 따른 개입전략 선정의 실제를 참고로 선정한 다음에 상담사, 교육자, 중개인, 사례 관리자, 중재자, 촉진자 및 옹호자 등의 역할을 수행한다.

궁극적으로 사회복지실천계획가에게는 전술한 바의 사회복지실천의 필요조건인 지식과 충분조건인 가치가 함께 어우러진 일반적 통합모형이든지, 핵심적 통합모형이든지, 직·간접적인 방법의 연계모형이든지 또는 독립모형이든지 간에 「절충주의적 형태, 창조적인 혼합형태, 또는 GIM의 실천능력」이 강조된다는 것이다.

이를테면 어린아이가 말을 배우는 과정이나, 운동선수가 훈련하는 과정이나 컴퓨터 프로그래머가 되는 과정이 그렇듯이 처음에는 하나하나 분리해서 일련의 순서에 의해 학습하지만 실제적으로 활용할 때는 지금까지 학습한 모두를 종합해서 응용함으로 실행능력이 극대화되는 바와 같이 사회복지사의 학습과정도 동일하다고 할 수 있다.

음악가는 악기가 없어도 작곡이 가능하다고 한다. 왜냐하면 소리에 젖어야 작곡이 가능하기 때문이다. 이와 같이 사회복지사에게 무엇보다 중요한 것은 전문가로서 사회복지실천 가치를 내면화시키고 과학적인 지식을 습득해야 할 뿐만 아니라, 사회복지실천 가치와 과학적인 지식 간의 조화로운 상호작용의 결과에 의한 전문적인 기술을 사회복지실제에서 능숙하게 활용되도록 하는 스케일업(scale-up) 한 능력이 사회복지실천의 필요충분조건이 되어야 한다.

Chapter 04

전략적 계획을 위한 사고 개발

Ⅰ. 사회복지마케팅

1 사회복지마케팅 개념

사회복지마케팅은 표적집단에 사회적 아이디어나 원인에 대한 대응력을 증대시키고자 노력하는 계획, 프로그램 수행 및 통제라고 할 수 있으며, "사회행동마케팅(social cause marketing)", "아이디어 마케팅(idea marketing)", "사회문제 마케팅(public issue marketing)" 또는 "사회광고(social advertising)"와 동의어로 사용되고 있다(Kotler, 1982: 490).

마케팅이 사회복지기관에 도입 · 활용되어야 하는 이유는 실제적으로 사회복지서비스는 이용자의 참여도 여하에 따라 성공여부가 결정된다고 해도 지나치지 않기 때문이다. 그러므로 상업적 마케팅의 분석도구 및 전략을 사회복지기관의 계획과 행정에 도입하여 클라이언트에게 미친 영향을 이익이라고 규정한다면 사회복지분야에서도 신뢰성을 확보할 수 있는 창조적인 접근방법이 될 뿐만 아니라 서비스이용자의 욕구에 대응하고 변화하는 환경조건에 적응할 수 있게 하는 중요한 역할을 할 수 있다(Genkins, 1985: 40.; Stornor, 1986: 51).

그러므로 사회복지마케팅은 조직 내 · 외의 정보수집, 소비자에게 접근하는 방법 계획, 소비자의 욕구를 바탕으로 한 새로운 서비스 개발, 서비스에 대한 광고, 주민과의 관계형성 전략, 기금획득, 클라이언트를 모집하고 등록하는 활동 등을 점검할 수 있게 한다(Lenard, 1995: 135).

이에 Genkins(1985: 36-40)는 수요와 공급 법칙에 의한 개념적인 마케팅 준거틀을 Koltler가 제시한 수요상태 중에서 부정적인 수요상태(Negative demand), 무수요 상태(No demand), 잠재적인 수요상태(Latent demand) 및 감소되는 수요상태(Faltering demand)에 대한 행정원칙, 마케팅 기법이 결합된 구체적인 관리방법을 제시하고 있음을 사회복지실제에서도 활용되어져야 한다.

1) 부정적인 수요상태

부정적인 수요상태는 서비스나 프로그램을 선호하지 않고 이용료 납부를 회피하는 상태의 잠재적인 시장이라고 할 수 있다. 이러한 부정적인 수요상태는 확신, 가치 또는 서비스/프로그램이나 이용료 때문에 야기되는 감정의 저항원인이 무엇인가를 분석하는데 초점을 둔 전환마케팅(conversional marketing)을 다음의 방안으로 대응할 수 있다.

- 의사소통 프로그램을 통하여 잘못 이해된 부분을 분명히 한다.
- 명확한 가치에 기초하도록 주문한다.
- 집단과정을 통하여 부정적인 감정을 수정한다.
- 납득하기 어려운 높은 이용료에 대해 이해시키도록 한다.

2) 무수요 상태

부정적인 수요보다 낮은 상태이며, 이는 ① 미혼모 예방사업과 같이 대상자체는 잘 알려져 있지만 가치 없다고 인식한 경우, ② 약물 오·남용처럼 대상자체는 가치 있지만 특정한 시장이 없는 경우, ③ 아동학대 또는 매 맞는 아내와 같이 홍보부족으로 혁신적인 대상으로 알려지지 않았거나 관련된 시장에서 알려지지 않는 경우에 적용할 수 있는, 이를테면 사회변화를 도모하고자 하는 시범사업 등에 활용된다. 이처럼 수요가 거의 없는 시장에서 적극적인 수요로의 변환은 의사소통과 판촉기법을 응용하는 이른 바 아이디어를 상품화하고 국민의 자각과 관심을 증진시키는 자극마케팅(stimulational marketing)이 요구된다.

3) 잠재적인 수요상태

실제적으로 서비스/프로그램이 존재하지 않기 때문에 강한 욕구가 있는 잠재적인 상태이며 개발 마케팅(developmental marketing)의 적용이 요구된다. 이를테면 주로 중상층을 대상으로 한 개인, 가족 또는 결혼 치료상담서비스, 사적인 사회복지실천가의 증대, 건강 및 노인문제, 만성질환자, 사회복지사가 없는 개인의료영역에서 치료받고 있는 환자, 화이트칼라 및 시간제 근로자 증가 등에 따른 서비스/프로그램을 개발하게 하여 서비스 이용료 및 기부금에 의한 운영을 가능하게 하거나 예방차원의 프로그램을 계획할 수 있는 실마리를 제공한다.

4) 감소하는 수요상태

상기의 잠재적인 수요보다 약한 서비스/프로그램 욕구가 잠재된 상태이며 재마케팅(remarketing) 또는 포장마케팅(cosmetic marketing)에 의해 활성화 될 수 있다. 예컨대 이용자가 감소하는 서비스/프로그램의 경우에 표적시장에 대한 재검토와 평가를 통해 재마케팅 하거나 서비스/프로그램의 본래 상태의 변화 없이 다른 이미지를 투입하는 포장마케팅을 활용한다. 이처럼 감소하는 수요상태에 대한 마케팅에 생활주기 개념을 유용하게 활용함으로써 서비스/프로그램의 지속성을 보장할 수 있다.

2 사회복지마케팅의 원칙

김문(1999: 147-198)은 군사전략을 응용한 「공격마케팅」이란 저서에서 마케팅에도 정확히 적용될 수 있는 공격, 기습, 기동, 목표, 집중, 절약, 경계, 지휘통일 및 단순의 원칙을 다음과 같이 소개하고 있다.

이러한 마케팅 원칙은 사회복지조직 내지 사회복지사업의 특성 등을 반영하거나 검토해야 할 필요성이 요구되지만, 사회복지 중심에서의 사고 확장이라는 측면, 전략적인 계획 및 실행이라는 측면 그리고 사회복지행정의 기본원칙에 대한 현실적인 이해를 촉진한다는 측면에서 활용성이 있다고 판단된다.

① **공격의 원칙**: "공격이 최상의 방어" 또는 "승리는 저지르는 자의 것"이라고 하듯이 마케팅 이 자체는 공격 그 이상도 이하도 아니며, 다른 8개의 원칙은 이 공격의 원칙에서 출발한다.

② **기습의 원칙**: 공격의 원칙과 항상 같이 적용되며, 마케팅 전략에서의 기습은 어느 경쟁사도 점령치 못한, 비어있는 시장을 목표로 하는 공격을 뜻한다. 비어있는 시장이란 충족되지 못한 소비자의 욕구를 뜻하며, 이러한 욕구가 이룬 시장은 노출되어 있는 것이 아니라 숨어있기 때문에 이를 찾아내기 위해 정보를 수집하고 창의력을 발휘하는 것이 중요하다. 그러므로 기습의 원칙을 중시하는 마케팅은 틈새 마케팅(Niche marketing)이라고 할 수 있다.

③ **기동의 원칙**: 공격적인 조직체계가 항상 유지해야 하는 제1원칙으로, 마케팅에서

의 기동의 원칙은 물리적인 수단에 의한 "빠름" 보다는 시스템의 유연성이나 탄력성에 의해서 주변상황에 누구보다 앞서 적시에 대응할 때의 "빠름"을 의미한다. 그러므로 마케팅에서의 기동성은 선제공격을 가능케 하고 선제공격은 시장선점을 가능케 한다. 조직체계에 기동성이 없다면 전략의 개발도 추진도 수행할 수가 없다. 때로는 빠른 졸속 마케팅이 치밀하고 완벽한 마케팅 보다 절실하게 필요한 경우도 있다.

④ **목표의 원칙**: 목표는 적 군사력의 중심이며 이 목표에 공격력을 집중해서 최우선적으로 섬멸해야 하듯이, 소비자의 욕구를 정확히 파악해서 소비자의 욕구에 부합되는 상품을 개발해내는 마케팅의 포지셔닝(positioning) 기법이 목표의 원칙에 의한 것이다.

⑤ **집중의 원칙**: 목표의 원칙 및 절약의 원칙과 함께 적용되는 원칙으로, 손자가 "아군은 집중시키고 적군은 분산시켜라(我專而敵分)"고 하듯이 집중의 원칙은 목표달성을 위해서 인적 · 물적 자원이나, 노력, 시간 및 기술 등의 낭비를 예방하고 집중해서 경쟁력을 확보하는데 목적을 둔 원칙이라고 할 수 있다.

⑥ **절약의 원칙**: 목표달성을 위해서 최선의 방법을 선택해서 최소한의 자원을 투입하여 과제를 수행해야 한다는 원칙으로 비용효과분석을 고려해야 한다.

⑦ **경계의 원칙**: 기습의 원칙에 대응하는 원칙으로써 조직체계가 항상 유념해야 할 기본원칙이며 시장정보 중시의 원칙이라고 할 수 있다. 맥아더 원수가 "작전에 실패한 지휘관은 용서받을 수 있어도 경계에 실패한 지휘관은 용서받을 수 없다"라고 하듯이, "기습하되 기습당하지 말라"가 마케팅에서의 경계의 원칙이라고 할 수 있다. 마케팅에서의 경계의 실패는 당하는 측의 이완되고 태만한 조직체계에서 발생되기 때문에 기습은 당하는 것이 아닌 스스로 불러오는 것이므로 마케팅 오디터(Marketing Audit)라는 관리정보에 의한 운영이 중요시된다.

⑧ **지휘통일의 원칙**: 공격의 원칙과 기동의 원칙을 보완하는 것으로 "사공이 많으면 배가 산으로 간다" 또는 "회의는 항상 소심과 패배주의의 결론을 낳는다"고 맥아더 원수가 부친의 말을 인용하였듯이 불필요한 결재라인, 상급자의 간섭, 부서간

의 협조사항이 많을수록 공격성과 창의력이 소멸되고 복지부동의 근무태도가 나타나므로 "장수가 유능하고 군주가 간섭하지 않으면 승리한다"는 손자의 말처럼 마케팅 전략 책임자에게 추진할 수 있는 힘을 주어야 한다.

⑨ **단순의 원칙**: "전쟁은 우연의 연속"이라던가 "작전계획이란 전투가 시작되는 순간 휴지조각이 된다"는 말처럼, 마케팅에서도 전략이 너무 복잡하고 기교적이거나 미사여구가 많으면 비현실적이고 형식주의의 산물이 될 수 있으므로 직접적이고 간단한 계획과 명확하고 간결한 명령이 혼란과 착오를 감소시킨다.

이러한 공격마케팅의 9개 원칙은 Trecker(1971: 186-194)가 제시한 사회복지기관행정의 기본원칙인 사회복지실천가치의 원칙, 지역사회 및 클라이언트 욕구의 원칙, 기관목표의 원칙, 문화적 장면의 원칙, 목표 지향적 관계의 원칙, 기관 전체성의 원칙, 전문적 책임의 원칙, 참여의 원칙, 의사소통의 원칙, 지도력의 원칙, 기획의 원칙, 조직화의 원칙, 위임의 원칙, 협력의 원칙, 자원 활용의 원칙, 변화의 원칙, 평가의 원칙, 성장의 원칙과 유기적인 관계를 중심으로 활용되어야 한다.

3 사회복지마케팅의 수단

Lauffer(1986: 32-33)는 Genkins(1985)가 제시한 사회복지마케팅의 수단이 되는 4Ps (Product, Price, Promotion, Place)에 대한 전략과 방법에 Publics와 Partners를 추가하여 6Ps를 중심으로 하는 마케팅 접근방법을 제안하고 있다.

1) 서비스/프로그램(product)

서비스/프로그램은 구체성, 탄력성, 목표달성 가능성, 상대적인 장점 등의 특성을 고려해야 한다.

2) 이용료 결정(pricing)

비영리기관은 유료서비스를 제공하지 않지만 예산상의 목적 때문에 재원확보가 요구되거나, 서비스 활용성과 운영비 간에 관계가 있거나, 영기준예산 분기점 또는 세입과 운영상의 차이가 있을 경우에 이용료를 결정하게 된다.

이용료를 결정하는 방법은 서비스 질에 대한 교환비용, 서비스 대기정도, 및 상품의 혁신성을 고려해서 최고가격 결정(skimming pricing), 박리다매 형태의 최저가격 결정(penetration pricing) 또는 소득에 따른 이용료 차등부과 등이 활용되고 있다.

3) 판촉활동(promotion)

판촉활동은 조직자체에 관한 정보를 제공하고 소비자에게 거래활동을 권장하는 노력의 수단이며, 친밀성, 시각 효과, 위험성, 효과의 지속성, 편의성, 조사 또는 평가결과 활용, 서비스/프로그램의 이미지 등을 활용 또는 응용하는 변환마케팅이 포함된다.

4) 전달장소(place)

지리적 위치와 관련된 접근성, 서비스이용의 편의성, 대중교통 활용의 용이성, 주차시설, 그리고 처우기준, 선정방침, 서비스/프로그램 이용시간대, 직원배치, 가정방문 또는 원외출장 · 상주 프로그램 여부, 건물외부구조, 내부 공간, 환경정리, 직원복장 등에 대한 인식, 후각적 · 촉각적 요인 등 물리적 이미지 관리에도 유념한다.

5) 인적자원(publics)

인적자원은 자원 및 자문을 제공하는 개인, 집단 조직 등의 기관외부인이 포함되는 투입인력(input publics), 기관의 서비스/프로그램 수혜를 받는 클라이언트 또는 이용자인 산출인력(output publics) 그리고 기능직, 사회복지사, 간호사, 사무직 등 서비스/프로그램 운영에 영향을 미치는 기관종사자들이 포함되는 전환인력(throughput publics)로 구분된다. 이 투입인력과 산출인력 그리고 전환인력 간에는 서로 어우러진 생태학적인 균형(ecological balance)이 존재해야 하지만, 발생하는 욕구를 충족시키기 위해 쉽게 해산되고 재조직될 수 있는 탄력적인 균형(volatile balance)이 있어야 한다는 점이 강조된다.

6) 협력자(partners)

상기의 투입인력과 산출인력 및 전환인력은 기관측면에서는 경쟁적인 관계와 협력적인 관계가 공존한다. 그렇기 때문에 협력자는 이들 중에서 반드시 동일한 이익은 아닐지라도 호혜적인 목적을 달성하기 위해 함께 활동하는 사람들이라고 할 수 있다. 그러나 협력자는 행정기관에 새로운 프로젝트나 장비구입비 지원을 요구하다가도 제한된 자원으로 선정해야 하는 경우 태도변화가 있을 수 있음에도 관심을 가져야 할 것이다.

4 사회복지마케팅의 대상

사회복지마케팅의 대상은 전술한 4Ps 내지 6Ps 자체가 마케팅 대상이자 수단이며, 이를 활용하는 주체와 목표에 따라 다양하다고 할 수 있다.

Boehm(1996: 69-73)은 사회복지조직이 경쟁력 강화를 위해 상대적인 장점이 될 수 있는 이용료 차별화, 차별화된 서비스 제공, 틈새시장 확보 측면에서 다양한 전략을 모색할 필요성이 있다고 지적하고 있다. 이를테면 이용료 차별화를 도모하기 위해 자원봉사자를 활용하거나, 집단사회사업적인 접근을 통해서 또는 일반경비 및 행정비용의 경감 내지 효율성 모색하거나, 차별화된 서비스를 제공하기 위해 수준 높은 전문가, 신속성 또는 주문에 의한 서비스를 제공하거나, 클라이언트 문제해결 능력, 지명도 높은 브랜드명 또는 소비자 품질 인증(customer royalty) 또는 혁신적이고 새로운 기술을 활용한 서비스를 제공하거나, 틈새시장을 확보하기 위해 지리적 · 인구론적인 특성, 수입, 직업, 사회(적)문제 유형, 교육수준, 종교 등에 기초한 차별화 노력 등이 이에 해당된다.

이와 같이 마케팅 대상은 실천전략 개발과 실행을 위한 아이디어 마케팅 이외에도 활용주체 측면에서 공 · 사의 사회복지조직은 이미 마케팅을 활용하고 있거나 활용되어야 할 필요성이 증대되고 있다. 예컨대 사회복지법제상의 임의규정을 활용하거나, 제1차 사회보장장기발전계획상에서 제시하고 있는 정책정보 또는 지방자치단체의 보건복지정보를 활용하는 정보마케팅이 그 대상이 되며, 앞으로 복지정책 형성 내지 제도화를 위한 촉진자, 대변자 내지 옹호자로서의 사회행동마케팅과 사회광고에 대한 관심 및 직원과 조직개발을 위한 전략으로 활용하도록 보다 적용범위를 확대해야 할 것이다.

또한 마케팅의 4P개념은 소비자보다는 공급자 중심에서 활용되기 때문에 4P 대신에 4C를 사용해야 한다는 주장이 최근 제시되고 있다. 4C는 ① 소비자들은 단순히 제품을 산다는 과거의 개념에서 오늘날의 고객들이 원하는 가치 또는 문제해결을 사는 사람으로 여긴다는 의미에서 Product를 Consumer로, ② 단지 제품의 구매가격뿐만 아니라 사용 및 처분 비용을 포함하는 총비용에 관심을 두어야 한다는 의미에서 Price를 Cost로, ③ 소비자들은 구매장소의 개념보다 제품 또는 서비스에의 구매접근이 용이함을 원한다는 의미에서 Place를 Convenience로, 그리고 ④ 오늘날 고객들은 생산자나 공급자의 일방적인 전달의 의미가 내포된 Promotion을 상호전달 의미의 Communication으로 대신해야 한다는 마케팅의 개념 변화경향도 사회복지영역에 미치는 함의가 크다고 할 수 있다.

이러한 사회복지마케팅의 원칙과 개념적인 준거틀, 전략 및 마케팅개념의 변화경향을 공·사의 사회복지기관에서 보다 전문화된 경쟁력을 강화하는데 활용하기 위해서는 사회복지사가 지녀야 할 가치 및 지식과 더불어 사회학, 인류학, 정치학, 경제학, 법학, 신문방송학 등의 관련 전문직과의 교제 및 최고관리자에 의한 체계적인 접근이 요구된다.

5 사회복지마케팅의 적용

사회복지분야에서 마케팅이 괄목할 만한 관심의 대상이 된 이유는 다음과 같다(Genkins, 1985: 41).

① 사회복지기관은 소비자와 잠재적인 소비자를 접촉해서, 이들을 확보하고, 이들의 욕구에 대응하기 위한 노력의 일환으로 이들에게 관심을 두고 있다.
② 이러한 노력은 언제나 비영리조직의 주요한 활동이었으나, 재원확보를 위한 경쟁 때문에 마케팅이 급속도로 확장되고 있다.
③ 마케팅은 서비스제공자의 관심사(interest)를 최대한 반영하고 있다.

이처럼 사회복지마케팅은 오늘날 사회복지조직에 영향을 미치는 전술한 바의 법률 제·개정과 정부정책, 기금형태, 조직 내 이익집단의 가치와 권력균형의 변화 및 클라이언트의 태도, 행동, 욕구 변화 등과 같은 환경요인 이외에도, ① 관련조직 간의 경쟁, ② 대체서비스의 출현, ③ 공급자의 권력 약화, ④ 소비자의 권력 약화 및 ⑤ 새로운 조직 출현으로 인한 위협(Boehm, 1996: 62-69)에 능동적으로 대처할 수 있는 수단으로 활용되어야 할 필요성이 있다.

사회복지마케팅은 조직유지기능 강화를 위한 내부마케팅 관리기능 강화를 위한 정보마케팅 및 서비스전달기능 강화를 위한 전략적 차원에서의 외부마케팅 등이 활용될 수 있다.

Ⅱ. 시너지

1 시너지 개념

사회복지사는 사회복지실천현장에서 기본적인 사회복지실천가치와 사회가치, 사회복지전문직과 사회구성원, 개인과 사회 간의 분리 또는 통합문제와 관련해서 다양한 딜레마를 경험하게 된다.

이와 관련해서 시너지 개념은 〈그림 4-1〉에서 제시되고 있는 바와 같이 왜 가치, 윤리, 비전의 중간에 위치하고 있는가? 그 의미를 이해해야 한다. 그 이유는

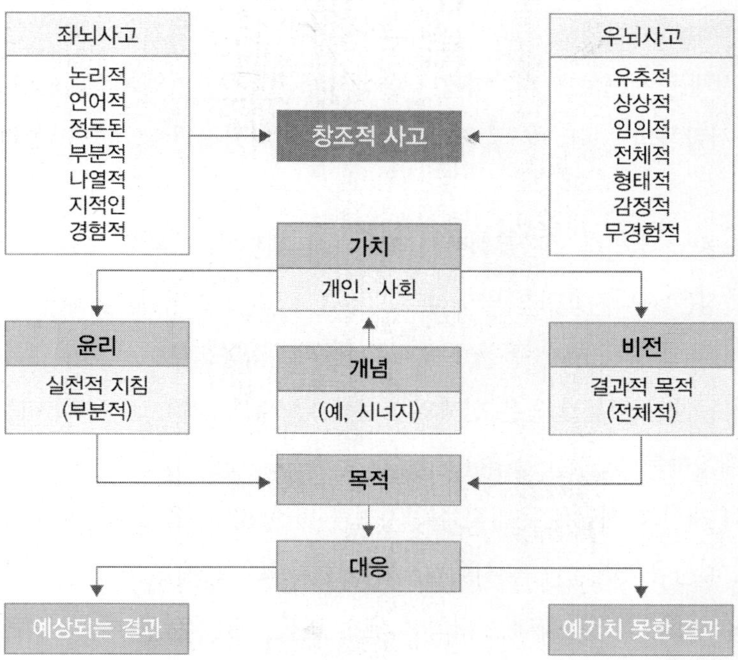

Source: M. Heus & A. Pincus(1986), *The Creative Generalist – A Guide to Social Work Practice*, Micamar Publishing : Bameveld, Winsconsin, p. 65.

〈그림 4-1〉 창조적 사고방식과 가치

시너지가 기본적인 사회복지철학 및 실천가치와 관련된 개념으로 서로 공유할 수 있고 점진적으로 공통된 시각을 갖게 해서 윤리적으로도 실천적인 지침을 제시하고 행동하게끔 안내하는 도전 내지 비전(vision)으로 명료하게 해서 목적설정과 대응을 하게 하는 중심적인 기능을 한다는 점에서 매우 중요하기 때문이다.

"synergy"의 사전적인 의미는 효과 · 작용 · 기능 등의 협력작용, 둘 이상 자극물에 의한 상승작용, 사회 내 특정집단의 공동작업이다. 이는 거래분석(T.A)에서의 보충적인 거래관계, 공급자-수요자 내지 helper-therapy principle 또는 승화된 공생관계, 相生, 互惠性, Alpha-raising, +α, 동반성장 등의 의미를 포함한 상부상조적인 발전 내지 개인과 사회복지기관 및 지역사회 간의 win-win-win effect라고 할 수 있다.

시너지는 자연과학에선 Fuller, 사회과학에서는 Benedict 그리고 심리학에서는 Maslow에 의해서 소개되었다. 사회복지실천을 위해 시너지 개념을 제안한 Heus & Pincus(1986: 61)는 "전체는 부분의 합 그 이상이다"라는 시너지의 일반적인 원칙을 언급하면서, 전체는 서로를 최적화하거나 향상시키거나 상호이익이 되는 상태를 확보하도록 하는 사람들의 능력, 힘 및 생각과 관련된 시너지적인 관계를 포함하고 있다고 하였다.

이처럼 오늘날 우리의 생활문화에서 지향하는 세분화, 전문화 등을 통한 산업화의 경쟁적인 특성은 시너지효과를 약화시키고 있다. 그러나 이러한 경향과는 반대로 기술과 교육의 제휴와 협동 등을 통한 산학협동, 다학문적인 접근, 자원망 구축, 대기업과 중소기업의 동반성장 정책 등은 현재의 효용가치보다 향상된 것과 교환하는 즐거움과 능력을 극대화하는 노력을 강구하고 있다.

이와 같이 시너지 개념은 윤리적 실천지침과 비전(vision)을 창조하게 하므로 우리의 일상생활에서 사용하면 할수록 시너지적인 해결책으로 문제를 해결할 수 있는 대응력(readiness)을 더욱더 개발하게 한다고 하면서 ① 놀이를 직업(업무)으로 전환한 놀이치료, ② 위층은 노인가족이 아래층은 젊은 부부가 살게 하는 스웨덴의 프로그램, ③ 매 맞는 아내와 다리골절 여성 환자의 일시적인 동거생활 등이 사례로 제시되고 있다(Heus & Pincus, 1986: 63-64). 이에 더하여 저자가 추가한 다음의 사례를 토대로 시너지적 의미를 탐구하고 논의되기를 기대한다.

④ 류시화 시인의 외눈박이 물고기의 사랑

.... 두눈박이 물고기처럼 세상을 살기 위해 평생을 두 마리가 함께 붙어 다녔다는 ..... 혼자 있으면 그 혼자 있음이 금방 들켜 버리는 외눈박이 물고기 비목처럼 목숨을 다해 사랑하고 싶다

⑤ 복음의 상식화: 행함이 있는 믿음

⑥ 복지의 상식화: 사회복지교육

⑦ 일본의 중증지적장애인시설인 揚止學園

"보이는 것은 잠깐이요 보이지 않는 것은 영원함이라(고후4: 18)" 정신지체아동이 좋아하는 노래 부르기, 춤추기 또는 그림 그리기를 프로그램으로 개발운영

⑧ 500원 하는 시골시장의 김치국밥과 의류

⑨ 품질경영: Mission School, "Me," or "for 靑"

⑩ 놀이를 직업(기술)로 개발한 놀이치료

⑪ 가족적인 신앙공동체(행2:44-47, 4:32-35), 제도권의 자원을 활용한 그룹홈, 신앙과 생활복지를 추구하는 공동체로서의 교회

⑫ 시너지적인 영신공동체 만들기

2 사회복지사의 시너지적 업무형태

Heus & Pincus는 이러한 시너지적인 대응력이 사회복지사에게 요구되는 "업무형태"라고 하면서, 연금술사(Alchemist) 또는 넝마주이(Trashpicker), 자원행상인(Resource Peddler) 그리고 지역사회정원사(Community Gardener)를 업무형태로 제시하고 있다(Heus & Pincus, 1986: 81-95).

1) 연금술사 또는 넝마주이

연금술사나 넝마주이에겐 쓰레기가 단순히 쓸모없는 대상이 아니라 하나의 자원이며, 보물이 되기도 하며, 소중한 기회가 되기도 한다. 이들의 눈으로 볼 때는 다른 기능을 가진 가치 있는 물질로 변화시킬 수 있는 연금술사들이다. 비록 작은 가치가 있을지라도 모을수록 비례적으로 가치는 상승된다.

사회복지사는 항상 '문제 학생' 또는 '결식아동문제' 등의 「문제」라는 단어가 포함된 개념에 관심을 두게 된다. 쓰레기를 어떠한 관점에서 보느냐에 따라 유용하기도 하고 무용지물이기도 하듯이, 사회복지사에게 요구되는 「쓰레기 개념」은 연금술사 내지 넝마주이의 「쓰레기 계획」으로 발전되도록 하는 업무형태라고 할 수 있다.

2) 자원행상인

행상인의 사전적 의미는 "물건을 가지고 이곳저곳 돌아다니며 파는 사람이며, 흔히 도붓장수라고 한다." 이는 시너지효과를 도모하기 위해서 전통적인 가정방문서비스의 기능을 보다 강화해서 관계망(network)을 확대시키고 또한 관계망 형성(networking)에 의도적으로 참여할 수 있는 사회복지사의 업무형태라고 할 수 있다.

옛날 도붓장수는 정기적인 방문을 통해 물물교환도 하고 행상여행 동안 수집한 다양한 정보를 제공하기도 하고 새로운 정보를 수집하기도 한다. 이와 같이 도붓장수의 계속되는 활동은 물물교환 했던 물건이나 수집한 정보를 필요한 사람에게 재고정리하는 연속과정을 수행하는 것이다.

그러므로 사회복지사는 항상 자원을 재고정리 할 수 있기 위해서는 계속적인 공식적 · 비공식적 자원 수집가로서 정보제공자로서 사회복지사 스스로 문제를 풀기 위한 행상을 하는 것이 아니라 사람들 스스로 문제를 해결할 수 있도록 하는 도붓장수가 되어야 한다.

3) 지역사회정원사

지역사회라는 용어는 이웃주민들, 작은 도시, 시골부락, 공공주택단지 및 노인센터 등과 같이 사람들이 모인 공동체를 의미하며, 정원을 가꾸는 방법에는 유기농법과 화학농법으로 구분된다고 할 수 있다.

오늘날 사회복지사는 경쟁성과 이익성 및 생산성을 향상시키고자 인공비료와 살충제 및 제초제를 사용함으로써 인간에게 이로운 생물체마저 제거하게 되고 토양의 산성화와 농약성분이 함유된 음식을 섭취하게 될 뿐만 아니라 또 다른 해충을 유발하게 되는 left-mind에 의한 화학농법과 유사한 점이 있다고 할 수 있다.

이와는 반대로 자연의 신비로운 잠재성을 믿고 자연친화적인 농법을 중시하는 정원사처럼 사회복지사는 공동체가 균형을 유지하도록 하는 자율성에 기초한 접근방법을 도모해야 할 필요성이 있다.

이러한 정원사와 같은 사회복지사는 다음에 초점을 둔다(Heus & Pincus, 1986: 95).

① 결점을 강조하기 보다는 장점을 촉진시킨다.
② 지역사회에게 강요하기 보다는 다른 사람들과 함께 문제점과 잠재력을 모색하고, 지역사회 스스로 해결할 수 있도록 해결방안을 구축하게 한다.
③ 살충제를 살포하기 보다는 지속적인 적응력과 대응력을 구축하도록 다른 사람들을 관계시킨다.
④ 인내력을 갖고 문제점을 청취하며, 이를 정의하고, 구체화하고, 재정의 하며, 숙성과정을 중시할 뿐만 아니라 긍정적이고 지속적인 변화를 위한 방안과 기회를 모색하기 위해 계속적인 노력을 한다.

상기의 시너지 개념 및 사회복지사의 업무형태에 대해서 사회복지실천가가 충분한 이해를 도모해야 한다. 전문직은 외적인(outside) 것이고 "저기(out there)"로 인식하고, 소명의식(vocation)은 내적인(inside) 것이고 여기(in here)로 각각 분리된 것처럼 인식하게 되는 오류가 존재한다. 외적인 것과 내적인 것을 여기와 저기를 통합한 소명의식을 가지고 사회복지에서 찾아서 이바지할 수 있어야 한다는 점이 중요하다. 이 소명의식은 사회복지사 자신의 일에 대한 의미 안에, 믿음을 행함 안에, 접근방식 안에 있기 때문에 소명의식 이 자체가 사회복지사 자신이어야 한다(Heus & Pincus, 1986: 67-68).

이에 Heus & Pincus는 "어떤 사람들은 일을 일으키고, 일부의 다른 사람들은 무슨 일이 일어나고 있는지 지켜보고, 그리고 나머지 사람들은 무슨 일이 일어났었는지 걱정하는 사람들로 구분된다"라고 하면서 대부분의 사회복지실천은 무슨 일이 일어나고 있는지 관찰한 다음 무슨 일이 일어났는지 궁금해 하는 사람들을 돕는 것이라고 지적한다. 그러므로 가치, 비전 및 소명의식을 사회복지사로서의 사명(mission)으로 결합해서, 오늘날의 정보경제와 정보에 대한 접근, 고용문제, 자립 강조 · 다양성 · 네트워크 증가 등의 사회변화 경향에서 노출되는 문제로부터 기회를 포착해서 사회복지사로서의 개인 사명을 우리 사회 및 직업의 변화경향과 일치시켜 헌신해야 한다는 것이다. 이를테면 사회복지사 직원채용 시에 "이것은 중요한 일이며 저는 그것이 일어나기를 정말로 원합니다."라고 말하는 지원자와 "이 일은 일어날 것이고 그럴 때 거기에 있고 싶습니다."라고 말하는 지원자 중에 어떤 사람을 고용하겠는가? 하는 질문에 대한 답이 바로 여기에 있다(Heus & Pincus, 1986: 69-81)는 것이다.

이를 위해서는 다음의 네 가지가 전제되고 있다는 점을 주목해야 한다.

① 합리적인 사고를 주관하는 left-mind thinking과 직관적인 사고를 주관하는 right-mind thinking의 균형을 도모하는 whole-mind thinking을 전제로 한다.

② Johnson & Yanka(2001: 54-55)가 전문적인 사회복지실천의 본질은 "Creative Blending of Knowledge, Values, and Skills"이라고 주장하고 있는 바와 같이 사회복지실천에 관한 가치와 지식 및 기술의 창조적인 결합을 전제로 한다.

③ 이해인 수녀의 〈기쁨, 아름다움, 베품의 정의〉라는 시 중에서 "나 하나 꽃 피어 풀밭이 달라지겠냐고 말하지 말아라. 네가 꽃 피고 나도 꽃 피면 결국 풀밭이 온통 꽃밭이 되는 것 아니겠느냐. 나 하나 물들어 산이 달라지겠냐고 말하지 말아라. 내가 물들고 너도 물들면 결국 온 산 활활 타오르는 것 아니겠느냐..."

④ 미국의 사상가이자 시인인 에머슨(R. W. Emerson, 1803-1882)의 8가지 의미있는 삶의 성취를 담은 〈무엇이 성공인가?〉라는 시에서 "자주 그리고 많이 웃을 것, 현명한 이에게 존경받고 아이들에게서 사랑받는 것, 정직한 비평가의 찬사를 듣고, 친구의 배반을 참아내는 것, 아름다움을 식별할 줄 알며, 다른 사람에게서 최선의 것을 발견하는 것, 건강한 아이를 낳든 한 뙈기의 정원을 가꾸든 사회 환경을 개선하든 자기가 태어나기 전보다 세상을 조금이라도 살기 좋은 곳으로 만들어놓고 떠나는 것, 이 땅에 잠시 머물다 감으로써 단 한 사람의 인생이라도 행복해지는 것, 그것이 진정한 성공이다."

Ⅲ. 종교와 행복감[1)]

오늘날 종교와 행복에 대한 연구는 2000년대 중반에 급격한 관심의 대상이었다고 할 수 있다. 종교가 행복을 추구하는데 중요한 요인이고 만족한 삶을 영위함과 유의미한 관계가 있으며, 종교체험에서 느끼는 신적인 사랑은 커다란 에너지를 발생시키면서 참다운 사랑의 실천을 가능케 하므로(정종현 · 김성건, 2009: 118), 종교가 좀 더 적극적으로 인간에 대한 정치 · 경제 · 사회적 책임과 영적 돌봄을 함께하는 전인적 복지활동에 참여한다면 종교의 위상은 점차 나아질 것으로 기대된다고 할 수 있다(전명수, 2015: 66).

그러나 최근 행복을 연구하는 심리학자 디너(E. Diener) 등이 주장하는 '종교의 패러독스'라고 불리는 문제를 제기하고 있다는 점이 중요하다. 종교가 사람들의 행복을 증진시키는 효과가 있고 대부분의 사람들이 행복해지기를 원한다는 것 역시 분명한 사실

1) 조운희, 2015b, "종교와 행복-행복감, 교회몰입 및 구전효과 간의 관계", **담론201**, 제18권 제3호, pp. 111-135에서 재정리한 것임.

이라면 시간이 갈수록 종교를 가진 사람들이 더 늘어야 하지만, 오히려 사회안전망이 취약하고 빈곤층이 많은 국가에서 종교가 행복을 증진하는 효과가 높게 나타나는 반면에 이와 상반된 선진국에서는 종교인이 급감하고 있다(Diener et al., 2011: 1278)는 것은 논리적인 모순으로 이해될 수 있다.

이에 전명수(2015: 67-68)는 지금까지 사회복지학은 그 기본이론 중의 하나인 매슬로(A. H. Maslow)의 욕구위계이론에서 인간의 종교적 영적 욕구에 관한 논의가 빠져 있을 뿐만 아니라, 종교가 일반인들의 삶의 문제를 파고들지 못해 종교에 대한 사회전반의 부정적인 견해나 사회적 영향력이 상당히 축소된 이유라고 지적했다. 그는 이제 종교복지는 사회복지학, 종교학, 사회학 학계가 이론을 확립하고 구체적인 실현방안에 대한 논의를 시작할 필요성을 제안하고 있다.

이와 관련해서 인간의 행복과 경제력간의 관계를 재조명한 카너먼(D. Kahneman)의 보고가 중요하다고 여겨진다. 그는 가구소득이 약 75,000달러 정도 그 이상을 넘으면 인생의 자잘한 즐거움을 누릴 수 있는 능력이 줄어들기 때문에 소득 관련 행복경험이 평균적으로 전혀 늘어나지 않는다는 포만감 수준이 있다고 지적하면서, 개인이 불쾌하게 보내는 시간비율(U지수)을 낮추려고 하는 걸 목표로 우선 우울함과 극단적 빈곤해결을 최우선 과제로 삼고 즐기는 일을 할 시간을 더 많이 가지도록 하는 시간사용을 통제하는 행복증진 사회정책을 제안하고 있다(Kahneman, 이진원 역, 2014: 484-485).

이러한 카너먼의 주장처럼 행복감은 일정수준 이상에 이르면 더 이상 풍족하다고 해서 반드시 행복한 것만은 아니다. 이 때문에 매슬로의 욕구위계이론을 토대로 우리 인간의 삶의 모습을 그려보면, 우선은 생물학적 욕구가 해결되고 나면 식량을 저장하고 평안한 쉼터를 마련하고자 하는 안전의 욕구단계로 이동하게 된다. 안전한 처소가 마련되면 서서히 사회집단에 참여하게 되고 이 과정에서 지도자 등으로 봉사도 하지만 어느 순간 이것이 전부가 아니구나 하며 자아실현 방안을 찾아 동분서주하게 된다고 할 수 있다. 동분서주하면서도 이젠 존재의 욕구가 아닌 의미있는 삶에 대한 갈급함이나 성숙한 인간에 대한 갈증으로 가슴앓이 하게 되는 과정이 일반적인 우리 인간의 삶의 모습이라고 할 수 있다. 이는 알더퍼(Alderfer)의 이알지(ERG)위계이론의 존재욕구, 관계욕구, 성장욕구의 설명에도 적용될 수 있을 것으로 보여진다.

이러한 욕구충족 과정에 대한 설명은 욕구 결핍과 충족의 반복된 상태로 은유와 환유 과정을 거치게 된다는 라캉(J. Lacan)의 욕망이론(권택영, 1999: 15-21)과 매슬로의 자아실현 욕구단계에서의 상위욕구로 종교적(영적) 욕구를 포함하는 욕구위계이론 확장에 대한 그 유용성을 고려해야 한다고 주장한다. 그 이유는 성숙한 사람은 종교를 이용하는 것이 아니라 참 종교성을 추구한다(Allport & Ross, 1967: 434)는 측면에서 올포트의 성숙이론 특성을 종교적 욕구단계의 특성으로 이해되어져야 한다고 판단되기 때문이다.

특히 저자(2015b: 115-116)가 자신의 연구에서 지적한 2005년 현재 우리나라 인구의 절반이상인 53%가 종교인이란 사실은 매우 중요한 국가자원으로 주목해야 할 필요성이 있는 대목이다. 종교도 종교인도 새로운 문화를 창출해야 할 필요성이 있다는 점이다. 오늘날 새로운 종교문화는 곧 '신앙인으로나 종교적으로 생활하는 그 자체가 사회적 자본 기여형태로 추구되어져야 하는 것'이라고 정리될 수 있다. 이는 종교(체험)가 사회적으로 이타적인 행위로 나타나게 하거나 개인주의적 영성운동이 사회운동으로 전환되어 나아가야 함을 의미한다. 이러한 종교성의 사회적 기여는 어떤 사회적 목표, 표적, 과정을 가져야 하는가가 매우 중요한 이슈라고 할 수 있다.

그러므로 매슬로의 욕구위계이론 확장, 카너먼의 포만감 소득수준, 라캉의 욕망이론, 올포트의 성숙이론을 통섭적 관점에서 인식해야 함을 이론적 기초로 종교와 행복 간의 관계에 대한 이해를 통해 종교적인 개인구원의 행복함이 나아가 사회구원 차원의 행복함으로 발전할 수 있는 접근방안, 이른 바 종교(인)의 사회적 책임을 활성화 하는 다양한 방안 모색이 필요하다.

Ⅳ. 사회적 자본과 교양

최근 세계은행이 '국부(國富)는 어디에 있는가?'(Where Is the Wealth of Nations?)라는 보고서에서 국가의 부를 만들어내는데 후진국의 경우는 자연자본 26%, 만들어 낸 자본 16%, 무형자본 59%이고, 개발도상국의 경우는 자연자본 13%, 만들어 낸 자본 19%, 무형자본 68%이며, 선진국(OECD)의 경우 자연자본은 기껏해야 2%, 만들어 낸 자본은 17%이지만 무형자본이 80%가 그 역할을 한다고 제시하고 있다. '무형자본(intangible capital)'은 순수노동, 인적자본, 사회적 자본, 제도의 질과 같은 다양한 요인들을 포함한다고 언급하고 있다(The World Bank, 2006: 3-5).

이 사회적 자본의 공통적인 측정요소는 신뢰, 사회규범, 네트워크, 협력, 참여, 파트너십, 호혜성, 사회구조 등이라고 할 수 있다(진관훈, 2013: 89). 특히 사회적 자본의 핵심요소인 신뢰와 연대의 원리가 자본과 권력의 논리만큼이나 사회를 움직이는 지속적인 힘이 될 수 있다(진관훈, 2013: 41).

이와 같이 제3의 자본 또는 보이지도 손에 잡히지도 않는 무형의 자본이라 일컬어지는 사회적 자본의 기능이 무엇인가에 관해 순기능적 관점과 역기능적 관점에서 논의되는 부분도 있다는 점에 관심을 두어야 한다.

순기능적 관점에서는 시민참여와 협력 거버넌스 구축, 보다 나은 경제발전과 삶의 질 향상, 연대와 협력을 통한 사회적 효율성 증진 등 주로 낙관적 효과가 주류를 이루고 있다(김봉섭, 2012: 83). 그러나 역기능적 관점에서 외부인들의 접근을 차단하는 배타적 결속행위, 과잉욕구 유발, 집단규범 순응을 담보로 참여요구, 관계 확립유지 비용부담, 주류사회에 대한 적대감이나 반대의 공통된 경험에 의해서 집단결속력이 더욱 공고해질 가능성도 있기 때문에 성공의 장애요인이 될 수도 있다(진관훈, 2013: 47-50)는 지적을 유념할 필요성도 있다.

최근에 인터넷 종합신문인 뉴스타운의 하봉규 논설위원(2014)이 "한국인은 왜 사회자본과 교양을 포기하는가"라는 도전적인 제목의 사설/칼럼이 이슈가 된 바 있다.[2)]

"한국인은 왜 사회자본과 교양을 포기하는가" 제목에 '?'와 '!'를 붙이면 과연 선진국의 힘은 무엇이란 말인가? 대한민국이 국민소득 3만 달러가 되면 저절로 선진국이 되는 것은 아닌가! 대한민국이 선진국 반열에 진입하는데 국민소득 2천 달러가 부족한 2만8천 달러 덫에 걸려 10년 넘게 걸려서야 3만 달러가 된 이유가 있었구나! 왜 우리나라는 '보이지 않는 자본' 또는 '사회적 자본'을 충분히 감당하지 못하는가? 어찌하면 당연히 이에 도전할 수 있겠는가? 대학교수로서 어떠한 인재를 양성하려고 해야 하는가? 자녀교육은 이렇게 해야 하는구나! 선진국의 인재상은 바로 이것이네!!! 등등의 물음과 느낌에서 비롯된 문제의식과 도전의식 및 열정을 갖게 한다.

Ⅴ. 마을 살리기와 지역공동체

2015년 농림어업총조사 지역조사 집계 결과 요약본에 따르면 우리나라 전국의 마을은 36,792개로 2010년 36,498개 보다 294개(0.8%) 증가하였고, 읍지역에서 5.9% 증가하고, 면지역에는 0.7% 감소하였으나 인구는 읍지역에서 6.6%, 면지역에서는 0.2% 증가하였으며, 시도별로는 전남이 18.4%로 마을이 가장 많고, 그 다음이 경북 14.1%, 전북 14.0% 순이다. 농가가 있는 마을은 36,197개(98.4%), 어가가 있는 마을은 5,191(14.1%)인 것으로 보고되고 있다.

일차적으로 사회복지실천가가 마을을 어떻게 이해하고 실제적으로 적용하려 하는가가 중요한다. 그래서 마을은 슈페너의 '교회 속의 작은 교회(C)'개념으로 이해되어져야 한다고 주장한다. 즉 교회는 다음의 수식처럼 정의되어져야 한다(조운희, 2017: 41-42).

2) http://www.newstown.co.kr/news/articleView.html?idxno=173834

$$\text{교회(C)} = [\sum_{c=1}^{n} \text{작은 교회}c\ ]$$

또는 [교회=작은 교회의 합(合)]

또는 [교회=작은 교회 ∪ 작은 교회...]

위 수식에서 교회는 마을로, 작은 교회는 작은 마을로 대체한다. 마을내의 작은 마을은 반, 통, 새마을 부녀회, 청년회, 장년회, 노인회, 개발위원회, 봉사팀, 계모임, 동아리 등등 마을의 크고 작은 모든 조직이 포함된다고 할 수 있다.

또한 교회적으로도 전국의 마을마다 거의 빈틈없이 교회가 존재한다는 사실은 그 어떤 전달체계보다 우수한 자원이기 때문이다. 그러므로 '마을 살리기' 또는 '마을공동체 살리기'를 위한 '마을목회' 또는 '마을복지'를 당연히 감당해야 한다. 이는 곧 한국교회와 작은 교회의 미래라고 할 수 있다.

남희은 등은 장애인, 노인, 여성, 가족, 지역사회복지, 사회복지행정, 사회적 경제 영역 등 다양한 세부 전공영역의 평균 교육경력이 14.8년, 실무경력은 6.5년, 관련 연구 및 관심을 가진 사회복지 실천파트 5명과 정책파트 6명으로 구성한 사회복지전문가들과 FGI(Focus Group Interview)를 통해 수집한 데이터를 분석한 연구논문에서 미래사회에 대응하는 사회복지교육을 위해 ① 4차 산업혁명에 유연하게 대체할 수 있는 사회복지전문가들만의 고유한 역할 강화를 위한 교육체계 마련, ② 인문학적 소양과 기초역량 강화를 위한 교육, ③ 지역조직화에 대한 능력을 배양, ④ 한국적 사회복지에 대한 고유한 특성을 개발, ⑤ 융합인재 양성 및 진로연계교육, ⑥ 시민에 대한 복지정보교육을 제언하고 있다(남희은 등, 2018: 73-74).

이와 더불어 저자(2014, 2020)가 사회복지문화학적 실천 강화나 마을복지실천가 양성 등을 공통적으로 주장하고 있는 이유는 바로 다음과 같은 실제적인 개연성을 갖기 때문이다.

첫 번째는 종교적으로도 대한예수교장로회(통합)는 2017년 102회기 총회가 "거룩한 교회, 다시 세상 속으로"를 표어로 삼고 그 구체적인 목회실천을 위해 설정되어 현재까지 지속되고 있는 "마을목회 또는 마을 살리기"에 대한 시대적 요구에 부응하고 있다. 이를 위해 총회한국교회연구원을 통해 『마을목회와 지역사회복지』, 『마을목회 매뉴얼』 등을 시리즈로 출판 보급하고 있다.

두 번째는 문재인 정부가 포용과 상생, 연대와 협력, 공정 등의 코드로 추진하고 있는 『한국판 뉴딜정책』이 "중앙정부의 일방적인 정책 추진이 아닌 지역 중심으로 추진한다"는 전략은 바로 사회적 자본의 긍정적 효과와 공동체성 회복을 기대하는 정책이라는 점에서 시사하는 바가 지대하다고 판단된다.

이와 같이 지역사회복지실천은 학문적으로나 실천적으로나 종교적으로나 시대적으로나 사회적으로나 국가정책적으로나 공통적으로 필요불가결한 사회복지교육 내용으로 언급되고 있다는 사실이 무엇보다 중요하다는 점이다.

이를 위해서는 무엇보다도 성장 중심에서 '행복한 미래'로 패러다임의 전환이, 성장 키워드 대신에 '상생'을, '사회적 자본'을, '마을 살리기'를, '공적행복' 또는 '공공신학'을, '기독교 문화' 등으로 대체하는 모드로 전환을 안내할 신학적 토대 구축과 실제적인 실천을 위한 사회과학적 연구도 수반되어야 할 것이다(조운희, 2017: 110).

그러므로 이상에서 고찰한 바와 같이 사회복지사 자격취득을 위한 필수 교과목 이외에 지역공동체 접근을 위한 지역주민 조직화 역량, 도시재생, 사회적 자본과 경제, 사회적 기업과 협동조합, 마을복지활동가의 실제, 복지마을실천론 등의 교과목을 통한 훈련과 실천이 그 어느 때보다 필요하다.

Ⅵ. 문화, 문화복지, 복지문화 및 사회복지문화학[3)]

최근에는 트로트가 한해 추정 수입만 100억에 달하는, '100억 트롯걸'을 찾는다는 등 방송사마다 트롯경연 프로그램이 쏟아지고 엄청난 시청률을 기록하고 있다. 초중고 학생들조차 이 트롯경연 방송을 보며 트롯걸 트롯맨을 꿈꾸며 도전한다.

왜 사회복지사들은 트로트 열풍 같은 대박을 낼 수는 없을까? 하는 의구심을 스스로 갖게 되었다. 그래서 '문화'라는 코드를 충분히 이해하고 사회복지사로서의 또 하나의 도전거리를 마련하고자 한다.

문화에 대한 일반적인 개념은 문화인류학적 관점과 문화사회학적 관점에서 정의되고 있다. 문화인류학자인 테일러(E. B. Tylor)가 '지식, 신앙, 예술, 법률, 도덕, 풍속 등 사회구성원으로서 인간이 획득한 능력과 습관들의 총체'로 정의한 바에 의거해서 정철현(2005)은 문화란 인간의 생활양식의 총체이고 생활양식은 사회성원들이 후천적으로 학습을 통해 공통적으로 가지게 되는 행동양식과 사고양식의 총체라고 정의하고 있으며, 문화사회학 관점에서 원승룡(2007)은 예술, 과학, 기술 등 비규범적인 요소들은 문화의 개념에 포함시키지 않고 법규, 제도, 관습, 민습 등으로 구성된 규범체계라고 정의하고 있다(최종혁 외, 2009: 149-150).

이처럼 문화사회학 관점은 문화인류학에 비해서 제한적인 문화 개념으로 인식하고 있다. 이러한 문화에 대한 해석의 관점은 '자유의지론'과 '문화결정론'에 근거해서 이해하고자 하는데 이를 요약정리하면 다음과 같다(신응철, 2004: 15-23).

자유의지론의 대표적 학자인 칸트(J . Kant, 1724~1840)는 자연의 영역과 자유의 영역을 구분하는 관점에서 문화의 기원 문제를 설명한다. 자연의 역사는 신(神)의 작품이기에 선(善)이고, 자유의 역사는 인간의 작품이기에 악(惡)으로 시작한다고 주장하면서 인간이 자유의지를 행사해서 선악과를 따먹은 타락사건이 인간문화의 원동력이 된다

3) 조운희, 2014, "영남신학대학교 사회복지학과의 문화복지 중심 특성화에 관한 연구," **神學과 牧會**, 제42집, pp. 97-123의 일부를 수정보완 재구성한 것임.

고 보는 관점이다. 그래서 문화는 과정적이고 세습적이며 축적성을 가지게 됨으로 선의 문화 회복을 위해 '도덕화'가 강조되고, 이를 위해 인간 스스로 '개입'하여 문화를 '통제'한다는 것이다. 이 통제는 '교육'을 통해서 가능하다고 주장한다.

그리고 문화결정론의 대표적인 학자인 화이트(L. A. White, 1900~1975)의 입장을 요약하면, 모든 개인은 자신이 태어나기 이전부터 존재하던 문화에 출생 순간부터 구속되어 성장하면서 행동양식과 사고양식을 갖추게 된다고 보는 관점이다. 그래서 문화는 독립변수이고 인간은 종속변수로 규정된다. 즉 자유의지론자들은 문화의 발생에는 '인간 역할'의 중요함에 초점을 맞춘다면, 문화결정론자들은 인간의 행동과 사고 양식 등 제반 현상을 바로 문화 그 자체로만 설명하고자 함에 초점을 맞추기 때문에 '문화과정' 내지 '문화변화의 원인'을 찾고자 문화의 다양성, 이질성, 차이성을 이해하게 되는 증거를 모색하고자 한다.

이러한 문화에 대한 해석의 관점에도 불구하고 사회복지 측면에서 문화복지를 정의한 우리나라의 선행연구들 대부분은 문화복지를 협의의 사회복지개념에서 사회복지의 하위영역으로 간주하거나 사회복지의 하나의 프로그램으로 보는 매우 협의적인 개념으로 정의하거나, 광의의 문화복지에 대한 정의도 대상자를 선별주의에서 보편주의로 확대하려는 경향으로만 정의(최종혁 외, 2009: 158)함으로 인해서 그 한계성이 노출되고 있다.

정갑영 · 장현섭(1995 · 1996)과 현택수(2006)는 "문화복지란 넓은 의미에서 사회전반의 가치관, 구성원들이 견지하고 있는 규범, 그리고 그들이 만들어내는 물질적 재화 등을 창조, 변화, 유지시키기 위한 민간과 정부의 조직적인 활동 속에서 사회구성원 개개인들이 삶을 질적이고 풍요롭게 누릴 수 있도록 문화적, 사회복지적, 문화정책적 측면에서 문화환경을 개선 · 정비하고 결함을 예방 · 치료하여 사회구성원 개개인의 문화적 욕구가 충족될 수 있도록 사회문화적 서비스를 제공하는 것이다"라고 문화환경 조성을 위한 문화정책적 측면에서 광의의 문화복지를 정의하고 있다(최종혁 외, 2009: 156).

이를 정리하면 상기의 트로트 열풍이나 문화바우처 제도 등은 문화정책과 문화복지

측면으로 이해되고, 오히려 사회복지학 또는 사회복지실천(가) 측면에서 요구되는 문화는 '자유의지론'과 '문화결정론'에 근거한 문화에 대한 관점이 요구되어야 한다는 것이다.

이에 저자는 상기의 문화의 개념, 자유의지론과 문화결정론 그리고 문화복지 정의에 대한 이해를 토대로 문화, 문화복지, 복지문화 및 사회복지문화학에 대한 개념을 다음과 같이 정의하고자 한다.

문화는 '하나님께서 창조하신 피조물 이외의 인간이 만든 것' 이며,

문화복지는 '이러한 문화를 대상으로 문화복지정책 관점에서 다루는 중요한 접근방법 중의 하나' 이고,

복지문화는 '하나님의 창조 질서(위치질서·역할질서·관계질서) 회복을 위한 복지문화 실현과정의 방법적 메커니즘' 이며,

사회복지문화학은 '미시적, 중간적 및 거시적 수준에서의 복지문화 구현 과정을 토대로 궁극적으로 복지사회 건설에 기여함을 목적으로 하는 사회과학의 한 분야' 이다.

그러므로 문화철학적 관점에서 보면 문화의 개념은 칸트의 문화에 대한 입장을, 문화복지는 평등한 문화환경을 위한 문화정책적 측면을, 복지문화는 자유의지론 관점과 문화결정론 관점을 반영한 개념으로 볼 수 있다. 그리고 인간은 독립변수 문화는 종속변수라는 자유의지론 주장과 인간은 종속변수 문화는 독립변수라는 문화결정론 관점에 반추할 경우 사례관리 등의 직접치료는 자유의지론 관점을, 복지문화적 접근은 문화결정론 관점에서의 해석에 따른 개념으로 이해할 수 있다고 본다. 그러므로 사회복지실천은 사례관리와 복지문화 중심의 지역복지접근전략을 도모하고자 하는 사회복지문화학 중심의 도전은 자유의지론과 문화결정론의 절충주의적 모형이라고 할 수 있다.

이에 문화, 문화복지, 복지문화 및 사회복지문화학에 대한 개념 이해를 돕기 위해 최근 영화 「기적의 오케스트라(El Sistema, 2008)」, 「아름다운 세상을 위하여(Pay It

Forward, 2000)」와 「명량(2014)」을 중심으로 설명하고자 한다.

전술한 바와 같이 사회복지실천가에게 요구되어지는 문화복지적 접근에 대한 이해는 현실적으로 문화를 보는 철학적 관점과 제도적 관점으로 구분되어있기 때문에, 사회복지문화적 접근방법을 지향하고자 하는 그 방향성을 검증하고자 문화에 관한 대표적인 영화 「기적의 오케스트라(El Sistema, 2008)」와 「아름다운 세상을 위하여(Pay It Forward, 2000)」를 통해 기술하고자 한다.

영화 〈엘시스테마〉는 1975년 베네수엘라 카라카스에서 경제학자이자 오르가니스트인 호세 안토니오 아브레우 박사가 불우청소년들을 대상으로 음악교육을 실시해 범죄에 노출되기 쉬운 이들을 보호하는 역할을 한 음악교육의 세계적인 모범사례를 2008년 영화화 한 것으로 우리나라에서는 〈기적의 오케스트라〉로 소개되었다.

이 영화내용을 토대로 〈한국형 기적의 오케스트라〉로 사회복지현장에서는 초록우산 어린이재단 등과 기독교 영역 등에서도 빈곤 · 결손가정 청소년들을 대상으로 프로그램화 되고 있고, 문화체육관광부 또는 문화예술진흥법 등과 관련해서 장려하고 있는 사업이라고 판단되며, 현재 일부 대학교에서 개설된 문화컨텐츠학과의 모형이라고 할 수 있다.

그리고 영화 〈Pay It Forward〉는 "2급 장애인 사회교사 유진 시모넷은 첫 시간에

국어사전을 나누어주고, 학생들에게 사회에 대한 안목을 키워주고자 하는 의도로 '이 세상을 변화시키는 아이디어를 찾아 몸소 실천하세요.'라는 1년 치 숙제를 갓 중학생이 된 학생들에게 내어주자 주인공 트레버 맥키니는 '한 사람이 세 사람을 도와주면 도움을 받은 세 사람은 또 각각 세 사람씩 총 9명을 도와주고, 또 9명의 사람은 각각 세 사람씩 27명을 도와주는.......... 방식의 .... 이른 바 '릴레이 선행나누기' 또는 '릴레이 도움주기'를 계획하고 실행에 옮겨가는 과정으로 인해 미국 전역으로 퍼져나가 세상을 바꾼다는 내용의 영화로 2000년에 개봉되었으며 우리나라에는 〈아름다운 세상을 위하여〉로 소개되었다. 이 영화의 내용은 최근 '루게릭병 환자를 위한 모금운동으로 전개되고 있는 아이스버킷 챌린지' 등의 전신이라 할 수 있으며 가족영화 내지 수업용 영상물로 활용도가 높다고 할 수 있다.

이와 같이 영화 〈엘 시스테마〉와 같은 문화복지적 사회복지실천 시스템이 요구된다고도 할 수 있다. 그러나 사회복지문화적 실천방법에 우선적인 정체성을 두고자 하는 방향성은 〈기적의 오케스트라〉 보다는 〈아름다운 세상을 위하여〉 영화에서 시사하는 「인간과 사회를 향한 사랑의 릴레이 문화운동을 추구하는 사회복지교육과 사회복지실천가 양성」에 초점을 두어야 한다는 것이다.

특히 오늘날 영화 〈아름다운 세상을 위하여〉와 관련된 공동체사업, 감사 나눔, 지역화폐 등의 다양한 형태의 사회문화운동으로 그 접근방법과 내용이 진화되고 있는 상태에 있다. 이에 사회복지문화적 실천의 정체성 확립을 위해서 실제적으로 체감될 수 있는 대표적인 사례를 소개하면 다음과 같다.

① 셉테드(CEPTED)
② 미리내, 대신내, 착한소비나눔
③ 게릴라 가드너
④ 사회적자본지원센터,
⑤ 공정무역 사회적 기업
⑥ 우리아이 희망네트워크 포항센터 사례

⑥ 옥상텃밭

⑦ 아이스버킷 챌린지

⑧ 좋은 가게

⑨ 좋은 마을 만들기

⑩ 아름다운 · 시너지적인 영신(교회)공동체 만들기...

⑪ 생태적 공유로서의 나눔(김형용, 2013: 87-113)

세 번째로 「명량(2014)」영화의 줄거리를 복지문화 관점에서 설명하고자 한다.

주인공 이순신 장군은 울돌목에서 12척의 전투선과 1,000여명의 군사로 10배 이상이 넘는 전투선을 가진 적군과의 사투를 위해 탈영병을 군기확립의 차원에서 참수하고, "이 싸움은 승산이 없소?"하며 상소하는 장수들과 병사들 모두가 바라보는 가운데 진지를 불태워 버리며 성경에 기록된 "누구든지 제 목숨을 구원하고자 하면 잃을 것이요 누구든지 나를 위하여 제 목숨을 잃으면 찾으리라(마16:25)" 말씀인, 필생즉사 필사즉생(必死則生 必生則死)의 군대문화를 확립하고, 실제 전투에서는 요즘의 전쟁방식인 공군의 폭격과 해군의 함포사격 후에 지상군이 투입되는 것처럼 먼저 백병전을 펼친 것이 아니라 함포사격으로 대략적인 승리여건을 마련한 후에 백병전을 전개함으로써 133척의 전함을 대파한 해전을 영화화 한 줄거리는 복지문화적인 실천측면에서도 시사되는 바가 크다는 것이다.

이를테면 사회복지실천도 진지를 전소시키며 확립한 필생즉사 필사즉생의 공동체문화를 구축하는 내부마케팅과 실제적인 개입에서도 제도적 접근(함포공격)과 더불어 전문기술적 접근(백병전)으로 클라이언트의 문제를 해결하거나 욕구를 충족시키는 외부마케팅 접근방법이 요구된다는 것이다.

이는 예수님께서 필생즉사 필사즉생을 말씀하시기 전에 "베드로에게 이르시되 ...네가 하나님의 일을 생각하지 아니하고 도리어 사람의 일을 생각하는도다 하시고, 이에 예수께서 제자들에게 이르시되 누구든지 나를 따라오려거든 자기를 부인하고 자기 십자가를 지고 나를 따를 것이니라(마 16:23-24)" 하신 말씀에 순종하여 "하늘에 계신 우

리 아버지, 이름이 거룩히 여김을 받으시오며, 나라가 임하시오며, 뜻이 하늘에서 이루어 진 것 같이 땅에서도 이루어지이다…” 기도하며 간구하는 천지합일의 축복이 복지문화로 작용한 바와 같이 사회복지문화적 실천을 위한 바로미터가 되어야 한다는 것이다.

Ⅶ. 제4차 산업혁명과 사회복지실천[4)]

사회복지 내적 환경변화와 관련된 최근의 선행연구와 자료들을 토대로 도출한 한국 사회복지교육 환경은 ① 사회복지 교육의 정체성 혼란, ② 사회복지 교육과정(기관)의 팽창, ③ 사회복지 교수요원의 양과 질의 문제, ④ 사회복지전문가 양성을 위한 교육의 충분성 문제, ⑤ 사회복지 교육 내용의 현장성 및 시대성 문제가 사회복지교육의 질 관리에 영향을 미치는 요인으로 이슈화 되고 있으며(홍선미 · 최명민,2010: 4-11), 사회복지교육의 질 관리를 위해 ① 사회복지교육의 정체성에 기반을 둔 사회복지교육의 방향, ② 사회복지교육과정의 차별화 및 전문화, ③ 사회복지 교수요원의 기준강화, ④ 교과과정의 체계화, ⑤ 현장성을 반영한 실습교육 강화 등이 제안되고 있다(홍선미 · 최명민,2010: 23-27).

그리고 사회복지 외적 사회환경과 관련된 변화는 바로 스티브 잡스가 죽기 직전까지 매달린 '그것' 인공지능이 바로미터이다. 2016년 바둑프로그램인 알파고(AlphaGo) 때문에 온 나라가 들썩들썩 하는가 했더니, '로봇의 인간 대체 비율' 세계 1위 나라가 바로 대한민국이다. 2016년을 기준으로 인간 근로자 1만 명당 로봇 수가 세계 평균 69대보다 무려 462대나 많은 531대이다. 이처럼 인공지능과 IT 가상세계가 갑자기 성큼 다가와 현실이 되어버린 제4차 산업혁명은 인공지능에게 대체될 것인가? 아니면 인공지능에 대체되지 않는 인공지능의 주인이 되는 나를 만들어 갈 것인가? 하는 준비를 해야 한다는 것이다(이지성, 2019: 13-27).

이에 남희은 등은 사회복지 분야에서도 이러한 제4차 산업혁명으로 인한 변화에 민감하게 반응하는 것은 ① 산업구조의 급격한 변화로 인한 노동시장 배제자, 노동취약계층의 급증과 ② 더욱 원자화된 인간형의 급증이 사회적 대전환이 예측되는 이유라고 하고 있다(남희은 등, 2018: 58). 특히 김형균은 1인 가구의 급증, 사이버 관계의 증대,

---

4) 조운희, 2020, "교회사회복지 논제분석에 나타난 사회복지학과 특성화 연구-'마을복지실천가' 양성을 중심으로," **神學과 牧會**, 제54집, pp. 257-284의 일부를 수정보완 함.

사물인터넷, 반려동물과의 친밀성 등과 같은 비인간적 교류의 증가는 향후 현재 보편적인 인간관을 현재와는 완전히 다르게 만들 가능성이 있다. 즉 '사회적 인간'을 그 근간으로 하는 공동체(community)의 급격한 와해 또는 인터넷을 기반으로 한 소위 새로운 공동체(new community)로 재편될 가능성이 있다(김형균, 2017: 17-20)고 지적하고 있다.

그리고 유기운 교수팀이 집필한 《미래 사회 보고서》에는 한국인의 99.997%가 프레카리아트(향후 미래에 자발적인 실업이 아닌 사회구조 문제로 인한 실업자 계층)로 떨어지는 일은 2030년경부터 2070년경까지 급격하게 진행된다. 한마디로 남은 시간이 앞으로 길어야 10년이다. 앞으로 10년 안에 당신은 '인공지능에게 대체되지 않는 나아가 인공지능의 주인이 되는 능력,' 즉 공감 능력과 창조적 상상력을 가져야 한다는 것이다(이지성, 2019: 142).

이러한 공감 능력과 창조적 상상력을 세계적인 석학들과 인공지능 전문가들은 인공지능 시대에 인간이 갖추어야 할 필수적인 것으로 꼽고 있다(이지성, 2019: 14).

첫 번째는 누가복음 제10장의 선한 사마리아인의 비유와 1970년 프린스턴신학교의 사마리안 비유사건을 가지고 '이타주의 실험'을 통해 공감능력(Empathy ability)을 이해시키고 있다. 실험에 참여한 40명 중 6명의 학생이 쓰러져 있는 사람을 도왔다는 것이다. 34명처럼 공감에 대한 지식과 기술은 가지고 있지만 공감능력이 없는 사람도, 도움을 준 6명도 단순히 쓰러진 사람을 부축해서 병원에 데려가는 것에 머문다면 구호로봇에 대체된다는 것이다. 그러나 도움을 준 6명의 학생이 이 사건을 계기로 학교 내에 봉사조직을 만들어 지역사회를 섬기기 시작한다면(리틀E), 더 나아가 전 세계 신학교에 비슷한 단체를 만들어서 영향을 미치기 시작한다면(미들E), 또는 인류의 역사에 영향을 미치는 위대한 이타주의 삶을 살기 시작한다면(빅E) 인공지능이 리틀E, 미들E, 빅E의 삶을 흉내 내는 것은 절대 불가능하다는 것이다. 그래서 공감능력의 본질은 "예수처럼 살라는 말이냐? 그래야 인공지능에게 대체되지 않는다는 소리냐?"여기에 대한 내 대답은 "아마도 그렇다"라고 하는 문답이라는 것이다(이지성, 2019: 129-134).

그리고 두 번째는 기존에 없던 것을 새로 만들거나 기존에 있던 것에 혁신을 일으키는 창조적 상상력(Creative imagination)은 공감능력을 통해 발휘된다는 것이다. 빅C는 빅E를 통해, 미들C는 미들E를 통해, 리틀C는 리틀E를 통해 발휘되는데... 현실적인 관점에서 빅C보다는 미들C와 리틀C를 추구하는 게 옳다고 창조적 상상력을 이해시키고 있다. 인공지능 시대에 우리가 필수적으로 갖추어야 할 지혜는 리틀C라는 땅을 잘 걷고, 미들C라는 산을 잘 타는 일이다. 그러므로 공감능력에서 비롯되는 어린아이부터 노인까지 누구나 편리하게 사용할 수 있게 하는 제품을 디자인 하는 새로운 디자인 문화 즉 보편적 디자인(Universal Design)[5]을 창시한 퍼트리샤 무어의 사례 등을 통해 창조적 상상력의 위대함을 설명하고 있다(이지성, 2019: 134-139).

바로 이와 같이 공감능력과 창조적 상상력이 인공지능이 절대 가질 수 없는 인간 고유의 능력이라는 것이다. 이는 "이스라엘 자손에게 명령하여 내게 예물을 가져오라 하고 기쁜 마음으로 내는 자가 내게 바치는 모든 것을 너희는 받을지니라... 내가 그들 중에 거할 성소를 그들이 나를 위하여 짓되 무릇 내가 네게 보이는 모양대로 성막을 짓고 기구들도 그 모양을 따라 지을지니라(출25:2-9)" 성경말씀과 같이, 인간이 창조한 인공지능이 아니라 하나님께서 창조하신 인간만이 수행할 수 있다는 것이다. 그러므로 제4차 산업혁명 시대에도 공감능력을 극대화함으로써 창조적 상상력의 위대함을 실제적으로 실현시키려고 하는 사회복지사가 필수적으로 요구된다는 것이다.

5) '적정기술(Appropriate Technology)'과 유사개념으로 볼 수 있음.

Chapter 05

창조성과 개념설계

Ⅰ. 창조성 개념

창조성 또는 창의성(creativity)에 관한 정의는 다양하지만, Fabun(1971: 5)은 창조성을 "근본적인 형태가 형성되고 표현되는 과정"이라고 하였고, Torrance(1977: 6)는 "주어진 정보나 환경에서 문제점과 차이점을 발견하고, 새로운 견해나 가설을 제시하여 이를 수정하고 시험한 후 그 결과를 검토하는 과정"이라고 정의하고 있다. 이와 같이 창조성에 대한 정의에서 공통된 부분 중의 하나는 '과정'을 중요시한다는 것이다.

이는 Amabile(1988: 126)이 "창의성은 함께 일하는 개인 또는 소규모 그룹이 새롭고 유용한 아이디어를 생산하는 것"이라고 정의하고 있는 바와 같이, 아이디어 그 자체에 대한 '개념설계(conceptual design)'가 더욱 중요하다는 것이다. 이와 같이 개념설계가 중요하다는 이유는 다음의 두 가지 중심 개념을 포함해야 하기 때문이다.

첫째는 창의성은 새로운 아이디어나 대안 등을 만들어내는 능력이라는 것으로 이때의 중심 개념은 새로움(novelty)이다. 둘째는 Guildford(1950)가 언급한 새로운 아이디어나 대안 등이 사람들에게 수용될 수 있어야 한다는 유용성(usefulness)이 두 번째

중심 개념이다. 여기서 새로움과 유용성은 상황에 따라서, 해석하는 사람에 따라서 다르게 정의될 수 있기 때문에 창의성에 대한 다양한 종류의 정의가 존재하게 된다(김청택, 2015: 31-32).

이와 같이 새로움과 유용성을 담보로 하는 창조성이 사회복지실천 전문가를 통해 사회복지서비스를 필요로 하는 사람들에게 제공하는데 가장 중요한 공헌을 한다는 측면에서 Davis(1981)는 다음과 같이 창조성에 대해서 언급하고 있다.

> "창조적 사고는 많은 새로운 아이디어를 창안하기 위해 당신의 상상력을 활용하는 것 이상이다. 창조적 사고는 생활양식이며, 성격특성이며, 세상을 지각하는 방법이며, 다른 사람과 상호작용 하는 방법이며, 생활방법이자 성장방법이다. 창조적으로 사는 것은 당신의 능력을 발전시키는 것이며, 당신의 미사용 된 잠재력을 자극하는 것이며, 무엇인가 가능케 하는 능력이 있게 하는 것이다. 창조성을 발휘한다는 것은 새로운 영역과 새로운 생각들을 탐험하는 것이며, 타인의 문제와 인류의 문제에 대한 민감성을 발전시키는 것일 뿐만 아니라, 사람들의 문제를 해결하기 위해 많은 새로운 생각들을 고안하도록 당신의 상상력을 사용하는 것이다(Davis, 1981: 2)."

이러한 창조성은 다음의 특성을 가지고 있다.

① **혁신성**: 일종의 현실거부 내지 파괴행위를 포함
② **탐색성**: 이전에 수행되지 않았거나 불명확한 어떤 접근 방법이나 과정의 모색
③ **유창성**: 어떤 문제에 대한 해결책을 빠르고 거침없이 제시할 수 있는 능력
④ **유연성**: 상식을 초월한 비상한 생각을 제시하는 능력
⑤ **발달성**: 사용하면 할수록 소진되기보다 더욱 개발되지만 활용하지 않으면 소멸함

창조성에 포함되는 구성요소는 〈그림 5-1〉에서 제시되고 있는 바에 따라 그 내용을 다음과 같이 설명할 수 있다(Heus & Pincus, 1986: 102-126).

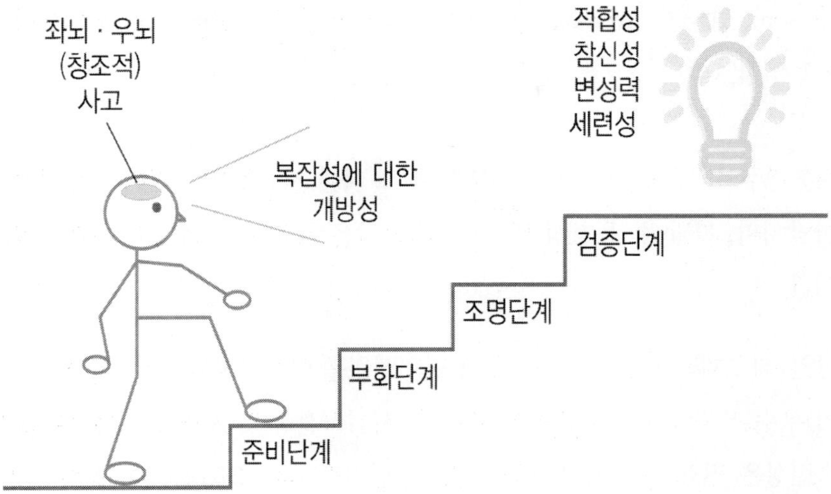

Source: M. Heus & A. Pincus(1986), op. cit., p. 126.

〈그림 5-1〉 창조성의 구성요소

창조성은 - 창조적인 사람(창조적인 사회복지사)이
창조적인 사고(전체적인 사고)를 활용해서
창조적인 과정(문제해결)을 통해서
창조적인 생산물(창조적인 해결)을 제안한다.

1 창조적인 사람

창조적인 사람은 ① 생태체계적 관점을 가지며, ② 문제에 초점을 두고, ③ 쉽게 포기하지 않는 인내력이 있으며, ④ 복잡성에 대해 개방적인 특성을 갖는다. Heus & Pincus는 이러한 창조적인 사람이 되기 위해서는 즉흥연주가(improvisor), 장인

(craftsperson), 발명가(inventor), 혁신가(innovator) 발생가(generator)가 되어야 한다고 제안하고 있다.

① **즉흥연주가**: 재즈음악가처럼 창조를 통해 다른 사람들을 자극하는 활기가 넘치는 사람이며, 자발성, 유창성 및 적응성과 같은 창조성 특성이 우수한 능력소유자이다.

② **장인**: 가구제작가처럼 숙달성과 기술적 성취를 만족시킬 수 있는 창조적인 생산성이 우수한 사람이다. 기술성은 준비성, 시기적절성 및 자원활용 능력이 포함되며, 숙련성은 민감성, 능숙한 조직화 및 관련기관간의 조율 능력이 포함된다.

③ **발명가**: 자원조달자처럼 창조적인 변화 내지 해결을 하는데 필요한 재료(materials)를 활용할 수 있는 독창성이 우수한 사람이다. 새로운 욕구에 적합하도록 전통적인 자원을 전환시키거나 지역사회내의 미개발된 자원을 발굴하는 능력이 포함된다.

④ **발생가**: 현명한 마법사처럼 혁신가가 채택하게 하거나, 이를 촉진하는 자극적이고 새로운 원칙과 가정을 만들어 낼 수 있는 능력이 포함된다.

⑤ **혁신가**: Robin Hood처럼 기본적인 아이디어와 원칙을 인식하고 구체적인 다양한 대안적인 방안으로 수정하고 개발하는 능력이 포함된다.

예컨대 학산종합사회복지관의 SIGMA21, 사회복지시설 운영방향성과 기능상 및 역할상의 성격을 고려한 운영목표 설정(조운희, 2000b: 211), 그리고 태화기독교종합사회복지관이 마케팅이론 활용방안의 일환으로 기관의 영문 명칭인 TAEWHA를 활용한 기관 홍보문을 작성해서 활용하고 있는 사례 등은 창조적인 사회복지사에 의해서 이루어진 좋은 예라고 할 수 있다.

Best welfare center 학산종합사회복지관

Scientific thinking 과학적인 사고와

Innovative program 창의적인 프로그램으로

Global participation 전체적인 참여를 통한

Management information system 체계적인 정보관리체계로

Attachment of resource 자원을 획득(확보)하여

21 21세기를 준비하는 학산종합사회복지관이

여러분 곁에 있습니다.

SIGMA21은 학산종합사회복지관이 보다 전문적이고 이용자 중심의 복지관으로 거듭나기 위한 전략적 운동입니다.

(http://www.welfare21c.com)

노인종합복지회관의 운영목표

① 이용자 중심에서의 지역복지 실현

② 풍요로운 생활 창조를 위한 여가생활 지원

③ 재가 · 주간 · 단기보호 이용자를 위한 중간시설 기능 강화

④ 이차적 지원기관으로서의 위상 정립

⑤ 직원과 조직 및 이용자 개발을 통한 전문적 · 생산적 복지 지향

(조운희, 2000b: 211)

기관의 영문 명칭을 활용한 기관 홍보문 작성 · 활용 (http://www.taiwha.or.kr/)		
영문	관련 단어	내용
T	TREATMENT	치료/재활
A	ACTION	단체행동/지역문제에 능동적 대처
I	INTERVENTION	적극적 개입/효과적 개입
W	WORTH	가치창조
H	HEALTH	정신 및 신체적 건강
A	A-MEN	모든 일에 대한 신앙적 믿음/서로간의 믿음

태화(TAIWHA)는 지역사회문제와 욕구에 적극적이고 효과적으로 개입(Intervention)하며, 이러한 문제를 예방 · 치료하는 역할(Treatment)을 하고, 지역사회 주민을 조직하여 집단적인 응집력(Action)을 갖도록 하여 문제를 해결하도록 돕는다. 또한 새로운 가치를 창조(Worth)하여 지역주민에게 나은 생활을 영위하도록 하며, 가족의 정신건강과 신체 건강(Hearth)을 유지, 보완할 수 있도록 제반여건을 제공하고, 그리스도의 사랑을 지역사회에 실천하여 서로간의 믿음을 회복시켜 지역사회에 큰 평화를 실천하는데 있다(A-men).

2 창조적 사고

창조적인 사고는 합리적인 사고를 주관하는 left-mind thinking과 직관적인 사고를 주관하는 right-mind thinking의 균형을 도모하는 whole-mind thinking을 의미한다.

left-mind thinking은 분석적이고, 논리적이며, 연속적이며 또한 질서 있는 등의 특성을 갖는 합리적 사고로 표현된다. 이 사고는 예술과 과학을 대조해서 과학성에 해당되며, 또한 객관적 사실과 주관적인 인식에서는 객관적 사실과 관련된 것이라고 할 수 있다.

right-mind thinking은 유추적이며, 자발적이고 전체적인 등의 특성을 갖는 직관적인 사고로 표현된다. 이 사고는 예술과 과학을 대조해서 예술성에 해당되며, 또한 객관적 사실과 주관적인 인식에서는 주관적 인식과 관련된 것이라고 할 수 있다.

우리의 일상생활은 대부분 좌뇌 사고에 집중되어 있기 때문에 창조적인 사고를 가진 사람이 되기 위해서는 ① left-mind thinking을 자제하고 right-mind thinking을 강화함으로써 whole-mind thinking에 의한 사고를 하도록 노력해야 하며, ② 사회복지실천가치 및 윤리에 철저하게 기초한 실천을 하는데 관심을 두어야 한다. 이러한 사회복지사의 관심과 노력이 창조적인 과정을 거쳐 창조적인 생산물을 산출할 수 있게 한다.

3 창조적인 과정

사회복지실천과정은 일반적으로 조사단계, 사정단계, 계획단계, 변화단계 및 평가종결단계로 나누어지고, 창조적인 과정은 준비단계(preparation), 숙성단계(incubation), 조명단계(illumination) 및 검증단계(verification)로 구분되며, 계획과정에는 숙성단계와 조명단계가 포함된다.

Heus & Pincus는 〈그림 5-2〉에서 제시하고 있는 바와 같이 사회복지실천과정과 창조적 과정의 비교를 통해서 사회복지실천과정에서의 합리적 사고에 창조적 과정의 직관적인 사고를 활용하도록 제시하고 있다.

Source: M. Heus & A. Pincus(1986), op. cit., p. 116.

〈그림 5-2〉 사회복지실천과 창조적 실천 과정 비교

이를테면 사회복지사가 문제해결 방안을 모색하기 위한 조사 및 사정단계에서의 합리성을 보다 풍부하게 하도록 직관적 사고를 활용해서 문제를 탐색하도록 요구하고 있다.

계획단계에서는 스님이 주어진 화두에 관해, 성경말씀을 두고 묵상하면서 'Aha!' 또는 '유레카(eureka)' 또는 '짤까닥(clicks)'하는 깨우침을 구하고자 노력하는 것과 마찬가지로 창조적 과정의 숙성 및 조명단계를 포함되어야 함을 강조하고 있으며, 변화 및 평가단계에서의 검증은 TQM에 기초해서 계획한 바를 실행하고 plan-do-see-act 관리주기에 의한 순환성에 기초해야 함을 포함하고 있다.

그러므로 창조적인 과정은 합리적인 사회복지실천과정에 창조적인 사고를 포함한 조사과정과 사정과정에 의해서 계획과정을 위한 숙성과정에 따다 조명된 해결방안을 강구해서 실제적으로 실행한 바의 효과성을 입증하는 사회복지실천과정이라고 할 수 있다.

4 창조적 생산물

창조적 생산물은 사회복지사의 창조적인 반응에 의해 초래되는 결과물이다. 합리적인 반응은 옳고 그름(right & wrong) 또는 참과 거짓(true & false)에 관심을 두는 반면에, 창조적인 반응은 무엇이 좋거나 나쁜(good or bad) 것에 초점을 두고 있다.

그러므로 창조적인 사회복지사는 가치 중심의 실천을 한다기보다는 가치에서 비롯된 윤리에 기초한 실천원칙과 윤리기준에 의한 실천을 해야 한다. 왜냐하면 사회복지사윤리강령으로 대표되는 사회복지실천윤리는 가치에서 비롯되고, 이 윤리는 실천적인 원칙을 낳으며, 원칙은 옳고 바른 것을 추구하게 하는 윤리기준을 제공하기 때문이다.

Heus & Pincus는 창조적인 생산물은 적합성(fit), 참신성(novelty), 변성력(alchemy) 및 세련미(elegance)의 특성을 갖는다고 하였다.

① **적합성**: 창조적인 생산물은 발견된 문제에 민감하게 대처할 수 있도록 적절하고 직접적인 안성맞춤인 관련성이 있어야 한다.

② **참신성**: 기존의 관련된 것과 뭔가 다르고, 보기 드문, 새롭고, 독창적이어야 한다.

③ **변성력**: 하나 이상의 새로운 형태로 변화하거나 전환하거나 변형하는 재순환하는 사고를 현실적으로 나타내도록 하는 특성이 있어야 한다. 사회복지사는 문제해결에 적합한 새로운 방안을 모색하기 위해서 넝마주이와 같이 다른 어떤 것과 관련지어 연상하거나, 연결시키거나 결합시키는 노력이 요구된다.

④ **세련성**: 한편의 시를 감상하듯이 간결성(simplicity), 균형성(poise) 및 매력(grace)이 있어야 한다. 복합적인 문제일지라도 최소한의 노력으로 최대한의 결과를 초래하기 위한 경제원칙에 의거해서 위기개입뿐만 아니라 관련된 문제를 균형 있게 해결하고자 함으로써 이용자로 하여금 구매력을 갖도록 해야 한다.

Ⅱ. 창조성 개발 도구

이상에서와 같이 사회복지실천에서의 창조성은 사회복지전문직이라는 직업을 통해서 사회문제 내지 생활문제를 이해하는 독특한 능력을 토대로 다른 사람들에게 문제해결을 위한 서비스를 제공할 수 있게 하는데 가장 중요한 공헌을 하게 된다.

그러나 창조성은 시간부족 내지 업무과다, 전문가 의존경향, 실패에 대한 두려움, 조급함, 느긋함과 장난기가 없는 지나친 심각성, 보상결핍과 남들의 빈정거림, 타성 및 고정관념과 관련된 비창조적인 습관 등으로 제약에 핑계되지 말아야 한다. 특히 창조성 개발의 최대의 걸림돌은 일상생활의 거의 모두가 반복에 의해 고정화된 습관과 고정관념이라고 할 수 있기 때문에, 이러한 요소들을 창조성 개발을 저해하는 장애요인으로 규정하고 적절한 관리방법에 의해 제거되어야 할 것이다.

창조적인 사고를 개발하는 방법은 left-mind thinking을 자제(turn down)하고 right-mind thinking을 강화(turn up)함으로써 whole-mind thinking에 의한 사고를 하도록 노력함으로써 합리적이고 직관적인 사고의 균형(balance)을 이루도록 하는 것이다.

왼쪽 뇌사고 및 오른쪽 뇌의 사고를 개발한다는 것은 분리된 범주로 접근하는 것이 아니고 문제해결을 위한 사고의 연속선상에서 다루어져야 하며, 이러한 과정에서 좌뇌사고 또는 우뇌 사고가 필요한 시점에서 자연스럽게 좌 · 우뇌 사고로 이동할 수 있게 함으로써 결과적으로 'hot and cold thinking'의 균형을 이루도록 하는 「냉 · 온수 겸용의 자동수도꼭지」와 같다고 할 수 있다.

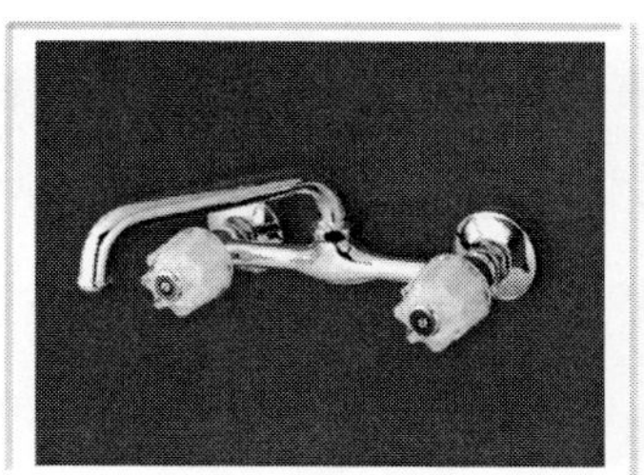

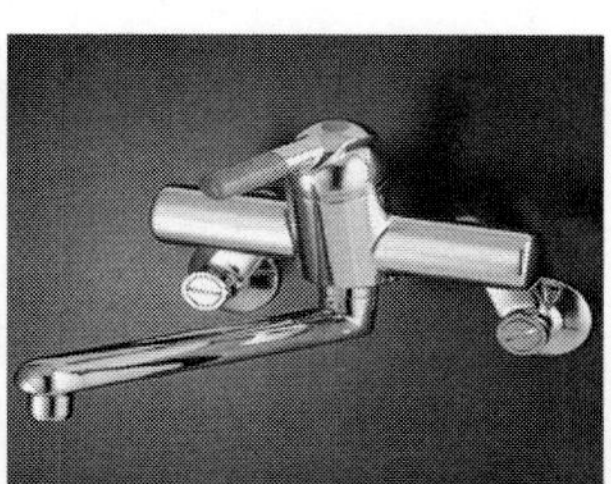

이와 같이 좌뇌의 사고를 억제하면서 우뇌의 사고를 향상시키기 위해서는 ① 인식의 개방성, ② 탄력적인 인내, ③ 관련 지우기 및 ④ 시각화가 창조성을 향상시키게 하는 도구로써 유용하다.

이에 Heus & Pincus는 창조성 향상을 위한 도구들을 다음과 같이 제시하고 있다 (Heus & Pincus, 1986: 140-171).

1. 좌뇌사고를 억제하는 도구	2. 우뇌사고를 강화하는 도구
(1) 인식의 개방성을 촉진하는 도구 ① 판단을 연기한다. ② 처음의 사고패턴을 깨트린다. ③ 시각을 변화시킨다. ④ 가설에 이의를 제기한다.	(1) 관련 지우기를 촉진하는 도구 ① 유사성을 활용한다. ② 관계성을 형성한다.
(2) 탄력적인 인내를 촉진하는 도구 ① 책임감을 갖는다. ② 아이디어를 기록한다. ③ 사고를 잠시 보류한다.	(2) 시각화를 촉진하는 도구 ① 명확한 정신이미지를 형성한다. ② 상상하는 기술을 개발한다. ③ 이미지를 말로 표현한다. ④ 꿈을 상기한다.

이러한 창조성 개발도구들이 실천과정마다 어떻게 적용되어져야 하는가를 고찰하면, 정보를 수집하고 문제를 확인하는 준비단계에서는 지각의 개방성과 탄력적인 지속성을 촉진하는 도구들이, 숙성단계와 조명단계를 포함하는 설계단계에서는 관련 지우기 촉진 도구들이, 실행과 평가와 관련된 검증단계에서는 시각화하는 능력을 향상시키는 도구들을 적용하는 것이 유용하다.

1 좌뇌의 사고를 억제하는 도구

1) 인식의 개방성

인식의 개방성을 향상시키기 위해 좌뇌 기능을 감소시킨다는 것은 좀 더 주목하고, 다양한 의미파악에 개방적이고, 틀에 박힌 목적에서 벗어나 '제3의 눈'으로 바라볼 수 있도록 이성적이고 직관적으로 보고자 노력하는 것이다. 이를 위해서는 다음의 도구 활용이 도움이 될 수 있다.

① **판단을 연기한다.**
"좀 더 생각해 보자" 라는 태도를 취함으로써 이해하기 곤란했던 부분을 현미경처럼 확대해서 상세히 고찰하게 한다.

② **처음의 생각을 버린다.**
인식의 개방성을 향상시킨다는 것은 처음의 이미지를 변화시키고 부분들을 연결해서 새로운 전체로 조합하는 것이기 때문에, 만화경을 통해서 다양한 정보 관찰함으로 인해서 직관적 사고를 강화한 후에 합리적인 사고를 하게 한다.

③ **시각을 변화시키고, 가설에 이의를 제기한다.**
인식의 개방성을 향상시킨다는 것은 정보를 바꾸고(turn), 변형하고(shift), 전환하는(switch) 노력을 하는 것이기 때문에, "내가 어떻게 이것을 다른 차원에서 볼 수 있는가?" 하는 질문을 스스로 상기하고 의식하는 노력이 요구된다.

2) 탄력적인 인내력

토머스 에디슨은 1,000번 이상의 실패를 겪은 후에야 비로소 전구를 발명한 바와 같이, 창조적인 사회복지사가 되기 위해서는 연속되는 긴장을 처리하면서 인내하고 실패를 이겨내는 훈련과정이 필요하다.

① 책임의식을 가진다.

좌뇌의 사고를 억제하면서 긴장된 상태에서 창조적인 결과를 도출하고자 노력한 결과 부분적으로는 창조적일 수 있다. 그러나 여름철에 겨울 휴가를 위한 여행계획을 세울수록 여행을 떠나기까지 자꾸만 고려해야 할 요인들이 나타나듯이, 성급한 마무리를 미루고 창조적 사회복지사로서의 의무감을 의식함으로써 에너지를 동원하고자 노력한다.

② 아이디어를 기록한다.

직관적 사고는 항상 필요할 때마다 아이디어를 제공하지 않기 때문에, 창조적 사고과정에서 기록했던 자질구레한 사소한 기록들 이를테면 별 것 아닌 것 같던 아이디어, 엉뚱한 아이디어, 마음껏 상상하고 공상한 아이디어 등은 그 동안의 사고들을 보호할 수 있고 사고를 포착하게 할 뿐만 아니라 계속적인 질문과 연구가 진행되게 한다. 다음의 이순신 장군의 꼼꼼한 기록정신을 좋은 본보기가 될 수 있다.

③ 생각을 잠시 보류한다.

창조적인 사고과정은 음극과 양극이 서로 끌어당기는 자석과 같아서 사고과정이 진행됨에 따라 합리적이고 분석적인 좌뇌의 기능으로 에너지가 이동하게 된다. 이로 인해 사고의 혼란스러움과 피곤함을 느낄 때 잠시 동안 생각을 보류해 두었다가 다시 생각하면 오히려 신선하고 새로운 생각을 하게 된다. 잠시 동안 생각을 보류함은 심사숙고할 기회를 제공하게 된다.

2 우뇌의 사고를 강화하는 도구

1) 관련 지우기

관련 지우기는 직관적 사고형태를 형성하는 과정을 향상시키기 위한 도구이다. 그러나 합리적인 사고과정에도 이미 논리적인 관련성이 개입되어 있다. 이 둘 사이에는 특별한 관련성을 지닌 형태를 취한 창조적인 활동이라는 점에서는 공통성이 있지만, 이 둘 사이에는 "ha-ha"와 "aha"의 반응 차이가 있다는 점이 중요하다.

게스탈트 심리학자들이 명명한 "aha 경험"은 외관상 무관한 퍼즐의 조각을 심사숙고해서 맞출 때 우러나는 행복감의 표현이다. 그러므로 직관적 사고를 향상시키고자 하는 관련 지우기의 의미는 합리적인 사고과정을 억제할 수 있도록 활용하는데 도움이 된다.

① 유사성을 활용한다.

유사성(analogy) 내지 유추는 이것이 저것과 어떻게 같은가? 라고 질문함으로써 외관상 무관한 것을 관련 지우는 것이다. 이는 정원을 가꾸는 것과 창조성을 가꾸는 것과 같은 이치이다. 아름다운 정원을 만들기 위해서 억지로 꽃과 나무를 키울 수 없지만 잘 자랄 수 있도록 조건을 만들 수는 있다. 이와 같이 창조적인 사고도 억지로 성장하게 할 수 없기 때문에, 인식의 개방성을 도모하면서 융통성 있게 인내도 하고 공통적으로 유사성이 있는 것은 관련시켜서 시각적으로 다듬는 직관적인 사고를 강화하도록 해야 한다.

또한 유사성은 관계 지우기의 응용도구로 활용되기도 한다. 예컨대 Gorden(1961)의 "창조적 문제해결방법(synectics)"으로 일컫는 집단토론의 도구인 개인적 유추, 직접적 유추 및 환상적 유추가 이에 해당된다. 개인적 유추는 개인이 문제의 일부분이 되도록 감정이입함으로써 문제의 다른 측면을 알도록 돕는 도구로, 직접적 유추는 유사한 사실 또는 지식을 실제적으로 비교하는 도구로, 환상적 유추는 문제를 해결하기를 바라는 열정은 어떠한가? 라는 질문을 통해 환상을 사실로 확인케 하는 도구로 활용하는 것이다. 이를테면 잃어버린 것은 찾는 것이 중요함을 알게 하거나, 동·식물 월동준비는 난방방안 강구를 유도하고, 잘 가꾸어진 정원의 모습을 상상해 보도록 하는 것이 각각의 유추 예가 될 수 있다.

② 관계성을 형성한다.

관련짓기 능력 향상에 도움이 되는 다양한 도구는 유추에서 비롯된 것들이다. 일반적 요인(알려진 문제)이 임의의 요인과 병렬(배열)될 때 어떤 관계성과 가능성이 모색된다고 하는 Whiting(1958)의 "강제적 관계 기법(Forced Relationship Techniques)"과 Edward de Bono(1972)의 "임의적 병렬(Random Juxtaposition)", 임의의 단어를 가지고 유추하고자 할 때 특히 도움이 되는 Crawford(1978)의 속성목록(attribute list)과 Allen(1962)의 "형태론적 조합(Morphological Synthesis)"이 대표적인 도구라고 할 수 있다.

예컨대 사회복지기관에서 클라이언트와 기관의 목적을 고려한 상담실을 설치한다고 할 경우, 관련짓기 전에 우선적으로 색상, 커튼, 방의 크기와 모양, 소리, 조명, 전망, 가구 등이 포함된 속성목록을 작성해서 방의 크기와 같이 이미 관계지워진(강제적) 속성과 다른 속성들 간에 조합해서 마무리하고, 또 다른 속성을 임의로 선택해서 관련성을 모색하는 반복된 과정에 의해서 상담실 설치 계획을 할 수 있을 것이다.

이에 Heus & Pincus는 관계짓기 능력향상을 위한 훈련의 일환으로 Raudsepp (1977)가 「Creative Growth Games」에서 제시하고 있는 75개의 연습문제 중에서 앞부분의 일부를 제시하고 있다.

지시어: 다음의 각각 다른 단어와 관련된 단어를 빈칸에 채우시오.

예제1: 잠자는 대회 얼룩 가게 ___________

답: beauty (잠자는 미인, 미인대회, 예쁜 점, 미용실).

예제2: 스타일 사랑 재킷 기간 ___________

답: Life (생활양식, 부부생활, 구명재킷, 수명)

이제 다음의 연습문제(1)를 해보세요.

① 진드기	안락	친구	덮개	________
② 십자	아이	피	리본	________
③ 취미	이야기	감자	음료수	________
④ 뒷골목	데이터	눈	얼룩	________
⑤ 연구	사업	과학	복지	________
⑥ 벨트	마술	시장	머리	________
⑦ 사냥꾼	조명등	정보	서다	________
⑧ 거품기	상용자	굴리다	썩은	________
⑨ 면도	4분의 1	소명	아래	________

Raudsepp는 조금 다른 형태의 관계짓기 연습문제를 제시하고 있다.

지시어: 두 개의 "keyword" 사이의 빈칸을 앞뒤 단어가 유의미한 관계성이 있는 단어로 채우시오.

예제1: 검은 ________ ________ ________ 삽

답: 검은 빛깔 흰색 눈 삽

예제2: 학교 ________ ________ ________ 달린다

답: 학교 수위 집 개 달린다

이제 다음의 연습문제(2)를 해보세요.

① 별 ________ ________ ________ 전에

② 레몬 ________ ________ ________ 개

③ 불 ________ ________ ________ 겁먹은

④ 개 __________ __________ __________ 흰색
⑤ 우편료 __________ __________ __________ 무릎
⑥ 흰옷 __________ __________ __________ 관해서
⑦ 짧게 __________ __________ __________ 밖으로
⑧ 혈액 __________ __________ __________ 색깔
⑨ 순한 __________ __________ __________ 검사
⑩ 푸른 __________ __________ __________ 공

상기의 연습문제에 대한 답은 이 장의 마지막 부분에 있다.

특히 후자의 연습은 사회복지실천에서 실제적인 적용 능력을 강화할 수 있는 방법으로 고려되어야 한다. 전술한 바와 같이 사회복지실천에서의 문제는 욕구이고, 권리, 의무, 생활문제, 실천가치, 철학, 이념, 방법, 원인, 자원, 장애요인, 사회적 기능, 관계, 교류, 균형, 기능, 구조, 목적, 목표 .... 등과 관계 지우면서 내재된 의미를 모색하고자 하는 노력이 훈련되어져야 한다.

2) 시각화

합리적인 사고는 논리, 이성, 분석, 읽기, 쓰기 및 언어에 중심이 있으며, 직관적 사고는 심벌, 감정, 리듬, 패턴 찾기 및 이미지의 시각화에 중점을 두고 있다. 이를테면 방을 꾸미기 위한 페인트 선택, 공간배치, 사람이나 장소의 모습 묘사, 학업과정, 문화적 스트레스에 관한 감정, 목적적 사고, 시각화, 심상, 상상, 꿈, 백일몽 등과 같은 주관적이고 직관적인 경험 모두를 시각화하는데 활용한다. 시각화는 정보의 가치를 더하고, 창조적인 아이디어를 포착케 하고, 또한 창조적인 사고를 객관적인 현실로 표현하는데 중요한 역할(검증)을 하기 때문에, 다음의 도구들을 통해 시각화하는 능력을 향상시키도록 노력해야 한다.

① 명확한 정신이미지를 형성한다.

정신이미지는 지각정보를 기록하기 때문에, 시각, 청각, 촉각, 미각 및 후각을 포함하는 오감이 결합된 시각화를 한다면 시각적 효과가 풍부하게 된다. 이를 위해 우선 오감을 포함시킨 목록을 만들어서 눈을 감고 이를 시각화하는 연습을 반복한다.

② 상상하는 기술을 개발한다.

상상력을 개발한다는 것은 현실감이 넘치는 3D게임을 하듯이 개인의 이미지를 실제장면으로 또는 평면적 이미지를 활동사진 속으로 들어가게 해서 움직임을 느끼고 오감을 체험하면서 점차 역할극을 적용하고자 노력한다.

③ 이미지를 말하고, 꿈을 상기한다.

이미지나 꿈을 가능한 그림이나 문장이 아닌 도식화하는 낙서를 하면서 직관적으로 말로 표현하고자 연습함으로써 직관적인 자아를 알게 하고 사고와 지각의 균형을 이루게 할 뿐만 아니라 시각화를 향상시키는 도구의 역할을 한다.

3 원형계통도

전술한 도구는 좌뇌 사고를 억제하는 방법과 우뇌 사고를 향상시키는 도구라고 할 수 있다. 이를 냉 · 온수 겸용의 수도꼭지처럼 실제적으로 합리적 사고와 직관적 사고 모두를 향상시키는데 유용한 도구가 필요하다고 할 수 있다. 이에 Heus & Pincus는 소위 원형계통도(circles map) 또는 때로는 실행원(doing circles)이라고 일컫는 도구를 제시하고 있다(Heus & Pincus, 1986: 175-206).

원형계통도는 논리적으로 데이터를 조직화하고 분석하는데 도움이 된다. 이는 정보를 기술하고, 정리하고, 윤곽을 잡고, 우선순위를 정하는데 활용될 수 있다. 동시에 직관력을 자극하고, "실현 지향적 사고(possibility thinking)"와 보다 더 균형 있는 부분-전체 관계를 자각하도록 장려한다.

원형계통도는 체계를 나타내는 원(circles), 관계성을 나타내는 선(connecting lines)과 화살표(arrow connectors), 필요한 경우 화살표에 부가하는 조건문(options with words) 등으로 구성되어 있다.

체계(systems)를 시각적으로 설명하자면 동그라미를 그리면서 하듯이 원(circle)은 곧 체계라고 할 수 있고, 계통도(chances)는 둥근 모양의 물체가 눈에 보이지는 않지만 서로 관련성을 가지고 태양과 같은 중심 또는 핵 주위를 이동하는 태양계를 연상하는 것과 같다. 달리 표현하면 원형계통도는 본질적으로 부분-전체 구성형태의 무한한 다양성을 시각적으로 표현하는 방법이라고 할 수 있다.

원형계통도를 작성하는 과정은 우선 직관적 사고를 자극하고, 관계지우며, 실현가능성을 모색한 후에, 조직화하고, 디자인해서 시각적으로 표현하는 단계를 거친다고 할 수 있다.

이를 구체적으로 정리하면 다음과 같다.

① 종이의 중앙에 중심이 되는 과제 또는 개념 등을 적고 원을 그린다.
② 생각나는 대로 과제 또는 개념 등과 관련된 하위과제, 주요단어나 문구를 임의로 적는다.
③ 목적을 염두에 두고 원은 중요성에 따라 크고 작은 원을 그린다.
④ 공통성을 염두에 두고 배열해서 선을 그으면서 요인분석 한다.
⑤ 가장 우선성이 있는 활동 원을 선정한다.
⑥ 활동 원간의 관계성, 활동 방향성 또는 연속성에 따라 화살표를 한다.
⑦ 필요한 경우 화살표에 조건문을 적는다.

이러한 원형계통도 작성과정을 거쳐서 창조성에 관해 지금까지 설명한 창조성 개념, 좌·우뇌 사고의 특성, 창조성 개발방법과 도구, 창조적 과정에서의 개발도구 적용에 관해서 원형계통도로 나타낸 바는 다음의 〈그림 5-3〉~〈그림 5-6〉과 같다.

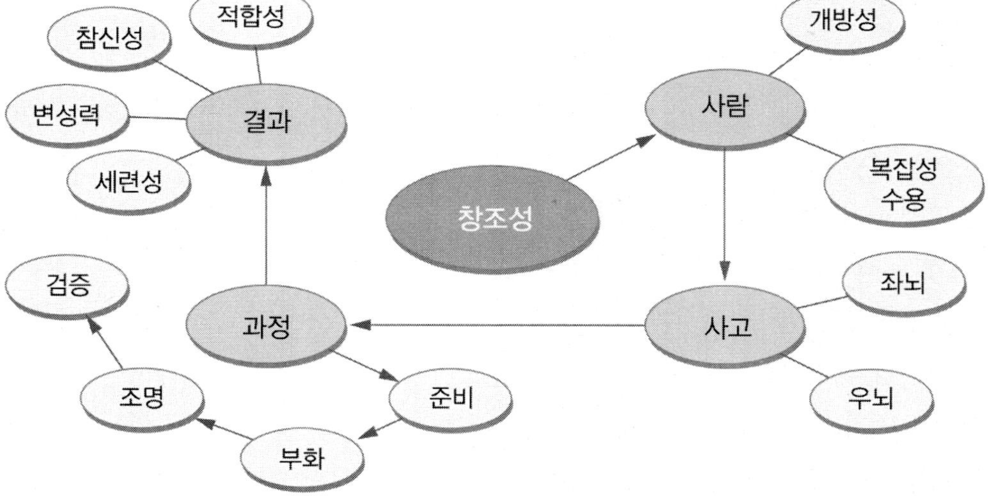

Source: M. Heus & A. Pincus(1986). op. cit., p. 179

〈그림 5-3〉 창조성 개념 원형계통도

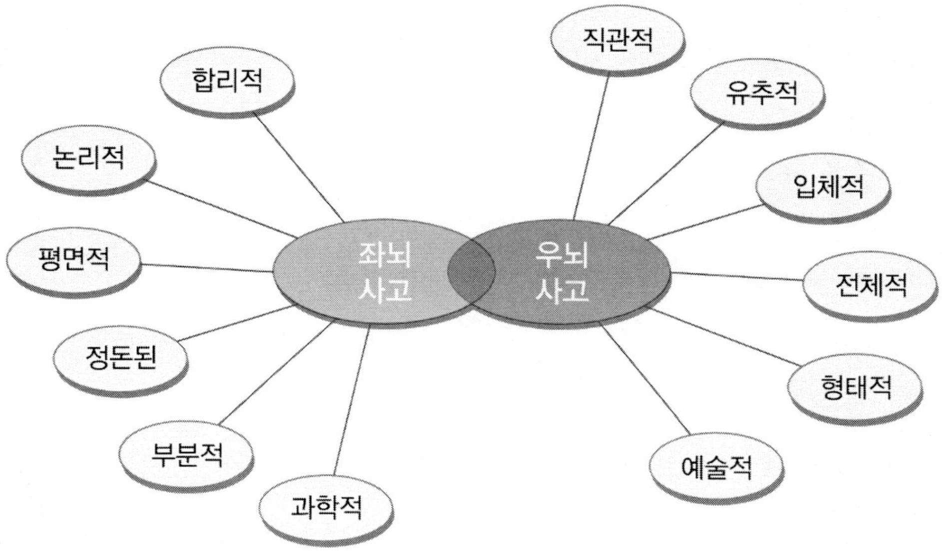

Source: M. Heus & A. Pincus(1986). op. cit., p. 180

〈그림 5-4〉 좌 · 우뇌 사고의 특성의 원형계통도

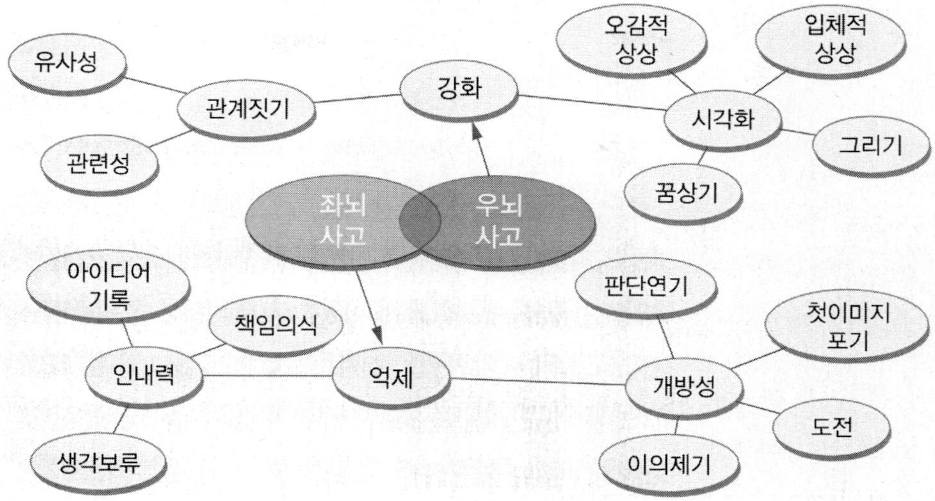

Source: M. Heus & A. Pincus(1986). op. cit., p. 181

〈그림 5-5〉 창조성 개발방법과 도구의 원형계통도

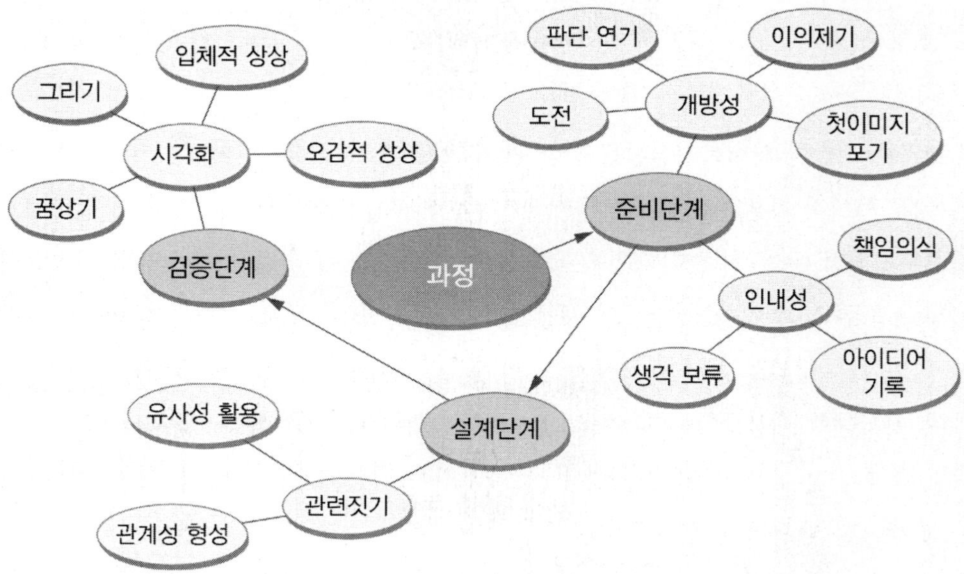

Source: M. Heus & A. Pincus(1986). op. cit., p. 182

〈그림 5-6〉 창조적 과정에서의 개발도구 원형계통도

이를 참고로 주말계획, 휴가계획, 기관방문계획, 사례계획, 집단운영계획, 기관운영관리 개선, 사회복지학 지식체계, 아동복지이론과 접근방법, 노인복지이론과 실제, 지역사회의 특정문제 해결방안, 연구설계, 제2장 사회복지실천의 메타개념에 기초한 계획에서 설명한 「PROGRAM DESIGN」 등을 원형계통도로 반복해서 표현하고자 하는 노력을 통해 창조적인 사회복지사로 거듭 태어날 수 있는 능력을 갖추도록 노력할 필요성이 있다.

이와 같이 사회복지사에게 요구되는 창조성은 사회복지사가 사회문제를 보는 관점부터 명확하게 습득함으로 말미암아 사회복지전문직의 관심영역으로 침투되어야 비로소 창조적인 사회복지사가 되는 것이며, 이로 인해서 창조적인 사고로 창조적인 과정을 통해 창조적인 결과물을 산출할 수 있다.

Ⅲ. 전략적 사고와 개념설계

저자는 전술한 사회복지실천을 위한 필요충분조건, 사회복지마케팅, 시너지, 종교와 행복감, 사회적 자본과 교양, 마을 살리기와 지역공동체, 복지문화, 제4차 산업혁명과 사회복지실천 등의 전략적 계획을 위한 사고개발 요인들에 대해 사유하는 과정에서 이정동 교수 등이 저술한 『축적의 시간(2015)』과 『축적의 길(2017)』책이 찡하게 생각나게 하였다.

이 저서들의 내용은 2017년 7월 KBS 스페셜- 축적의 시간 1부 “천재는 잊어라”와 2부 “유령이 된 리더들”이라는 제목으로 2부작이 방송되기도 하였다.

그 주요한 내용은 다음과 같다.

- "실행보다 개념설계 역량이 중요하다",
- "개념을 개발하기 위해 창의성이 필요하다는 말은 틀린 것이다",
- "창의적인 아이디어가 아니라 개념 자체를 설계해야 한다",
- "천재, 발명, 아이디어보다 중요한 것은 개념설계이다",
- "개념설계=아이디어×스케일업(scale-up)",
- "스케일업=연습 · 훈련 · 실험의 반복",
- "한 단계 한 단계 노력하는 스케일업 과정을 경험한 사람이 진정한 고수이다",
- "스케일업 하지 않는 아이디어는 의미가 없다",
- "아이디어는 엄청나게 굴러다니지만 스케일업은 귀하다",
- "모든 별빛은 '묵은 별빛' 이다",
- "어느 날 갑자기 이루어진 것은 없다... 사랑도 스케일업이 필요하다",
- "know-how보다 오히려 know-why가 중요하다",
- "왜 이것을 해야 하느냐?, 나는 누구냐?, 나는 무엇이 되고 싶은가? 하는 정체성을 가지는 것이 개념설계의 시작이다",
- "소비자들은 정체성 있는 서비스와 제품을 원한다",
- "경험을 축적하며 철저히 기록하는 문화를 구축하라",
- "격렬한 네트워킹을 강행하라"

이러한 내용 하나하나가 짜릿짜릿하게 감동을 준다. "기획의 99%는 컨셉이다(탁정언, 2005)"라는 주장도 인식함과 아울러, 이 감동이 사회복지사로서 전술한 사회복지실천계획을 위한 전략적 사고 개발요인으로 작용하는 그 어떤 아이디어, 개념, 가치, 이념이든지 스케일업 해내려는 노력을 지금 여기에서 바로 시작되어져야 한다는 것이고, 이 스케일업 과정 자체가 차별화된 경쟁력을 확보할 수 있는 역량 있는 사회복지실천가가 되게 한다고 권면한다.

연습문제(1)에 가능한 답은 다음과 같다.
① 침대(bed), ② 청색(blue), ③ 달콤한(sweet), ④ 잘 보이지 않는(blind), ⑤ 사회(social), ⑥ 검은(black), ⑦ 머리(head), ⑧ 계란(egg), ⑨ 마치다(close)
연습문제(2)에 가능한 답은 다음과 같다.
① 별, 빛나는, 날, 장기간 걸리는, 전에 ② 레몬, 노란, 페인트, 집, 개 ③ 불, 탈출, 빠른, 달리다, 겁먹은 ④ 개, 꼬리, 세탁소, 씻다, 흰색 ⑤ 우편료, 우표, 도보, 아픈, 무릎 ⑥ 흰옷, 씻다, 깨끗한, 얼굴, 관해서 ⑦ 짧게, 떨어지다, 아래, 던지다, 밖으로 ⑧ 혈액, 검사, 종이, 흰색, 색깔 ⑨ 순한, 담배, 연기, 필터, 검사 ⑩ 푸른, 하늘, 높은, 뛰어오르다, 공

PART
3

프로그램 계획

Chapter 06

문제확인(PRO)

문제확인을 위한 문제분석 및 욕구사정은 사회복지실천의 사정과정이라 할 수 있다. 이 과정은 'PROGRAM DESIGN'에서의 PRO에 해당된다.

사실상 문제분석과 욕구사정은 개념적으로 쉽게 구분할 수 없을 뿐만 아니라 상호의존적이고 보충적인 관계이기 때문에 동일한 기능으로 보아야 한다고 York(1988: 56)가 지적하고 있음에 충분한 이해를 도모할 필요성이 있다.

바로 이 York의 지적이 실제적으로 프로그램개발과정에서 문제분석과 욕구사정이 어떻게 적용되어져야 용이하게 진행되어질 수 있는가 하는 난감함이 그 동안 풀리지 않는 숙제이었다.

이 해답은 〈그림 6-1〉에서 제시되고 있는 바와 같이 사회복지사가 문제분석과 욕구사정을 순차적으로 적용하되 일차적으로 공급자 중심에서 욕구에 근거한 개념구성 차원에서 요인별 문제분석 내용을 확인하고 이차적으로 소비자 중심에서 문제분석요인에 대해 보다 구체적으로 소비욕구에 근거한 개념적 정의 차원에서 그 지수를 파악하는 욕구사정이 이루어지는 과정으로 진행되어야 한다는 것이다.

문제분석		욕구사정
• 공급자 필요에 의한		• 소비자 중심에서 함께
• 욕구(needs) 중심에서		• 소비욕구(wants) 중심으로
• 개념구성		• 개념적 정의
• 요인 중심	⇒	• 지수 중심
• 내용: 선정문제와 관련된 역사적 사건, 이론, 연구조사 결과, 원인론, 문제의 심각성 · 크기 · 유형 등		• 내용: 선정된 문제 요인별 소비욕구, 자원, 장애요인 등에 대한 구체적인 욕구식별 내용 진술, 우선순위 결정
• 적용: 제안서의 프로그램 개발 필요성, 이론적 배경, 유사프로그램의 존재여부, 서비스대상 선정기준과 인원 등을 기술		• 적용: 제안서의 목적과 목표설정, 세부사업내용 기술, 과정 및 결과 평가 측정도구 등 'DESIGN' 과정에 활용

〈그림 6-1〉 문제분석과 욕구사정 적용 비교

욕구사정은 욕구식별(need identification)과 욕구추산(need enumeration)의 목적으로 활용되고 있다(김영종, 2001: 303-304; 성규탁, 1990: 105).

욕구식별은 누가(who), 어떤(what) 문제 또는 욕구를 가지고 있는가 하는 조작적 개념화와 관련된 것이며, 욕구추산은 욕구 식별한 개념들이 얼마나(how) 존재하고 있는가를 측정한 데이터를 통해서 욕구의 크기와 중요도를 찾아내 상대적인 중요성 이른바 욕구의 우선순위를 결정하는 분석작업이라고 재정의 할 수 있다.

이와 같이 문제확인은 어떤 집단 내지 지역사회에 무슨 문제 또는 욕구가 얼마나 상대적으로 존재하고 있는가를 사정하는 과정에 소비욕구차원에서 욕구사정의 장치와 방법을 활용하는 것이라고 할 수 있다.

이에 여기에서는 사회복지사가 사회문제를 어떻게 보아야 보다 용이하게 분석할 수 있게 되는가에 대한 관점, 문제, 욕구 및 수요와의 관계를 어떻게 이해해야 프로그램 개발에 도움이 되는가, 문제분석 내용은 무엇이며, 이를 위해서 어떠한 문제분석 지침이 요구되는지, 문제분석에 따른 어떤 욕구가 구체적으로 있는가를 식별해서 그 정도가 어느 정도인지, 어떤 데이터수집장치를 활용해야 되는가, 어떻게 프로그램대상을 선정하고 욕구를 추산하는가에 관한 실제적인 설명을 하고자 한다.

Ⅰ. 사회복지사가 사회문제를 보는 관점

사회문제라는 용어는 사회과학의 여러 분야에서 사용되고 있지만 간단히 정의할 수 없는 속성을 지니고 있다. 그렇기 때문에 여러 학자들의 공통적인 특성을 중심으로 재정의 하면 다음과 같이 정리될 수 있다.

① 사회문제는 어떤 사회현상이 사회가치규범에서 벗어나있다.
② 사회문제는 상당수의 사람들이 그 현상으로 말미암아 부정적인 영향을 받고 있다.
③ 사회문제는 그 원인이 사회적인 것이다.
④ 사회문제는 다수의 사람 또는 영향력 있는 일부의 사람들이 문제로 판단하고 있다.
⑤ 사회문제는 사회가 개선을 원해야 한다.
⑥ 사회문제는 개선을 위해서 집단적 사회적 행동이 요청된다.

이와 같이 사회문제는 개인문제와 비교해서 '사회성'과 '보편성'이 강조되고 있다는 점에서 구별되는 특성을 갖는다. 그러므로 사회문제의 출발은 개인문제인 것이며, 이러한 개인문제에 불특정 다수성과 사회적 중요성이 결합됨으로써 사회문제로 대두된다고 할 수 있다.

사회문제를 대별하면 ① 갈등주의 관점의 사회구조적 문제, ② 기능주의 관점의 사회적 부적응 문제, ③ 문화적 문제, ④ 통합적(신갈등주의) 문제 등으로 구분할 수 있다. 이처럼 문제 자체도 다양하고, 전문가로서 봉사할 실천분야도 다양할 뿐만 아니라 실천방법도 다양하다고 할 수 있다.

이러한 다양성 자체가 사회복지실천의 독특성이기 때문에 사회복지사가 사회문제를 보는 다음과 같은 관점을 분명하게 함으로써 사회복지프로그램 개발이 더욱 구체화된다고 할 수 있다.

사회복지학에서 주요한 대상체계로 다루어온 개인, 가족, 소집단 및 지역사회의 사회적 부적응 문제는 대부분 사회문제와 관련된 것이다. 그래서 사회복지학은 이러한 사회문제와 이 사회문제에서 파생되는 생활문제에 대한 해결방안을 모색하고자 하는 계속적인 연구과정에서 하나의 학문으로 발전되어 왔다고 할 수 있다.

① 사회문제는 개인문제와 비교해서 '사회성'과 '보편성' 및 '다양성' 등이 강조된다.

② 사회문제뿐만 아니라 사회문제로 인해서 나타나는 개인, 가족, 소집단 및 지역사회의 사회적 문제 또는 생활문제에 오히려 관심을 두어야 한다.

③ 사회복지사가 문제에 대해 사고하는 방법도 사회문제로 인해서 파생되는 다양한 일상생활 측면, 체계이론과 생태체계 관점에 기초한 인간과 환경과의 교류와 균형 및 관계성 측면, 원인(사회개량)으로서의 사회복지실천과 기능(서비스)으로서의 사회복지실천을 함께 고려하는 정책적 측면에서 이해해야 한다.

④ 사회복지실천 업무(business)에 대한 사고방법도 사회복지실천의 기능인 인간과 자원을 연결하고, 새로운 자원을 개발하고, 인간을 자원체계에 반응하게 하며, 또한 인간에게 문제해결기술을 가르치는데 초점을 두고 실제적으로 기술적 접근방법, 정책적 접근방법 및 통합적 접근방법에 의해 수행되고 있다는 것에 초점을 두어야 한다.

⑤ 사회복지사가 사회문제를 인식하기 위한 시각은 일상생활문제는 기능주의적 관점에서, 정책적 문제는 구조주의적 관점에서, 인간과 환경과의 교류와 균형 및 관계성 문제는 신갈등주의적 관점에서 이해할 수 있다.

⑥ 사회복지실천가치와 연관해서는 문제 · 실천분야 · 실천방법의 다양성은 동기적 가치를 중심으로, 일상생활과 인간과 환경과의 교류와 균형 및 관계성 문제는 목표적 가치를 중심으로, 실제적인 접근방법은 방법적 가치 중심에서 이해할 수

있다.

⑦ 문제는 소비자 측면에서 사회복지서비스를 필요로 하는 사람의 욕구임과 동시에 권리이며, 공급자 측면에서는 욕구를 충족시켜 주거나 또는 문제를 해결 · 개선 · 수정 · 보완시켜 주어야 하는 사회적인 의무임과 동시에 달성해야 할 목표이므로 사회복지사는 문제, 욕구, 권리, 의무 및 목표를 표리관계로 이해해야 한다.

⑧ 문제 내지 욕구는 문제해결과 욕구충족을 지원할 수 있는 자원체계와 이를 저해하는 장애요소를 동시에 고려해야 한다.

Ⅱ. 문제, 욕구, 소비욕구 및 수요와의 관계

전술한 바와 같이 문제(problems)는 소비자 측면에서 사회복지서비스를 필요로 하는 사람의 욕구임과 동시에 권리이며, 공급자 측면에서는 욕구를 충족시켜 주거나 또는 문제를 해결 · 개선 · 수정 · 보완시켜 주어야 하는 사회적인 의무임과 동시에 달성해야 할 목표이다.

실제적으로는 문제, 욕구, 소비욕구를 구분하기가 용이하지 않을 뿐만 아니라 거의 동일한 개념으로 사용되기도 한다. 그러나 사회복지사는 문제, 욕구, 권리, 의무 및 목표를 표리관계로 이해해야 함이 중요하다.

사회복지사가 문제(problems), 욕구(needs), 소비욕구 또는 욕망(wants), 수요(demand) 그리고 수요공급의 법칙(law of demand and supply)의 관계를 어떻게 이해하는가에 따라 프로그램개발의 토대가 되는 개념(concept)을 제공받게 되므로 유념해서 익혀둘 필요성이 있다.

이를테면 확인된 문제가 '결식'라고 한다면, 욕구는 '배가 고프다' 하는 것처럼 인간의 기본적인 필요성에 대한 충족이 요구되는 상태인 것이고, 소비욕구는 '배가 고프니까

생수라도 마시고 싶다'는 욕구결핍을 충족하기 위해서 필요한 구체적으로 요구되는 것인 물, 음식, 현금 등에 대한 요구이다. 수요는 '배가 고파 생수라도 사서 마셔야 하겠다' 는 소비욕구를 채우려고 거래(교환)하려는 행위욕구이다.

수요와 공급의 법칙은 사회복지실천가가 공급자로서 어떤 욕구가 있는가를 확인해서 우선순위가 되는 소비욕구가 무엇인가를 파악한 다음에, 클라이언트가 어떻게 교환하려 하는가 하는 수요를 사정하여 서비스/프로그램을 개발해서 공급하고자 해야 한다고 학습되어져야 한다.

갈급함이나 필요성에 비례해서 나의 모두를 바쳐서라도 생수 한 병과 교환할 수 있음을 명심해야 한다는 것이다. 이것이 사회복지사로서 자신의 권리를 지키며 의무를 다하는 역량이라고도 할 수 있다.

성경말씀 가운데 나타나는 가나안 혼례잔치에서의 포도주 부족 사건(요2:1~11)은 부족함이 곧 은혜라고 하는 실증사례라고 할 수 있다. 포도주 부족 문제는 욕구 또는 소비욕구 와 수요이다. 부족함이 하나님의 은혜와 기적을 있게 한다고 할 수 있다. 광야에서의 제공된 만나, 메추라기, 단물, 구름기둥, 불기둥 등 기적을 경험한 이스라엘 백성들의 하나님 은혜도 오병이어 기적도 문제, 욕구, 소비욕구, 수요, 수요공급의 법칙의 관계를 인식할 수 있는 대표적인 사례라고 이해된다.

회자되는 영국과 중국 속담버전을 종합해 보면 "하루가 행복하려면 이발을 하고, 일주일이 행복하려면 돼지를 잡고, 한 달이 행복하려면 결혼을 하거나 말을 사고, 일 년이 행복하려면 새 집을 짓고, 평생이 행복하려면 정원사가 되거나 나무를 심어라" 한다. 채워도 부족함이 있는 그 자체가 문제가 아니라 부족함 때문에 하루하루가 소망이 없다는 생각 그 자체가 문제이다. 바로 하루하루를 평생같이 행복하려는 정원사로서의 역할과 기능 수행이 프로그램개발의 실마리가 된다는 것이다.

결국 사회복지프로그램 개발도 문제확인 과정이 그 단초가 되기 때문에, 이 문제확인 과정에서 부족함을 최대한 채우려는 간절한 숙성과정을 토대로 개발된 프로그램이어야 그 결과도 만족할 수 있게 된다.

Ⅲ. 문제분석

1 문제분석 내용

바람직한 프로그램 계획과정에서 필수적인 부분은 문제분석이다(York, 1988: 53). 문제분석은 선정한 사회문제와 관련된 역사적 사건, 이론, 연구조사 결과, 원인론, 문제의 심각성 · 크기 · 유형 등을 서술하기 위한 데이터를 수집하는데 초점을 둔 과정이라고 할 수 있다.

문제분석 결과는 일차적으로 제안서의 프로그램 개발 필요성, 이론적 배경 및 일반집단 · 위험집단 · 표적집단 · 클라이언트집단, 유사프로그램의 존재여부 등과 관련된 프로그램 대상에 기술되어야 할 내용이다.

구체적으로 문제분석에 포함되어야 할 내용은 Heus & Pincus(1986: 296-297)의 문제에 관한 전반적인 특성을 고려하는데 요구되는 주요한 요인, York(1988: 53-56)의 문제분석 준거틀, 그리고 Cohen(1964), Morris & Zweig(1966)의 준거틀을 정리한 Kettner, Moroney & Martin(1999: 28-32)의 문제분석 준거틀을 중심으로 저자가 재구성해서 정리한 바를 제시하면 다음과 같다.

① 대상 문제 및 클라이언트에 대한 정의는 무엇인가?

문제를 이해하는 바람직한 자세는 문제와 관련된 주요대상 내지 체계를 구체화하는 것이다. 결국 이들은 서비스를 필요로 하는 클라이언트체계, 문제해결에 필요한 협력을 구할 행동체계 및 직접 개입할 표적체계를 정의해야 한다. 대상문제 정의는 빈곤, 실업, 이혼, 아동학대, 성차별, 질병, 사회적 의존성, 사회적 고립, 법적, 의료적, 재정적 등의 문제 등과 같이 규정하고, 주요 클라이언트 정의는 아동, 청소년, 노인 등의 용어에 대해서 일차적으로 관련법령과 전문서적을 활용해서 용어정의를 해야 한다. 그래야 표적집단과 표적문제에 대해 공통적으로 공유되는 정의를 도출할 수 있게 한다.

② 문제상황을 겪고 있는 사람들의 특징은 무엇인가?

일차적으로 문제상황을 올바로 이해한다는 것은 위험에 처한 클라이언트나 집단을 구체화하는 것이고, 이차적으로 문제상황을 파악하는 것이다. 관련된 사람들이 발생한 문제의 전개과정, 이를테면 문제의 지속기간은 어떠한가? 본질적으로 주기적인가? 문제해결을 위한 과거의 노력은 무엇인가? 결과는 어떠했는가? 현재의 문제상황을 어떻게 정의하는가? 어떤 생활과제에 직면하고 있는가? 이 문제상황에 대한 관심이 어떠한가? 어떻게 처리하고자 하는가? 등에 관한 데이터를 초기접촉 동안에 수집해야 한다.

③ 문제의 크기와 심각성 정도는 어떠한가?

이 질문의 초점은 문제의 범위: 문제가 얼마나 광범위하고, 심각하며, 만연되어 있는가? 어떤 특정한 문제가 즉각적인 관심을 요구하는가? 하는 문제의 심각성을 확인할 수 있는 구체적인 통계자료, 대상집단의 규모 및 문제발생 경향을 추정할 수 있는 사회학적, 인구통계학적 자료를 확인하는 것이다. 이러한 자료는 표적집단 사전계산법 또는 사후계산법 및 문제경향분석 등에 의해 프로그램 제안서에 제시된다.

④ 문제의 원인론은 무엇인가?

이 질문은 문제원인을 규명함으로써 문제해결의 대안을 확인하는데 가장 중요한 기여를 한다. 전형적으로 원인론은 이론 및 관련된 조사연구의 검토와 문제가 전개되어온 과정에 대한 이해에서 나온다. 역학적 모형이 원인론을 결정하는데 유용할 수 있다. 역학적 접근방법은 원인사슬의 존재를 전제하고 있으며 사슬의 연결고리가 변하거나 끊어진다면 문제는 최소한 부분적인 해결이 될 수 있다는 점을 가정하고 있다(Kettner, Moroney & Martin, 1999: 31). 예컨대 사회문제의 원인론 연구 대부분이 다양한 요인들을 고려하듯이 문제의 하위영역은 무엇인가? 하위영역들이 서로 어떻게 영향을 미치는가? 외부체계 및 상황이 문제에 어떻게 영향을 미치는가? "대중적인 논쟁"과 "개인적인 문제"간의 관계는 어떠한가? 문제가 발생한 특정한 시간, 장소 또는 사건이 있는가? 등에 대한 역학조사를 하거나, 청소년비행 원인분석도 다양한 요인을 탐색하고 요인들 간의 인과관계 및 나아가 경로관계를 분석함으로써 가장 효용성 있는 문제원인을 확인한다.

⑤ 누가 문제로 정의하는가?

이 질문이 추론하고자 하는 바는 문제상황의 누가 만들고 그 해결을 하는데 누가 지지하고, 누가 반대하는가, 제3자로서의 입장에서 어떻게 문제상황을 인식하고 있는가를 파악하고자 하는 세 가지 측면에서 데이터를 포함시키도록 하는 것이 중요하다. 누가 문제로 정의하는가는 문제로 인해 곤란을 겪고 있음을 주장하는 사람들이 실제적으로 자신들의 문제상황을 정의한 것인가 등에 대한 사실여부를 파악하는 것이다. 이렇게 문제를 제대로 인식하는 자체가 자원으로서의 의미가 있다.

⑥ 누가 문제로 정의하지 않는가?

누가 문제로 정의하지 않는가에 대한 정보는 문제를 해결함으로써 손해를 보는 사람과 집단을 확인하는 것은 변화에 대한 잠재적인 저항을 사정하는 것이다. 예컨대 빈민가의 임대업자는 빈민의 주택문제로 이익을 얻지만 공공주택의 증가로 손해를 보게 되는 경우이다. 이와 같이 이해집단 간의 이견 등 문제해결에 장애가 되는 사회정치적 측면도 함께 고려해야 한다.

⑦ 문제를 다루고 있는 현재의 프로그램은 무엇인가?

이 질문에 대한 대답은 문제해결을 위한 대안을 모색하는데 상대적인 효과성을 분석하고 차별화 전략을 도모하는데 도움이 된다. 사회문제는 적어도 하나의 프로그램만 고안되는 경우가 거의 없기 때문에 이러한 노력의 결과로 빚어낸 프로그램은 무시될 수 없다. 이를 분석하기 위해서는 기존서비스분석에 의해 파악한 결과정보를 활용해야 한다.

⑧ 문제를 다루고 있는 현재의 프로그램의 수요상태는 어떠한가?

이 질문에 대한 대답은 문제해결을 위한 대안을 모색하는데 상대적인 효과성을 분석하고 차별화 전략을 도모하는데 도움이 된다. 이 질문은 문제를 경험하고 있는 사람의 수요측면에서 공급 가능성을 확인하는데 초점을 둔다. 이를테면 수요상태가 부정적인가, 전혀 없는가, 잠재적인가, 감소하는가를 파악함으로써 전환마케팅, 자극마케팅, 개발 마케팅, 재마케팅 또는 포장마케팅 전략의 기초가 된다.

⑨ 문제해결의 자원과 장애요인은 무엇인가?

이 질문이 의도하는 바는 걸려 넘어지면 '걸림돌'이지만 걸림돌을 딛고 일어서면 '디딤돌'이라는 긍정적인 문제인식에 기초해야 함을 의도한다. 그래서 문제를 다루는데 가용할 자원은 무엇인가? 문제를 해결하도록 촉진하는 자원 또는 상황은 무엇인가? 누가 문제해결의 동기를 부여하는가? 이를 어떻게 활용할 수 있는가? 그리고 문제해결의 주요 장애요인은 무엇인가? 문제가 지속됨으로 인해 누가 이익을 보는가? 문제를 다루는데 어떤 압박이 있는가? 등을 파악하는데 초점을 두고 있다. 이는 4체계모델 이른 바 클라이언트체계, 표적체계, 행동체계 및 변화매개체계를 분류도구로 삼아 문제해결 내지 목표달성 측면에서 자원과 장애요인을 파악한다.

⑩ 문제해결의 시너지적인 사회가치는 무엇인가?

이 질문이 의도하는 바는 문제를 해결하고자 하는 사람의 공급자 측면에서 문제 내지 문제상황이 「거리(issue)」가 될 수 있는가 또는 「사회성」이 있는가에 초점을 두고 있다. 이를테면 관심거리, 홍보거리, 기삿거리, 사업거리 등이 되는가, 문제와 관련된 사회(복지)가치가 비전으로 전환될 수 있는가 또는 시너지적인 문제해결 방안이 있는가 등의 질문에 대해서 그 실현 가능성을 모색한다.

⑪ **사회변화의 목표는 무엇인가?**

이 질문은 문제해결을 통해 사회의 어떤 측면이 변화의 표적이 되는가? 또는 어느 정도 해결될 수 있는가? 그리고 기대되는 효과는 무엇인가? 등을 탐색하는데 중점을 둔다.

2 문제분석 데이터수집장치

문제분석을 하기 위한 데이터 수집장치는 사회지표, 기존자료분석, 지역사회욕구조사, 표적인구조사, 프로그램이용자조사, 주요정보제공자 및 서비스제공자조사, 지역사회공청회 등 다양하게 활용되고 있다(김성이 · 채구묵, 1997: 100-116). 이러한 장치를 활용한 데이터수집방법은 일반적으로 직접관찰, 사례조사 및 기존자료분석에 의해 데이터를 수집한다(최일섭 · 이창호, 1993: 172-179.; 정무성 · 정진모, 2001: 70-83)고 할 수 있다.

① **직접관찰법**: 주로 규범적 욕구를 측정도구화 해서 일차적인 인지적 욕구에 관한 정보수집과 이차적인 평균차이, 요인분석 등에 의한 상대적 욕구 파악에 적용되며, 표적집단에게 직접 물어 보거나 탐색해서 욕구를 파악하는 방법이다. 일반인구조사, 표적인구조사, 델파이 방법 등의 사회조사, 관찰법, 심층면접법, 지역사회공개토론회 기법이 활용된다.

② **사례조사**: 주로 표현적 욕구에 관한 정보 수집에 적용하며, 데이터 수집을 하고자 하는 표적집단을 직접 상대하거나 관계를 하고 있는 제3자들을 접촉하여 증언을 통해 욕구를 파악하는 방법이다. 프로그램운영자 조사, 주요 정보제공자 조사, 서비스 통계 이용 기법이 활용된다.

③ **간접증거자료 조사**: 주로 규범적 욕구에 관한 정보수집에 적용되며, 표적집단을 정확히 알지는 못하지만 이와 관련이 있는 기존연구 및 자원목록 등을 이용하여

표적집단의 욕구나 문제를 추산해 내는 방법이다. 사회지표 분석, 행정자료 조사, 비활동 자료 분석 기법이 활용된다.

3 문제분석 데이터수집에서의 전략적 유의사항

이상의 문제분석을 위한 다양한 정보수집장치를 활용해서 데이터를 수집하고자 함에 다음 사항을 전략상 유념할 필요성이 있다(Heus & A. Pincus, 1986: 289-292).

① 다른 목적과 연계한다.

데이터수집방법은 필요한 자료를 수집하게 할 뿐만 아니라 상황에 유리한 결과를 초래하는 이중적인 목적을 달성할 수 있게 한다. 예컨대 사회복지실천활동이 사람들과 문제해결기술을 공유하는 것인 것처럼 질문이 의도하는 바를 설명해 줌으로써 문제에 접근하는 방법과 사회복지사가 탐색하고자 하는 가설을 사람들이 이해하는데 도움이 된다는 것이다. 이를테면 지역사회욕구조사를 한다 할 경우에도 지역문제해결을 위해 지역주민과 함께할 것이라는 점을 설명함으로써 지역문제가 무엇인지를 자각하게 하고, 주민집단에 새로운 과제를 부여하고, 집단구성원이 조직화 기술을 학습케 하거나, 보다 광범위한 지역사회관계를 발전시키는 기회를 제공하게 된다는 것이다(Pincus & Minaham, 1973: 139). 어느 노인주간보호센터 방문해서도 다른 센터에 관한 정보수집과 더불어 잠재적인 대상자 파악을 위한 표현적 욕구를 탐색하는 방법을 알게 되는 등 데이터 수집 및 지식과 정보의 공유라는 목적을 동시에 달성하려는 노력이 요구된다.

② 데이터수집에 참여하도록 하는 당위성과 합리성을 정보수집대상체계에게 부여하는 방안을 검토한다.

부풀려진 설문지나 데이터수집에 참여하도록 하거나 당위성과 합리성이 부여되지 않는 참여관찰 요구 등은 많은 시간이 소요되고 부담스런 과제로 여기기 때문에, 데이터수집에 기꺼이 협력할 수 있도록 문제보다는 자원에, 하고 싶은 일인데 하지 못하게 하거나 내키지 않는 일을 하게 하려하지 않도록 동기부여와 관계형성을 위한 특별한 기법을 확인해야 한다.

③ 가능한 하나 이상의 데이터수집장치를 활용한다.

모든 데이터수집방법은 〈표 6-2〉에서 제시된 바와 같이 그 나름의 장 · 단점이 있기 때문에 혼용함으로써 단점을 최소화될 수 있다. 실제적으로 직접적인 면접방법을 신뢰하는 이유로 인해서 면접법을 대체하거나 보완할 수 있는 다른 형태를 중요시하지 않는 점을 유의해야 한다.

④ 자료원을 평가한다.

동일한 자료원에게서 획득한 데이터도 사회복지사가 어떠한 체계로 보는가에 따라 타당성이 다양하기 때문에, 조사하는 사람(체계)와 데이터를 수집하고자 하는 사람(체계)을 구분할 필요도 있다. 예컨대 문제학생을 둔 부모의 경우에 표적체계로 보면 문제 자체를 중요시하지 않거나 저항할 수 있지만 자원체계로 보면 데이터 수집이 용이할 수 있을 것이다.

⑤ 표본을 점검한다.

모집단이 제대로 규정되었는가? 표본의 크기가 적절한가? 표집방법이 적절한가? 조사결과를 일반화할 수 있는가? 데이터수집방법은 적절한가? 등에 대한 질문에 대한 대답을 점검한다.

4 문제분석에서의 자원화 지침

창조성에 기초한 문제분석과정은 창조적인 사람의 특성인 생태체계적 관점, 문제중심, 인내력, 인식의 개방성을 유지함과 동시에 문제해결에 도움이 될 생태체계적 차원에서의 자원 확인에도 함께 초점을 두어야 한다. 이를 위해서 Heus & Pincus(1986:

265-278)가 언급하고 있는 바를 정리한 준거틀을 제시하면 다음과 같다.

1) 진단(diagnosis)과 분류표시(labeling)를 지양한다.

진단의 목적은 구체적인 진단범주와 관련된 특성에 따라 분류표시(label)를 하는 것이기 때문에 효율성은 있지만, 문제정의의 목적인 문제상황을 개별화함으로써 독특한 특성을 판단하고 잠재적인 클라이언트와 더불어 문제를 상호이해 하는데 한계성이 있다. 그러므로 클라이언트체계를 표적체계로 보기보다 클라이언트 자체로 인식해야 한다.

2) 개방형의 문제정의를 지향해야 한다.

알고 있거나 고정되어 있거나 확인된 영역 및 변인들이 있어서 정답 내지 해결방안을 예견하기 용이하고 선호하는 이론이나 방법의 적용을 위해 문제요인을 확인하는 귀납적 경향이 있는 폐쇄형의 문제정의를 지양하고, 문제를 먼저 이해한 후에 가능한 해결책을 모색하는 개방형 문제정의를 지향하는 연역적인 문제인식 과정에서 참신하고 예상치 못한 다양한 결과가 초래될 수 있다.

예컨대, "장래희망이 뭐니?" 라는 질문과 "어른이 되면 어떤 일을 하고 싶니?" 라는 질문의 차이, 효율성 중심의 비용(cost)과 효과성 중심의 사회비용(social cost)의 차이를 고려해야 한다.

3) whole-mind thinking에 의한 데이터를 수집해야 한다.

창조성에 기초한 데이터 수집은 구조화된 면접과 관찰, 설문지, 평가내용, 기관운영기록 또는 위원회 회의록의 내용분석 등을 통해서 부분적이며 세부적이고 영향력 있고 중요한 데이터를 확인하는 left-mind에 의한 데이터수집과 아울러, 부모가 아이의 눈을 보면서 얘기하는 와중에 행동이나 태도에서 나타나는 건강상태의 작은 변화를 민감하게 알아내는 것처럼 사회복지사 자신의 민감성을 데이터수집장치로 활용해서 부분이 전체에 어떻게 관계되어 있고, 각각의 데이터가 갖는 의미가 무엇이며, 문제에 데이터가 어떻게 내재되어 있는가 하는 느낌에 의한 정보를 확보해야 한다. 이러한 친밀성, 데이터 관련 지우기 및 직관력과 같은 right-mind에 의한 데이터 수집은 가정방문 등에 광범위하게 적용되어질 수 있도록 "자기의식(finding you)"이 중요하다.

4) 자원을 의식해야 한다.

자원은 문제를 해결하고, 욕구를 충족시키거나 목표를 달성하는데 도움이 되도록 활용할 수 있는 것으로 정보 및 유·무형 형태로 수집된다. 과거의 결함 중심의 정보수집에서 자원의 활용성 내지 자원에 대한 인식의 개방성을 유지하는데 초점을 두어야 한다.

이에 도움이 되는 몇 가지 원칙과 기법은 다음과 같다.

(1) **편견을 활용해야 한다.**

일반적으로 편견회피는 일반적인 원칙으로 강조되어야 하는 것은 사실이지만, Pincus & Minaham(1973: 131)이 문제에 관한 모든 정보를 수집하는 방법이 없기 때문에 데이터를 선별해서 수집하는 방법도 없다고 지적하고 있는 바와 같이 관점에 따라서는 "self-fulfilling prophesy" 및 "placebo effect"와 같은 현상에서도 클라이언트의 자원과 강점을 파악할 수 있다.

(2) **클라이언트의 속성을 파악하도록 해야 한다.**

문제 중심의 사고는 자원을 파악하는데 가장 큰 장애요인이다. 그렇기 때문에 다음의 재가노인에 관한 정보수집에서와 같이 속성·순기능·내용 중심에서 데이터를 수집하면 시너지 개념에 부합되는 자원으로의 전환이 가능하게 된다.

다음의 〈그림 6-2〉는 재가노인의 문제 중에서 '고독' 문제에 대한 속성 중심의 문제분석 비교에 관한 것이다.

문제분석 목록	속성(내용 · 지수) 중심의 문제분석 목록	⇒	자원으로 전환
• 고독 • 이동수단 • 건강문제 • 방문간호 • 가사원조 • 재정지원	• 항상 집에 거주 • 사람들과의 접촉 필요 • 활용되지 않는 재능 • 전화를 받을 수 있는 능력 • 무료하게 시간을 보냄 • 단거리 이동능력 없음 • 뭐라도 읽을거리 즐김	⇒	• 전화응대 전담서비스 • 전화망을 통한 이웃집 방범서비스 • 모닝콜 등 프로그램 • 신문기사 홍보용 스크랩 서비스

Source: Heus & Pincus(1986), op. cit., pp.274-276.

〈그림 6-2〉 문제분석과 속성 중심의 문제분석 비교

(3) 자원의 다양한 기능을 파악해야 한다.

Saleeby는 본질적으로 권한 부여를 기반으로 한 강점 관점을 명확하게 표현하고자 하는 사회복지사는 ① 모든 개인, 집단, 가족 및 지역 사회에는 강점이 있다. ② 트라우마, 학대, 질병, 투쟁은 해로울 수 있지만 도전과 기회의 원천이 될 수도 있다. ③ 성장하고 변화 할 수 있는 능력의 상한선을 가늠할 수 없고 개인, 그룹 및 지역 사회의 열망을 진지하게 생각한다고 가정한다. ④ 클라이언트와 협력하여 최고의 서비스를 제공한다. ⑤ 모든 환경은 자원으로 가득 차 있다(Saleeby, 1997: 12-15)는 5가지 기본 원칙을 제시하고 있다. 이와 같이 그 어떤 것이나 자원이 될 수 있기 때문에 창조적인 사회복지사의 업무형태 중의 하나인 넝마주이와 같은 자원활용을 통해 지역사회정원을 가꾸어 가듯이 클라이언트의 문제 또는 욕구 그 자체의 순기능, 내용, 또는 속성을 충분히 파악해서 자원 그 나름대로 또는 개선하거나 또는 다른 용도로 부가적으로 활용할 수 있는 가능성을 제공한다.

(4) 목적에 스스로 충실하고 항상 의식해야 한다.

성경에 "너의 길을 여호와께 맡겨라 저를 의지하면 저가 이루시고 네 의를 빛같이 나타내시며 네 공의를 정오의 빛같이 하시리로다(시37:5-6)" 하신 말씀과 같이, 그리스도인이라면 하나님을 영광스럽게 하고 하나님을 즐거워하는 것이 지극히 당연한 목적이고 일상생활에 항상 의식하며 지내게 된다면 예기치 못한 시간과 장소에서 간구하는 것을 획득하는 경험을 하게 된다. 그러므로 오병이어의 기적에서처럼 예수님이라면 어떻게 하셨을까 하는 질문을 중심에 두는 데이터수집의 필요성과 목적의식을 항상 유념하는 것이 중요하다.

5 문제의 우선성 정하기

문제에 관한 데이터를 조직화하는 과정은 사회복지사에게 다양한 관련된 문제를 확인하게 한다. 예컨대 빈곤가족은 단순히 경제적으로 불충분한 상태뿐만 아니라 사회적, 문화적, 심리적 박탈을 포함하는 복합적인 문제 등으로 조직화된다.

이러한 다양한 문제 모두를 사회복지사는 한 번에 해결하지 못하기 때문에 클라이언트와 함께 우선적으로 시작해야 할 문제를 결정해야 한다. 여기에서는 Heus & Pincus(1986: 300-303)가 제시한 ① 클라이언트 우선성과 ② 전략적인 고려 두 가지 요인을 제시하고자 한다.

1) 클라이언트 우선성

클라이언트가 원하는 것이 분명한 경우도 있지만, 무엇이 가장 중요한가를 말하는데 어려움을 가질 수 있다. 이러한 경우에 사회복지사는 "적극적인 경청"에 의한 관여를 통해서 문제의 우선성을 결정하게 된다. 여기에서 무엇보다 중요한 점은 클라이언트가 진술한 상황에서 포착한 중요한 사항은 무엇이고, 가장 감정을 자극하는 요인은 무엇이며, 클라이언트를 회복시킬 수 있는 쟁점거리가 무엇인가 등에 관한 관찰을 함에 있어서 무엇보다 클라이언트와 함께 우선적인 문제를 도출하도록 해야 한다.

특히 가족을 비롯한 집단 및 대규모 집단 내지 조직과 문제의 우선순위 결정하기 위해서 구조화된 방법 내지 명목집단기법, 표적 대상에 따른 문제-자원-장애요인 매트릭스 등이 유용하게 활용될 수 있다.

이를 위해 다음의 절차를 따른다.

① 클라이언트와 함께 가족과 집단 또는 조직 및 지역사회에서 변화되어야 할 문제를 순서대로 돌아가면서 진술하게 하거나, 가장 중요하다고 생각되는 문제 3~5가지를 선택하게 하게 하거나 또는 서열척도의 점수를 적어서 제출토록 한다.

② 이를 혼합형 질문 및 개방형 질문의 응답내용을 사후코딩 하는 절차와 같은 과정을 수행한 빈도수 또는 평균에 따라 순서화 한다.

③ 서열화 시킨 상위 문제 5개 정도에 대해 소집단별 토론을 통해 최우선의 문제를 결정한다.

2) 전략적 고려

문제의 우선성을 결정하는데 전략적으로 고려되어야 할 요소는 시기적절성(timing), 실행가능성(feasibility) 및 문제간의 연계성(linkages)이다.

이러한 전략적인 고려요인에 부합된 최우선적인 문제가 해결될 수 있다면 가장 포괄적이고 긍정적인 상황변화 효과를 초래할 수 있다. 그러나 어떤 장애요인으로 인해 이를 실행할 수 없는 상태라면 가장 관련성이 높은 문제를 선택해야 한다.

이것은 노후한 아파트 건물을 순식간에 무너지게 하는 폭파기술이나 사회복지실천의 부분화 기법의 적용과 마찬가지 이치이다. 하나의 성공은 또 다른 쟁점에 대한 자신감을 배가시키기 때문에 성공할 가능성이 높은 문제를 우선적으로 고려해야 한다.

이상에서 설명한 바와 같이 사회복지사는 사회문제를 보는 관점, 분석할 문제내용, 문제분석 지침 및 유의사항 등을 염두에 두고, 다양한 데이터수집장치와 방법을 활용해서 "실제적으로 문제분석을 어떻게 해야 하는가?" 하는 방법을 습득하는 것이 중요하다.

그러므로 특히 창조적인 사회복지사는 관료적 또는 행정요건을 충족하려는 데이터수집의 필요성에서 벗어나 직접 문제와 관련된 포괄적이고 생산적인 데이터를 수집하고자 도전해야 한다는 것이다. 이러한 데이터수집 노력의 결과는 기관 및 프로그램 효과성의 책임성을 확보하게 하는 기초선이 될 뿐만 아니라 프로그램 개발의 당위성을 확보하게 한다.

이와 같이 문제분석을 위한 데이터 수집은 다음의 데이터, 정보, 지식, 지혜의 차이와 오염되지 않는 관계성을 이해하려는 노력에서부터 시작되어진다.

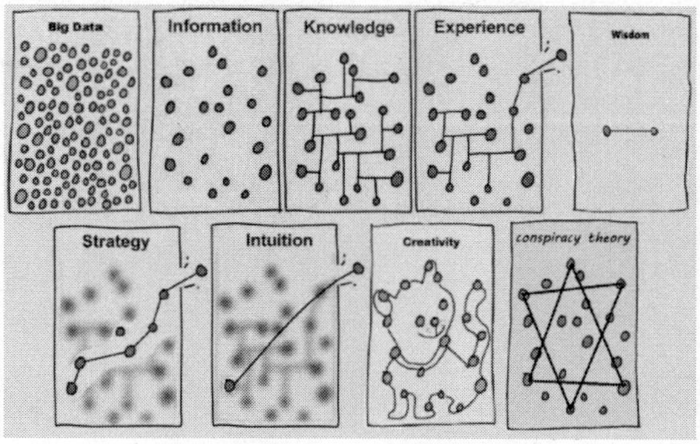

출처: Intre Percepţie şi Gândire – Cezar Danilevici (wordpress.com)

데이터는 그 어떤 의미가 있다고 생각할 때 정보가 되기 때문에, 정보는 데이터 자체에 있는 것이 아니고 사회복지사가 데이터에 대해서 갖는 의구심에, 데이터를 보는 시각에, 데이터를 정리하는 방법에 있다고 Vallee(1982)가 지적하고 있다. 이와 같이 문제확인 방법도 데이터(data), 정보(information), 지식(knowledge), 그리고 지혜(wisdom)의 상호관계를 이해하는 것과 밀접한 관계가 있다고 할 수 있다(Heus & Pincus, 1986: 295).

6 문제분석 방법

문제확인의 첫 번째 단계로 수행하는 문제분석방법으로 ① 조사방법론의 내용분석법에 의한 탐색연구 준용, ② Heus & Pincus의 문제형성기법, ③ 표적집단 문제분석방법 등을 활용할 수 있다.

1) 탐색연구(내용분석법) 준용

Brown(1981)이 조사문제 선정을 위한 탐색연구(pilot study)의 목적은 ① 목적 진술, ② 검정될 특정 가설 진술, ③ 개념과 변수 규정, ④ 다양한 개념들의 지표로 사용될 자료 종류의 구체화, 그리고 ⑤ 계획하는 연구를 기존이론에 관련시키는 문제형성과정과 밀접한 관계가 있다(남세진 · 최성재, 1991: 57)고 하는 점에 주목해야 한다는 것이다.

다시 말해서 조사연구문제에 관한 데이터를 탐색연구해서 조직화 하는 과정은 바로 서론부분(문제제기, 연구 의의 및 목적, 연구범위)과 이론적 배경의 토대를 마련하게 될 뿐만 아니라, 조사할 문제의 개념 파악에 있다는 맥락에서 준용되어져야 한다는 것이다.

문제분석은 일반적으로 조사하고자 하는 연구주제 선정을 용이하게 탐구하는 방법으로 활용되는 탐색연구 과정을 준용해서 수행한다. 이 탐색적 연구는 바로 선정한 문제에 관한 문헌검토 및 현장조사에 대한 내용분석법을 활용함으로써 수월성이 수행할 수 있는 방법이 된다.

그러므로 프로그램개발을 위한 탐색연구는 문제에 관련된 데이터를 분석하는 작업 자체가 '사업의 필요성' 확보를 위한 문제형성과정이고, 이 문제형성과정이 문제에 대한 개념과 문제 원인론을 파악하게 하며, 욕구사정을 위한 개념구성을 안내하기 때문에, 새로운 영역을 개척할 수 있게 하는 준비작업 방법으로써 활용되어져야 한다는 것이다.

2) 문제형성기법: "How To~"

상기의 조사방법의 탐색연구(내용분석법)를 준용해서 확보한 '대상의 문제에 대한 개념 선정과 개념구성'에 관한 정보가 특정한 관점이나 접근방식에 지나치게 편향되었거나, 논리적으로 비약함이 있거나, 전문가의 연구결과라고 전혀 비평 없이 수용하거나, 지역적으로나 정서적으로나 문화적으로 나타나는 장벽 때문에 곧바로 문제정의로 활용하지 못할 수도 있다.

이와 같이 문제에 대한 개념정의가 다르면 해결방안도 달라지는 건 당연하다. 그래서 프로그램 개발자는 '상황 속의 문제'에 우선성을 두고 재정의 하거나 새로운 관점에서 다양한 데이터를 확인해서 조직화해야 한다. 그래야 바로 문제해결을 위한 실마리를 확보하려는 문제분석의 목적을 달성할 수 있다.

그래서 Heus & Pincus는 문제정의와 솔루션 찾기는 동시 프로세스로 간주되어져야 할 필요성이 있다고 지적하면서, "How to~"기법은 상기의 탐색연구의 제약조건을 극복하는 가장 간단하면서도 가장 효과적인 기술 중 하나의 방법이라고 제시하고 있다(Heus & Pincus, 1986: 303-304). 이를테면 "How to~"기법은 일반적으로 문제분석을 통해서 솔루션을 찾는 방법과는 반대로 솔루션 찾기에서 문제분석을 하는 역발상적인 문제분석 방법'이다. 이는 표현적 욕구인 프로그램/서비스를 분석해서 인지적 욕구를 파악하는 방법과 같은 맥락이다.

"How To~" 기법은 가능한 한 다양한 방법으로 상황이나 문제를 진술하는 것이고, 모두 "~하는 방법"이라는 말로 작성한다. 이 "~하는 방법"이란 말은 문제정의 작업을 집중적이고 구체적으로 유지하게 하는 경향이 있다(Heus & Pincus, 1986: 304-306)는 것이다.

이를테면 "도심 빈민가 주택지역의 아이들이 벽에서 벗겨진 페인트 조각을 먹음으로써 납 중독에 걸리고 있다"는 가정을 전제로 "~하는 방법"이라는 기법으로 다음과 같은 목록을 작성할 수 있다(Heus & Pincus, 1986: 304-305).

- 페인트 조각 섭취로 인한 어린이 납 중독을 예방하는 방법.
- 아이들이 페인트 조각을 그만 먹도록 하는 방법.
- 페인트 조각을 먹는 위험에 대해 부모를 교육하는 방법.
- 납이 포함 된 페인트 제조를 중단하는 방법.
- 납 페인트 사용을 금지하는 건축법을 시행하는 방법.
- 납 중독에 걸린 어린이를 위해 더 빨리 의료서비스를 받는 방법.
- 납 중독으로부터 아이들을 예방하는 방법.
- 아이들의 배고픔을 예방하는 방법.
- 페인트 칩을 영양가 있게 만드는 방법.
- 아이들이 먹고 싶어 하지 않을 페인트 칩의 맛을 너무 나쁘게 만드는 방법.
- 집주인이 페인트가 벗겨지지 않게 하는 방법.
- 아이들이 페인트 조각을 먹지 않도록 충분히 바쁘게 하는 방법.
- 아이들이 페인트 칩을 먹는 문제에 대해 지역사회에서 영향력 있는 사람들을 찾는 방법.

상기의 목록내용 대부분은 아이들이, 부모가, 제조업자, 집주인들이 하고 있는 걸 못하게 하며, 또 아이들이 페인트 조각을 먹는 것은 당연히 해롭지만 그래도 지금 당장 먹고 싶은 것을 오로지 하지 못하게 하는 문제정의이다. 이러한 정의 방법으로 구성된 문제라면 해결방안 찾기가 훨씬 더 어렵다는 것이다.

그래서 Heus & Pincus는 문제정의 과정이 잘 되었는가 여부를 확인하기 위해서 문제 형성에 관한 다음의 질문을 통해 검증하여야 한다고 제시하고 있다(Heus & Pincus, 1986: 321-323).

① 클라이언트의 사고방식과 일치하는가?

문제가 형성되는 방식은 잠재적인 고객과 함께 문제에 대한 상호이해에 도달하도록 하는 것이 중요하다. 잠재적인 고객과 잠정적인 활동계약을 체결하여 함께 데이터를 수집하고 문제를 탐구하고, 필요하다면 추가적인 "How To~" 탐색에 클라이언트를 적극적으로 참여시킴으로써 클라이언트 자신의 인식을 지속적으로 확인하게 해야 한다.

② 직관적인 사고 느낌이 있었는가?

문제분석을 위해 숙고하다 무언가가 "찰칵(clicks)"하는 직관적인 숙성과정으로 확인된 문제분석 결과가 유용한 문제정의로 평가받는다.

③ 불필요한 가정은 회피했는가?

장애요인이나 저항이 없는 문제는 거의 없다. 이와 같이 장애요인 또는 저항이 포함된 가정을 전제로 문제정의를 한다면 그 해결을 곤란하게 한다. 문제정의가 잘된 것은 불필요한 장애요인 또는 저항 같은 제약요인을 제거하거나 수정보완하는 많은 길을 열어주도록 작성하게 하는 것이다.

④ 해결방안 중심의 문제정의가 되었는가?

"문제형성을 잘 하면 해결방안이 함께 존재한다." 이는 해결방법에 대한 교량역할을 할 수 있는 다양한 자원을 활용하는 방식으로 문제를 재구성하는 것이다. 여기서의 원칙은 저항과 싸우기보다 저항을 유리하게 역이용하는 무술전략처럼 문제를 재정의 하는 방법을 강구한다. 이를테면 누군가가 하고 싶은 일을 하지 못하도록 막거나, 하고 싶지 않은 일을 하게하는 방안으로 도출되기도 한다. 이렇게 형성된 문제는 해결하기 가장 어렵게 한다. 그러므로 단점이나 저항보다는 장점 또는 자원에 집중해서 긍정적인 정의로 전환시켜야 한다.

예컨대 학생이라는 신분이 부담된다고 생각하는 사회복지사는 "아직 사회복지학과 학생이라서 클라이언트와의 관계형성에 부정적으로 작용할 수 있다고 판단해서 이를 어떻게 극복하거나 최소화 할 수 있겠는가?"라고 정의하는 게 아니라, "학생이라는 신분을 자산으로 활용하려면 어떻게 해야 하는가?"로 재정의 한다면 다른 해결방안의 가능성이 열린다는 것이다.

다시 전술한 "도심 빈민가의 주택지역의 아이들이 벽에서 벗겨진 페인트 조각을 먹음으로써 납 중독에 걸리고 있다"는 문제에 대한 목록으로 돌아가 보면, "문제와 그 해결방안은 종종 같은 상황에 대한 다른 관점"(Heus & Pincus, 1986: 306)을 갖는 자세가 문제해결방법을 찾게 한다.

간단하게 "해결책은 무엇입니까?" 질문을 던짐으로 새로운 관점을 열고 문제에 대한 대체정의를 생성 할 수 있게 한다. '페인트 조각을 먹다니 문제네... 해결방법이 뭘까? ㅠㅠ...' 라고 생각하면 '애들이 뭘 먹고 싶어서 그런가? 지루해서 그런가?' 와 같은 문제원인 데이터를 수집하게 될 가설을 제공받게 된다. 결국에는 페인트 조각을 먹는 문제는 배고픔이나 지루함을 예방하는 해결책으로 전환 될 수 있게 한다(Heus & Pincus, 1986: 306).

그러므로 문제의 해결책이 무엇인지 묻는 것은 문제에 숨어있는 기회를 드러나게 하는데 도움이 된다(Heus & Pincus, 1986: 307)는 것처럼, 궁극적으로 "How to~" 기법은『~~~한 것은 문제인데, 좋은 방법이 없을까?』하는 질문에 대한 원인 데이터를 찾는 것이다. 여기서 '좋은 방법'이란 바로 클라이언트 입장에서의 사고로 직관적인 숙성과정을 즐기되, 저항이나 장애요인에 짓눌리지 말고 자원 · 기능 · 속성 중심의 문제로 정의하면 '문제에 대한 대안적인 개념 선정과 해결방안'을 제시할 수 있게 하는 유용한 방법으로 활용될 수 있다.

3) 표적집단 문제분석 방법

문제분석을 위한 탐색연구과정과 "How to~" 기법에 따라 대상문제에 대한 대안적인 개념 선정과 해결방안 중심의 개념구성을 한 이후의 과정은 표적집단 사전 · 사후 계산과 문제규모, 문제경향 및 기존서비스 분석 방법을 활용하여 대상문제에 대한 현상학적 데이터를 실제적으로 파악하게 된다.

이에 관한 설명은 다음과 같다(최일섭 · 이창호, 1993: 148-160).

(1) 표적집단 사후계산법

표적집단 사후계산법은 문제의 대상이 되는 전체인구를 표적집단으로 정의하고, 조사대상집단의 인구사회학적 속성과 문제를 상호배타성을 지닌 하위집단으로 세분화한 요인 간에 교차된 각 방(cell)의 데이터를 수집하는 방법이다.

이와 같이 수집한 데이터를 통해 전체적으로 어떤 집단이 어떤 문제를 가지고 있는가 하는 뚜렷한 특성을 나타내는 집단을 프로그램의 표적집단을 설정한다.

다음의 〈표 6-1〉은 표적집단 사후계산법에 의한 결과의 예이다. 이를테면 상대적으로 65세 이상 노인인구가 많은 P시가 K시나 A시에 비해서 노인무료생활시설 수와 생활어르신의 숫자가 상대적으로 적으므로 P시에 추가 설치운영을 주장할 수 있는 데이터로 가치가 있다고 기술하게 된다.

〈표 6-1〉 표적집단 사후계산법에 의한 결과의 예

구분	65세 이상 노인 인구수	무료양로시설 (명 / 시설수	무료요양시설 (명 / 시설수)	계 (명 / 시설수)
P시	216,654	41 / 1	39 / 1	80 / 2
K시	116,805	98 / 2	103 / 3	201 / 5
A시	73,863	39 / 1	61 / 1	100 / 2

(2) 표적집단 사전계산법

표적집단 사전계산법은 상기의 〈표 6-1〉에서와 같이 문제집단을 정의할 수 있는 자료가 없을 때 문제에 노출된 위험집단이 누구인가를 추정해야 할 때 적용되는 방법이다. 표적집단 사후계산방법과는 달리 관련된 사회조사 자료 등을 이용해서 논리성에 바탕을 두어 사전에 표적집단의 대상을 정의하고 단순히 인구통계학적으로 일반집단 · 위험집단 · 표적집단 · 클라이언트집단으로 구분해서 그 분포와 규모를 대략적으로 추정하는 Taber & Finnegan(1980)이 제시한 방법을 일반적으로 활용한다.

다음의 〈표 6-2〉는 표적집단 사전계산법에 의한 결과의 예이다.

〈표 6-2〉 표적집단 사전계산법에 의한 결과의 예

문제집단	대상인구	인구추계
일반집단	P시 거주 65세 이상 노인 전체	32,015명
위험집단	일반집단 중 저소득 노인 인구	1,649명
표적집단	위험집단 중 시설입소대상 노인	494명
클라이언트집단	표적집단 중 시설 입소희망 노인	123명

일반집단(general population)은 프로그램을 계획하고자 하는 대상지역 내에 거주하는 문제의 속성과 관련이 있는 전체 인구집단이며, 지방자치단체의 통계연보 등을 참고해서 작성한다.

위험집단(at-risk population)은 일반집단 중에서 특히 노출될 위험이 있는 집단이다. 이에 대한 규모 추정은 관련된 사회조사 결과를 원용해서 지역별, 연령분포 등의 변수와 관련한 정보를 입수한다.

표적집단(target population)은 위험집단 중에서 계획하고자 하는 프로그램이 구체적인 표적으로 하는 집단이다. 이를 추정하기 위해서는 사회복지사업이 우선적인 대상으로 하는 특성을 일반인구조사, 표적인구조사 등의 사회조사 결과를 활용해서 표적집단 규모를 추산한다.

그리고 클라이언트집단(client population)은 표적집단 중에서 계획하고자 한 프로그램을 실제적으로 이용할 수 있는 실제적인 소비자 집단이다. 이를 산정하기 위해서는 기존의 통계자료를 활용하거나 기존의 참고자료가 확보되지 않는 경우 이성에 의한 합리적 추산을 한다. 특히 클라이언트집단이 확보되지 않으면 프로그램의 성공여부를 좌우하는 중요한 변수이기 때문에 ① 실현가능성, ② 윤리성 및 ③ 클라이언트 능력을 기준으로 선정해야 한다(정무성 · 정진모, 2001: 93-95).

최소한 클라이언트 집단의 20%는 되어야 하며, 생활시설의 경우 표적대상과 클라이언트 수가 동일하게 산출될 수도 있다.

(3) 문제규모 산출방법

문제의 표적이 되는 대상집단을 계산하는 방법으로 경영학의 흐름(flow)과 재고(stock)라는 분석개념을 원용한 전염병 또는 보건학에서의 '발생(incidence)'과 '확산(prevalence)' 용어를 사용하는 방법이 Taber & Finnegan(1980)에 의해서 제시되고 있다. 이를테면 전염병이 얼마나 발생하고 확산되어 있는가를 분석하는 것과 같이, 사회문제의 발생과 확산 정도를 같은 개념으로 파악하는 것이다.

문제의 '발생'은 어떤 한 기간 중에 발생하는 케이스나 상황 또는 문제 건수를, '확산'은 한 특정시점에서 현재 존재하고 있는 케이스나 상황 또는 문제 건수를 지칭하는 개념이며, '몇 명당 몇 명(건)'으로 표현함으로 인해서 단순히 '몇 명(건)이다'라고 표현하는 것 보다 일반집단 전체 중에서 문제에 감염되어 가는 인구비율을 알게 함으로써 문제의 심각성을 더욱 생생하게 전달하게 한다(최일섭 · 이창호, 1993: 155-158).

이러한 개념을 전술한 표적집단 사전 · 사후 계산방법과 연결해서 재고찰한 바는 다음과 같이 제시될 수 있다.

① '발생' 개념은 표적집단 사후계산방법으로 활용할 수 있다.
② '확산' 개념은 표적집단 사전계산방법으로 활용될 수 있다.
③ 또한 발생과 확산 개념 또는 사전 · 사후 산출 방법을 혼용해서 표적집단 크기를 산출하는데 활용될 수 있다.

이에 관한 분석틀은 다음의 〈그림 6-3〉에서 제시되고 있는 바와 같이 Taber & Finnegan의 표적집단 사전계산 방법에서 클라이언트집단을 뺀 욕구집단의 규모를 계산해내는 방법이다.

〈그림 6-3〉에서 문제규모를 산출하는 방법은 지역사회문제에 관해 치료 및 예방집단으로 구분해서 전문기관과 비전문기관이 감당하는 인구수를 제외하면 치료욕구가

시급한 클라이언트집단(면적 2) 또는 예방욕구가 시급한 클라이언트집단(면적 9)이 클라이언트집단의 인구수가 된다.

이에 〈표 6-3〉과 〈표 6-4〉를 토대로 문제규모 산출을 한 결과는 다음과 같이 제시할 수 있다.

"〈표 6-3〉에서 제시된 바와 같이 P시의 노인 중에 80명이 무료 노인양로 및 요양시설에서 생활하고 있는 상태이고, 〈표 6-4〉에서 나타난 바와 같이 P시 노인의 무료양로시설 및 요양시설 입소 욕구가 있는 문제인구 규모는 494명인데 이중에서 현재 입소자 80명을 제외한 표적집단의 수 414명이 〈그림 6-3〉의 'C. 문제인구' 또는 'F. 위험인구'에 해당된다.

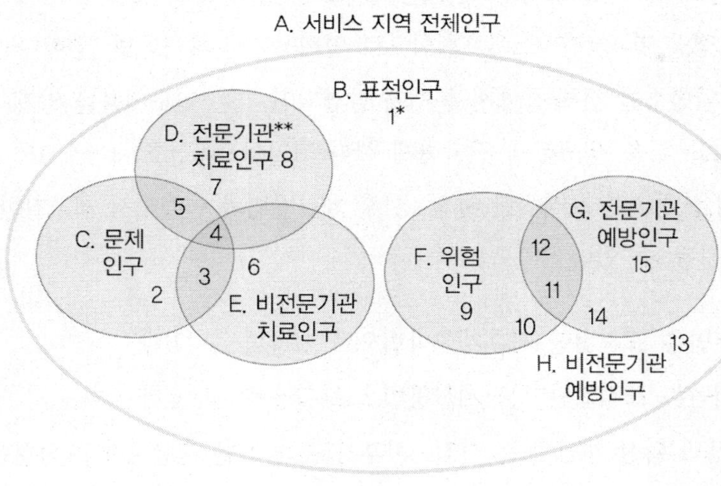

• 위 그림에서 숫자는 각 다른 범주에 속한 인구를 표시, 예컨대 1은 전혀 문제가 없는 인구, 2와 9는 치료 · 예방을 요하는 인구이지만 서비스를 받지 못하는 인구, 5-5 또는 10-12는 문제도 있고 서비스도 받는 인구, 그리고 6-8, 13-15는 문제는 없지만 서비스를 받고 있는 집단을 의미함.
• 위 그림에서는 치료를 요하는 집단 C와 예방이 필요한 집단 F를 구분했지만 실제에서는 치료와 예방서비스를 동시에 받는 경우 등도 있기 때문에 두 집단 간에 차이가 없는 경우가 많다.

출처: 최일섭 · 이창호, 『사회계획론』, 서울: 나남, 1993, p. 161 재인용.

〈그림 6-3〉 문제규모 계산을 위한 집단분류

이 문제인구는 〈표 6-3〉의 위험집단에 속하는 P시 거주 65세 이상 저소득층 어르신 중에서 25.10%가 표적집단에 해당되며, 표적집단 중에서 19.32% 만의 어르신이 무료 노인양로 및 요양시설에서 생활하고 있는 상태이다. 달리 말해 위험집단의 노인 중에서 74.9%, 표적집단 노인 중에서 80.68%가 무료요양시설 또는 무료양로시설 이용에서 소외되고 있는 현실이다. 그러므로 P시는 무료노인주거복지시설을 추가적으로 시급히 설치·운영되어야 할 당위성이 있다."고 주장할 수 있을 것이다.

이러한 클라이언트집단 산출은 다음에 설명될 기존서비스분석과 직접적인 관련성이 있다.

(4) 문제경향 분석

문제경향분석은 〈표 6-3〉에서와 같이 문제발생 성격에 따라 어떤 모습을 보이고 있는가를 시계열적으로 측정하는 것이다.

〈표 6-3〉 문제경향 분석에 의한 결과의 예

시설 / 연도	주거복지시설 (명 / 시설수)	의료복지시설 (명 / 시설수)	여가복지시설 (명 / 시설수)	재가복지시설 (명 / 시설수)
~2000	47/4	/	/	/3
2001~2005	453/10	40/1	/	/5
2006~2010	557/12	80/2	/	/8
2011~2015	595/13	160/4	/1	/10
2016~2020	630/15	210/5	/	/17

문제경향 분석목적에 따라 일반집단 전체, 하위집단별 또는 하위문제 요소별로 혼합형태를 취할 수도 있다. 이는 상기의 발생 개념에 시계열적인 요소를 고려함으로 인해서 문제의 심각성 정도를 보다 객관적으로 측정하게 해서 프로그램을 개발하고자 하는 그 방향성을 설정하는데 기여하는 중요한 방법이다.

(5) 기존서비스 분석

기존서비스분석은 문제경향분석과 더불어 개발할 프로그램의 방향성을 설정하는데 기여하게 한다. 이는 상기의 문제 발생과 확산에 따른 심각성에 대응하기 위한 기존의 사회적 노력성과 효과성을 집단별 또는 문제요소별로 분석틀에 따라 해당기관의 서비스뿐만 아니라 지역사회의 타기관이 제공하는 유사 서비스 등의 모든 노력을 자원분석 차원에서 파악하는 것이다.

그러므로 기존서비스 분석은 클라이언트, 서비스 및 지역사회중심의 욕구조사 형태 중에서 서비스 중심의 욕구조사의 목적을 반영하고자 하는 사회복지사의 노력이라고 할 수 있다. 이를테면 기존서비스의 존재여부 및 어떤 특정서비스가 이를 필요로 하는 대상이나 지역에 어느 정도의 적합성과 효과성 및 서비스의 질 등이 반영되고 있는가, 개발하고자 하는 프로그램과의 차별성은 무엇인가 등을 반증하고자 하는 분석에 목적을 두고 있다고 할 수 있다.

특히 표적집단 사후계산법과 기존서비스 분석을 혼용해서 활용함으로써 실제적으로 의미있는 결과를 도출할 수 있다. 예컨대 〈표 6-3〉에서 제시되고 있는 바와 같이 표적집단 사후계산법에 의해서 나타난 결과, 이를테면 인구수가 상대적으로 적은 K시와 A시에 비해서 P시의 어르신이 무료 양로 및 요양시설 이용측면에서 상대적인 박탈을 겪고 있는 것으로 분석되고 있다. 이러한 분석결과에 대한 사회적 노력, 이를테면 무료 양로 및 요양시설 확충뿐만 아니라 〈표 6-5〉에서의 재가노인복지시설 및 여가복지시설 등의 적극적인 추가대책이 요구된다고 제안할 수도 있다는 것이다.

이상의 표적집단 문제분석 방법 5가지를 하드웨어 중심에서 설명하였다. 그러나 소프트웨어 중심의 문제분석에도 동일한 설명으로도 이해하고 활용되어져야 한다.

7 문제분석데이터의 프로포절 준비과정 작성방법

여기에서는 지금까지 파악해온 문제분석한 정보내용을 프로그램 제안서에 어떤 모양으로 담아져야 하는가? 에 대해 설명하고자 한다.

문제분석내용은 실행계획 작성과정 이전의 준비과정의 항목에 적용된다. 실제적으로 문제분석한 정보는 프로그램계획서 상에서 다음의 6개 차원에서 작성되어진다.

1) 일차적으로 프로그램제안서의 사업(프로그램)명, 사업의 필요성, 이론적 배경, 프로그램을 개발할 대상문제에 대한 규범적 개념 선정과 이에 대한 개념구성, 사업목적과 목표 설정에 대해서는 문헌검토와 현장조사에 대해 내용분석하는 탐색연구(pilot study)와 "~하는 방법(How To~)" 기법에 의해서 확보한 정보를 활용해서 작성한다.
2) '사업의 필요성' 항목에는 (1) 표적집단 사전계산법, (3) 문제규모분석, (4) 문제경향분석에서 확보한 정보로 프로그램 개발 대상문제의 발생과 확산정도에 대한 심각성 언급에 활용되고, 또 문제분석내용 중에서 ① 문제 및 클라이언트에 대한 정의는 무엇인가?, ② 문제상황을 겪고 있는 사람들의 특징은 무엇인가?, ③ 문제의 크기와 심각성 정도는 어떠한가?, ④ 누가 문제로 정의하는가?, ⑥ 문제의 원인론은 무엇인가? 에 관한 정보를 토대로 작성한다.
3) (2) 표적집단 사후계산법은 '서비스대상자 선정기준 및 인원수' 작성에 직접적으로 적용한다.
4) '기대효과 또는 향후 운영계획' 항목에는 문제분석내용 중에서 ⑩ 문제해결의 사회적 가치는 무엇인가?, ⑪ 사회변화의 목표는 무엇인가? 의 정보를 활용해 작성한다.
5) '경험적 근거' 항목에는 문제분석내용 중에서 ⑦ 문제를 다루고 있는 현재의 프로그램은 무엇인가? 와 표적집단 문제분석 방법 중에 (5) 기존 서비스 분석 정보를

이용해서 ⑧ 문제를 다루고 있는 현재의 프로그램의 수요상태는 어떠한가? 정보를 토대로 개발하고자 하는 프로그램과의 차별성 또는 대응방안 확보를 위해 지역자원분석 차원에서 작성한다.

6) '저항관리' 항목에는 문제분석내용 중에서 ⑤ 누가 문제로 정의하지 않는가?, ⑨ 문제해결의 자원과 장애요인은 무엇인가? 정보를 활용해서 기술하면 된다.

궁극적으로 프로그램 개발을 위한 문제분석 데이터는 다음과 같은 유용성이 있다고 할 수 있다.

① 일차적으로 프로그램제안서의 사업명, 사업의 필요성, 이론적 배경, 프로그램을 개발할 대상문제에 대한 개념 선정과 개념구성, 대상문제의 발생과 확산 정도에 대한 심각성, 서비스대상자 선정기준 및 인원수, 사업의 기대효과, 경험적 근거, 담당인력 구성, 유사프로그램의 존재여부 등의 작성에 직 · 간접적으로 적용된다.

② 탐색연구(pilot study)를 통해 얻어진 문제의 개념구성 준거틀을 토대로 욕구확인과 욕구추산 정보를 추가 정보로 활용하여 마무리한 상태에서 실행계획을 위한 DESIGN 작성과정으로 넘어가도록 한다.

③ 일단 문제분석과정이 제대로 수행되면 문제해결을 위한 목적과 목표 설정, 개입전략 선정, 성과평가 방법 등이 일관작업(패턴)으로 이어지게 된다. Heus & Pincus는 "~하는 방법(How to~)"으로 문제를 분석해서 문제-목표 전개 기법(Problem-Purpose Expansion)과 수단-결과 연계 기법(Means-Ends Chain)을 활용하는 단계로 진행하게 된다(Heus & Pincus, 1986: 307-310, 341-342). 이 단계는 결국 저자(2002)가 제시한 원인(문제)가설, 수단(개입)가설, 결과(목표 · 성과)가설, 평가가설을 포함하는 프로그램가설을 징검다리 삼아 원인-수단-결과-평가의 연계작업을 수행하면 DESIGN과정을 용이하게 진행할 수 있게 된다.

이에 다음의 제8장 실행계획 R과정에서 프로그램가설을 설명함으로 일관된 맥락으로 DESIGN작업수행을 할 수 있도록 패턴을 확장시키고자 한다.

☞ Ⅳ. 욕구사정 선행학습 키워드

? + !!!

Ⅳ. 욕구사정

일차적으로 공급자 입장에서 파악한 문제분석내용 우선순위 결정에 따라 욕구사정은 진행된다. 욕구사정은 욕구식별과 욕구추산으로 구분된다. 욕구를 식별한다는 어떤 소비욕구가 있는가를 파악하는 것이고, 욕구추산은 식별한 소비욕구 어느 정도인가를 산출하는 것이다.

욕구사정은 구체적으로 어떤 소비욕구가 있는가를 개념화 과정으로 규정하고, 이를 조작화해서 계량화하는 과정까지 포함된다. 그러므로 욕구확인단계에서 욕구추산단계로 전개되는 과정이 상호의존적이기 때문에 욕구의 유형과 이를 식별할 방안을 모색해야 한다.

욕구사정과정에는 ① 클라이언트체계를 확인해서 가능한 함께 작업, ② 클라이언트 중심의 문제진술, ③ 장점 확인, ④ 장애요소 확인, ⑤ 문제의 우선순위 결정 그리고 ⑥ 문제를 욕구로 전환 하는 과제가 포함된다(조운희, 2002: 122).

이러한 욕구사정 과제수행은 이미 문제분석에서 확인된 개념구성을 토대로 표적집단의 소비욕구로 존재하는 구성개념을 소비자 중심에서 그 유형과 정도를 구체화하는 과정이다.

1 욕구식별

사회복지사가 사회문제를 보는 관점에서 설명한 바와 같이 사회복지서비스를 필요로 하는 사람의 사회문제로부터 파생되는 생활문제이며, 이를 해결 · 개선 · 수정 · 보완시켜 주어야 하는 사회적인 의무임과 동시에 달성해야 할 목표이므로 사회복지사는 문제, 욕구, 소비욕구, 권리, 의무 및 목표를 표리관계로 이해해야 한다.

욕구는 나도 너도 그리고 우리 모두가 그 소비욕구가 있다고 공유되거나 합이 되는,

이른 바 욕구가 사회성을 가질 때 '사회적 욕구'라고 한다.

이러한 점에서 사회적 욕구는 다음과 같은 특성을 가진다(김성이 · 채구묵, 1997: 17-18).

① 욕구에 대한 인지는 가치를 포함한다.

② 어떤 일련의 상황 속에 있는 특수집단의 사람들은 비슷한 욕구를 가지게 된다.

③ 욕구는 실제 존재하는 상태와 달성하려고 하는 것과의 차이라고 할 수 있다.

④ 욕구를 인지한다는 것은 그 문제에 대한 해결책이 존재한다는 의미를 포함한다.

1) 욕구식별방법으로써의 GIM 특성

이와 같이 어떠한 욕구가 있는가를 식별하는데 있어서 고려되어야 또 하나는 GIM(Generalist Intervention Model)의 특성이다. 제너럴리스트 실천과정과 관련해서 구체적으로 다루어져야 할 요소는 Kirst-Ashman & Hull(1999: 31-34)이 제시하고 있는 〈그림 6-4〉를 토대로 GIM의 특성을 반영한 욕구식별이 이루어져야 한다.

Source: Kirst-Ashman, K. K. & G. H. Hull. jr. 1999. *Understanding Generalist Practice.* Chicago: Nelson-Hall Publishers, 33-34.

〈그림 6-4〉 GIM의 계획적인 변화과정의 단계

GIM의 특성은 ① 전문직의 지식과 가치와 미시적, 중간적, 거시적 수준에서의 표적체계와 기술이 요구된다. ② 클라이언트의 강점을 강조하는 7단계의 계획된 변화과정을 거친다. ③ 사정과정은 어떤 문제이든지 미시적, 중간적, 거시적 수준에서 분석되고 진술될 수 있다는 점을 강조하고 있다.

그러므로 사회복지사는 상기의 GIM의 특성을 염두에 두면서 클라이언트체계 · 표적체계 · 행동체계 · 변화매개체계를 포함하는 4체계모델을 욕구식별 분류도구로 삼아서 일차적으로 소비욕구를 사정하고, 2차적으로 자원과 장애요인을 작성해야 한다.

이와 같이 GIM특성에서의 개입수준과 4체계모델의 각 체계에서 어떠한 욕구가 있는가를 식별하기 위해서는 Maslow의 욕구 위계론과 Bradshaw의 4가지 욕구유형이 활용되어야 한다.

2) 욕구식별방법으로써 Maslow의 욕구 위계론

Maslow(1954)는 〈그림 6-5〉와 같이 심리적 차원에서 인간의 욕구를 5개 범주로 구분해서 가장 낮은 신체적 욕구에서 자아실현의 욕구로 상향적으로 만족시켜간다는 위계화를 전제하고 있다.

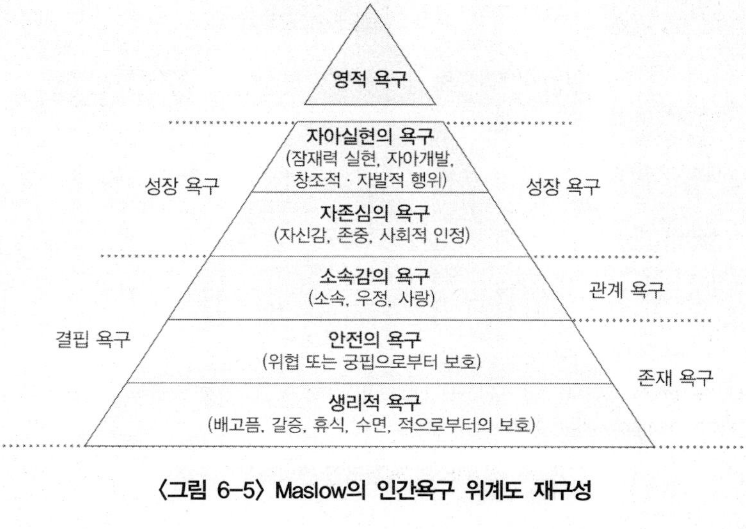

〈그림 6-5〉 Maslow의 인간욕구 위계도 재구성

매슬로의 욕구위계이론을 토대로 우리 인간의 삶의 모습을 그려보면, 우선은 생리적 욕구가 해결되고 나면, 식량을 저장하고 평안한 쉼터를 마련하고자 하는 안전의 욕구 단계로 이동하게 된다. 안전한 처소가 마련되면 서서히 사회집단에 참여하게 되고 이 과정에서 지도자 등으로 봉사도 하지만, 어느 순간 이것이 전부가 아니구나 하며 자아실현 방안을 찾아 동분서주하게 된다고 할 수 있다. 동분서주하면서도 이젠 존재의 욕구가 아닌 의미있는 삶에 대한 갈급함이나 성숙한 인간에 대한 갈증으로 가슴앓이 하게 되는 과정이 일반적인 우리 인간의 삶의 모습이라고 할 수 있다.

이는 알더퍼(Alderfer)의 이알지(ERG) 동기부여 이론의 존재욕구, 관계욕구, 성장욕구의 만족 → 상위 욕구로의 진행, 좌절 → 하위욕구 중요성 → 퇴행 순환과정의 설명에도 적용될 수 있을 것으로 보여진다(조운희, 2015b, 113-114). 이러한 욕구충족 과정에 대한 설명은 욕구 결핍과 충족의 반복된 상태, 즉 다른 것으로 대체하는 '은유'를 해도 본질에는 다가갈 수 없어 '환유'하는 과정을 계속 거치게 된다는 라캉(J. Lacan)의 욕망이론(권택영, 1999: 15-21)과 매슬로의 자아실현 욕구단계에서의 최상위 욕구로 종교적 욕구를 포함하는 욕구위계이론 확장에 대한 그 유용성을 고려해야 한다. 성숙한 사람은 종교를 이용하는 것이 아니라 참 종교성을 추구한다(Allport & Ross, 1967: 434)는 측면에서 올포트의 성숙이론 특성을 종교적 욕구단계의 특성으로 이해되어져야 한다고 판단된다(조운희, 2015b, 113-114).

또한 Maslow의 5단계 욕구모형은 욕구가 계층화되어 있는가에 대해서는 비판이 있지만, 욕구사정을 바탕으로 개입방법을 결정할 때 기초적인 욕구부터 순차적으로 다루어야 한다는 점은 사회복지계획가에게 시사하는 바가 크다(김성이 · 채구묵, 1997: 166).

3) 욕구식별방법으로써 Bradshaw의 4가지 욕구유형

인간의 욕구를 식별하기 위해서는 오히려 다차원적으로 인식해야 한다. 이에 대해 Bradshaw(1972: 640-643)는 다음과 같이 4가지 유형의 욕구인식 기준을 제시하고 있다.

(1) 규범적 욕구(normative need)

인식기준은 규범이며, 전문가나 전문직에 의해 표준적/전문적인 기준을 중심으로 이에 미치지 못할 때 욕구가 있는 상태로 규정한다. 규범적 욕구는 전문가의 의견에 의존하는 비중이 높기 때문에 이에 근거해서 프로그램을 개발할 경우 표적집단이 참여하지 못할 수 있다. 장점은 계량화의 용이성과 변화 표적을 구체화할 수 있지만, 욕구의 기준들이 사람과 시간에 따라 변화할 수 있다는 것이 단점이다.

(2) 인지적 욕구(felt need)

인식기준은 체감이며, 주로 사회조사를 통해 사람들이 무엇을 필요로 하는지를 사정하게 된다. 인지적 욕구는 표적집단이 자신들의 문제를 잘 파악하고 있다는 점을 전제로 하기 때문에 문제원인보다는 제시되는 증상 중심의 대응방안을 제공할 수 있다. 이 욕구는 사람들마다 자신들이 인지하는 욕구기준이 다르기 때문에 객관성 유지가 어렵고 상황에 따라 변형될 수 있는 단점이 있다.

(3) 표현적 욕구(expressed need)

인식기준은 표적집단의 인지적 욕구가 전환된 행위이고, 표적집단 구성원들의 의사가 실제 외부로 나타난 프로그램, 이용자 수, 대기자 명부 등을 통해서 얼마나 많은 사람들이 서비스를 필요로 하는가에 따라 욕구 정도를 파악하며, 사회복지서비스에서 가장 통상적으로 사정되는 욕구이다. 단점은 사람들이 인식하지 못하거나 혹은 부재한 서비스나 프로그램에 대한 욕구를 파악하기 곤란한 점이 있다.

(4) 상대적 욕구(comparative need)

인식기준은 비교이며, 이 욕구는 일정한 지역사회 또는 동일한 조건의 사람에게 제공한 서비스의 수준과 유사 지역사회 또는 사람이 제공받는 서비스의 수여 여부 내지 서비스수준의 상대적인 차이를 비교함으로써 욕구를 파악한다.

4) 욕구유형에 따른 데이터수집장치

이상의 Bradshaw의 4가지 형태의 욕구를 파악하기 위해서 활용해야 하는 데이터 수집장치와 그 장·단점을 재정리한 바는 다음의 〈표 6-4〉와 같다.

〈표 6-4〉 욕구 유형에 따른 자료원 비교설명

자료원	욕구 종류	장점	약점
이차적 자료: 인구조사, 전국보건조사, 경제기회서베이 등 일반 목적을 위해 수집된 자료	상대적	• 표적집단의 확인 • 다른 집단·변수 비교 • 기초선 자료 • 비용 저렴	• 다문제 가족 파악 곤란 • 부적합한 자료형태 • 자료 안정성: 어느 한 시점에서 수집
전문가 판단: 문제확인을 위해 알려진 전문가의 사용	규범적	• 원인의 확인 • 비용 저렴	• 전문직 편견
서비스 통계: 서비스를 필요하거나 이용한 클라이언트에 관한 기록으로부터 자료 추출	표현적	• 저렴한 비용과 접근용이 • 종단적 자료 • 서비스 활용형태 확인	• 수요만 측정 • 미해결 욕구에 관한 정보 부적합
자원조사: 기존의 지역사회 자원 및 인적 자원의 의견조사	표현적 규범적	• 지역사회의 능력 확인 • 서비스 중복·차이 확인 • 주요 정보제공자의 전문적 의견은 문제 본질과 다문제 가정에 대한 이해 증진	• 정의의 표준화 • 미해결 욕구에 관한 정보 부적합 • 문화적 편견과 프로그램의 근시안성
공청회: 문제의 본질과 대책에 대한 관심인들의 증언	표현적	• 관심집단의 포함을 통해 지역사회지지 확보 • 지역사회 우선순위와 소비자들의 인지적 욕구 확인 가능	• 실제로 다른 자료원과 이익집단에 의해 확인된 정보이외의 욕구사정 불가능
사회조사: 프로그램 계획 목적상 필요한 구체적인 욕구정보를 수집코자 설계한 일반 혹은 표적집단 조사	인지적	• 미해결 욕구의 확인 • 정돈된 정보 • 기존서비스의 이용을 저해하는 장애요인 확인	• 고비용 • 장시간 소요 • 방법적 문제: 표집, 척도설계 등 고도의 사회조사에 능력 요구 됨

출처: R. York(1988), op. cit., pp. 72-73.

5) 욕구 상황과 수요상태와의 관계 이해

다음의 〈표 6-5〉는 York가 제시하고 있는 Bradshaw의 욕구유형 상황에 대한 비교설명을 토대로 Genkins의 수요상태를 결합시켜 마케팅전략을 연계해서 저자가 재정리한 것이다. 이는 Bradshaw의 욕구유형 상황에 대한 Genkins의 수요상태를 파악하게 해서 사회복지프로그램 개발을 위한 마케팅 전략을 모색할 수 있게 안내한다.

이를테면 욕구상황이 개인적인 4번, 8번, 9번을 제외하고서라도 사회적 욕구상태이면서 수요상태가 긍정적 수요상태인 1번의 경우는 공격마케팅을, 부정적 수요상태의 경우인 2번은 전환마케팅을, 감소하는 수요상태인 3번은 재마케팅 또는 포장마케팅을, 잠재적인 수요상태인 5번의 경우는 개발마케팅을, 무수요 상태인 6번과 7번의 경우는 자극마케팅 전략을 강구하는 프로그램을 개발하도록 추진하다.

〈표 6-5〉 욕구 상황과 수요상태에 대한 비교설명

상황	욕구의 종류				설명	욕구/수요상태 (마케팅전략)
	규범적	인지적	표현적	상대적		
1	○	○	○	○	모두가 욕구로 인정함으로 논쟁 여지가 없으며, 대부분 욕구충족 가능	사회적/ 긍정적 (공격마케팅)
2	○	○	×	○	서비스 접근성 결여로 욕구가 표현되지 않음	사회적/ 부정적 (전환마케팅)
3	○	○	×	×	서비스 공급 부족 가능성 있음	사회적/감소하는 (포장 · 재마케팅)
4	×	○	○	○	욕구가 표현되고 서비스가 공급되지만 성형수술처럼 전문가들이 필수적인 욕구로 여기지 않음	개인적/
5	○	○	○	×	모두가 필수적인 욕구로 인정하지만 서비스가 공급되지 않기 때문에 새로운 서비스 개발의 최상의 상태임	사회적/잠재적 (개발마케팅)
6	○	×	×	○	보호관찰 및 보호적 서비스처럼 전문가만 욕구로 인정하고 서비스를 제공하지만 수요자의 인지적 표현적 욕구가 없음	사회적/무수요 (자극마케팅)

상황	욕구의 종류				설명	욕구/수요상태 (마케팅전략)
	규범적	인지적	표현적	상대적		
7	○	×	×	×	예방적 개입이 가장 좋은 예	사회적/무수요 (자극마케팅)
8	×	×	×	○	필수적인 욕구가 없지만 서비스가 제공되는 수요자 보다 공급자 이익 중심에서 계획된 것	개인적/
9	×	○	×	×	욕구이기 보다 선호(want)로 분류해야 하는 것	개인적/

출처: R. York(1988: 60)과 M. Genkins(1985: 36-40)를 재구성

2 욕구추산

욕구식별 과정을 거친 후에는 가능한 계량화된 또는 측정 가능할 수 있도록 욕구를 추산하는 과제를 반드시 수행해야 한다. 이를 위해서 전술한 Roth의 욕구식별방법을 실제적으로 욕구추산 과정에 적용하는 것이다.

Roth는 달성코자 하는 상태를 X, 현재 상태를 A, 요구를 N이라고 할 때, X-A=N의 공식을 이용해서 다섯 가지의 욕구를 제시하고 있다(성규탁, 1994: 145-146).

① 이상적 상태 - 현재 상태 = 목적상의 차이
② 희망하는 상태 - 현재 상태 = 소원상의 차이
③ 기대하는 상태 - 현재 상태 = 기대상의 차이
④ 규범 - 현재 상태 = 규범상의 차이
⑤ 최소한의 상태 - 현재 상태 = 본질적인 차이

Roth의 욕구식별방법을 욕구추산방법으로 활용하기 위해서는 '측정 가능한 또는 계량화된 욕구'로 식별될 수 있도록 진술하는 노력이 중요하다. 이에 저자는 '이상적 상

태', '희망하는 상태', '기대하는 상태', '규범', '최소한의 상태'라는 것은 '100(%)', '5점' 또는 '0(zero)'를 기준치 또는 목표치로 현재상태의 값을 목적상, 소원상, 기대상, 규범상, 본질적인 차이를 욕구로 식별하는 방법을 그 원칙으로 삼아야 한다고 요구한다.

이를 수식으로 표현하면 다음과 같다.

① 100(%)/5점/0(zero)의 목적 상태 - 현재 상태 = 목적상의 추산치

② 100(%)/5점/0(zero)의 소원 상태 - 현재 상태 = 소원상의 추산치

③ 100(%)/5점/0(zero)의 기대 상태 - 현재 상태 = 기대상의 추산치

④ 100(%)/5점/0(zero)의 규범 상태 - 현재 상태 = 규범상의 추산치

⑤ 100(%)/5점/0(zero)의 최소 상태 - 현재 상태 = 본질적인 추산치

여기에서 목표치 '100(%)'는 긍정적이거나 순기능적이거나 정적인(+) 지수에, '5점'은 5점 척도에서의 기준치이며, '0(zero)'는 결석 등 부정적이거나 일탈적이거나 역기능적이거나 부적인(-) 지수에 대한 기준치로 적용해서 현재상태의 값을 뺀 결과치를 욕구추산 값으로 한다.

이와 같이 '100(%), 5점, 0(zero)'을 기준값으로 욕구추산 하는 방식 중에서 그 어느 것을 활용해서 욕구를 추산해도 무방하다. 그러나 결과치를 다음 단계인 목표설정, 세부사업내용, 평가기준, 과정목표 설정 등에 적용할 때는 주의해야 한다. 그 이유는 '목표치 대비 현재상태의 값'과 '목표치에서 현재상태의 값을 뺀 결과치' 간에는 차이가 있기 때문이다.

이를테면 ① "사회복지프로그램 개발과 평가 교과목 중간고사 점수가 80점이다."는 욕구진술과 ② "사회복지프로그램 개발과 평가 중간고사 점수는 20점이 부족하다."는 욕구진술 간에는 차이가 있다는 것이다. ①과 ② 모두 현재 상태는 80점이라고 기술한 것이지만, 목표설정을 할 때에는 "①과 ② 모두 20점 향상시킨다."라고 해야 하고, 세부사업내용, 과정목표 및 평가기준을 20점 향상을 목표치로 하는 실행계획을 수립해야 한다는 것이다.

그러므로 욕구추산을 할 때는 ① '목표치 대비 현재 상태 기술' 방식을 활용하고, 목표설정과 세부사업내용, 과정목표 및 평가기준 작성 시에는 ② '목표치-현재상태의 결과치 기술' 방식을 활용해야 한다.

3 욕구사정 데이터의 유용성

① 일차적으로 프로그램 가설 진술의 원인가설로 투입되고, 프로그램제안서의 목적과 목표설정 설정, 활동체계를 수립하는 'DESIGN' 과정에 대부분 적용된다.

② 개념의 구성요소 내지 속성 또는 하위개념에 계량적 가치 내지 수치를 부여해서 변수(variable)로 전환시키면 욕구사정 본조사 항목으로 활용되고, 향후 효과성 검증을 위한 측정도구로 활용될 수 있다.

③ 개념구성 하듯이 욕구를 범주화함으로써 욕구범주 내에서나 욕구범주 간의 관계를 탐색하는데 용이하며, 간과할 수 있는 욕구를 점검하는데 도움이 된다.

④ 과정평가, 결과평가 체크리스트, 간편사정도구(RAI)의 측정지표로 활용될 수 있다.

⑤ 이렇게【100(%)', 5점 또는 '0(zero)'】를 목표치로【현재상태】를 가늠하는 욕구추산을 하라는 이유는 궁극적으로 계량화된 목표설정, 과정목표 설정 및 평가기준으로 활용되어 프로그램 계획을 위한 욕구사정 과정부터 평가과정까지 연계작성을 가능하게 안내하기 때문이다.

☞ 제7장 목적과 목표설정 선행학습을 위한 키워드

Chapter 07

목적과 목표 설정(G)

사회복지사는 문제확인을 위한 문제분석과 욕구사정까지 수행한 후에 진행해야 할 과제는 욕구사정 결과를 바탕으로 문제해결 또는 욕구충족을 위한 관점 내지 방향성을 포함하는 목적과 이 목적을 달성하기 위한 목표를 설정하는 과정으로 진행된다.

특히 목표설정은 구체적으로 어떤 문제 및 욕구가 있기 때문에 어떤 개입전략을 통해서 어떤 결과를 도출하고자 하며, 나중에 얼마나 효과가 있었는가를 평가할 수 있는가 하는 과제를 수행하는 작업과정이라고 할 수 있다. 이러한 과제수행은 프로그램가설을 활용함으로써 용이하게 설정 할 수 있다.

이에 본 장에서는 목적과 목표 및 과제간의 위계성, 문제 조직화와 목표 조직화 간의 관계에 관한 이해를 도모한 후에 욕구사정 결과를 토대로 목적을 설정하고, 원인-수단-결과-평가에 충실할 수 있는 프로그램가설 개발을 활용한 목표설정 방법에 관해 고찰하고자 한다.

Ⅰ. 문제와 목적과 목표 간의 관계

프로그램 계획에는 반드시 목적(goal)과 목표(objective)가 포함된다. 'goal'을 '목표'로 사용하는 경우는 'objectives'는 '실천목표 또는 세부목표'로 사용되며 'objectives'는 성과목표(outcome objective)의 의미를 갖는다.

또한 목적과 목표는 여러 개의 하위목적과 하위목표를 가질 수 있으며, 각각의 목표 내지 세부목표는 이를 구체적으로 달성하는데 요구되는 복수의 과업(tasks)이 포함된다. 그러므로 성과목표 달성에 의해 목적이 달성될 수 있으며, 성과목표는 성공적으로 과제수행을 함으로써 달성되고, 이 성과목표 과제는 과정목표를 순차적으로 달성함으로써 성취하게 된다고 할 수 있다.

목적과 목표는 '문제해결 또는 욕구충족을 위한 관점 내지 방향성'을 의미한다는 측면에서 그리고 '인과론에 기초'해야 한다는 측면에서는 분명히 유사한 개념이지만, 목적은 추상적이고 목표는 경험적이라는 점(김영종, 2001: 329) 등을 감안해서 실제적으로 구분해서 활용해야 한다.

1 문제 조직화와 목적 · 목표 조직화 간의 관계

이상에서와 같이 목적과 목표 및 세부목표를 이해함에 있어서 일반적으로 중요한 것은 목적은 하나이지만, 이 목표는 여러 개의 하위(세부)목표로 세분화될 수 있다는 점이 무엇을 의미하는가를 사회복지계획가로서 이해하는 것이다.

〈그림 7-1〉에서 제시하고 있는 바와 같이 목적과 목표 그리고 세부목표의 세분화된 형태는 마치 양쪽 손가락을 활짝 펴 겹친 손의 모양과 같다. 무슨 말인가 하면 목표의 세분화는 문제 조직화 과정의 역순과정이라고 할 수 있고, 손목은 문제의 합이고 반대

편의 손목은 목적으로 손가락 하나하나의 문제는 반대편 손가락 하나하나의 목표로 전환되며, 이 문제 조직화와 목표 조직화의 중간에 프로그램가설 중의 원인가설과 결과가설이 가교역할을 한다고 할 수 있다.

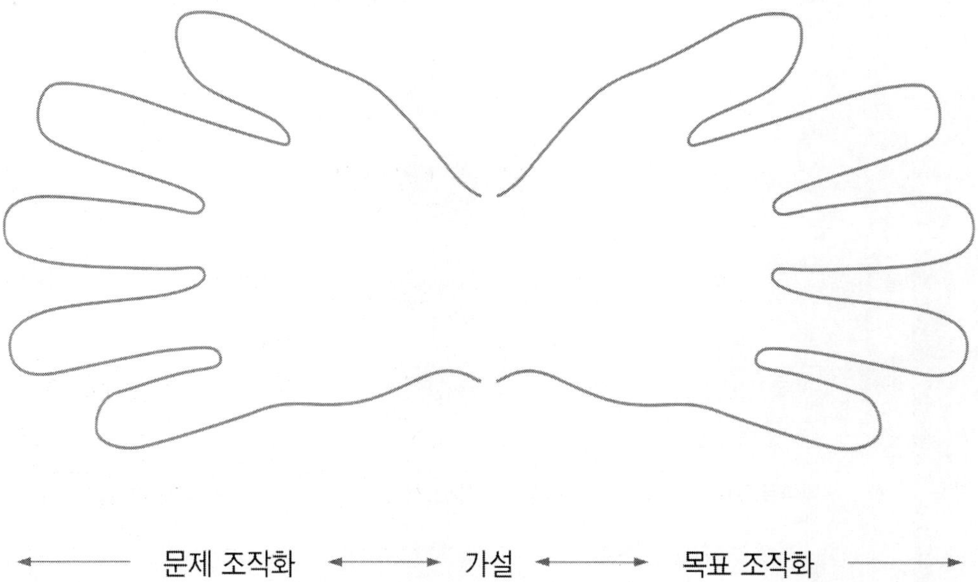

〈그림 7-1〉 문제 조직화와 목적 · 목표 조직화 간의 관계

이상의 문제 조직화와 목적, 목표 조직화 간의 관계를 토대로 목적, 목표, 프로그램가설, 과정목표 및 과제간의 위계를 도식으로 표현하면 다음의 〈그림 7-2〉와 같다. 그리고 문제 조직화와 연계된 도식으로 확장하면 다음 장의 〈그림 8-1〉 프로그램 DESIGN 흐름도와 같이 제시될 수 있다.

2 목적(goal)

목적은 사회복지사가 의도하고자 하는 일반적인 방향성이나 상태 또는 결과를 기술한 것으로 관리자, 종사자 및 사업영역별로 실천하고자 하는 프로그램의 이념적, 추상적, 이상적, 포괄적인 조건이며, 장기적인 하나의 포부 또는 소명헌장이라고 할 수 있다.

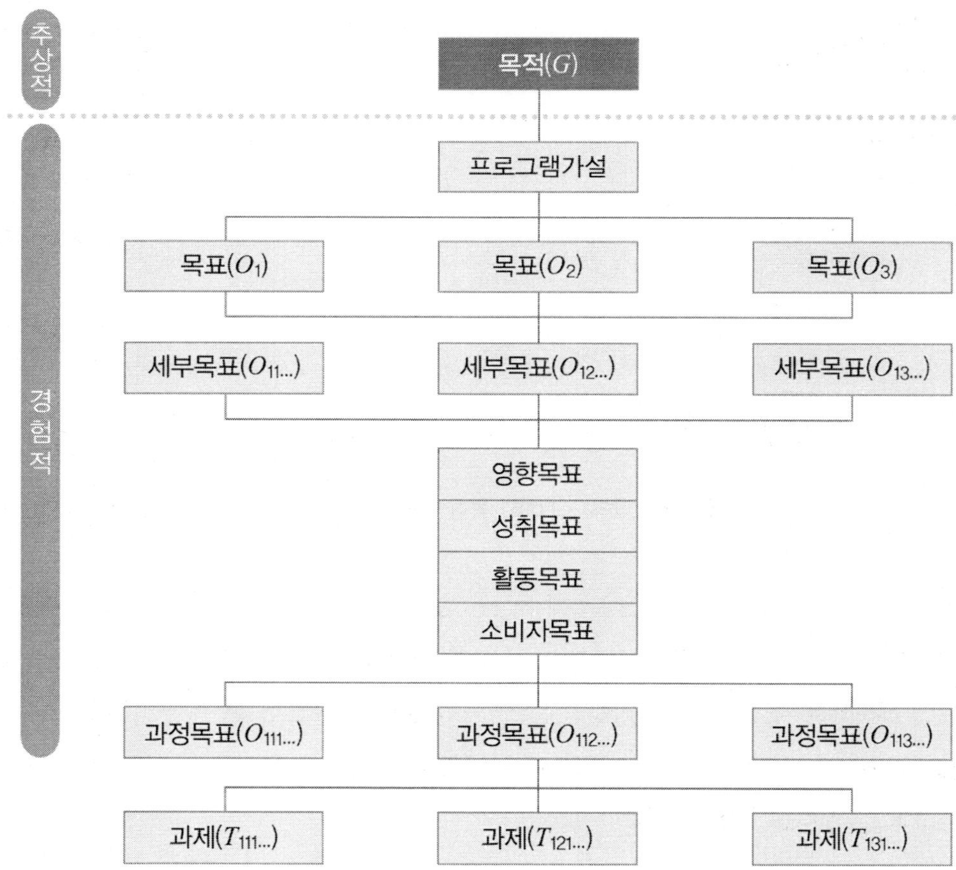

〈그림 7-2〉 목적, 목표, 프로그램가설 및 과제간의 위계

특히 목적 설정시 주목해야 할 점은 인과론에 기초해야 한다는 점이다. 이는 문제확인 단계에서의 문제분석과 욕구사정, 자원체계 및 장애요인의 확인하는 과정, 이른 바 〈그림 2-5〉와 〈그림 2-7〉의 'PROGRAM'단계에서의 PRO과정과 직접적으로 연계되는 것이다. 그러므로 프로그램 목적은 '문제 요인들의 합(sum of factor or factors)에 대한 사회복지실천을 위한 유목적성 진술'이라고 정의할 수 있다.

그러나 목적이 명확하게 설정되지 않으면 ① 목적과 수단의 구분 곤란, ② 궁극적인 목적에 관한 의견 차이, ③ 한정된 자원, ④ 개인 목표와 조직 목표의 상이성과 같은 원인 때문에 목적갈등(goal conflict)에 노출될 수 있고, ① 주민욕구 변화에 따른 새로운 자원제공자의 요청, ② 조직내 지배세력의 변화, ③ 조직의 가용자원 변화, ④ 조직 외부환경 변화, ⑤ 조직의 업무원칙이나 정책 준수 강요 등에 의한 목적전치(goal displacement) 현상도 초래될 수 있다(정무성 · 정진모, 2002: 103-106).

3 목표(objectives)

목표는 위와 같이 설정된 목적을 성취하기 위한 세분화된 방향성이나 상태 또는 성취될 결과를 경험적으로 조작화한 작업을 통해 진술한 것이며, 실제적으로 목표설정이 용이하지 않기 때문에 다양한 목표수준에서 설정될 수 있다.

이에 York는 〈표 7-1〉에서와 같이 영향목표, 성취목표, 활동목표, 소비자목표 형태로 다양하게 설정할 수 있는 목표 위계화를 제시하고 있다(York, 1988: 97-100).

〈표 7-1〉 목표의 위계화(목표 수준)

① 영향목표(impact objective): 가장 높은 수준의 목표로, 프로그램이 문제지표들에 대해 얼마나 많은 영향을 미칠 수 있는지를 구체화하는 것이다. 예컨대 "당해 회계연도 동안 A시의 실직자 624명의 50%를 줄인다." 등으로 표현된다.
② 성취목표(achievement objective): 두 번째 수준의 목표이며, 무엇을 얼마만큼 달성할 것인가를 단지 노력성을 나타내는 산출량이 아닌 실제로 프로그램을 통해 효과성을 달성할 산출량을 구체적으로 표현한 것이다. 예컨대 "당해 회계연도 동안 실직자 312명에게 유급 일자리를 제공한다." 등으로 나타낸 것이다.
③ 활동목표(activity objective): 세 번째 수준의 목표로서, 얼마나 많은 서비스가 제공될 것인가를 구체화 것이다. 예컨대 "당해 회계연도 동안 실직자들에게 8,350시간의 취업훈련 제공 활동을 한다.' 등으로 표현한 것이다. 이 수준의 목표진술은 서비스 단위가 정의되어 계량화할 수 있는 과제가 선행되어야 한다.
④ 소비자 목표(consumer objective): 가장 낮은 수준의 목표로서, 얼마나 많은 소비자들이 서비스를 받게 될 것인가를 구체화한 것으로, 예컨대 "당해 회계연도 동안 실직자 468명에게 취업훈련을 받게 한다.' 등으로 표현된다. 이 수준의 목표는 얼마나 많은 소비자들이 실제로 목적을 달성할 것인가 내지 제공된 서비스의 양이 얼마나 되는가를 구체화하려는 노력이 없기 때문에, 평가를 위한 정보 확보에 부족한 한계성이 있다. 그러나 이 목표가 "당해 회계연도 동안 A시의 실직자 중에서 75%인 468명에게 취업훈련을 받게 한다."와 같이 서비스를 받을 표적인구(율) 등을 기준치로 적용해서 경험적으로 진술해야 보다 유용하게 활용될 수 있다.

이와 같이 서로 다른 수준의 목표를 각각 따로 활용되기도 한다.

그렇지만 영향목표와 소비자 목표 또는 성취목표와 소비자목표 등을 하나의 목표로 통합한 형태로, 이를테면 "당해 회계연도 동안 A시의 실업자 75%를 취업훈련에 참가시켜 실직자를 50% 감소시킨다. 또는 당해 회계연도 동안 A시의 실업자 75%를 취업훈련에 참가시켜 실직자 312명을 취업시킨다." 등으로 활용해야 각각 따로 활용하는 것보다 오히려 더욱 유용한 목표가 될 수 있다.

Ⅱ. 목적 설정

목적 설정은 프로그램 전체의 방향성을 결정하기 때문에 매우 중요하다. 목적을 설정하는 방법은 SWOT관점에서 다음과 같이 진술하도록 해야 한다. 이를테면 문제해결을 하는 방법은 장애요인(저항요소)보다 자원이 크다고 확인되는 경우나 문제해결을 위한 시너지적인 가치를 발견하게 되는 경우에는 프로그램 개발의 목적이 충분하다는 것이다.

목적을 진술하는 요령은 [ΣPRO+기능동사 또는 활동동사] 이고, PRO는 문제, 자원, 장애요인의 영문단어 두문자이며, 기능동사(support verb) 또는 활동동사(action verb)는 '기능형 명사+술어'로 이루어진 동사로 '개선, 제거, 향상, 증가, 감소, 변화, 협력, 상호작용, 공부, 상담, 참여' 등의 기능명사에 '한다, 하게 한다, 시킨다' 등의 술어가 합쳐진 형태를 말한다.

이와 같이 [ΣPRO+기능동사(기능형 명사+술어)] 패턴에 따라 프로그램 목적을 진술하면 다음과 같이 작성된다.

「확인된 문제들의 합은
파악된 자원을 최대한 활용해서
장애요인을 제거함으로써
사회복지사로서 의도한 방향이나 상태 또는 결과를 달성하고자 한다.」

Ⅲ. 목표 설정

이 단계는 추상적인 목적을 달성하고자 어떤 목표를 설정해야 하는가? 하는 과제에 해당된다. 목표 및 세부목표 설정은 목적 달성을 위해서 경험적으로 표현하는 조작화 작업이 중심과제가 된다.

그러므로 목표 조작화는 문제확인한 바를 원인으로 보고 수단이 되는 개입전략을 통해 수정 · 보완 · 제거 · 감소 · 개선시킨다 하는 유목적적인 결과를 구체화하기 위해서 목표를 세분화 · 경험화 · 연계화 하는 작업과정이라고 할 수 있다.

이와 같이 목표 조작화를 수행하는 방법은 상기의 〈그림 7-1〉과 같이 문제 조작화 과정의 역순과정으로 수행되는 경험적 진술이라고 할 수 있다.

1 목표 세분화

목표 세분화의 의미는 '문제 요인들의 합(factors)에 대한 사회복지실천의 유목적성 진술이 목적'이라고 정의한 바와 같이, 목표는 '각각의 문제요인(problem factor)에 대한 유목적성의 경험적 진술'이며, 하위목표는 '각각의 문제요인에 포함된 문제지수(problem index)에 대한 유목적성의 경험적 진술'이라고 정의할 수 있다.

일반적으로 하나의 목적에 2~3개의 목표가 설정되며, 각각의 목표에 3~5개의 하위목표가 수립될 수 있다.

2 목표 경험화

목표 경험화라는 의미는 목표를 SMART하게 기술되어야 한다는 것이다. 이를테면 목표는 구체적이고(Specific), 측정 가능하며(Measurable), 달성 가능하고(Attainable), 결과 지향적이며(Result-oriented), 시간제한(Time-bounded)의 특성을 포함하고 있어야 한다(York, 1988: 100-101).

목표와 세부목표는 각각의 문제요인 및 문제지수에 대한 유목적성의 경험적인 진술이라고 정의한 바와 같이, 목표 및 세부목표 설정은 문제요인 및 문제지표를 원인으로 보고 이에 대한 수단과 결과 중심으로 진술된다. 이를테면 문제요인에 대해서 수단을 적용함으로 말미암아 의도하는 결과를 도출하고자 경험적으로 작성하는 것이다.

여기에서 개입전략인 수단은 목표 및 세부목표 설정에 반드시 포함되지 않기도 한다. 그렇지만 목표를 설정할 때는 영향목표, 성취목표, 활동목표 및 이용자목표 4개 수준 모두를 가능한 충족시켜야 보다 적절한 목표로 설정된다.

그러나 정보 부족 등의 이유로 모든 프로그램에 4단계 수준 모두의 목표를 명료하게 설정할 수 있는 것은 아니기 때문에, 최소한 다음의 요건을 갖추도록 York는 주문하고 있다(York, 1988: 100).

① 목적진술은 달성되어야 할 궁극적인 결과를 확인할 수 있어야 한다.

② 무엇이 달성되어야 하는가에 관한 목적 진술은 (측정 불가능한)하위목적 또는 (측정 가능한)하위목표로 표현되어야 한다.

③ 활동목표 또는 소비자 목표는 프로그램 노력을 구체적으로 표현해야 한다.

실제적으로 이러한 요건을 충족시키기 위한 목표를 수립하는 과정은 다음의 절차를 참고하면 보다 용이하게 수행할 수 있다.

① 관찰과 측정이 가능하도록 기초선이 있는 경우는 일단 "100%", 5점 또는 "0"을 목표달성 기준으로 진술된 문제의 현재상태를 "-"해서 진술된 요인 및 지표 하나

하나의 내용을 적는 것이다.

예컨대 만약 A시의 실직자 문제가 "현재 실직자의 25%인 156명이 취업훈련을 받고 있다"면, 산출방식 100% - 25% = 75%에 따라서 "실직자 75%인 468명을 취업훈련에 참가하도록 한다."로 작성한다.

② 목표는 전체 프로그램의 예정된 잔류기간 내에서 달성될 수 있도록 설정해야 한다. 예컨대 "2021년 12월 31일까지 실직자를 75%를 취업훈련에 참가시킨다. 또는 2021년 12월 31일까지 실직자 312명에게 유급 일자리를 제공한다."고 기술한다.

③ 그러나 기초선이 없는 경우는 영향목표 형태로 "~%" 증가, 감소, 개선, 향상" 등의 행동을 나타내는 명사 다음에 "~하도록 한다 또는 ~시킨다" 등을 기능동사로 작성한다.

④ 목표 및 세부목표는 파악된 자원을 최대한 활용해서 장애요인이 제거되거나 역으로 장애요인을 제거함으로써 자원화 된다면 문제를 해결코자 하는 목표를 더욱 쉽게 달성될 수 있다는 전제하에 문제요인 또는 문제지표에 대해서 상기의 ①~③ 절차에 따라서 하위목표를 수립한다.

⑤ 목표 및 세부목표는 클라이언트의 욕구와 전략적인 고려 등을 토대로 우선순위를 결정한 문제에 따라 가능한 연속성을 확보할 수 있도록 시계열적으로 배열해야 한다.

예컨대 "2021년 12월 31일까지 실업자 75%를 취업훈련에 참가시켜 실직자를 50% 감소시킨다."라는 목표를 달성하는데 장애요인 또는 하위문제가 "가족구성원간의 역기능적인 관계가 5점 만점에 2.40점", "자존감의 손상 75%" 및 "취업훈련 종류의 다양성 부족" 이라고 가정할 경우, 하위목표는 다음과 같이 설정될 수 있다.

① 2021년 12월 31일까지 가족구성원간의 역기능적인 관계를 5점 만점에 2.60점 향상시킨다.

② 2021년 12월 31일까지 실업자의 자존감을 75% 향상시킨다.

③ 2021년 12월 31일까지 신규 취업훈련프로그램 3종류를 개발한다.

3 목표 연계화

목표 연계화 작업을 하는 과정에서 유념해야 할 점은 상기의 목표를 세분화하고 경험화한 목표와 세부목표 설정내용을 프로그램계획서(제안서)의 목표설정 항목에 일차적으로 작성해두어야 한다. 그런 다음에 다음 단계인 실천계획 설계를 위한 'DESIGN' 과정 작성을 위해서 그 연속성을 유지하도록 실천목표마다 "~하기 위하여" 라고 사고전환을 해야 한다는 것이다.

이를테면 "2021년 12월 31일까지 가족구성원간의 역기능적인 관계를 5점 만점에 2.60점 향상시킨다."라고 프로그램계획서의 사업목표 중의 하나로 기록하고, 그 다음 단계인 개입전략을 선정하려면 "2021년 12월 31일까지 가족구성원간의 역기능적인 관계를 5점 만점에 2.60점 향상시키기 위하여"라고 생각하자는 것이다. 이렇게 "~하기 위하여"라고 읽으며 생각하는 순간 "~하기 위하여 그 수단이 되는 어떤 개입전략을 제공하고자 한다."라고 수단가설을 마련하게 하는 연속과정으로 진행되어지게 한다는 것이다.

이렇게 "~하기 위하여"라고 여운을 남기게 되면 '문제-목표 전개 기법(Problem-Purpose Expansion)'을 통해서 '수단-결과 연계 기법(Means-Ends Chain)'을 가능하게 하기 때문이다(Heus & Pincus, 1986: 307-310, 341-342).

결과적으로 상기와 같이 수립한 목적과 목표는 문제해결을 위한 청사진을 마련하게 되는 것이다. 그 다음은 이 청사진을 실제적으로 구현할 DESIGN 과정으로 전환하게 된다.

여기에서 고찰한 목표 연계화의 중심내용인 '문제-목표 전개 기법'과 '수단-결과 연계 기법'은 다음의 제8장 실천계획 설계에서 저자가 개발한 원인(문제)가설, 수단(개입)가설, 결과(목표·성과)가설 및 평가가설이 포함되는 프로그램가설 설명으로 그 맥락을 확장시키고자 한다.

☞ 제8장 실천계획 선행학습을 위한 키워드

①	D	프로그램가설 진술(Describing program hypotheses)
②	E	개입전략 선정(Eliciting intervention strategies)
③	S	활동체계 수립(Setting action systems)
④	I	평가 도구와 방법 포함(Including evaluation tools & methods)
⑤	G	과정목표 설정(Generating process objectives)
⑥	N	예산편성(Noting down budget)

〈그림 2-4〉 프로그램 실천계획 설계(DESIGN)의 세부과제

? + !!!

"종이에서 연필을 들지 않고
4개 이하의 직선으로 9개의 점을 연결해 보세요."

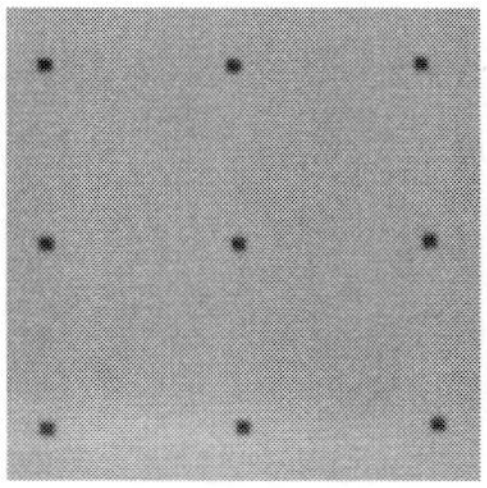

〈그림 7-3〉 9점 문제(The Nine Dot Problem)

Chapter 08

실천계획 설계(R=DESIGN)

문제를 확인하는 것도 이를 해결하려고 하는 솔루션도 모두 지각적인 패턴(perceptual patterns)이다. 이 패턴이 제대로 작동하지 않는 경우 문제가 된다. 그래서 솔루션이란 지각된 패턴 하나하나를 새롭게 오히려 더 나은 패턴으로 재배열하는 것이다(Hues &Pincus, 1986: 351).

이는 다음의 〈그림 8-1〉 프로그램 DESIGN 흐름도와 같이 하나의 패턴으로 숙지해야 하기 때문이다.

「PROGRAM DESIGN」에서 'R'과정은 「DESIGN」이 주요과제이다. 이른 바 「DESIGN」의 머리글자가 의미하는 ① 프로그램 가설 진술(Describing Program Hypotheses), ② 개입 전략 선정(Eliciting Intervention Strategies), ③ 활동체계 수립(Setting Action Systems), ④ 평가도구와 평가방법 포함(Including Evaluation Tools & Methods), ⑤ 과정목표 설정(Generating Process Objectives) 및 ⑥ 예산편성(Noting down Budget)을 단계적으로 수행해야 한다.

그러므로 「DESIGN」한다는 것은 이 하나하나의 단계에 포함되는 과제내용을 새롭게 오히려 더 나은 패턴으로 재배열하는 과정이라고 할 수 있다. 이 디자인 단계에서의 임무는 솔루션이라고 일컬어지는 것이다. 이는 문제확인 단계에서 문제라고 확인된 사람, 시스템, 사건 및 맥락의 패턴과 같은 변수의 새로운 배열을 형성하는 것이며, 디자인 단계에서 이 솔루션을 수행하기 위해 협력해야 하는 사람과 시스템의 오케스트레이션(orchestration)으로 계속 진행되는 것이다(Hues &Pincus, 1986: 327).

특히 이 과정에서는 전술한 〈그림 7-3〉 9점 문제 풀이 과정과 같이 문제해결을 위해 도전하지 않았던 어떤 가정(설), 이른 바 '대체가능한 솔루션'을 탐구하려고 노력(Hues &Pincus, 1986: 310-311)하는 숙성과정과 조명과정이 중요하다.

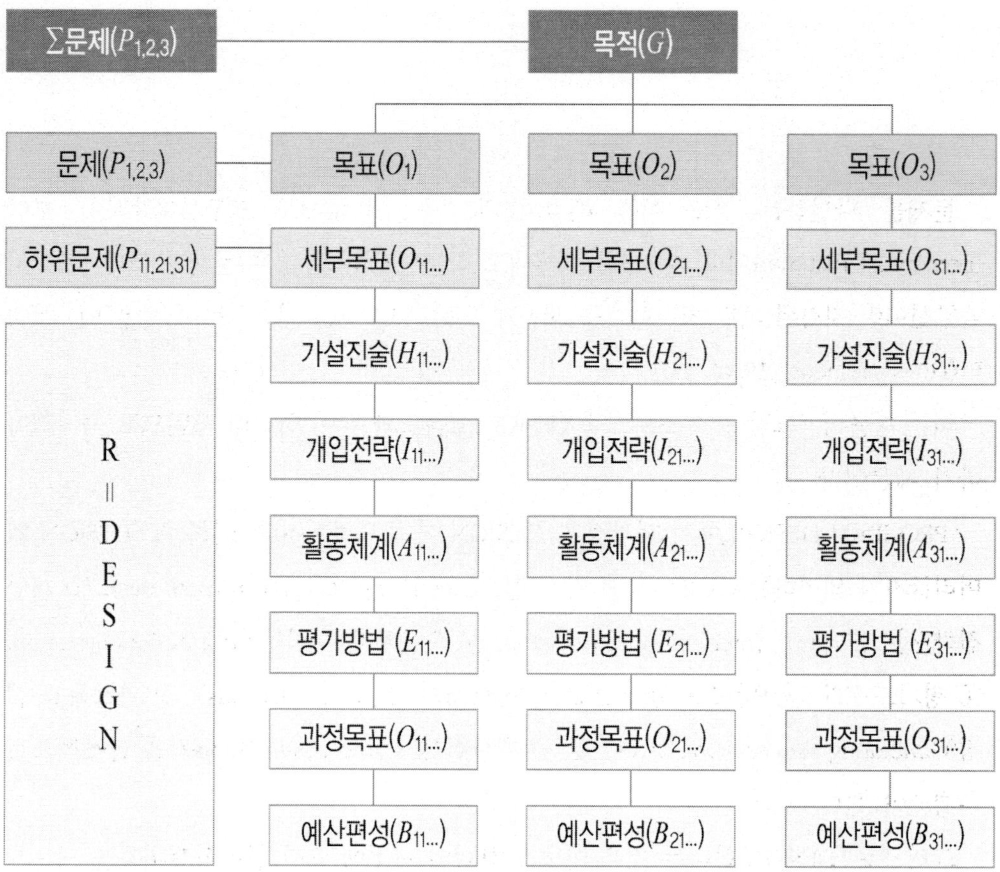

〈그림 8-1〉 프로그램 DESIGN 흐름도

이에 본 장에서는 프로그램 가설, 개입전략 선정, 활동체계 수립, 평가도구와 평가방법 검토, 과정목표 확인 및 예산편성 방법에 관해서 단계적으로 고찰하고자 한다.

Ⅰ. 프로그램가설 진술(D)

사정과정과 실천계획 설계 사이에 놓인 프로그램가설은 〈그림 2-5〉나 〈그림 2-7〉에서 제시하고 있는 바와 같이 설정한 목적과 목표를 달성하기 위해서 실천계획 설계단계에서의 주요과제인 DESIGN의 ② 개입전략 선정, ④ 활동체계 수립, ④ 평가도구와 평가방법 포함, ⑤ 과정목표 설정 및 ⑥ 예산편성의 작업을 용이하게 수행할 수 있도록 하는 가교역할을 하게 한다.

프로그램가설이 가교역할을 한다는 것은 좌뇌 사고와 우뇌 사고의 공존 내지 좌뇌 기능에서 우뇌 기능으로의 전환과정에 중요한 기능을 한다는 것을 의미하고, 또 프로그램 디자인을 위한 원인-수단-결과-평가의 패턴을 지각할 수 있도록 안내한다는 의미이다.

이를테면 창조적인 사회복지사가 '인식의 개방성', '생태체계적 인식', '문제의 복합성,' '인내력'을 바탕으로 문제, 자원, 장애요인을 확인하는 과정에서 중요한 기능을 한 우뇌 사고를 DESIGN 과정까지 이어지게 한다는 것이다. 이는 창조적인 사고과정으로 창조적인 결과인 프로그램 실행계획에 대한 청사진으로 이어지게 해서 좌뇌 사고로 DESIGN 작성을 마무리하게 하는데 프로그램 가설이 매개역할을 수행한다.

그래서 프로그램가설은 다음과 같은 장점을 충분히 반영할 수 있어야 한다(Kettner, Moroney & Martin, 1999: 91-94).

① 프로그램가설은 실제적으로 프로그램 활동보다 문제에 초점을 맞추어야 한다.

② 프로그램가설은 프로그램 활동을 성과로 연결시킬 수 있어야 한다.

③ 프로그램가설은 장기적인 계획의 토대와 서비스 준비과정의 지속적인 모니터와 평가를 위한 틀을 제공해야 한다.

④ 프로그램가설은 비용편익과 비용효과 연구를 위한 데이터베이스를 제공해야 한다.

이와 같이 Kettner, Moroney & Martin이 주장하는 프로그램 가설의 장점은 'PROGRAM DESIGN' 과정의 첫 단추인 문제원인을 확인하는 'PRO' 과정에서부터 문제를 목표로 확장시키는 'G'과정에도, 이 목표가 결과성과로 연결되도록 개입전략을 선정하는 'S'과정에도, 프로그램 실행 후에의 결과평가하게 되는 'I'과정까지 작동되어야 한다는 것을 의미한다.

그러나 기존의 가설은 단순히 인과론 또는 수단-결과에 의한 if-then에 의한 구문으로만 제시되고 있기 때문에(Kettner, Moroney & Martin, 1999: 73-74), 상기의 프로그램가설이 갖는 장점을 충분히 반영하지 못하고 있다고 할 수 있다.

이에 저자는 인과론에 의한 가설수립 방안을 보완한 ① 원인(문제)가설, ② 수단(개입)가설, ③ 결과(목표 · 성과)가설 및 ④ 평가가설이라는 네 개의 하위가설이 포함된 프로그램 가설 개발방법을 이미 제시한 바 있다(조운희, 2002).

① 원인가설

Because~(문제/욕구가 확인 · 진술되고 있기 때문에),

② 수단가설

If~ 개입전략을 제공(독립변수 조작)한다면

③ 결과가설

then~ (독립변수 조작으로 인해) 예상되는 어떠한 결과(성과)가 있을 것이다.

④ 평가가설

This outcome is verified by(with)~. ~(평가도구 · 평가방법)으로 결과(성과)를 검증하고자 한다.

상기의 원인-수단-결과-평가 가설에 따라 진술하면 다음과 같다.

『'A'라는 문제가 있기 때문에,
만약에 'B'개입전략을 수단으로 제공한다면
'C'결과(성과)를 달성될 것이다.
이를'D'평가도구와'E'평가방법으로 검증하고자 한다.』

이와 같이 프로그램가설은 문제확인한 바를 원인으로 보고, 이를 해결하고자 설정한 목표를 달성하기 위해서 개입전략을 선정하고, 실행한 결과에 대해서 어떤 잣대와 측정방법으로 목표달성 여부를 확인해 나가는가 하는 일련의 프로그램 계획과정을 단절됨이 없이 '연계사고과정 또는 패턴으로 지각'할 수 있게 하는 매개도구로써 역할을 할 수 있게 하는 유용성이 있다.

Ⅱ. 개입전략 선정(E)

개입전략 선정단계는 프로그램 원인가설에 대한 수단가설을 구체화하는 것이다. 설정한 목표 특히 성취목표 달성에 수단이 되는 정책적, 방법적, 특수한 접근방법 등의 행동조치 또는 수행내용과 관련된 구체적인 중재활동전략을 결정하는 과제가 이에 해당된다고 할 수 있다.

1 프로그램과 개입전략의 관계

김영종(2001: 334-335)은 문제분석 및 욕구사정에서부터 서비스기술과 프로그램 목표들 간의 논리적 혹은 경험적 연결을 설정하는 과정까지를 다음의 〈그림 8-2〉와 같이 제시하면서, 개입전략은 목표와 이에 따른 서비스 기술들을 포함한 각종 프로그램 활동의 집합체이며, 프로그램 목적에 도달하기 위한 해결방법으로 실행기술을 담고 있는 일종의 목적과 수단 간의 논리적 매개체라고 진술하고 있다.

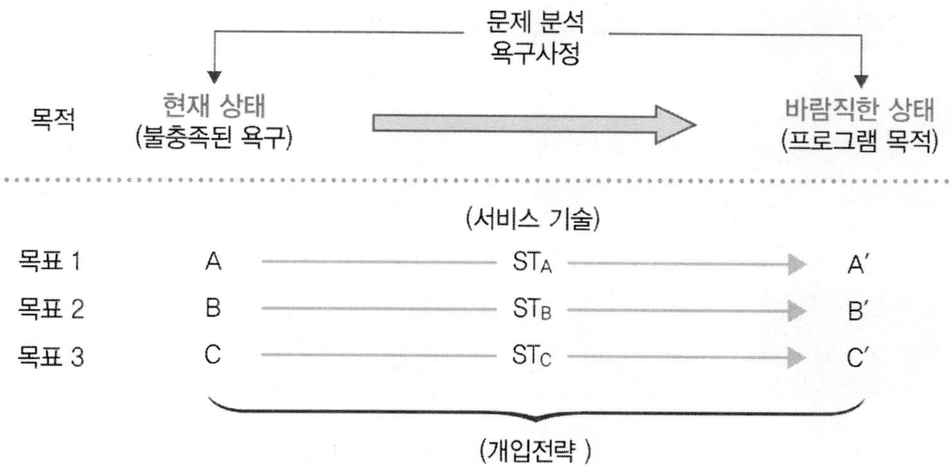

출처: 김영종, 사회복지행정론, 서울: 학지사, 2001, p. 334.

〈그림 8-2〉 프로그램 구성의 논리

이와 같이 문제확인, 목적과 목표 설정, 개입전략 선정 단계까지는 사회복지실천에서 사용되는 주요개념(전재일 외, 2002: 21-28)이 실제적으로 전술한 〈그림 3-4〉에서와 같이 미시적 · 중간적 · 거시적 수준에서 관점(perspective) → 이론(theory) → 가설(hypotheses) → 방법(method) → 모델(model) → 실천접근(practice approach) → 중재/개입(intervention) 순으로 적용되는 것과 밀접한 관계가 있다고 할 수 있다.

2 개입전략 선정의 준거틀

개입전략은 〈그림 8-3〉에서 제시되고 있는 바와 같이 문제해결의 원인론을 인간-환경간의 관계적 차원의 관점에 두고 문제확인을 위한 이론 검토와 연계해서 사회복지실천이 무엇을 추구할 것인가? 하는 목표적 차원에 대해서 문제해결을 어떻게 할 것인가? 하는 실천적 차원의 질문에 관한 해답을 모색하고자 하는 것이다.

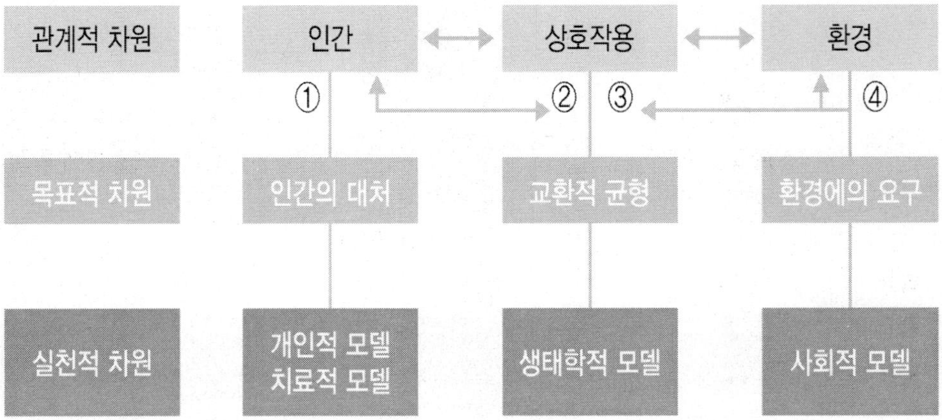

〈그림 8-3〉 목표적 가치의 사회복지실천 준거틀

이 실천적 차원의 해답은 생태체계적 관점에서의 문제분석과 욕구사정 정보를 토대로 인간을 위해 선호하는 결과로서의 가치인 목표적 가치를 달성하고자 인간의 대처에 대해서, 인간과 환경과의 교환적인 균형을 위해서, 환경에의 요구를 위해서 개인수준, 가족수준, 집단수준, 지역사회 수준에서 방법(method) → 모델(model) → 실천접근(practice approach) → 중재/개입(intervention)을 순차적으로 탐색해서 선정하는 것이 사회복지사의 의무라고 규정할 수 있다.

이러한 사회복지사의 의무는 일반적으로 3P(Provision · Protection · Participation) 형태로 구체화 될 수 있다.

① 제공(Provision)

클라이언트가 자신의 잠재력을 최대한 활용하여 자신이 지닌 문제 내지 욕구를 해결하거나 충족시키기 위해서 필요로 하는 인적, 물적 자원 및 기회 등을 제공하거나 이를 활용할 수 있는 권리이며, 이러한 권리는 내용적으로 클라이언트가 지닌 문제 내지 욕구를 해결하거나 충족시켜야 할 사회적 대응책인 다양한 서비스나 프로그램 및 정책의 제공과 활용이 포함된다.

② 보호(Protection)

클라이언트가 유해하거나 바람직하지 못한 환경으로부터 보호받을 수 있는 욕구이자 권리이며, 이러한 클라이언트의 보호 권리는 빈곤, 문제부모, 착취 등과 같은 환경으로부터의 분리 내지 보호를 위한 사회적 대응책을 포함하고 있다.

③ 참여(Participation)

개별화 원칙, 인간존엄성 내지 기회 균등권 등을 기초로 클라이언트가 자신에 관한 결정을 하거나 이에 대한 정보를 제공받을 수 있는 권리이며, 또한 경제적인 박탈로 인해 상실한 사회적, 문화적, 심리적인 박탈 내지 이로 인한 기회상실로부터 충족할 수 있는 사회적 대응책으로서의 서비스나 프로그램 또는 정책에 참여할 수 있는 권리를 포함하고 있다.

특히 김영종(2001: 335-336)은 사회복지전문직이 다른 전문직과 차이를 나타내는 원인론(etiology)으로 '상황 속의 인간(person in situation)에 두고 문제해결을 위해 어떤 측면에 더 강조를 두는가의 차이에 따라 개입전략을 H. Perman(1957)에 의해 주창된 MCO개념 즉, 동기(Motivation). 능력(Capacity) 기회(Opportunity)로 구분하고 있다.

① 동기(Motivation)을 강조하는 입장

개인들의 환경에 대한 부적응 문제를 그 개인들이 갖고 있는 심리학적 측면의 결함에 초점을 두고 이해한다. 문제를 이렇게 규정한다면 빈곤을 비롯한 대부분의 사회복지적 문제들은 개인들의 동기를 강화함으로써 해결될 수 있을 것으로 본다.

② 능력(Capacity)을 강조하는 입장

개인에게 초점을 둔다는 점에서 M과 비슷하지만, 동기보다는 개인의 능력에 초점을 둔다는 점이 다르다. 개인들의 환경에 대한 부적응이 개인 능력의 미비에서 주로 기인하는 것으로 본다. 이런 접근은 개입전략으로 교육적인 프로그램들을 주로 채택, 활용한다.

③ 기회(Opportunity)를 강조하는 입장

M과 C와는 달리 문제의 원인에 대한 초점을 개인들에게 다 두지 않는다. 이 접근은 개인과 상황의 부적응을 상황의 변화에 의해서 해결하고자 하는 것에 초점을 둔다. 예컨대 실업이라는 문제가 있다면, 개인의 능력이나 동기에 기초해서 문제해결 전략을 선택하기보다는 취업 기회를 확대하는 쪽으로 해결책을 찾는 것이다.

이와 같이 3P 또는 MCO개념에 의한 개입전략을 선정함에 있어서 첫 번째 과제는 〈그림 6-4〉에서와 같이 개인수준에서의 실천, 가족수준에서의 실천, 집단수준에서의 실천 또는 지역사회수준에서의 실천을 해야 하는가? 하는 접근방법과 모형을 결정해야 한다.

개입전략 선정에 있어서 두 번째 과제는 ① 클라이언트의 인간 내적인 측면, ② 인간관계적인 측면, ③ 인간과 환경과의 관계적인 측면 및 ④ 환경적인 측면에서 문제를 파악하고, 이를 해결하도록 돕기 위한 방법적인 관점에서의 가치 실현에 목표를 두고(Reid, 1977: 374), ① 인간 내적인 측면에 대해서 개인적 모델(Personal Model) 및 치료적 모델(Medical Model)에 의한, ② 인간관계적인 측면과 인간과 환경과의 관계적인 측면에 대해서 생태학적인 모델(Ecological Model)에 의한 그리고 ③ 환경적인 측면에 대해서 사회적 모델(Social Model)에 기초한 실천접근 및 중재방법을 강구하는 것이다.

이에 Y. Hasenfeld(1983)는 클라이언트의 변화를 위한 실천접근을 다음과 같이 분류하였다(김영종, 2001: 336).

① **환경적 접근**: 클라이언트의 경제, 사회, 생태적 환경을 조작하는 개입방법으로 소득보장, 사회적 유대관계 형성, 환경개선사업 등과 같은 전략들이 이에 해당된다.

② **생-물리적 접근**: 클라이언트의 생물학적 혹은 물리적 측면들의 변화를 도모하기 위한 약물치료, 수술, 혹은 물리요법 등이 여기에 속한다.

③ **인지적 접근**: 클라이언트의 인식과 인지를 변화시키기를 의도로 각종 교육, 훈련, 정보제공 등의 기술이 이에 포함된다.

④ **정서적 접근**: 클라이언트의 정서, 감정, 태도 등을 변화시키려는 목적에 의한 상담이나 심리치료 등이 이에 해당된다.

특히 사회복지사가 성공적인 개입을 위한 전략선택은 실제적으로 사회복지는 어느 정도의 절충주의(electicism) 경향을 가지고 있음에도 주목해야 한다. 뿐만 아니라 전술한 〈그림 7-1〉 문제 조작화와 목표 조작화 간의 관계에서 설명한 바와 같이 설정한 목표에는 다양한 차원과 복수의 문제가 연계된 결과이기 때문에 다차원적인 개입이 효과적이다 .

이와 같이 개입전략들의 차원은 서로 분리되어 있기 보다는 그 영향들이 연결되어 있다고 보아야 한다. 제한된 자원으로 인해 비록 한 차원에 전략이 집중되어 있을지라도 다른 차원들에 미치는 영향과 상호작용을 고려해야 한다(김영종, 2001: 338).

3 개입전략 개발 방법

실천계획설계 단계에서 개입전략과 관련된 대안을 모색하기 위해서는 ① 아이디어 제시, ② 아이디어 관계 지우기, ③ 아이디어를 계획으로 구체화 하는 주요과제로 수행해야 한다(Heus & Pincus, 1986: 328-347).

첫 번째는 아이디어 개발을 위해서는 가능한 혼자하기 보다 다른 사람과 함께 하는 브레인스토밍(brainstorming)을 수행하는 것이다. 참여자들이 문제해결을 위한 직관적인 사고를 할 수 있는 분위기 조성에 필요한 ① 판단 연기, ② 자유로운 상상, ③ 다량의 데이터 확보 및 ④ 다른 사람들의 아이디어 존중 등의 4가지 규칙 준수하면서 아이디어 목록을 작성한다.

두 번째는 브레인스토밍을 통해 제시된 아이디어를 관계 지우기 한다. 이는 "I WANT to~, IN ORDER TO~"에 의한 문제-목표 기법을 전개한 후에, 목표인 "IN ORDER TO~"에 대해서 "How to~"에 관한 브레인스토밍을 다시 전개한다. 이렇게 하면 목표를 달성하기 위해서 필요한 방법들 즉 "HOW TO~"에 해당하는 개입방법 목록이 작성되어진다.

세 번째는 작성된 "HOW TO~" 아이디어 목록을 계획으로 구체화한다. 이는 전술한 〈그림 8-1〉과 〈그림 8-2〉를 활용하거나 〈그림 8-3〉을 참고해서 〈그림 8-4〉 문제-목적-목표-개입방법처럼 원형계통도를 작성한다. 그러면 다음의 〈표 8-2〉 세부사업내용에 관한 활동체계 작성에 도움이 된다.

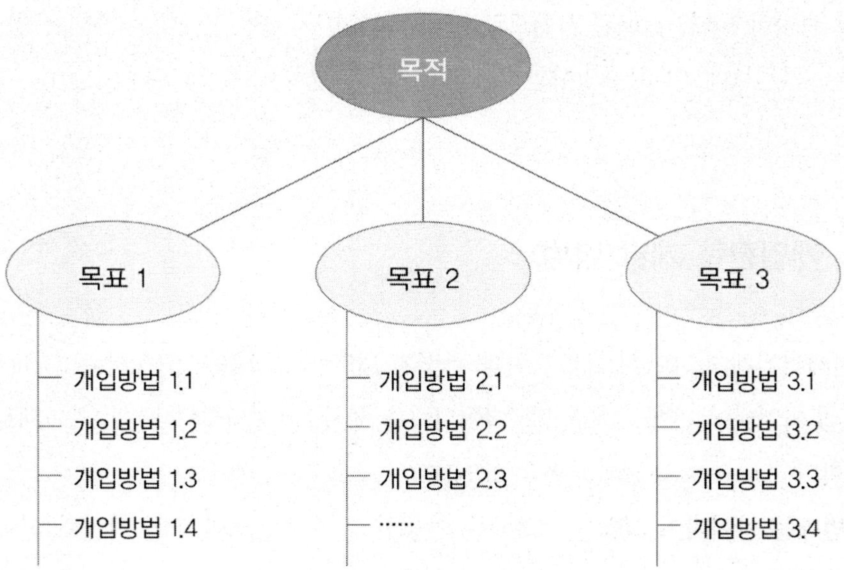

〈그림 8-4〉 목적-목표-개입방법 원형계통도

이와 같이 개입전략을 개발하는 방법은 전술한 바의 프로그램가설 중에서 원인가설(Because ~)에 따른 수단/개입 가설(If~)을 개발하는 작업과정이며, 이 수단가설로 인해서 결과/목표/성과 가설(then ~)을 작성하는 것이다. 결과적으로 개입전략을 개발하는 방법은 한편으로는 문제해결을 위한 수단이 되는 개입방법을 찾는 것이고, 다른 한편으로는 목표달성을 위한 개입방법을 확보하는 것이다. 결국 이 수단 또는 개입방법 개발은 "HOW TO~" 기법을 활용함으로써 수월하게 수행할 수 있다.

4 개입전략 대안선택 모형과 기준

일차적으로 개입전략 확인단계에서 제시된 복수의 대안은 선택모형에 의해 선별되고, 이차적으로 실현성(feasibility)과 타당성(desirability) 기준에 따라 비교검토해서, 최종적으로 프로그램 내용구성의 원리를 중심으로 조직화 체계화된다고 할 수 있다.

1) 개입전략 선택모형

대안선택 모형은 York(1988: 39-47)가 제시하고 있는 계획의 세 가지 모델인 점증주의(Incrementalism), 포괄적 합리주의(Comprehensive Rationality) 및 제한적 합리주의(Limited Rationality) 모형이 개입전략의 선택모형으로 적용되고 있으며, 일반적으로 제한적 합리주의 대안선택 모형이 프로그램 개발에 적용되고 있다(최일섭 · 이창호, 1993: 236-242).

① 점증주의 모형: 기존프로그램을 중심으로 각 프로그램의 증가분과 여러 사회적 압력에 의해 요구된 변화만을 고려해 대안을 구상해서 선택하는 방법이며, 이러한 사회적 압력이 없을 경우에는 기존 서비스를 그대로 대안으로 고수해서 각

대안에 대한 익년의 예산 증가분만을 검토한다.

② **포괄적 합리주의**: 점증주의 방법과는 반대로 기존서비스에 대해서 사전에 전혀 배려함이 없이 포괄적 욕구조사를 토대로 설정된 목표를 달성하기 위한 모든 대안들을 열거해서 체계적 분석방법을 통해 대안을 선택하는 방법으로 영기준예산을 반드시 사용하게 된다. 그러나 포괄적 욕구조사, 가능한 모든 대안 확보, 대안 분석을 위한 정보수집 및 직원들의 정보처리 능력부재 등의 이유로 한계성이 있다.

③ **제한적 합리주의**: 포괄적 합리주의 모형의 한계성을 고려해서 해결해야 할 문제를 몇 개의 하위분석단위로 제한해서 욕구조사해서 각 분석단위별로 가능한 대안을 확인해서 다음에 논의할 실현성과 타당성 기준에 의해 대안을 선택하는 방법이다.

2) 개입전략 선택기준

일차적으로 개입전략 선택 모형에 의해 채택된 대안들을 이차적으로 비교검토 하는 기준이 되는 실현성과 타당성에 관해서 기술하고(최일섭 · 이창호, 1993: 253-265), 지금까지 전문성 또는 기술 중심의 개입전략의 선정을 위한 관리적 · 행정적 · 교육적 · 평가적 타당성 검증에 대한 반성과 '문제 자체'가 아닌 '상황 속의 문제' 중심의 개입전략 타당성과 유용성'에 대한 설명(Heus & Pincus, 1986: 347-348)을 추가로 보완하고자 한다.

(1) 실현성

① **기술적 실현성**: 만일 어떤 대안이 선택되는 경우 과연 기술적으로 실현 가능한 대안인가를 검토하는 기준으로 조직체계, 전문가의 자질, 수급 및 재교육 여부 등을 확인한다.

② **경제적 실현성**: 선택될 대안의 실현에 얼마나 비용이 소요되며, 누가 비용을 부담할 것인가를 검토하는 기준으로, 특히 이 기준은 비용효과 및 비용편익 등 타당성 기준의 효율성과 밀접한 관련이 있기 때문에 여기서는 지나치게 비경제적인가 여부를 검토한다.

③ **사회윤리적 실현성**: 선택될 대안이 기술적으로나 경제적으로 실현성이 있을지라도 사회윤리적으로 얼마나 건전하고 수용 가능한 것인가를 비교검토 하는 기준이다.

④ **정치적 실현성**: 선택할 대안이 상기의 기술적, 경제적, 사회윤리적 실현성과 더불어 이해관계집단으로부터 정치적 지지를 얼마나 확보할 수 있는 대안인가를 검토하게 하는 기준이다.

(2) 타당성

타당성은 선택할 대안이 설정한 목적과 목표에 상대적으로 얼마나 부합되는 결과를 초래할 것인가에 초점을 두기도 한다. 그 기준으로 ① 효과성, ② 효율성, ③ 비용-효과성, ④ 품질, ⑤ 적합성, ⑥ 형평성 등을 포함한다.

이러한 타당성 확보를 위한 개입전략 선택기준은 사회복지실천 영역에서 '전문성' 확보를 강조해 온 것과 상당한 관계가 있다고 할 수 있다. 이를테면 문제해결을 위한 자원이 장애요인 보다 풍부한가? 여부가 타당성 있는 개입전략 선택기준이 될 수 있고, 기존의 경험적으로 검증된(규범적, 교과서적인) 절차나 개입전략만이 타당성이 있는가? 그리고 문제나 욕구 자체에 초점을 두는 개입전략인가? 아니면 문제나 욕구 발생 상황에 초점을 둔 개입전략인가? 또는 사회복지실천 관점, 가치 윤리에 부합되는 개입전략인가? 등의 질문에서 오히려 유용한 대안선택의 타당성을 확보할 수 있다는 것이다.

(3) 상황 중심 개입전략의 타당성과 유용성

사회복지영역에서도 사회복지실천을 할 때 정확하게 무엇을 실천하느냐를 구체적으로 명시하도록 압력 받는 것이 당연하게 여겨지고 있다. 연구자들은 실천모델을 평가할 때 개입("투입", "독립변수")을 조작했는가를 파악하려 한다. 관리자는 특정 직위에 필요한 교육수준을 정해놓고 자금 요청을 정당화 할 수 있도록 사회복지사가 수행하는 작업을 구체적으로 명시하려고 할 뿐만 아니라, 사회복지사협회와 자격증관리위원회는 역량검증과 전문적인 실습교육 및 보수교육을 요구하고, 교육자들은 학생들이 유능한 실천가가 될 수 있도록 교육과정을 제공하고자 노력해 온 것도 사실이다. 이러한 압력은 윤리지침의 방향으로 가치를 명확히 하는 경향과 병행하여 당연히 기술체계의 방향으로 사회복지실천을 명확히 하는데 충분히 기여했다고 할 수 있다(Heus & Pincus, 1986: 347-348).

그러나 이처럼 지금까지 전문성 내지 기술 중심의 사회복지실천을 강조함으로 말미암아 '상황 속의 문제'로 인식한 개입전략 모색에 대해서는 노력이 부족했다는 점을 충분히 반성해야 할 필요성이 있다는 것이다.

Heus & Pincus는 "기술(techniques)은 사회복지에서의 목표를 달성하기 위해 구체적으로 표준화한 방법이고, 사실상 기술은 일반적인 적용 가능성을 가진 솔루션이다"라고 진술하고 있다. 이러한 기술을 적용하는 것보다 사회복지실천을 "행함(doing)"이 훨씬 더 많다고 주장한다. 사회복지사의 활동(actions)은 "고안(devising)"과 "인정(acknowledging)"이라고 부르는 두 가지 다른 형태의 "행함"을 포함해야 한다고 제안하고 있다. 특히 창의적인 제너럴리스트는 자신이 고안하고 승인하는 조치를 함으로써 솔루션에 통합하는 기술을 보완해야한다(Heus & Pincus, 1986: 347-348)는 것이다.

① 고안(devising)

상황에 대응하여 어떠한 활동(action)을 고안할 때 우리는 기술보다는 원칙이나 개념을 적용하는 것이다. 예컨대 제4장 시너지적인 해결책으로 문제를 해결할 수 있는 대응방안 의 예를 제시한 것 중에 '아래층은 집주인 노인가족이 살고 위층은 젊은 부부가 살게 하는 프로그램,' 또는 '매 맞는 여성이 다리골절 여성 부부와의 일시적인 동거' 등은 기술이라고 일컫기 보다는 오히려 사회복지실천가는 시너지의 개념과 자원 교환의 원리를 이 문제의 구체적인 맥락에서 적용한 것이고, 사회복지사 자신의 실천철학을 표현하는 반응으로 고안된 것이라고 할 수 있다는 것이다.

② 인정(acknowledging)

사회복실천가가 무엇을 하든 상관없이 실천상황에서 끊임없이 많은 일들이 발생한다. 인정은 모든 상황에서 발생하는 기회를 파악해서 활용하는 것과 관련된 것이다. 이는 제6장 속성중심의 문제진술 예에서 언급한 바와 같이 문제를 시너지 개념에 부합되는 자원으로 전환이 되도록 장점과 권한부여적인 사회복지실천 관점을 고스란히 인정해서 '기회'로 연계하는 그 자체가 개입전략이고 그 선정을 위한 타당성도 확보되게 하는 것이다.

예컨대 사회복지관에 출입했던 50대 중반의 고졸의 전업주부 여성이 25년 봉제사 경력이 있음을 알게 되어 이를 인정하고 양제교육과 홈패션 강사로 봉사하게 하거나, 전직 경력자 등을 대상으로 '강사 모집'이 아닌 '강사 초빙'으로 지방 소식지에 광고했더니 다양한 경력자들의 이력서가 수십 건이 접수 되거나, 요양시설에서에서 자기 방이 어디인지 찾아 헤매는 치매노인을 위해 동료노인들이 "도우미" 역할을 하도록 인정하거나, 학습부진 학생에게 사회성 향상이 요구되는 우등생 친구를 클라이언트가 아닌 치료보조자로서 참여하는 '버디'로 활동할 기회를 인정한 것 등이 이에 해당된다.

그러므로 창조적인 사회복지실천가가 되기 위해서 생태체계적 관점에서 문제인식에 개방성을 가지고 문제가 복잡하더라도 인내하며 사회복지실천 가치와 관점을 준수하는 과정이 요구된다고 할 수 있다. 이러한 과정을 통하여 때로는 '기술' 그 자체에 충실한 서비스와 때로는 “고안”과 “인정”에 충실한 시너지적인 개입방안을 균형있게 개발할 수 있도록 해야 함이 중요하다.

이상의 개입전략 선택기준은 프로그램을 설계하거나 개발하거나 시행착오를 줄이고자 작업과정 정리할 때 사용되는 순서도 또는 흐름도(flow chart)의 단계마다 그 진행여부(Yes or No)를 판단하게 되는 대안선택기준으로 활용되어진다.

3) 개입전략의 내용구성 원칙

프로그램의 목표를 달성하기 위한 수단으로 선정된 대안을 내용상 다음의 〈표 8-2〉에 어떻게 조직해서 구성하는가에 관해 한국청소년개발연구원(1997)에서 제시하고 있는 바를 설명하면 다음과 같다(정무성 · 정진모, 2001: 127-128).

① **연속성의 원칙**: 목표달성을 위해 결정된 대안도 가능한 연속성을 확보할 수 있도록 전술한 〈그림 7-2〉의 형태를 중심으로 목적과 목표 및 과업을 시계열적(종적)으로 배열해서 대안들 간의 수행과정이 단절되지 않도록 유념해야 한다.

② **계열성의 원칙**: 선정한 대안들 간에 단계성과 상호관련성을 고려해서 이용자들이 단계적으로 체험할 수 있도록 프로그램 내용을 부분화 원칙을 기초로 조직하는 것이다. 이를 보장하기 위해서는 활동내용 상호간에 밀접한 연결을 지우며, 단순하고 구체적인 것에서 복잡하고 추상적인 것으로, 쉬운 것에서 어려운 것으로, 가까운 주변에서 먼 곳으로, 전체에서 부분으로 관련짓는 것이 중요하다.

③ **통합성의 원칙**: 프로그램내용의 구성은 목표의 합이 목적 진술이라고 이해하는 바와 같이 각각의 대안들이 서로 분리/독립되어 있는 것이 아니라 보다 넓은 범주나 주제에 통합된 것이기 때문에, 통합성의 원칙은 복수의 각 대안이 유의미하게 통합되어 보다 높은 공통목표를 성취하는데 중점을 두고 구성해야하는 횡적 원리이다.

5 개입수준에 따른 개입전략 선정의 실제

다음에 제시되는 그림들은 수업시간에 학부 학생들에게 “미시적 · 중간적 · 거시적 사회복지실천 과정을 원형계통도로 작성하고, 이 원형계통도를 중심으로 사회복지실천 매뉴얼을 작성해서 제출하세요”라는 과제를 제출받은 것이다. 이 중에서 나름 열심히 작성한 안나(21103607), 현지혜(21303031) 학생의 과제에 포함된 원형계통도 부분만 소개하고자 한다.

이 과제를 제시한 이유는 학생들이 사회복지사로서 개인수준에서, 가족수준에서, 집단수준에서 그리고 지역사회수준에서 어떤 과정으로 실천을 해야 하고, 실천과정마다 어떤 과제를 수행해야 하며, 개입수준마다 활용되는 모델(model), 실천접근, 중재/개입기법 등을 익히도록 훈련 기회를 제공하기 위함이었다. 이 소망이 유용하게 공유되기를 희망한다.

P.S — 교수님, 너무 늦게 내서
죄송합니다...
최선을 다했으니
이쁘게 봐주세요 ㅠㅠ♡=
오전에 실천론 수업시간에는
수액맞으러 다녀왔습니다.
수분부족이라고.. 물먹고 푹자래요.
교수님은 환절기 건강관리 잘하세요♡=

제출자: 안나(21103607)

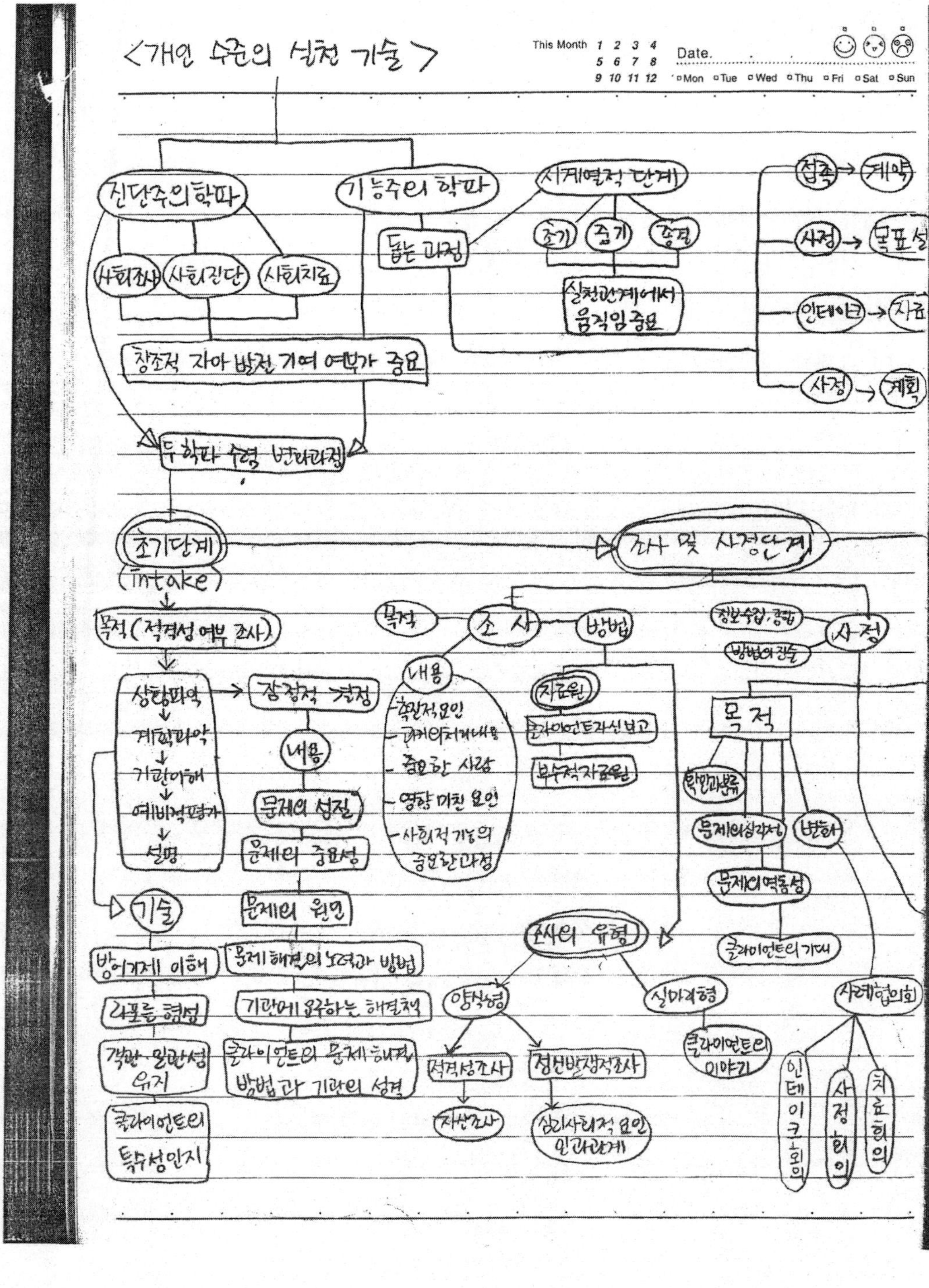
<개인 수준의 실천 기술>
진단주의학파
기능주의 학파
사회조사
사회진단
사회치료
창조적 자아 발전 기여 여부가 중요
돕는 과정
시계열적 단계
초기
중기
종결
실천관계에서 움직임 중요
접촉 → 계약
사정 → 목표설
인테이크 → 자료
사정 → 계획
두 학파 수렴 변화과정
초기단계
(intake)
조사 및 사정단계
목적(적격성 여부 조사)
상황파악
계획파악
기관이해
예비적평가
설명
잠정적 결정
내용
문제의 성질
문제의 중요성
문제의 원인
문제 해결의 노력과 방법
기관에 요구하는 해결책
클라이언트의 문제 해결 방법과 기관의 성격
기술
방어기제 이해
라포를 형성
객관·일관성 유지
클라이언트의 특수성인지
목적
조사
방법
내용
촉발적 요인
중요한 사람
영향 미친 요인
사회적 기능의 중요한 과정
자료원
클라이언트 자신 보고
부수적 자료원
조사의 유형
실마리형
적격성조사
정신발생적조사
자산조사
심리사회적 요인 인과관계
클라이언트의 이야기
사정
방법의 진술
목적
문제의 심각성
변화
문제의 역동성
클라이언트의 기대
사례협의회
인테이크회의
사정회의
치료회의

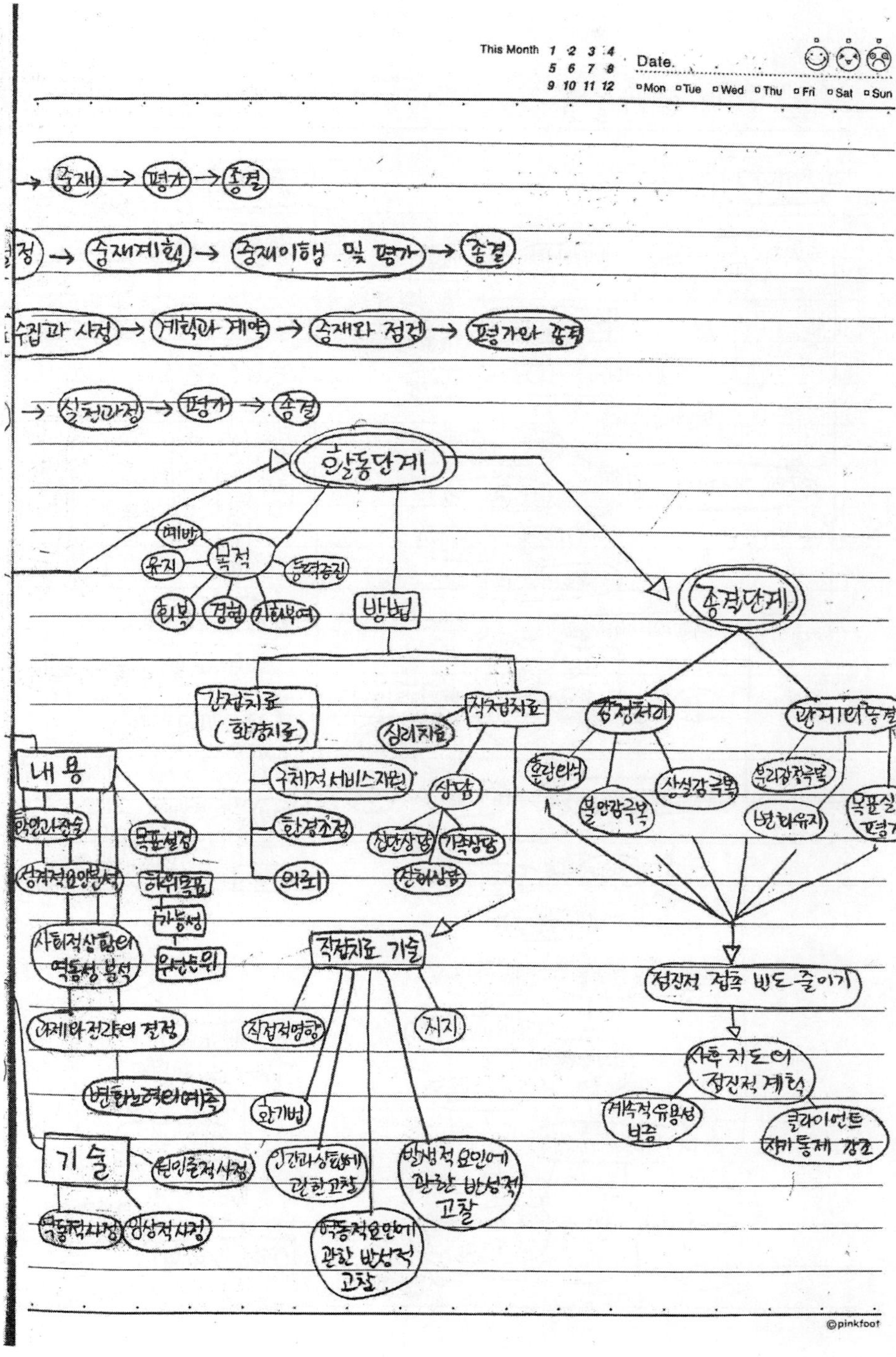
This Month 1 2 3 4 5 6 7 8 9 10 11 12
Date.
Mon Tue Wed Thu Fri Sat Sun
중재 → 평가 → 종결
중재계획 → 중재이행 및 평가 → 종결
수집과 사정 → 계획과 계약 → 중재와 점검 → 평가와 종결
실천과정 → 평가 → 종결
활동단계
예방
유지
목적
능력증진
회복
경험
기회부여
방법
종결단계
간접치료 (환경치료)
직접치료
심리치료
구체적 서비스지원
상담
환경조정
집단상담
가족상담
의뢰
감정처리
관계의 종결
불안감극복
상실감극복
분리감정극복
변화유지
목표실천 평가
내용
목표설정
하위목표
가능성
우선순위
사회적상황의 역동성 분석
과제와 전략의 결정
변화노력의 예측
직접치료 기술
직접적영향
지지
환기법
인간과상황에 관한 고찰
발생적 요인에 관한 반성적 고찰
관한 반성적 고찰
점진적 접촉 빈도 줄이기
사후 지도의 점진적 계획
계속적 유용성 보증
클라이언트 자기통제 강조
기술
©pinkfoot

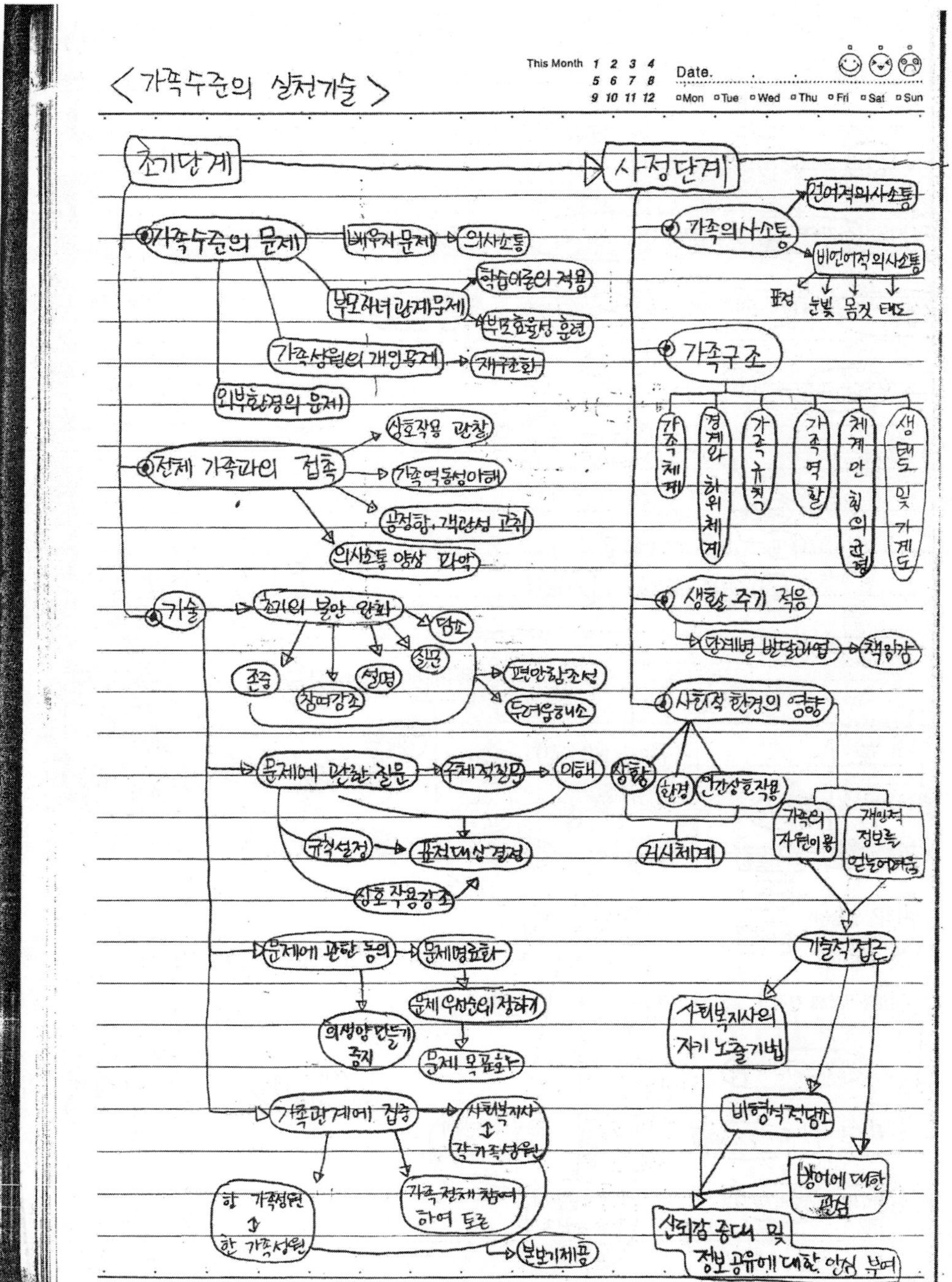

〈가족수준의 실천기술〉
This Month 1 2 3 4 5 6 7 8 9 10 11 12
Date.
Mon Tue Wed Thu Fri Sat Sun
초기단계
사정단계
가족수준의 문제
배우자 문제
의사소통
학습이론의 적용
부모자녀 관계문제
부모효율성 훈련
가족성원의 개인문제
재구조화
외부환경의 문제
상호작용 관찰
전체 가족과의 접촉
가족역동성이해
공정함, 객관성 고취
의사소통 양상 파악
기술
초기의 불안 완화
존중
참여강조
설명
질문
담소
편안함조성
두려움해소
문제에 관한 질문
주체적질문
이해
규칙설정
표적대상 결정
상호 작용강조
문제에 관한 동의
문제명료화
문제 우선순위 정하기
의생양 만들기 중지
문제 목표화
가족관계에 집중
사회복지사 ↕ 각 가족성원
한 가족성원 ↕ 한 가족성원
가족 전체 참여하여 토론
본보기제공
가족의사소통
언어적의사소통
비언어적의사소통
표정
눈빛
몸짓
태도
가족구조
가족체계
경계와 하위체계
가족규칙
가족역할
체계안 힘의 균형
생태도 및 가계도
생활 주기 적응
단계별 발달과업
책임감
사회적 환경의 영향
상황
환경
인간상호작용
거시체계
가족의 자원이용
개인적 정보를 얻는데 어려움
기술적 접근
사회복지사의 자기 노출기법
비형식적 접근
방어에 대한 관심
신뢰감 증대 및 정보 공유에 대한 안심 부여

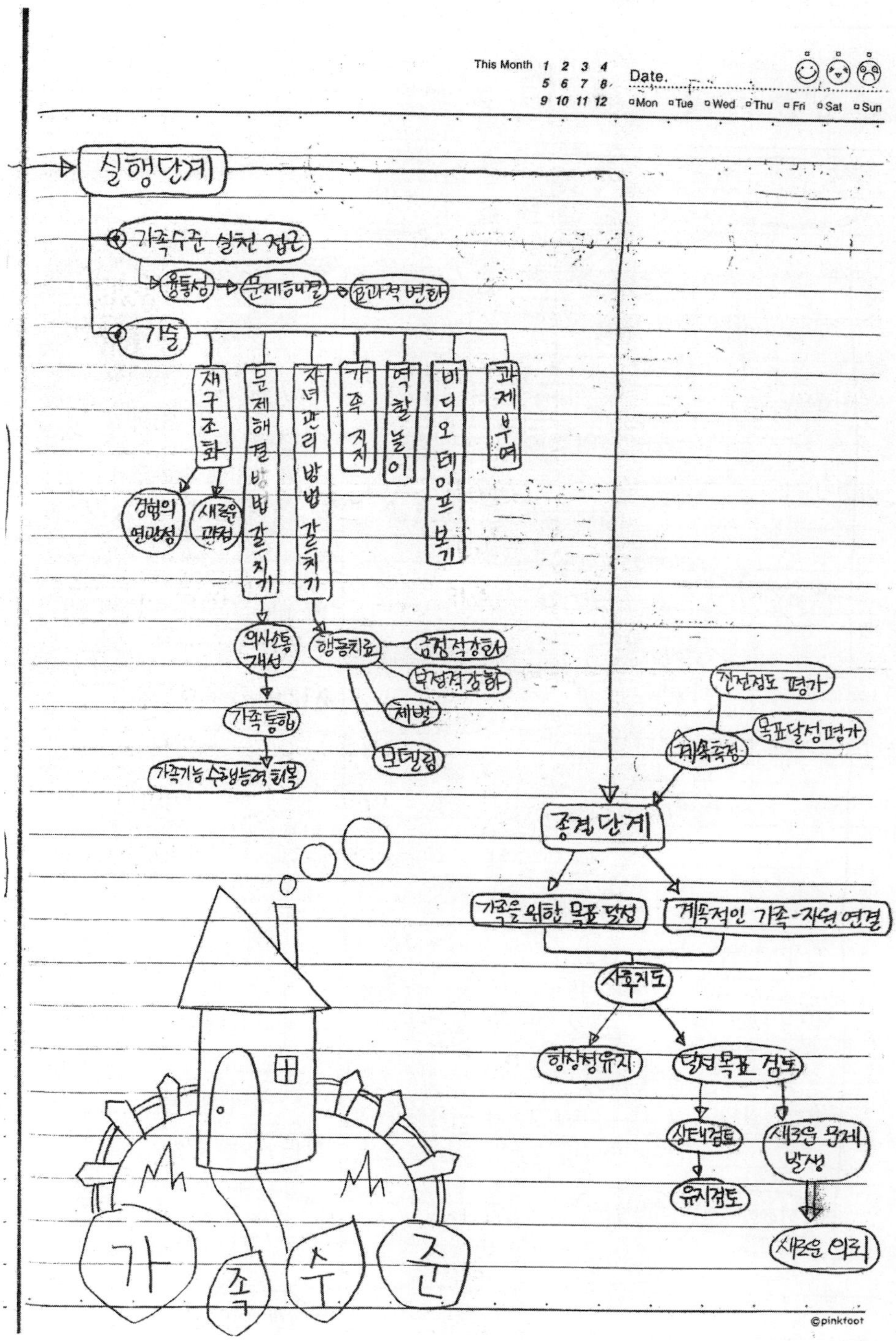
This Month 1 2 3 4 5 6 7 8 9 10 11 12
Date.
Mon Tue Wed Thu Fri Sat Sun
실행단계
가족수준 실천 접근
융통성
문제해결
효과적 변화
기술
재구조화
문제해결방법 가르치기
자녀관리 방법 가르치기
가족 지지
역할놀이
비디오테이프 보기
과제부여
경험의 연관성
새로운 관점
의사소통 개선
가족통합
가족기능 수행능력 회복
행동치료
긍정적강화
부정적강화
체벌
모델링
진전정도 평가
목표달성평가
계속측정
종결 단계
가족을 위한 목표 달성
계속적인 가족-자원 연결
사후지도
항상성유지
달성 목표 검토
상태검토
새로운 문제 발생
유지검토
새로운 의뢰
가족수준
©pinkfoot

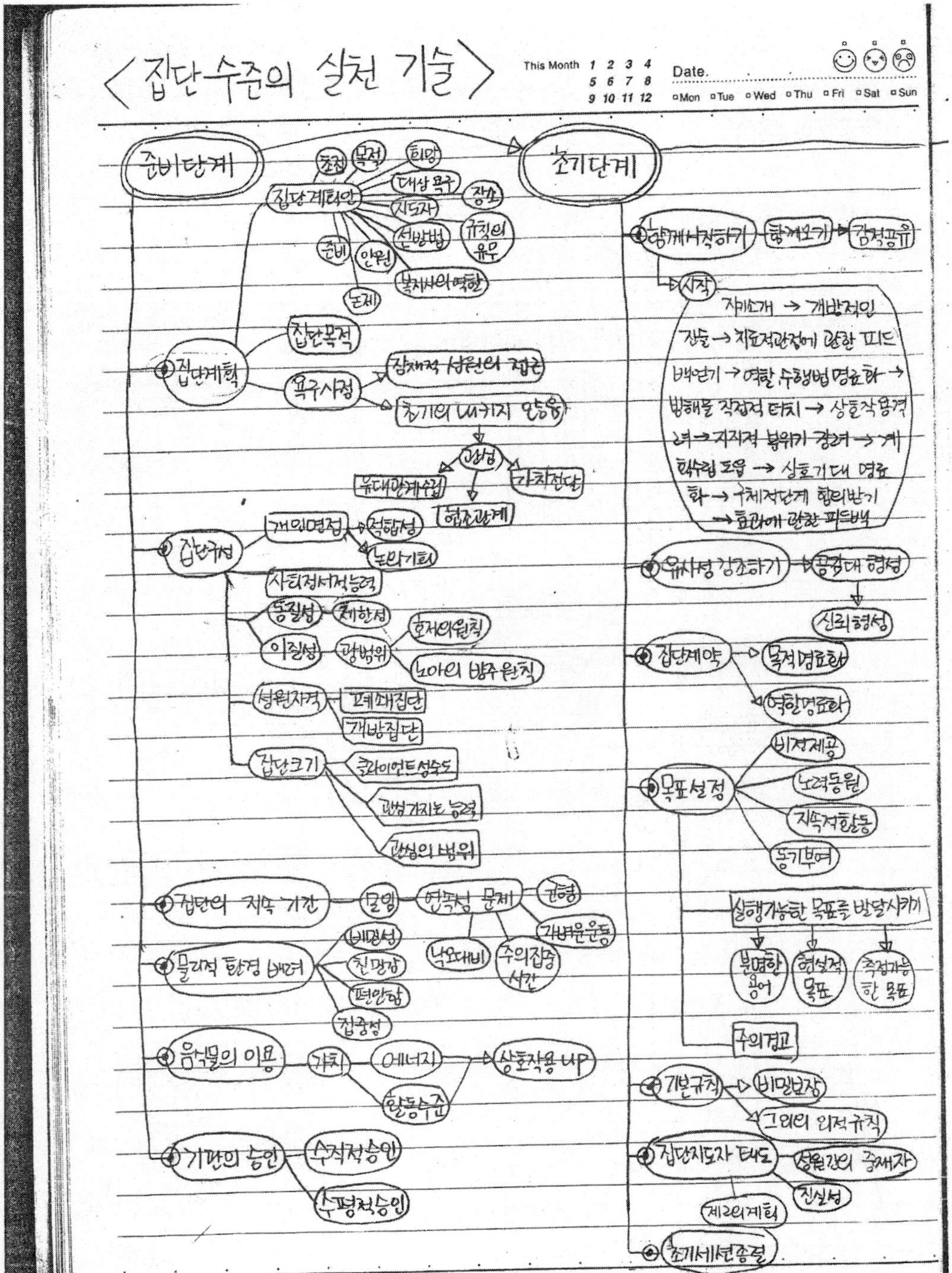
〈집단 수준의 실천 기술〉
This Month 1 2 3 4 5 6 7 8 9 10 11 12
Date.
Mon Tue Wed Thu Fri Sat Sun
준비단계
초기단계
집단계획안
조직
목적
희망
대상 욕구
장소
지도자
선발방법
규칙의 유무
준비
복지사의 역할
집단목적
집단계획
욕구사정
잠재적 성원의 접근
공감
유대관계수립
가치판단
협조관계
개인면접
적합성
논의기회
집단구성
사회정서적능력
동질성
제한성
이질성
광범위
노아의 방주 원칙
성원자격
폐쇄집단
개방집단
집단크기
클라이언트성숙도
관심의 범위
집단의 지속 기간
모임
연속성 문제
균형
낙오대비
주의집중 시간
물리적 환경 배려
비밀성
친밀감
편안함
집중성
음식물의 이용
가치
에너지
상호작용 UP
활동수준
기관의 승인
수직적승인
수평적승인
함께시작하기
감정공유
시작
자기소개 → 개방적인 질문 → 치료적관점에 관한 피드백얻기 → 역할 수행방법 명료화 → 방해물 직접적 터치 → 상호작용 격려 → 지지적 분위기 → 계획수립 도움 → 상호기대 명료화 → 구체적단계 합의받기 → 효과에 관한 피드백
유사성 강조하기
공감대 형성
신뢰 형성
집단계약
목적명료화
역할명료화
목표설정
비전제공
노력동원
지속적활동
동기부여
실행가능한 목표를 발달시키기
분명한 용어
현실적 목표
측정가능한 목표
주의경고
기본규칙
비밀보장
그외의 외적규칙
집단지도자 태도
성원간의 중재자
진실성
제2의계획
초기세션종결

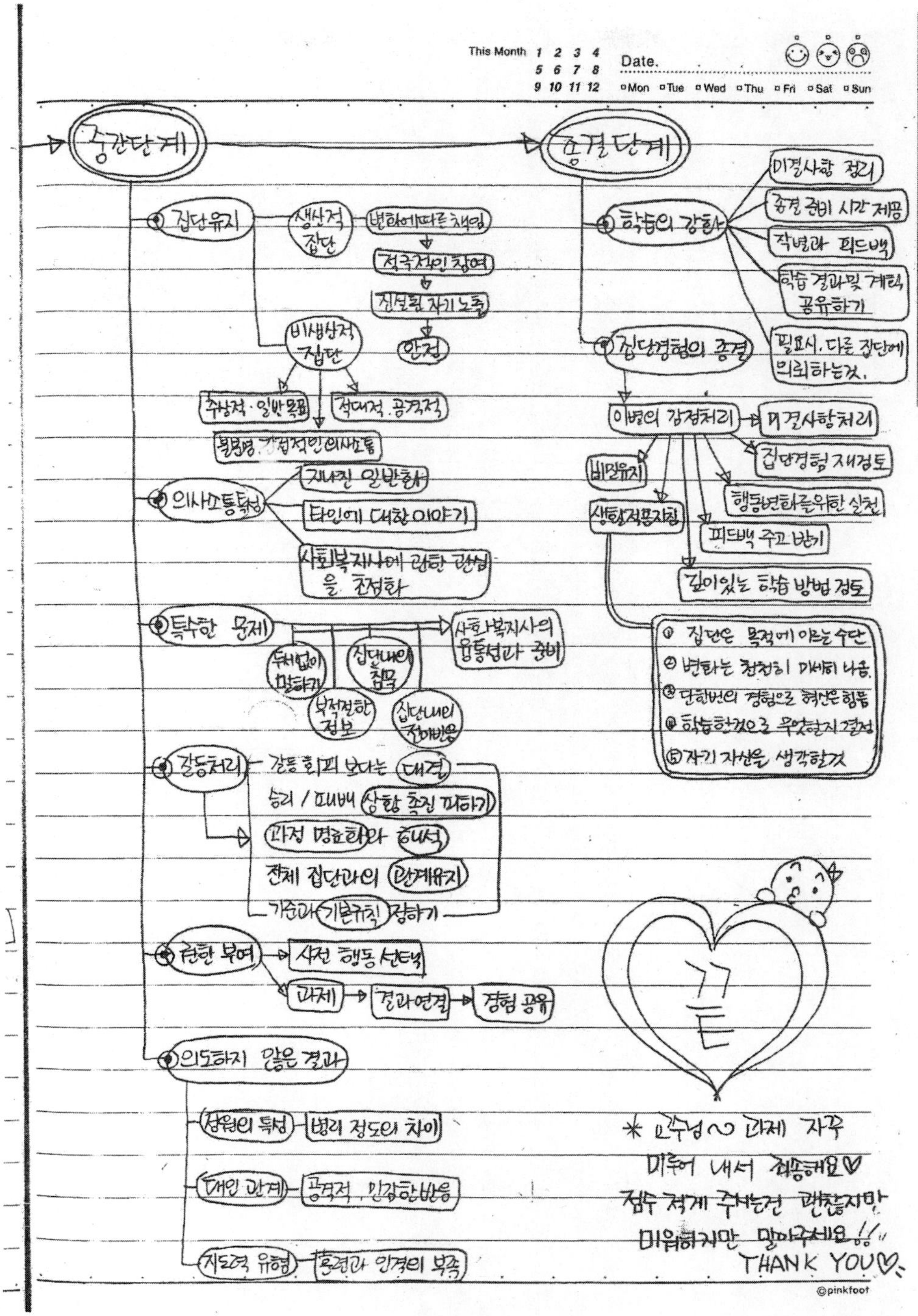
This Month 1 2 3 4 5 6 7 8 9 10 11 12
Date.
Mon Tue Wed Thu Fri Sat Sun
중간단계
집단유지
생산적 집단
변화에따른책임
적극적인 참여
집중된 자기노출
안정
비생산적 집단
주상적·일반목표
적대적, 공격적
의사소통특성
지나친 일반화
타인에 대한 이야기
사회복지사에 관한 관심을 초점화
특수한 문제
사회복지사의 유능성과 준비
갈등처리
갈등 회피 보다는 대결
전체 집단과의 관계유지
권한 부여
사전 행동 선택
과제
결과연결
경험 공유
의도하지 않은 결과
성원의 특성
대인 관계
지도력 유형
종결단계
미결사항 정리
종결 준비 시간 제공
작별과 피드백
학습 결과 및 계획 공유하기
학습의 강화
집단경험의 종결
필요시, 다른 집단에 의뢰하는것.
이별의 감정처리
미결사항처리
집단경험 재검토
비밀유지
행동변화를위한 실천
피드백 주고 받기
깊이있는 학습 방법 검토
① 집단은 목적에 이르는 수단
② 변화는 천천히 미세히 나옴.
③ 단한번의 경험으로 혁신은 힘듬
④ 학습한것으로 무엇할지 결정
⑤ 자기 자신을 생각할것
끝
* 교수님~ 과제 자꾸 미루어 내서 죄송해요♡
점수 적게 주시는건 괜찮지만 미워하지만 말아주세요!!
THANK YOU♡
@pinkfoot

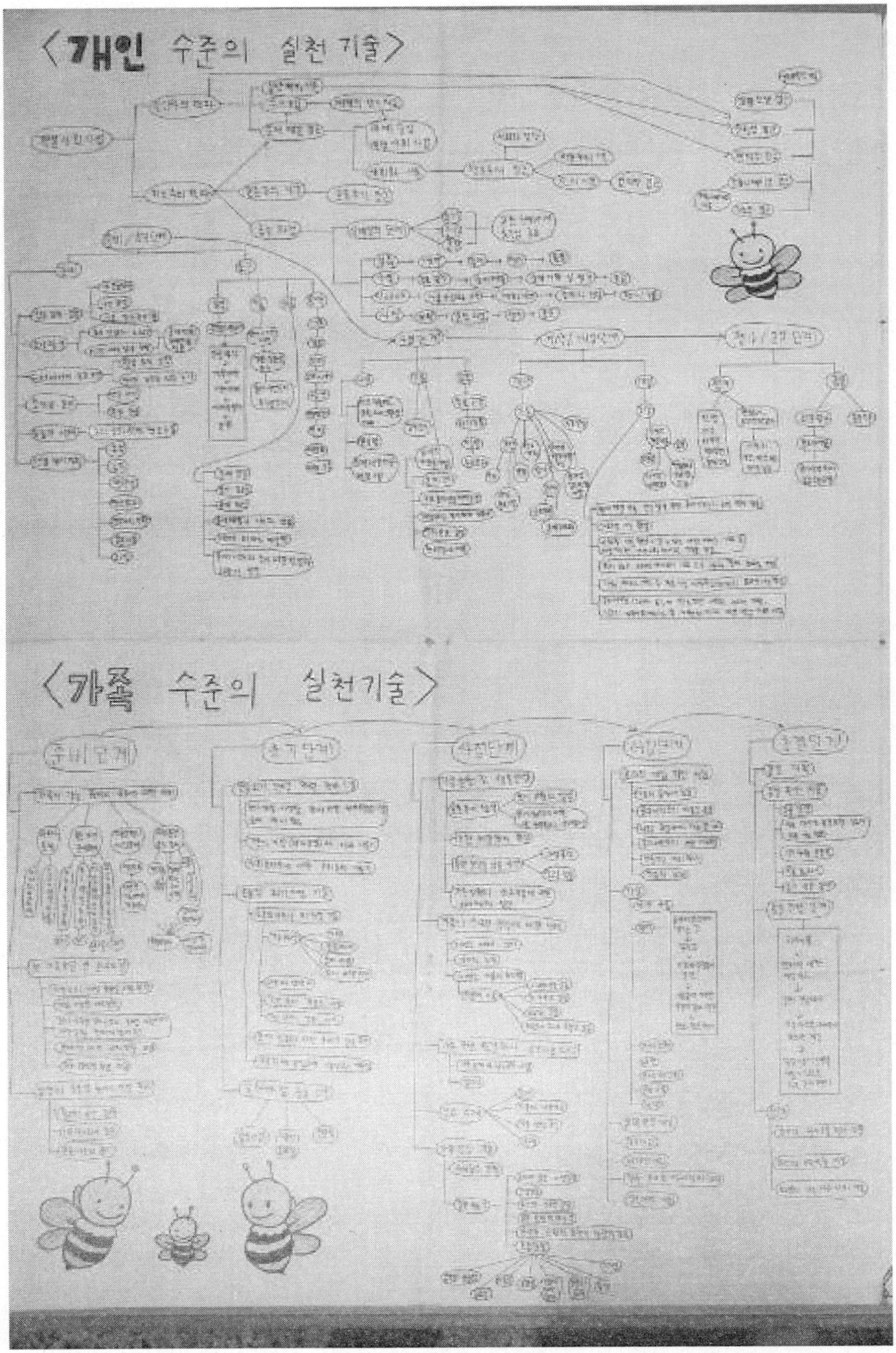

〈개인 수준의 실천 기술〉
〈가족 수준의 실천기술〉

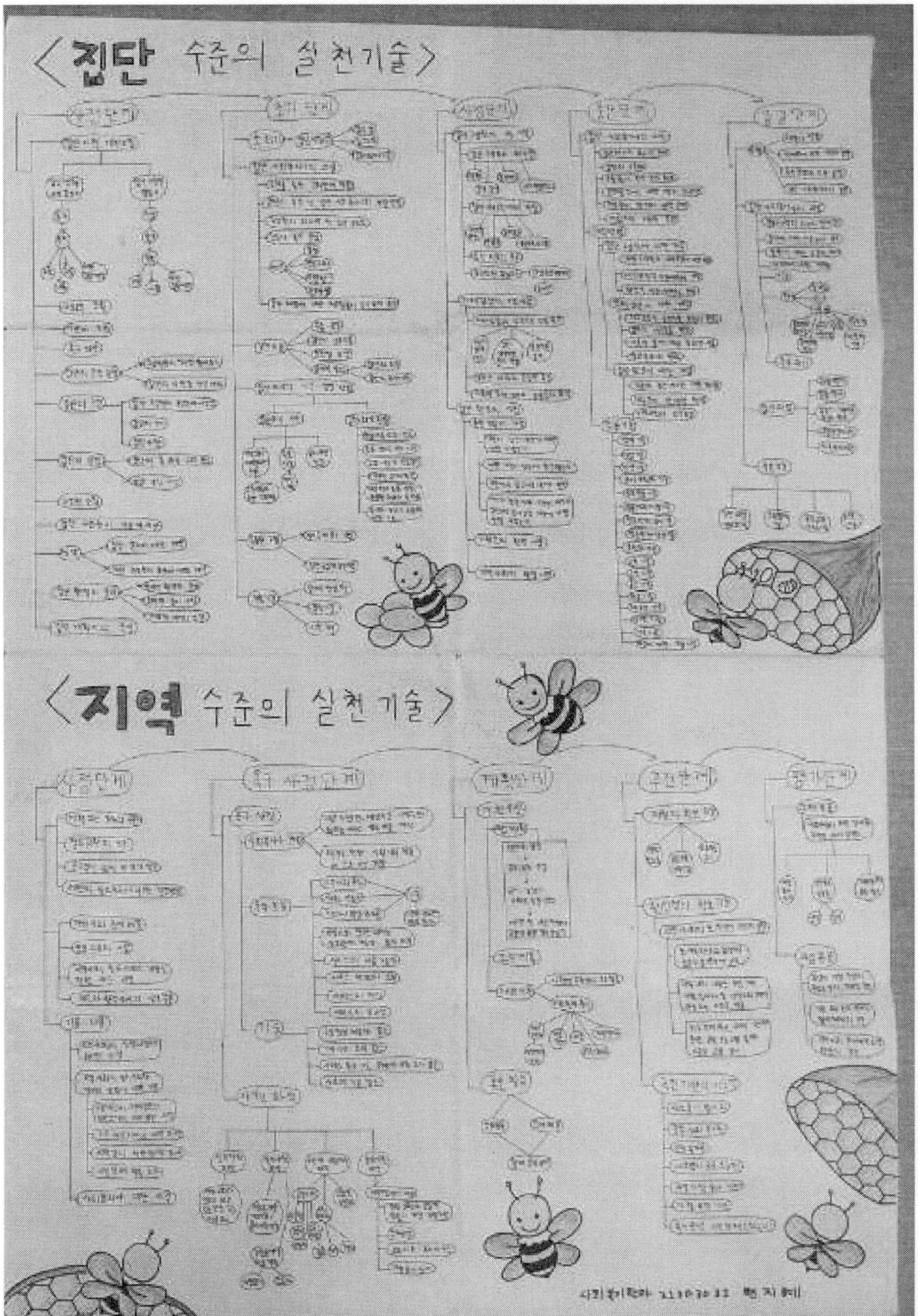
〈집단 수준의 실천기술〉
〈지역 수준의 실천기술〉

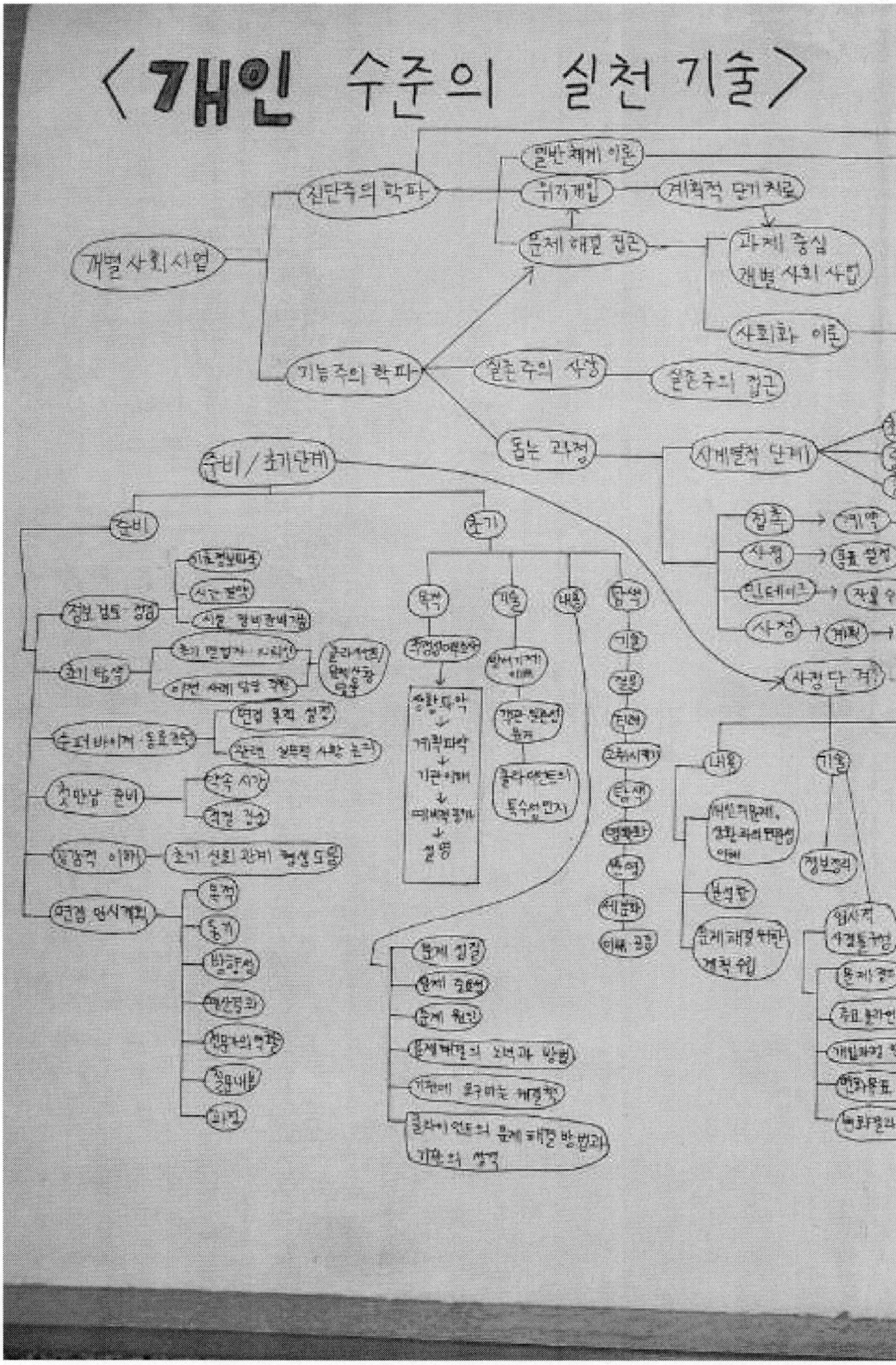
〈개인 수준의 실천 기술〉
개별사회사업
진단주의 학파
일반 체계 이론
위기개입
계획적 단기 치료
문제 해결 접근
과제 중심 개별 사회 사업
사회화 이론
기능주의 학파
실존주의 사상
실존주의 접근
돕는 과정
시계열적 단계
준비/초기단계
준비
초기
목적
기술
내용
탐색
접촉
사정
사정 단계
첫만남 준비
면접 잠정계획
목적
동기
문제 설정
문제 원인
정보정리

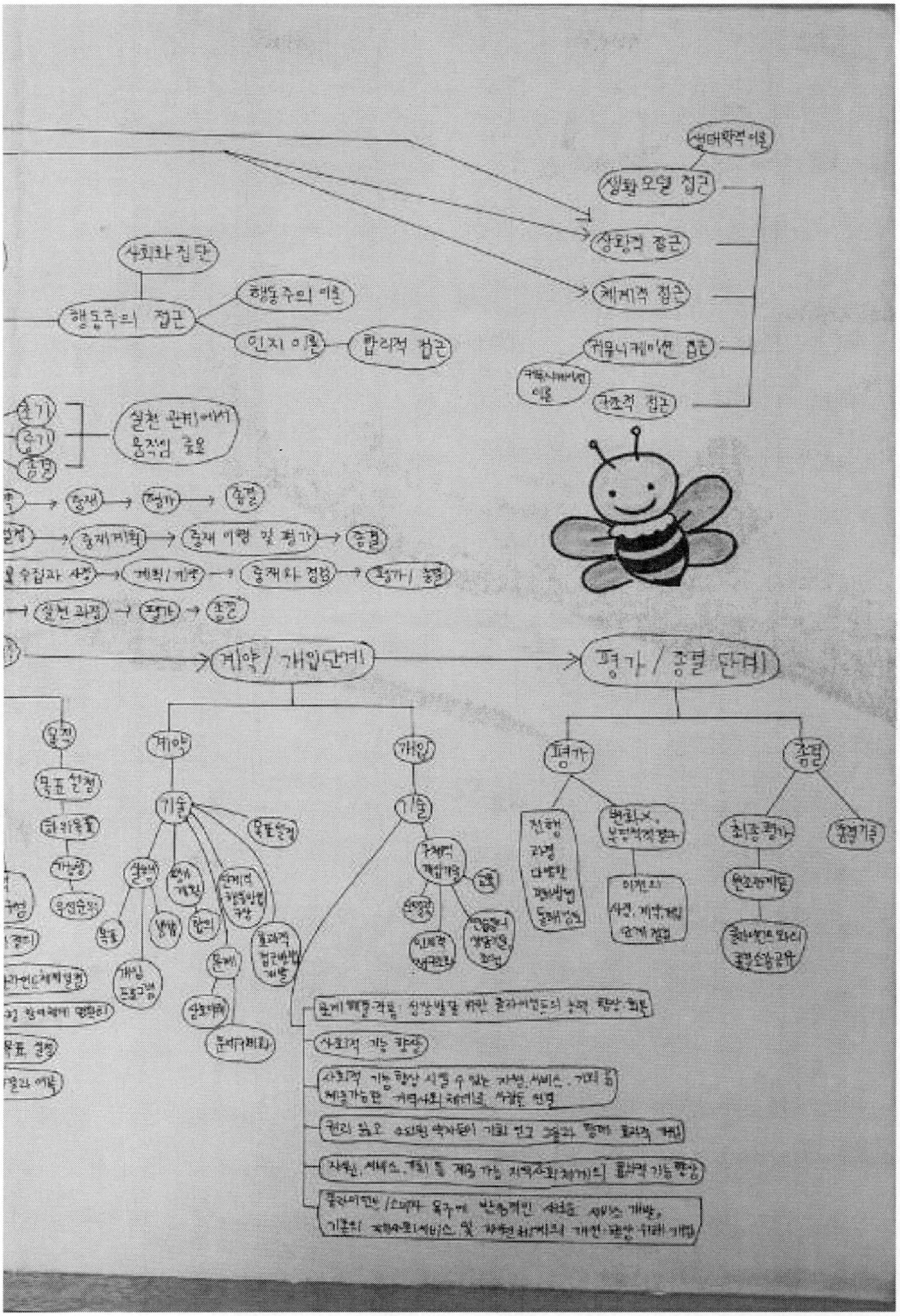

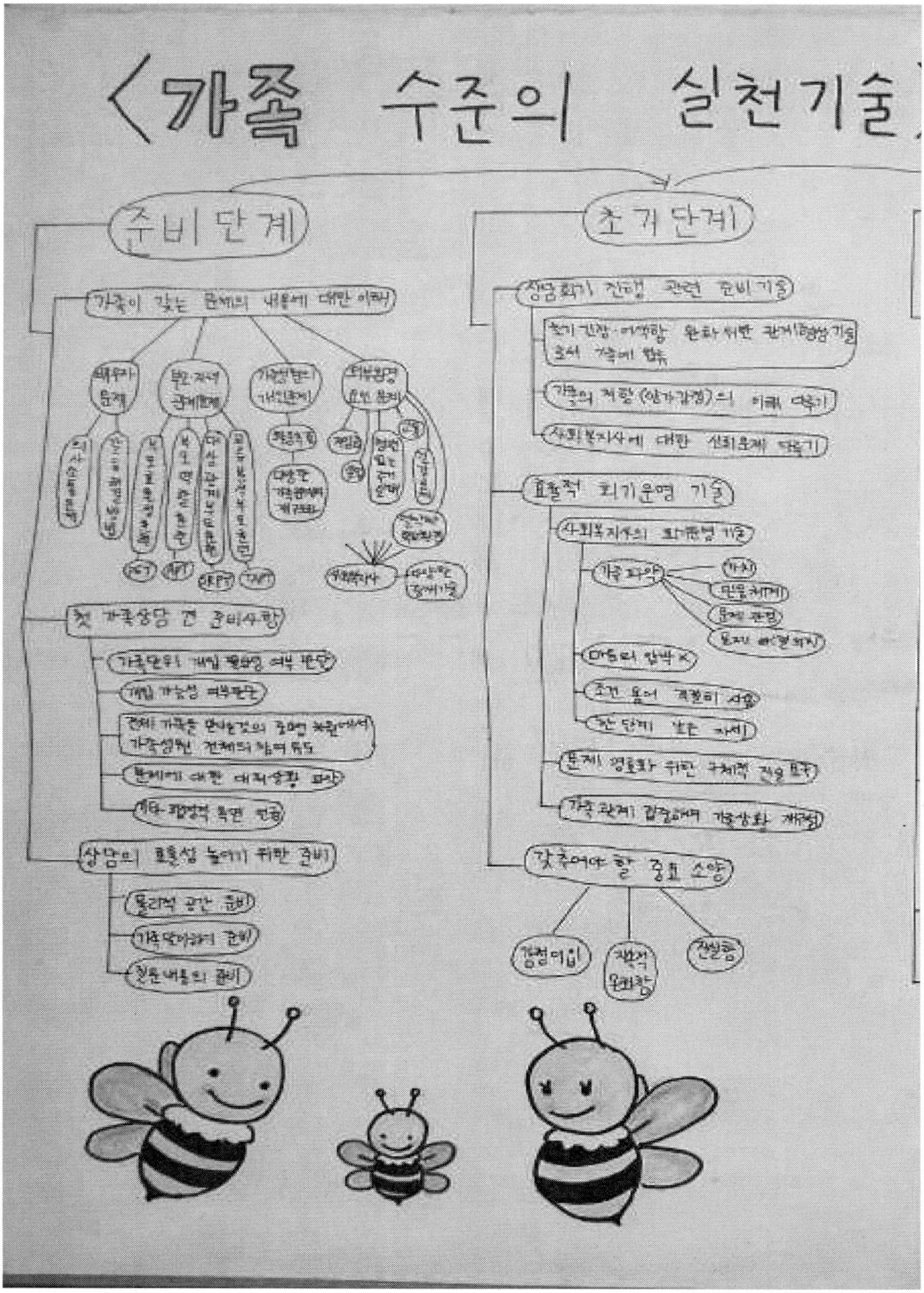

<가족 수준의 실천기술
준비단계
초기단계
가족이 갖는 문제의 내용에 대한 이해
첫 가족상담 전 준비사항
상담의 효율성 높이기 위한 준비
물리적 공간 준비
효율적 회기운영 기술
갖추어야 할 중요 소양

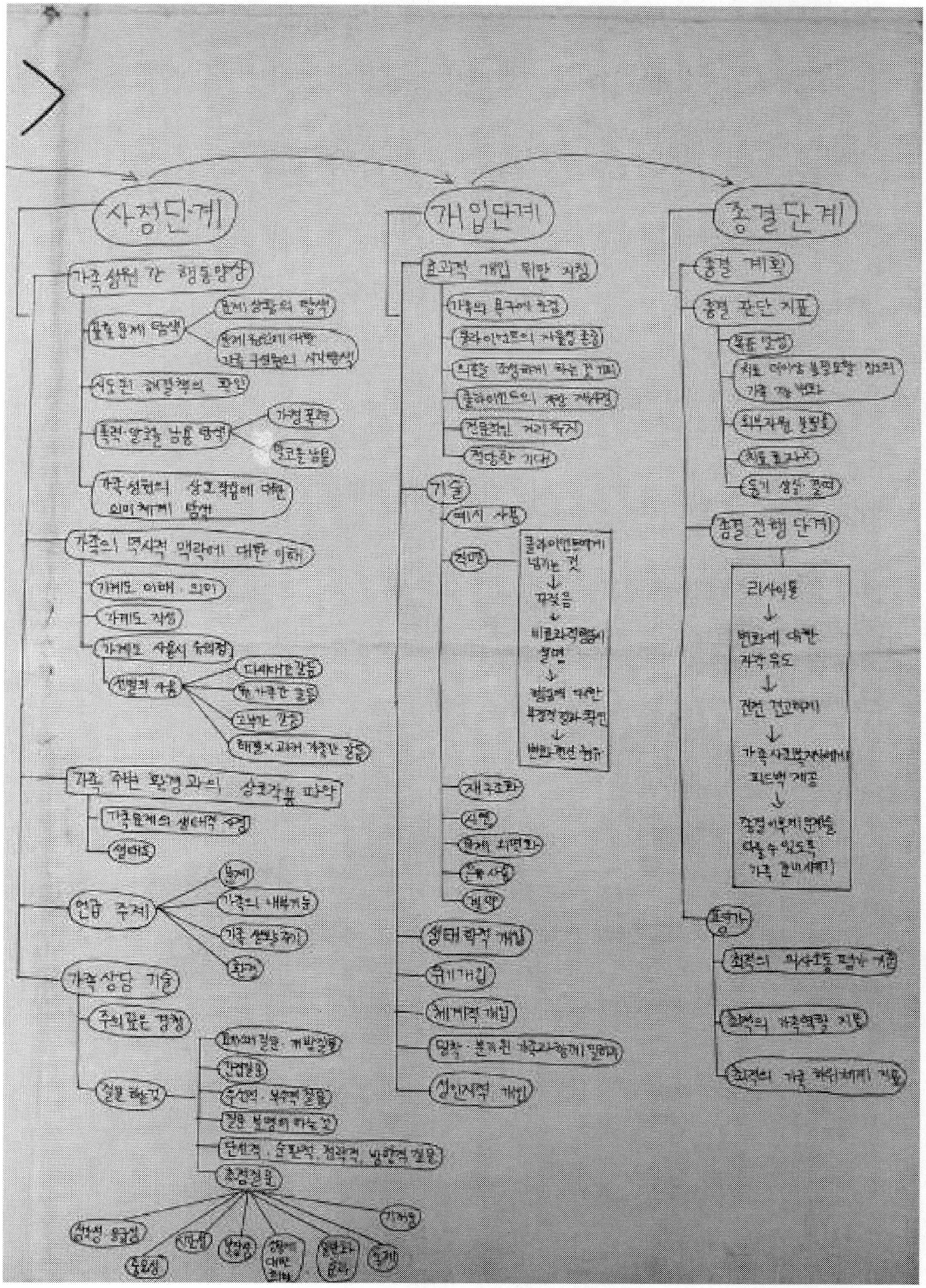
사정단계
개입단계
종결단계
가족 성원 간 행동양상
가족의 역사적 맥락에 대한 이해
가계도 작성
가족 주변 환경과의 상호작용 파악
생태도
가족상담 기술
주의깊은 경청
효과적 개입 위한 지침
기술
재구조화
생태학적 개입
위기개입
체계적 개입
종결 계획
종결 판단 지표
종결 진행 단계
평가

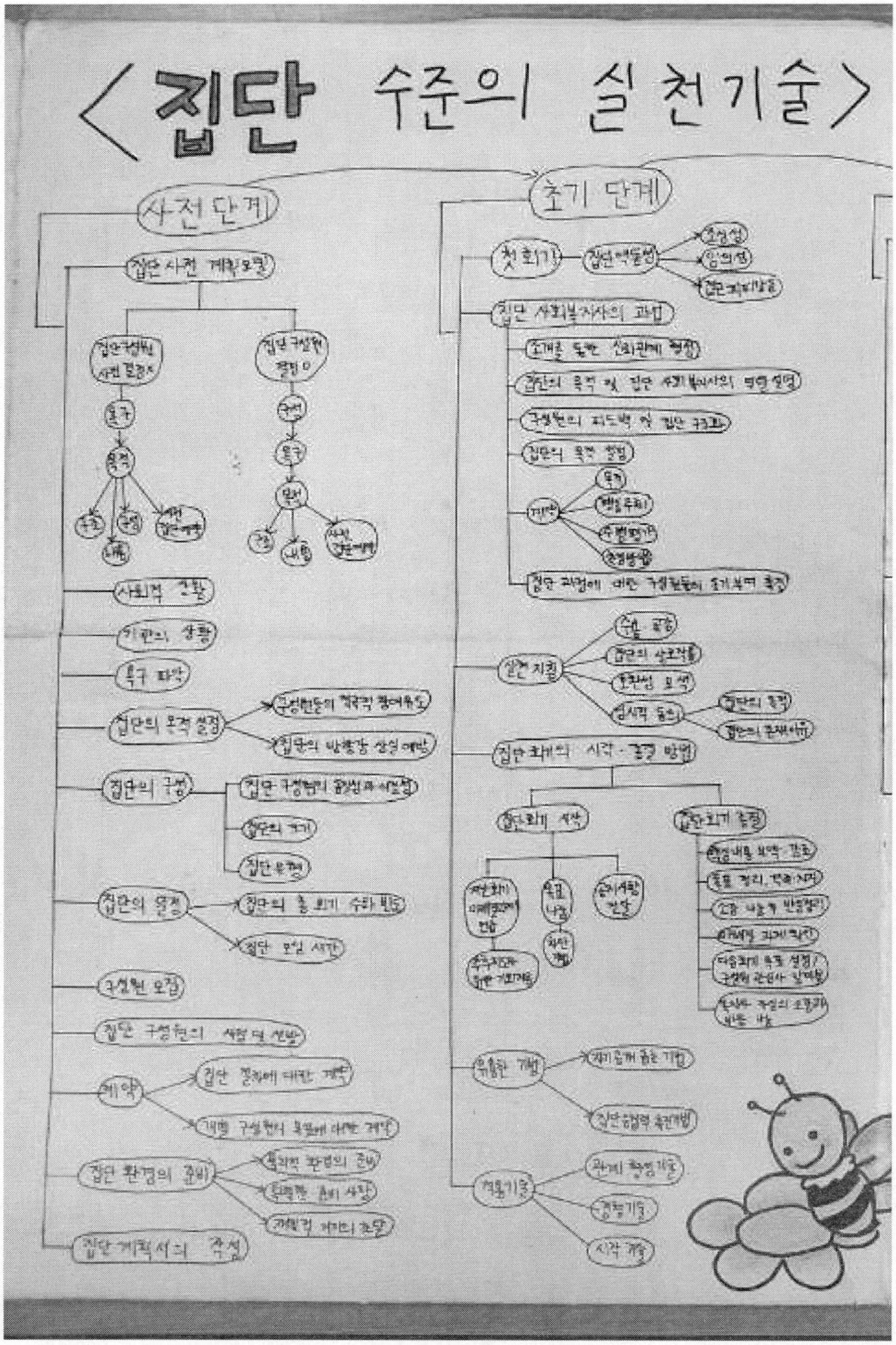
<집단 수준의 실천기술>
사전단계
초기 단계
첫 회기
사회적 상황
기관의 상황
욕구 파악
집단의 목적 설정
집단의 구성
구성원 모집
계약
집단 환경의 준비
집단 계획서의 작성

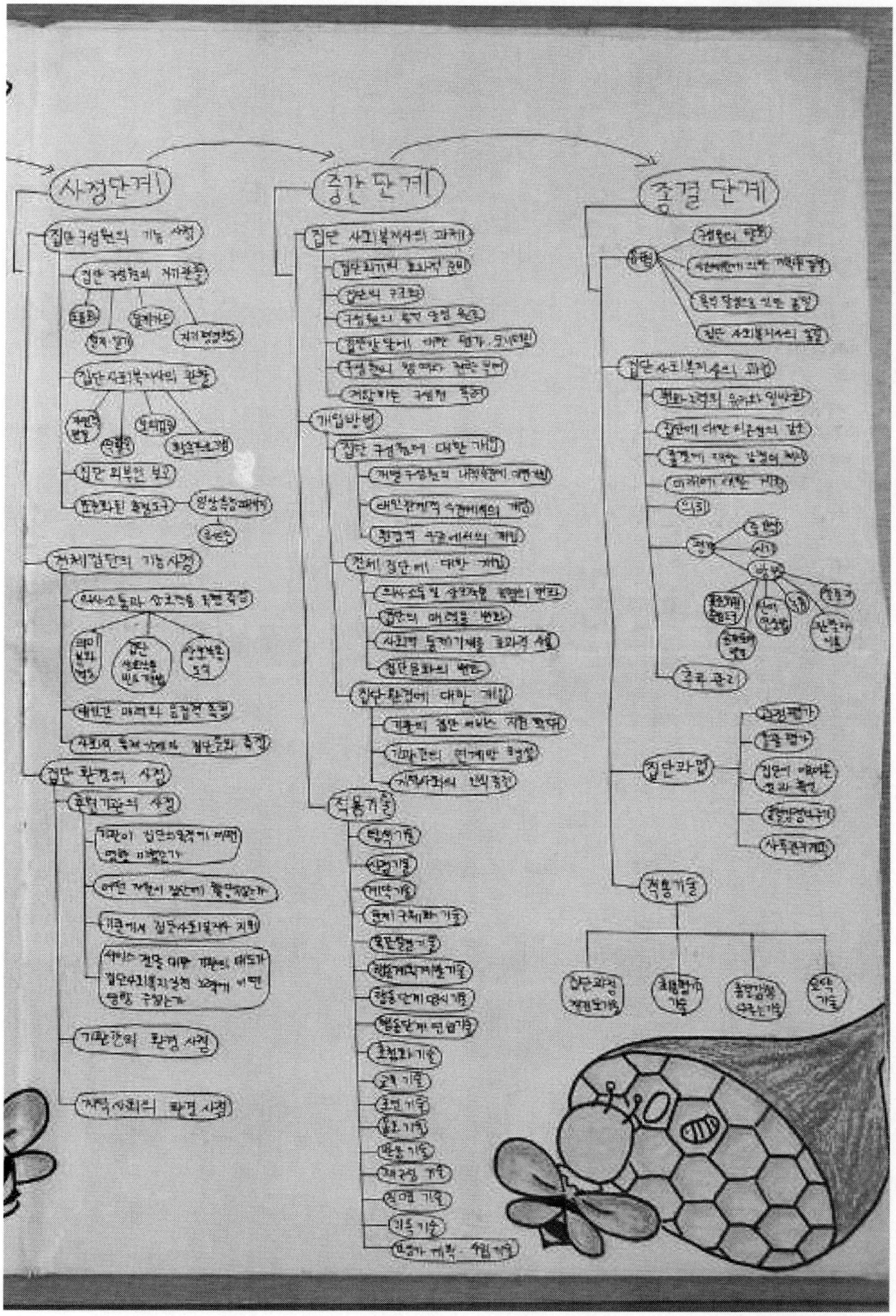

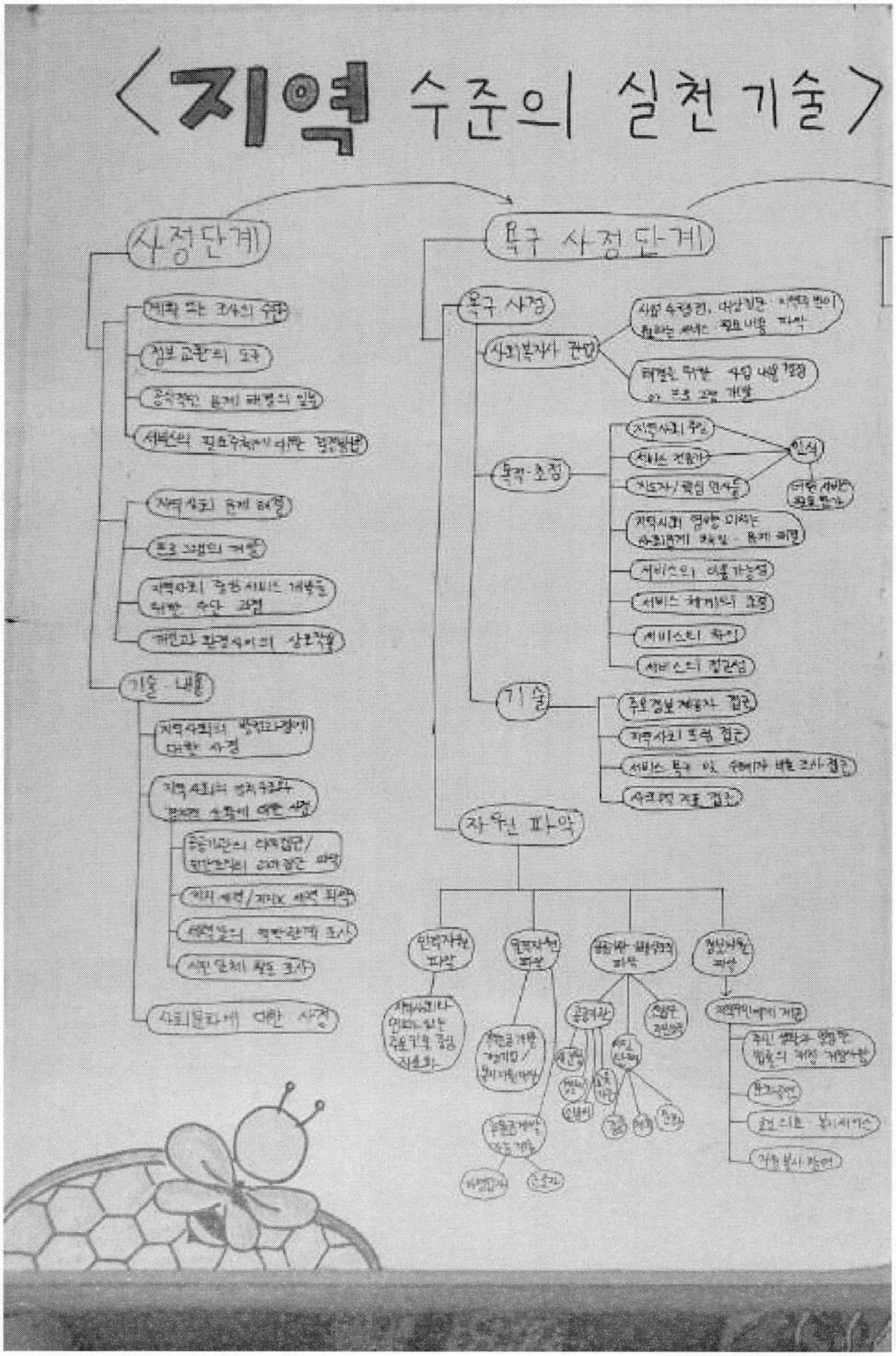
〈지역 수준의 실천기술〉
사정단계
욕구 사정단계
욕구 사정
기술
자원 파악
사회문화에 대한 사정

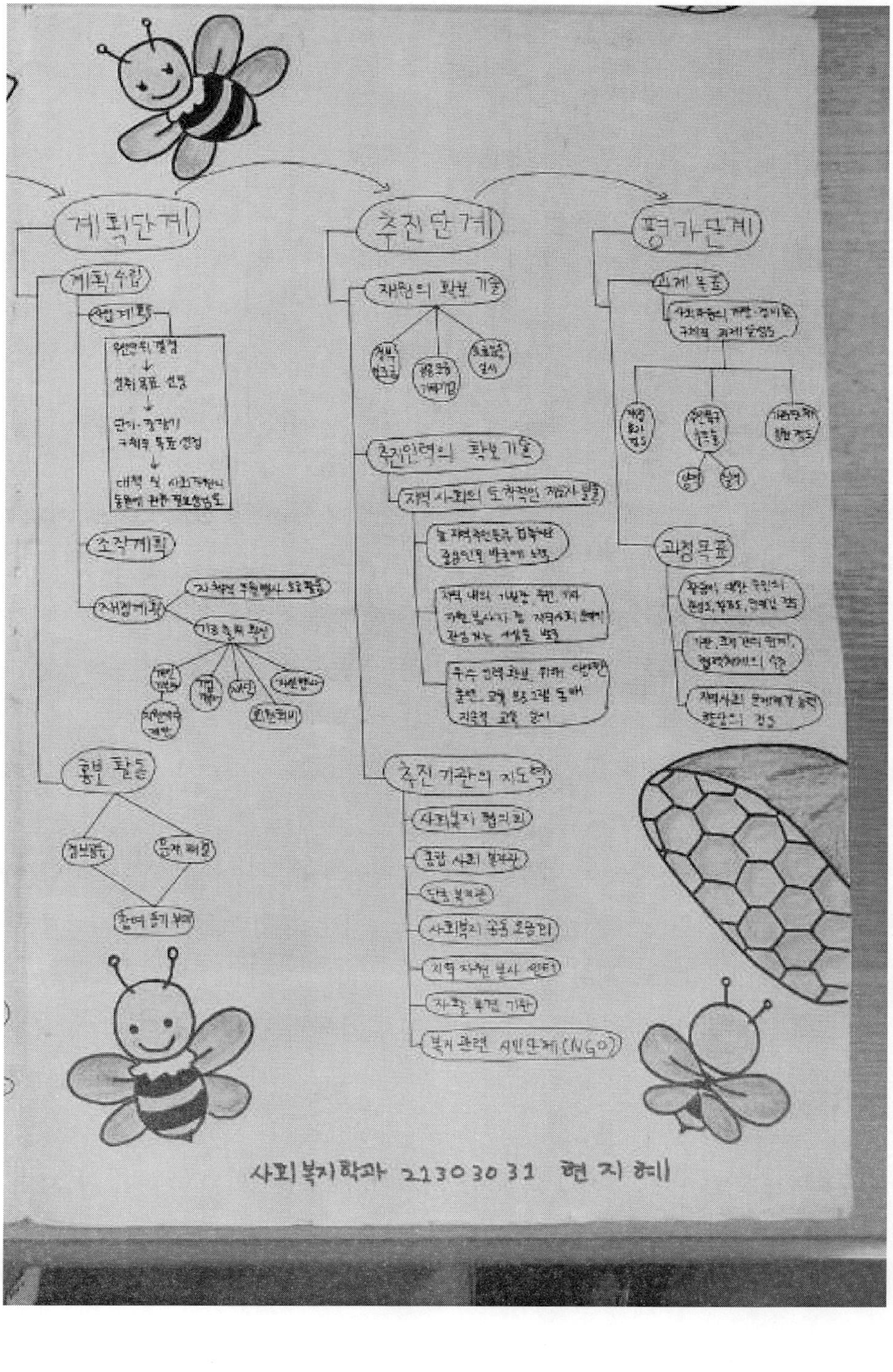
계획단계
추진단계
평가단계
계획 수립
조직계획
재정계획
홍보 활동
재원의 확보 기술
추진인력의 확보 기술
추진 기관의 지도력
사회복지 협의회
종합 사회 복지관
사회복지 공동 모금회
지역 자원 봉사 센터
복지 관련 시민단체(NGO)
과제목표
과정목표
사회복지학과

Ⅲ. 활동체계 수립(S)

활동체계 수립내용은 프로그램 사례회의 및 프로그램 제안서 심사를 받는 경우에 선택된 대안이 실제적으로 실현가능성이 있는가를 확인 받는데 중요한 요인이다. 이를테면 활동체계에 관련된 문제해결 과정에 참여하려는 사람들은 누구인가? 어떻게 이 참여자들을 함께 문제해결에 동원할 것인가?, 활동계약과 관련된 사회복지사와 클라이언트, 동료사회복지사, 기관과 지역사회가 무슨 일을 해야 하는지 파악하고 있는가? 참여주체 모두 파악한 일을 어떻게 수행할 것인지 알고 있는가? 자신들이 해야 할 일에 동의하는가? 그리고 표적체계와 관련된 핵심 관계자들이 기꺼이 참여할 의향이 있는가? 만약에 참여하지 않는다면 이들의 저항에 어떻게 대처할 것인가?(Hues &Pincus, 1986: 351) 등을 확인받게 되는 영역이다.

활동체계 수립을 위한 주요과제는 상기에 언급한 바와 같이 확인된 문제를 해결하고자 설정한 목표, 실천목표 및 과제가 포함된 청사진을 실행하기 위한 활동체계(Action systems), 활동동의(Working agreements) 및 표적체계(Target systems)를 고려하는 것이다(Heus & Pincus, 1986: 352-376).

이 디자인 단계에서의 임무는 솔루션이라고 일컬어지는 것으로 문제확인단계에서 문제라고 확인된 사람, 시스템, 사건 및 맥락의 패턴과 같은 변수의 새로운 배열을 형성하는 것이며, 디자인 단계는 이 솔루션을 수행하기 위해 협력해야 하는 사람과 시스템의 오케스트레이션으로 계속 진행되는 것이다(Hues &Pincus, 1986: 351).

그러므로 활동체계를 수립한다는 것은 제6장 문제확인과정을 토대로 제7장 목적과 목표 설정한 청사진을 실제적으로 실행하기 위해서 활동체계수립을 위한 지식과 기술, 중재활동 실천 당사자인 기관, 직원, 이용자/클라이언트 지역사회 등의 활동내용뿐만 아니라 이에 수반되는 5W1H체계 내용, 활동동의 및 표적체계의 저항 등을 기술적으로 반영한 활동내용이 고스란히 반영되어 표현될 수 있도록 해야 한다.

1 활동체계 수립을 위해 고려할 지식과 기술

Heus & Pincus(1986: 354-357)는 활동체계 수립을 하기 위해서 다음과 같은 지식과 기술이 요구된다고 제시하고 있다.

① 공식적인 자원체계에 관한 지식
② 사람들을 공식적인 자원체계와 연결시키는 기술
③ 지역사회의 비공식적이고 자연적인 원조체계에 관한 지식
④ 공식적 · 비공식적 자원체계간의 협력체계 조정 또는 사례회의 등에서의 과제와 책임 부여 및 목표 합의를 도출해내는 조정자의 기술
⑤ 집단상호작용에 영향을 미치는 요인에 관한 지식
⑥ 사람들이 참여하도록 동의를 구하는 기술

2 활동체계 수립

활동체계 수립을 위해서는 다음의 2가지 과제를 수행해야 한다.

첫 번째는 문제해결 과정에 참여하려는 사람들은 누구인가? 어떻게 이 참여자들을 함께 문제해결에 동원할 것인가? 하는 질문에 요구되는 솔루션에 참여할 「담당인력 구성표」를 작성해야 된다.

두 번째는 활동계약과 관련된 사회복지사와 클라이언트, 동료사회복지사, 기관과 지역사회가 무슨 일을 해야 하는지 파악하고 있는가? 참여주체 모두 파악한 일을 어떻게 수행할 것인지 알고 있는가? 자신들이 해야 할 일에 동의하는가? 하는 질문에 해당되는 세부사업내용에 따른 활동체계를 작성해야 한다.

1) 솔루션에 참여할 담당인력 구성

문제해결 과정에 참여하려는 사람들은 누구인가? 어떻게 이 참여자들을 함께 문제해결에 동원할 것인가? 하는 질문과 관계되는 것이다. 그러므로 솔루션을 실현가능한 실제적으로 활동체계로 담당인력의 업무할당량과 담당역할 등을 사업내용을 중심으로 수립해야 한다.

사회복지공동모금회 배분신청 등에 다음의 〈표 8-1〉이 많이 활용되고 있다.

① 담당인력 구성은 실제로 해당사업을 담당하는 인력을 실명으로 기록하고, 프로그램을 진행할 경우 담당역할은 총괄, 지도감독, 프로그램 운영 내지 지원, 전담 사회복지사 등으로 기재하되 가능한 솔루션과 관계된 역할을 구체적으로 명시하고, 전담인력의 관련 자격증 등을 기입해서 작성한다.

② 할당시간은 해당 인력이 실제로 해당 사업을 실행하기 위하여 투입되는 일별로 산출하여 합산한 주당시간을 기록하여야 하며, 사업수행일지, 회의록 등에 근거자료를 확보해 두어야 한다.

〈표 8-1〉 신청사업의 담당인력 구성 작성표

이름	담당부서/직위	경력(년)	담당 역할	할당시간(단위: 일주일)	자격증(신청사업관련)
김○○	관장	25	프로그램 감독	5%	사회복지사1급
전○○	부장	12	프로그램 지도 · 감독	10%	사회복지사1급
김○○	지역팀장	5	프로그램 지도	20%	사회복지사1급
장○○	선임복지사	3	프로그램 겸임	30%	사회복지사1급
박○○	신규복지사	–	프로그램 전담	100%	사회복지사1급
황○○	총무과장	8	서무 · 경리 업무협조	30%	–

2) 세부사업내용에 따른 활동체계

활동계약과 관련된 사회복지사와 클라이언트, 동료사회복지사, 기관과 지역사회가 무슨 일을 해야 하는지 파악하고 있는가? 참여주체 모두 파악한 일을 어떻게 수행할 것인지 알고 있는가? 하는 질문에 관한 부분이다.

특히 이 부분을 묘사하는 방법은 바로 문제확인도, 목적과 목표 설정도, 실행계획도 패턴 또는 맥락적 사고과정에 따라서 작성되어져야 한다는 점을 명심해야 한다. 궁극적으로 문제해결을 위한 청사진을 누가, 언제, 어디서, 무엇을, 어떻게 실행하려는가? 하는 질문을 염두에 두고 '구체적인 실행 매뉴얼을 마련한다'는 자세로 임해야 한다.

여기에서는 사업목표, 사업내용, 수행방법, 담당자와 클라이언트 등의 역할뿐만 아니라 프로그램의 기간, 간격, 소요시간, 장소 등 프로그램의 형태와 구조를 파악할 수 있도록 5W1H의 내용이 세심하게 기재되어져야 한다.

세부사업내용 활동체계 작성을 위해서는 사회복지공동모금회 배분신청 등에 다음의 〈표 8-2〉가 일반적으로 활용되고 있다.

〈표 8-2〉 세부사업내용에 관한 활동체계 작성표(예시)

<table>
<tr><th rowspan="2">성과
목표</th><th rowspan="2">세부
사업명</th><th rowspan="2">세부사업 내용</th><th colspan="4">수행방법</th></tr>
<tr><th>시행
시기</th><th>수행
인력</th><th>참여
인원</th><th>시행
횟수
시간</th></tr>
<tr><td>여미자!
단계의
기본
교육</td><td>마을
활동가
기본
교육</td><td>• 마음나누기1: 나는 누구인가?
• 마음나누기2: 우리는 누구인가?
• 마을에 대한 이해
• 마을공동체에 대한 이해
• 마을활동가에 대한 이해
• 도시재생사업에 대한 이해
• 마을공동체 활동 사례
• 마을활동가의 자질과 소양
• 마을활동가에게 필요한 전문성
• 주민과 함께 만드는 마을활동</td><td>연간</td><td>복지사
2명

전문
강사
12명</td><td>50명

25명
*
2회</td><td>주2회
2시간
(6주)</td></tr>
</table>

<table>
<tr><th rowspan="2">성과
목표</th><th rowspan="2">세부
사업명</th><th rowspan="2">세부사업 내용</th><th colspan="4">수행방법</th></tr>
<tr><th>시행
시기</th><th>수행
인력</th><th>참여
인원</th><th>시행
횟수
시간</th></tr>
<tr><td></td><td></td><td>• 행정과 함께 만드는 마을활동
• 마을활동가로서의 적합성 검토</td><td></td><td></td><td></td><td></td></tr>
<tr><td>모여서 즐기며 해보자! 단계의 심화 교육</td><td>행복한 마을 만들기 계획 수립과 실천 심화 교육</td><td>• 퍼실리데이션의 이론과 실제
• 주민조직화 실제
• 마을활동가 사례연구
• 마을공동체 우수사례 연구
• 마을살이 꿀팁 나누기
• 마을자원조사 마을탐방
• 마을 살리기 및 마을공동체사업 제안서 작성
• 마을살리기 사업계획 컨퍼런스
• 아카이빙(기록 남기기)
• 마을활동 실습</td><td>연간</td><td>복지사 2명

전문 강사 10명</td><td>25명
*
1회</td><td>주1회
2시간
(10주)</td></tr>
<tr><td rowspan="4">나누자! 단계의 재능 나눔 확산</td><td>마을 활동가 보수 교육</td><td>보수교육(세미나)
전년도 양성된 마을활동가를 대상으로 마을활동 촉진을 위한 보수교육(세미나)을 1회 실시한다.</td><td>6월</td><td>복지사 2명
전문 강사 1명</td><td>50명
*
1회</td><td>1회
2시간</td></tr>
<tr><td>선진 마을 공동체 탐방</td><td>마을활동가의 실제적인 활동을 확산하기 위해 타 지역의 다양한 마을 만들기 사업이 활성화된 마을을 방문하는 견학을 2회 실시한다.</td><td>4월
9월</td><td>복지사 2명</td><td>40명

20명
*
2회</td><td>1회
1일</td></tr>
<tr><td>재능 나눔 마을 활동</td><td>마을활동가의 재능나눔으로 주민욕구와 마을 문제해결을 위한 다양한 마을공동체 활동을 계획 · 실행을 매년 20명씩 4회 실시한다.</td><td>3월
6월
9월
12월</td><td>복지사 2명</td><td>80명

20명
*
2회</td><td>1회
1일</td></tr>
<tr><td>마을 공동체 축제</td><td>마을활동가 주도로 마을주민이 함께 마을공동체 활동 보고대회를 겸한 마을축제를 매년 1회 실시한다.</td><td>10월</td><td>복지사 5명</td><td>300명</td><td>1회
1일</td></tr>
</table>

출처: 포항종합사회복지관 "행복한 마을 활동가 양성 사업계획서"에서 발췌 수정(2015).

① 사업목표

제7장에서 설정한 목표 및 세부목표를 그대로 또는 마지막에 있는 '~한다 · 시킨다' 등의 동사는 빼고 기능형 명사까지만 기재하거나, 제8장 프로그램가설 중에 결과(성과 · 목표)가설 "IN ORDER TO~"에 해당하는 "~하기 위해서"를 제외하고 기입한다.

② 사업내용

목표-수단 전개기법의 패턴이었던 "IN ORDER TO~, I WANT HOW TO ~"에서 수단가설로 고안된 "How to~"를 세부사업내용으로 기입한다. 이 세부사업내용은 목표 또는 세부목표 숫자만큼 포함되어지는 것이다.

③ 사업시행구조

"How to~"를 구체적으로 언제, 어디서 실행하려는가? 하는 질문을 염두에 두고 작성해야 한다. 사업시행구조는 프로그램의 기간, 간격, 소요시간, 장소 등 프로그램의 형태와 구조를 파악할 수 있도록 정확히 기재한다.

④ 프로그램 수행방법

제시된 프로그램에 활용되는 매개체(역할놀이, 강의, 시청각 기재 등)로 어떤 것들이 적합할 수 있는가를 서술한다.

⑤ 담당자의 역할 및 과업

프로그램을 위해 담당자가 해야 하는 역할과 과업이 어떤 것들이 있는가를 서술한다. 추가적으로 별도의 작성공간을 만들어 기관, 지역사회 등의 개입활동도 함께 구체적으로 작성하도록 권장한다. 활동체계란을 "사회복지사란"과 "클라이언트란" 그리고 "기관란" 등으로 나누면 자연스럽게 사회복지사, 클라이언트 및 기관 등을 관여시키게 된다. 이렇게 기관 및 클라이언트와 함께 사회복지사가 계획을 세우는 것은 사회복지사가 훈련 중이거나 어려운 상황에서는 더욱 활동체계 수립에 도움이 된다고 할 수 있다.

⑥ 클라이언트의 역할 및 과업

프로그램에 참여하는 클라이언트가 변화를 위해 스스로 어떤 노력을 기울여야 하는지, 그리고 변화를 위한 구체적인 과업은 무엇인가를 서술한다. 예컨대 "부모와 클라이언트 사이의 역기능적인 가족관계를 개선하기"라는 목표달성을 위한 중재활동의 일환으로 사회복지사가 부모와 클라이언트를 합동상담 해야 하는 경우, 클라이언트는 자신의 활동으로 "사회복지사 선생님과 우리 가족이 함께 이야기 나누기 위해 엄마와 아빠에게 학교에 오시라고 말하기"라고 작성토록 하는 것이다.

3 활동동의

활동동의는 제6장 문제분석내용 중에 "누가 문제로 정의하는가?" 또는 자신들이 해야 할 일에 동의하는가? 질문에 대한 실제적인 대응에 관한 내용작성이다.

사람들이 참여하도록 동의를 구하는 기술로 활용되는 "활동동의 또는 작업동의"는 사회복지실천의 실제에서 "계약"이 대체용어로 사용되어 왔으며, 기관에 따라 "치료계약", 심지어 입양기관의 경우는 법적 효력이 있는 "계약" 등으로 활용되고 있다. 여기에서의 작업동의는 "서비스 동의"라고 일컬어지는 서면계약으로 사회복지실천과정에서의 원조활동을 의미하며, 이는 모든 경우에 요구되는 표준화된 계약양식에 특약사항을 추가한 양식을 기관이 마련해서 사회복지사와 클라이언트가 서명하게 된다.

일반적으로 작업동의에는 ① 사회복지사가 함께 활동하는 이유와 달성하고자 하는 목표, ② 사회복지사와 함께 구체적인 일정에 따라 수행해야 할 과제 및 ③ 기록할 내용과 활동방법 등과 같은 구체적인 사항이 포함된다.

이와 같이 개발된 작업동의서는 효용성 측면에서 ① 우뇌사고를 위한 정보 확보, ② 목적, 목표, 과제 또는 활동내용의 명료화, ③ 문제해결관계를 촉진하는 상호의존성, ④ 문제를 탐색하는 구체적 방법, 개입한 활동량 및 기대하는 결과 등과 같은 개념적인 것에서 프로그램적인 방법까지 분명하게 하는 신뢰성 그리고 ⑤ 모니터링과 수정 등

사회복지실천과정에서 다양하게 활용될 수 있다.

이러한 작업동의의 효용성이 활동체계 수립에 반영되어 실현가능 하게 하기 위해서는 William Reid(1975: 3-9)가 제시한 과제수행절차(Task Implementation Sequence; TIS)를 사용하는 것이다.

TIS는 과제수행을 시도하기 전에 과제와 책임을 토의해서 계획하고 실천하는 절차이며, 이러한 절차는 도전할 과제가 일반적인 용어로 공식화되어서 다른 사람들의 동의를 거친 후에 활용된다. TIS의 수행절차는 다음과 같다.

① 과제 또는 활동 수행에 관한 합리성 및 과제수행으로 인해 파생될 이익을 제공함으로써 실행가능성을 고양시킨다.
② 사람들이 과제수행에 실패하는 이유는 무엇을 어떻게 해야 할지를 모르기 때문이므로, 누가 무엇을 언제 어떻게 해야 하는가에 관한 질문과 이에 관한 해답을 모색하게 해서 과제수행에 관한 세부사항을 계획하도록 한다.
③ 만약에 겪을 수도 있는 장애요인에 대해서 분석하고 대처방안을 모색하도록 한다.
④ 과제와 관련된 기술 부족 또는 두려움을 극복할 수 있도록 계획된 과제나 활동을 모델링하고 예행연습 하도록 한다.
⑤ 과제를 요약해서 설명하고 과제가 달성될 수 있을 것이라는 기대감을 전달되도록 한다.

4 저항관리계획

표적체계와 저항에 대한 기술해야 하는 이유는 제6장 문제분석내용 중에 "누가 문제로 정의하지 않는가?", ⑧ 문제해결의 자원과 장애요인은 무엇인가? 질문에 대한 실제적인 대응에 관한 표현이다.

1) 표적체계 저항관리 계획

문제해결에 중요인물이 프로그램 활동에 참여하지 않거나 공동노력을 하지 않는 경우를 경험하기도 한다.

말을 물가로 안내할 수 있지만 물을 먹는 당사자는 말이듯이, 일단 사람들이 하기 싫어하는 것을 억지로 하게 할 수 없다는 사실을 인정하고, 상대방의 입장에서 이유가 무엇인지 무엇을 하기를 희망하는가를 이해하고자 하는 관점의 변화가 요구된다.

이러한 관점의 변화는 저항자체를 사회복지사가 어떠한 기법이나 기술로 제거해야 할 방해물로 여기기보다 해결해야 할 하나의 문제 내지 과제 나아가 자원으로 다루고자 하는 방안을 제시해야 한다.

다음은 표적체계의 저항관리방안으로 도움이 될 수 있다.

① 표적체계에 대한 개입으로 인해 향후에 발생될 수 있는 두려움과 불확실성을 예방한다.
② 저항을 인정하고 공개적인 토론과 분노, 걱정거리, 의혹 등을 표현하도록 하는데 문제해결의 일차적인 목표로 설정한다.
③ 동기부여를 함으로써 활동을 재구성한다.
④ 저항력을 자원(advantage)으로 활용한다.
⑤ 명분 제공(saving face), 상생효과(win-win effect) 또는 시너지효과를 도모할 수 있는 방안을 제공한다.
⑥ 표적체계를 문제가 있는 당사자로서가 아닌 문제해결 원조자로서 참여시키는 방안을 모색한다.
⑦ 문제해결에 보다 유력한 다른 사람을 통한 활동방안을 모색한다.

2) 사회복지기관의 저항관리계획

사회복지사가 종사하고 있는 사회복지기관 및 동료사회복지사 또는 다른 전문직으로부터 지원을 받아 원만하게 활동체계 수립과 과제수행에 문제가 없음을 담는 것이다. 이를 위해서 다음 사항을 참고한다.

① 가능한 동료 사회복지사가 다루지 않는 문제를 선정하였는가를 확인한다.
② 참여하는 동료사회복지사 및 다른 전문직을 돋보이게 하는 방안을 강구한다.
③ 동료사회복지사 및 다른 전문직이 기꺼이 참여할 수 있도록 하는 매력을 제공한다.
④ 지지체계를 구축하는 노력을 한다.
⑤ 기관 및 동료들이 수용할 수 있는 적절한 시기와 상황을 고려한다.

Ⅳ. 평가방법과 평가도구 선정(I)

평가방법 설정단계는 평가가설과 관련된 효과성, 효율성 및 서비스 품질 등을 확인하기 위한 평가도구와 평가방법을 결정하는 과제에 해당된다. 운영과정을 기준으로 하는 평가의 대표적인 모형은 ① 결과 중심의 성과평가, ② 과정중심의 형성평가 및 ③ 성과평가를 기초로 과정평가를 수행하는 통합평가로 구분된다.

1 결과중심의 성과평가

프로그램을 계획하는 단계에서 요구되는 평가모형은 〈그림 8-3〉에서 제시되고 있는 바와 같이 효과성, 효율성 및 품질 관점의 성과평가에 초점을 두고 있다.

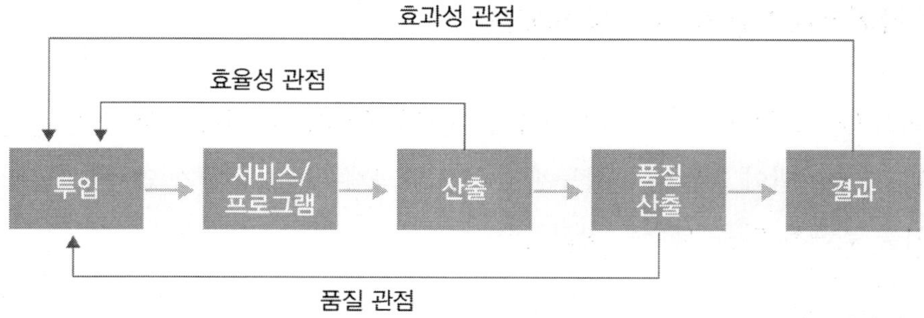

〈그림 8-3〉 확장된 체계모델과 성과평가와의 관계

이를 위해서 사회복지사가 실행계획을 설계할 때 반드시 그 성공여부를 입증할 수 있는 성공평가 기준과 척도 및 평가방법을 함께 포함시켜야 한다. 평가기준과 척도와 방법을 미리 마련해 두면 기관, 사회복지사 및 클라이언트는 구체적으로 목표의 달성 여부를 경험적으로 인식할 수 있게 한다. 이를테면 내가 이 목표를 달성하였다는 것을 어떻게 확인할 수 있는가? 라는 질문에 대한 해답을 제공한다.

1) 성과평가 지표

성과평가는 특정 기관의 정책 및 서비스영역의 프로그램에 대해서 효과성, 효율성 및 품질 등의 평가기준을 중심으로 단위 및 세부사업의 결과(목표달성 정도)와 비용에 초점을 두는 평가로 흔히 총괄평가, 결과평가, 수행평가 또는 산출평가라고도 한다.

Elikin & Molitor(1985: 16-18)는 비영리조직의 관리지표 선정을 위한 개념적 준거틀을 제시하면서 자원, 수요(demand) 및 과정의 적절성, 목표달성, 그리고 클라이언트와 지역사회에 미친 장·단기적인 영향을 포함시키고 있다.

① **자원의 적절성**: 보다 질 높은 투입을 한다면 보다 질적인 결과를 생산한다는 전제하에 직원. 시설, 장비, 부대시설 및 예산 투입 등을 측정한다.

② **욕구의 적절성**: 이는 조직의 사명 달성뿐만 아니라 서비스 대한 정책형성 방법으로

표적집단의 반응을 수량화해서 시장정보로 활용하는 것이다. 여기에는 잠재적인 대상자에게 서비스가 전달되었는가 하는 여부, 지역사회의 어떤 사람이 서비스를 활용하고 있는가, 특정한 표적집단에 대한 서비스의 비율은 어떠한가에 대한 인식 등이 포함된다.

③ **과정의 적절성**: 이는 서비스가 어떻게 제공되고 있는가에 관심을 두고 서비스욕구를 충족시킬 수 있을 만큼 자원이 투입되는가를 평가하는 전문적인 판단과 기준에 근거한 지표이다. 이를테면 이용자 대비 직원 수, 사회복지사 대비 지도감독자 수, 클라이언트당 계획된 서비스 횟수, 사후지도관리, 그리고 특정시간 내에서 제공된 서비스 등이 포함될 수 있다.

④ **목표달성**: 이는 목표 대비 산출량을 측정하기 위해서 조직이 달성한 서비스 또는 관리 목표 정도이며, 이른 바 제공된 식사배달서비스 수, 서비스를 받은 클라이언트의 전체 수 등이 포함된다.

⑤ **클라이언트와 지역사회에 미친 장 · 단기적인 영향**: 클라이언트에게 제공된 서비스나 프로그램 종결 시에 개입 전 · 후의 비교에 의한 단기적 평가와 서비스를 제공하고서 일정기간이 소요된 후에 추후조사 하는 장기적인 평가를 포함한다.

이를 위한 성과평가의 평가기준은 Paul, Sudman, Patti, Tripodi, Sanber, York, Kelley 등이 노력성, 효과성, 효율성, 적합성, 지역사회에 미친 영향, 품질, 과정, 공평성 등을 중심으로 조합형태로 다양하게 제시되고 있으나(김형식, 1997: 137-138), 본 연구에서는 상기에 언급한 확장된 체계모델과 성과평가와의 관계와 관점을 같이한다고 판단되는 효과성, 효율성, 품질을 중심으로 전개하고자 한다.

(1) 효과성

프로그램 평가의 핵심인 효과성 평가는 일반적으로 조직이나 서비스가 얼마나 잘 운영되고 있는가를 측정하는 방법(Elikin & Molitor, 1985: 16)으로, 이는 의도한 바의 사업효과가 나왔는가, 사업의 효과는 목표와 대비하여 어떠한가, 그리고 사업효과의 크기는 의도했던 바의 사회문제를 해결하는데 충분하였는가를 평가하는 것이다(成圭鐸, 1994: 191).

그러므로 효과성 평가는 제공된 서비스의 양 또는 수행된 활동의 양이 얼마나 되느냐 하는 노력성과, 어떤 프로그램을 통해 과연 달성하고자 하는 클라이언트의 변화나 만족효과가 나타났는가 하는 효과성, 프로그램의 혜택이나 대상이 공평하게 잘 배분되었는가 하는 형평성, 의도적이건 비의도적이건 간에 기관이나 프로그램이 지역사회와 주민복지 증진에 어느 정도 기여하는가 하는 지역사회 영향성 등이 포함된다.

실제적으로 효과성 평가지표는 서비스 이용 클라이언트 및 재방문자수, 담당사회복지사가 평가한 사업의 효과성 정도, 저소득층 참여도, 단위사업별 비용효과, 계획상의 실적과 예산 대비 결과의 목표달성도, 그리고 기관이나 프로그램의 지역복지 증진 기여도를 활용해서 평가하게 된다(전재일 등, 1995: 156-159).

(2) 효율성

효율성은 투입과 산출의 관계라고 할 수 있으며, 효율성 평가는 경제사업의 경우뿐만 아니라 노동집약적인 사회복지사업(Rapp & Poertner, 1992: 87)에서도 이 방법이 매우 유용하다. 이에 Rapp과 Poertner(1992: 230-235)는 대인봉사기관에서 차지하는 인건비가 80~90%를 차지한다고 지적하면서 일과시간 내에 업무량을 달성할 수 있도록 조직이 이를 활용하지 않는다면 많은 시간이 낭비되므로 시간관리를 주요한 정보관리의 한 영역으로 다루고 있고, Elikin과 Molitor(1985: 18-20)는 능력 활용 · 생산성, 단위비용 및 비용-효과(result)를 그리고 전재일 등(1995: 157-159)도 요원시간분석과 관련해서 복지관 · 재가복지업무 시간분석, 업무할당시간(직접고객접촉 · 행정업무 · 개발업무 · 기타 공통업무)분석, 서비스단위생산시간, 요원/시간분석, 그리고 고객시간(접근시간 · 대기시간 · 프로그램 참여시간 · 이동시간)분석 등을 포함시키고 있다.

그러므로 서비스에 대한 효율성 평가에는 단위생산비와 단위생산시간 분석, 비용효과 또는 비용편익분석, 요원시간분석 그리고 시간관리 등이 평가지표로 포함되어야 한다.

특히 효율성 평가는 어떤 기준이나 다른 효율성 평가와 상대적인 비교를 할 때 보다 가치가 있기 때문에(Elikin & Molitor, 1985: 18-19), 월 · 분기 · 반기 · 년도별 · 기관별 · 프로그램별로, 사업의 결정전이나, 진행 중, 사업 후의 평가에도 활용할 필요성이 있다(成圭鐸, 1994: 192).

(3) 품질

서비스의 품질 평가는 지역사회의 특성과 클라이언트의 욕구에 어느 정도 부합되는 사업을 수행하는가, 또는 조직의 기능수준을 유지하고 조직운영의 성공적인 지속성을 보장할 수 있는 재정이 적절히 안정되어 있는가에 관한 적합성, 수행성, 품질성이 포함된다.

Elikin과 Molitor(1985: 20-22)는 자원의 적합성과 관련해서 조직은 재정적으로 안정적인가? 조직은 회계연도 초반보다 오히려 후반에 재정적으로 여유가 있는가? 조직은 한 해 동안 세입 내에서 운영되고 있는가? 하는 질문을 다루기 위해서 재정상태 비율(financial condition ratios), 순수운영비율(the net operating ratio), 분담비율(contribution ratios), 그리고 프로그램운영비율(program demand ratios)이라는 4가지 차원을 제시하고 있다.

서비스의 적합성과 관련해서 전재일 등(1995: 156-159)은 지역특성을 반영한 프로그램 수, 평가 및 지역사회욕구조사에 의한 프로그램 보완 및 개발 여부, 세부사업별 이용자 호응도와 사업 중요도와의 부합 정도, 이용자의 참여의도 부합 정도, 단위사업별 인력배치의 적절성, 이용료 부담의 적절성, 담당자의 전문적 능력에 대한 만족도, 시설이용에 대한 편리성 등을 평가지표로 선정하고 있으며, Martin(1993b: 28)은 종합적인 질 관리(TQM)에서 요구되는 질의 특성을 접근성, 확실성, 소통성, 능력성, 적합성, 정중성, 충분성, 지속성, 공감성, 보증성, 수행성, 신뢰성, 대응성, 안전성 및 가시성을 제시하고 있다.

그러므로 서비스의 품질 평가는 보다 질적으로 향상된 서비스를 제공할 수 있는 인적 · 재적 · 물적 자원 투입의 적절성과 서비스 수행과정의 적절성, 서비스의 질 등이 평가지표로 고려되어야 한다.

다음의 〈표 8-3〉는 상기의 효과성, 효율성 및 품질 평가기준에 해당되는 평가지표를 재구성한 것이고, 〈표 8-4〉은 효율성 평가 시에 요구되는 산출방식을 제시한 것이다.

〈표 8-3〉 평가기준과 평가지표

<table>
<tr><th>평가기준</th><th colspan="2">평가지표</th></tr>
<tr><td>효과성</td><td colspan="2">• 노력성 – 이용자의 수
– 단위사업 및 세부사업의 수
– 전문인력의 프로그램 투입시간
– 실적과 예산의 계획대비 목표달성도
• 형평성 – 저소득층 참여도
• 영향성 – 지역복지 증진 기여도
– 위기집단 · 표적집단의 변화 정도
– 사회지표 변화에 대한 경험적 기대 정도
• 효과성 – 담당사회복지사가 평가한 사업의 효과성 정도
– 이용자의 상태 · 지위 · 행위 · 기능 · 태도 · 감정 · 인지적 변화 정도</td></tr>
<tr><td>품질</td><td colspan="2">• 적합성 – 지역특성을 반영한 프로그램 수
– 평가 및 지역사회욕구조사에 의한 프로그램 보완 · 개발 여부와 수
– 사업별 이용자 호응도와 사업 중요도와의 부합도
– 이용자의 참여의도 부합 정도
• 수행성 – 단위사업별 인력배치 및 의 적절성
– 이용료 부담의 적절성
– 담당자의 전문적 능력에 대한 이용자 만족도
– 시설이용에 대한 편리성
– 재정상태 비율, 순수운영비율, 분담비율, 프로그램운영비 비율
• 품질성 – 직원 · 이용자의 품질특성 인지 정도
– 전문인력 확보 및 직접적인 고객서비스 시간
– 직원 · 조직 개발 정도</td></tr>
<tr><td>효율성</td><td>• 비용분석
– 서비스 단위생산비
– 비용/편익분석
– 비용/편익 과정분석</td><td>• 시간분석
– 업무할당시간분석
– 서비스 단위생산시간
– 요원/시간분석
– 요원/시간 과정분석
– 고객시간분석</td></tr>
</table>

〈표 8-4〉 효율성 평가에서 요구되는 산출방식

1. 비용분석

1-1. 단위생산비 = 총프로그램 운영비 ÷ 총서비스 생산량

1-2. 비용편익분석 = 총프로그램운영비 ÷ 변화된 · 만족한 이용자 수

- 총프로그램운영비 = 간접비용 + 직접비용(프로그램운영비)
- 간접비용 = [담당자 인건비 × 세부사업별 업무량 비율]
  + [(사무비 + 관리비 + 기타비용)] ÷ 직원수]
- 담당자 인건비 = 급료 + 후생복지비 + 퇴직금 충당비
- 세부사업별 업무량 비율
  = (총프로그램 운영시간 ÷ 세부사업별업무량) × 100
- 총프로그램 운영시간 = [총업무량 × (100–기타 공통 업무량)]÷100
- (100 – 기타 공통 업무량)
  = 직접고객서비스시간 + 행정업무시간 + 개발연구시간
  = 기타 공통 업무량을 제외한 시간

1-3. 과정분석 = (전년도 · 전반기 · 전분기 비용편익 분석
÷ 금년도 · 후반기 · 후분기 비용편익 분석) × 100

2. 시간분석

2-1. 요원시간분석

- 업무할당시간 분석
  = 직접고객서비스시간 · 행정업무시간 · 개발연구시간 · 기타
  공통 업무별로 할당하는 시간의 양
- 단위생산시간 = 총프로그램 운영시간 ÷ 총서비스 생산시간
- 요원시간분석 = 총프로그램운영시간 ÷ 변화된 · 만족한 이용자 수
- 과정분석 = (전년도 · 전반기 · 전분기 요원시간 분석
  ÷ 금년도 · 후반기 · 후분기 요원시간 분석) × 100

2-2. 고객시간분석

- 기관까지의 접근시간 + 대기 · 이동시간 + 프로그램참여시간
  분석을 통한 시간적 용이성 분석

2) 성과평가 측정도구

성공평가척도는 프로그램 이용자 생활의 질적인 변화를 의미하는 ① 상태(condition), ② 지위(status), ③ 행위(behavior), ④ 기능(functioning), ⑤ 태도(attitude), ⑥감정(feeling) 및 ⑦ 인지(perception) 등에 관한 ① 산술적인 계수(numeric counts), ② 표준화된 척도(standardized measures), ③ 기능수준척도(level of functioning scales; LOF) 및 ④ 이용자 만족도(client satisfaction) 등이 활용되고 있다(정무성 · 정진모, 2001: 232-233). 이를 위해 사회복지공동모금회에서 발행한『공동모금회 배분사업 성과측정을 위한 척도집(2018)』등을 일차적으로 애용하기를 권장한다.

산술적인 계수는 일반적으로 상태, 지위 및 행위 요인에 대해서 적용되며, 기능수준척도는 이용자의 기능 요인에 대해서, 그리고 표준화 척도 또는 내담자 만족도 조사는 태도와 감정과 인지 요인에 대한 측정도구로 활용된다.

이중에서 출석기록이나 성적과 같은 고정자료(hard data), 검사성적과 관찰에 의한 산술적인 계수와 표준화 척도에 의한 평가결과가 행정당국과 교육기관 그리고 후원기관이 가장 신뢰하는 척도이며, 면담은 가장 신뢰할 수 없는 방법이고, 점수화 척도와 질문지법의 신뢰도는 중간수준이기 때문에(Radin, 1979: 133), 사회복지사는 가능한 측정도구로 산술적인 계수와 표준화 척도를 활용하도록 해야 한다.

그러나 사회복지사업의 성과평가의 특성상 산술적인 계수를 선정할 수 없거나 표준화 척도도 확인할 수 없거나 또는 비용부담이 되거나 하는 이유로 사회복지실천현장에서 간편사정도구(Rapid Assessment Instrument; RAI)가 실용적으로 널리 활용될 수 있다.

Leavitt & Reid(1981)는 표준화 척도와 구별되는 RAI의 특성을 다음과 같이 제시하고 있다(정무성 · 정진모, 2001: 235-236).

① 클라이언트가 작성하는 자기보고 형식의 측정이다.

② 1~2장 분량으로 짧고, 15분 이내에 작성가능하며, 실행이 용이하다.

③ 대체로 간결하고 단순한 언어로 작성되기 때문에 클라이언트의 이해도가 높다.
④ 신속하게, 종종 클라이언트 면전에서 결과점수가 제시될 수 있다.
⑤ 측정의 해석이 수월하고 분명하다.
⑥ 사회복지사가 척도로 활용하는데 많은 지식을 필요로 하지 않는다.
⑦ 특별한 이론적 이해를 요구하지 않는다.
⑧ 면접시에 논의된 정보는 클라이언트의 개인적 상황과 문제에 대한 조직적인 준거틀을 제공한다.
⑨ 총점은 클라이언트 문제의 정도, 강도, 크기에 관한 내용을 제공한다.
⑩ 수집된 자료는 구조화된 의미를 제공해서 클라이언트간의 비교를 가능케 한다.
⑪ 반복적 측정이 가능하기 때문에 클라이언트의 문제변화에 대한 과정평가를 가능케 한다.

이와 같은 RAI 특성과 같은 맥락에서 저자는 제6장 문제확인 욕구사정 설명 가운데 성과측정 도구로 활용될 수 있는 방안을 다음과 같이 제시한 바 있다.

① 클라이언트의 기능적, 인지적, 정서적, 행동적, 태도 상태를 클라이언트와 함께 조목조목 진술한 지수에 5점 척도로 변수값을 부여해서 평가도구로 활용한다.
② Roth의 바람직한 상태 등의 기준치 '100%, 5점 또는 0'에서 현재상태를 뺀 결과치를 성과목표치로 삼고 성과나 과정 평가 도구로 활용한다.

3) 성과평가 측정방법

상기의 측정도구로 서비스 및 프로그램의 성공여부를 평가한다. 사회복지사가 독립변수(개입전략)를 조작(개입)한 결과로 나타나는 서비스 및 프로그램의 산출결과의 효과성을 입증해야 하는 경우가 대부분이기 때문에, 측정방법은 전 · 의사 · 전통적인 실험조사설계 형태를 활용해야 한다.

사회복지사가 측정방법으로 실험조사의 절차와 설계형태를 선정하기 위해서는 다음의 〈그림 8-3〉에서 제시되고 있는 바와 같이 실험조사설계의 일반적인 절차와 특성을 포함하고 있는 「통제집단전후비교조사설계형태(The Pretest-Posttest Control Group Design)」를 기본모형으로 적용해야 한다.

통제집단전후비교설계는 실험집단과 통제(비교)집단을 난선화(무작위 표집)에 의해 선정한 후에 독립변수 조작(사회복지사의 중재) 전에 실험집단과 비교집단을 측정도구를 활용해서 사전검사하고 사회복지사가 중재과정을 한 다음에 다시 실험집단과 비교집단을 사후검사하여 독립변수의 조작이 영향을 미쳤는가를 판단한다. 독립변수 조작의 영향 유무는 두 집단 의 사전조사에 대한 동질성 평가, 실험집단과 비교집단 각각의 사전 · 사후의 평균차이 검정과 두 집단 의 사후조사에 대한 효과성 검증을 통해 통계적으로 두 집단 간에 유의미한 차이가 있으면 효과성이 있고 유의미한 차이가 없는 경우는 영향이 없었음을 확인하는 실험조사설계 모형이다.

(1단계)	(2단계)	(3단계)	(4단계)	(5단계)
연구집단 선정	종속변수 사전조사	독립변수 조작	종속변수 사후조사	인과관계 가설검토
R(실험)	O_1	X	O_2	$de = O_2 - O_1$
R(비교)	O_3		O_4	$dc = O_4 - O_3$

$D = de - dc$

유의미한 차이 ⇒ 가설채택

무의미한 차이 ⇒ 가설기각

〈그림 8-3〉 실험조사설계의 기본형태: 통제집단전후비교설계

그러나 사회복지실천현장에서 통제집단전후비교설계를 기본모형으로 적용하기에는 난선화에 의해서 실험집단과 비교집단을 선정하거나 사전 · 사후 조사의 번거로움 등으로 실제적인 활용에 한계성이 있기 때문에, 실용적인 차원에서 전 · 의사 · 이상적인 실험조사설계 형태 중에서 측정방법으로 용이하게 적용될 수 있는 다음의 실험조사형태를 선호하는 경향이 있다.

[범　례]

On　: 관찰 또는 측정의 실시
X　: 실험적 처리 또는 독립변수의 조작
R　: 난선화에 의해 실험 · 통제(비교)집단 설정
d　: 경험 전후의 차이
D　: 실험적 처리 또는 독립변수의 조작(X) 영향
—— : 난선화에 의해 동등하게 된 비교집단
--- : 난선화에 의하지 않는 비교집단

통제집단후비교설계(The Posttest-Only Control Group Design)는 난선화에 의해 실험집단과 비교집단으로 구분하고 실험집단을 대상으로 사회복지사가 중재를 한고 난 후에 양집단을 사후조사해서 독립변수인 사회복지사의 중재가 종속변수에 미치는 영향성을 비교하는 방법이다.

$$\frac{R \quad X \quad O_1}{R \qquad\quad O_2} \quad d = O_2 - O_1$$

단일사례연구설계는 A를 기초선 국면, B를 개입국면으로 하는 AB, ABA, ABAB, BAB 모형으로 활용된다. 이 모형은 사회복지실천현장에서 전통적으로 활용도가 매우 높은 의사실험조사 설계형태이다. 문제, 상황 그리고 대상 간에 AB, ABA, ABAB, BAB의 복수기초선설계 형태를 취할 수도 있다.

비동일통제집단비교설계(The Nonequivalent Control Group Design)는 난선화에 의하지 않고 실험집단과 통제집단으로 구분해서 독립변수의 조작 전에 두 집단을 관찰하고 사회복지사가 중재를 하고 난 후에 다시 두 집단을 검사하여 두 집단 간의 전 · 후의 평균차이를 비교해서 독립변수의 조작이 영향을 미쳤는가를 판단하는 방법이다. 전통적인 실험조사설계의 통제집단전후비교설계와 비슷하지만 난선화 배제로 외적 타당도가 상당히 저하될 우려도 있지만 학교사회복지실천분야에서 시험적인 또는 프로그램의 효과성을 평가하는데 많이 활용될 수 있는 방법이다.

$$\frac{O_1 \quad X \quad O_2 \qquad de = O_2 - O_1}{O_3 \qquad\quad O_4 \qquad dc = O_3 - O_4} \qquad D = de - dc$$

분리표본전후비교설계(The Separate-Sample Pretest-Posttest Design)는 특히 학교와 같은 특정 대규모집단에 독립변수가 조작되기 전에 난선화 방법으로 실험집단과 비교집단을 선정하고 비교집단에 대한 사전조사를 해둔 후에 실험집단에 사전조사 없이 사회복지사가 중재를 하고 사후조사를 실시하여 비교집단의 사전조사와 실험집단의 사후조사의 결과를 비교하는 방법이다.

$$\frac{R \qquad X \quad O_2}{R \quad O_1 \qquad\qquad} \qquad D = O_2 - O_1$$

1회 검사(단일) 사례조사(The One-Shot Case Study)는 학교의 학급 또는 소집단과 같이 단일집단에 독립변수를 조작한 후 사후조사 결과를 평가하는 방법으로 만족도 평가 등 탐색적인 실험연구에 유용하다.

$$X \quad O_1$$

단일집단전후비교설계(The One-Group Pretest-Posttest Design)는 1회 검사 사례연구에 사전검사를 추가한 형태라고 할 수 있다.

$$O_1 \quad X \quad O_2, \qquad d = O_2 - O_1$$

정태적 집단비교(Static-Group Comparison)는 독립변수를 조작한 집단을 실험집단으로 선정해서 사후검사를 하고, 비슷한 특성을 지닌 집단을 사후조사하여 두 집단 간의 사후검사를 비교하는 방법이다. 전통적인 실험조사설계의 통제집단후비교설계형태를 취하고는 있지만 난선화에 의해서 조사대상자를 선정하지 않는 점에서 차이가 있다.

X	O_1
	O_2

$$D = d = O_2 - O_1$$

4) 성과평가 작성방법

프로그램은 문제-투입-실행-산출-산출결과로 수행되는 논리성을 갖는다. 그렇기 때문에 성과평가는 일차적으로 전술한 프로그램 가설 중에서 원인가설에 대해 투입한 수단가설이 어느 정도의 노력할 것인가를 설정한 목표치를 달성하였는가를 의미하는 산출(output)을 산출목표를 명확히 작성하는 것이다. 이 산출목표 달성을 입증하게 하는 데이터 확보방안이 바로 모니터링 방법이라고 할 수 있다. 결국 모니터링 방법은 사회복지실천기록을 꼼꼼히 하는 노력성과 직접적인 관련성이 있다는 것이다.

이차적으로 상기와 같이 사회복지사가 산출목표 달성을 매개목표로 노력한 결과 궁극적으로 달성하고자 하는 산출결과(outcome)가 성과목표이다. 이 산출결과를 어떻게 입증하는가하는 방안은 효과성, 효율성 및 품질을 평가하고자 하는 성과평가 측정도구와 성과평가 측정방법의 적용으로 가능하게 된다는 것이다.

산출중심형 사업계획서는 산출평가 계획까지를, 성과중심형과 성과확산형 사업계획서는 산출평가와 성과평가 계획을 포함하되 과정평가는 선택사항이다.

다음의 〈표 8-5〉는 사회복지공동모금회(2021)에서 제시된 산출목표와 성과목표의 평가방법의 예시이다.

〈표 8-5〉 산출목표와 성과목표의 평가방법 예시

1) 산출목표

세부 사업명	산출목표	모니터링 방법
맞춤형 서비스 지원	• 20가정 일반상담 5회, 총 100회 실시	• 방문 일자별 상담기록 작성
	• 20가정 심리 치료 1회, 총 120회 실시	• 검사 결과 / 치료 일지 확인
	• 서비스 통합 사례 회의 5회 실시	• 사례회의록 작성
	• 일상생활 지원 가정별 1회, 총 20회 실시	• 자원연계 내역 기록
양육교육 프로그램	• 전문가 상담 및 교육 가정별 2회, 총 20회 진행	• 교육 일지 및 상담기록 작성

2) 성과목표 및 평가 방법

성과목표	평가 도구 및 방법	측정 시기
아동학대 행위자의 학대 위험요인 감소	• 성과지표 : 학대 위험 20% 감소 • 평가도구 : 학대위험도 평가척도 • 평가방법 : 학대행위자 20가정 대상 사전 사후 설문조사	사전(2월), 사후(12월)
아동학대 행위자의 부모양육태도 향상	• 성과지표 : 부모 양육 태도 20% 향상 • 평가도구 : 부모양육태도검사(PAT) 척도 • 평가방법 : 부모, 가족구성원 사전 사후 설문조사	사전(4월), 사후(12월)
아동학대 피해가정 가족 기능 강화	• 평가주체 : 본 기관 담당자 • 평가방법 : 참여자 20가정 대상으로 구조화된 질문지를 통해 인터뷰 실시	사업종료 후(12월)

2 과정중심의 형성평가

의도한 기간 내에 목표가 달성되었다는 입증자료로 제시될 수 있는 성과평가도 의미가 있지만, 클라이언트와 더불어 목표달성과정 평가가 이루어지면 실제적인 평가의미가 오히려 충분하다고 할 수 있다.

특히 과정중심의 형성평가는 성과평가를 위한 효과성, 효율성, 품질의 성공평가기준에 대해서 월별 · 분기별 · 반기별 · 연도별로 또는 계획기간 내에서 시간간격을 나누어 과정목표 달성 정도를 평가하는 방법이다. 과정중심의 형성평가는 의사실험조사설계 모형의 검정방식을 적용해서 통계적인 평가를 할 수도 있다.

이상의 과정평가를 위한 또 다른 형태는 다음에 제시되는 〈표 8-6〉에서 제시되고 있는 바와 같이 행동계획의 결과평가 양식을 활용하는 것이다. 이를테면 달성해야 할 목표와 목표달성일자, 결과에 영향을 미친 계획 당시 확인한 강점과 약점에 대한 논평, 그리고 차후 행동에 대한 권장사항을 포함하고 있기 때문에, 과정중심의 형성평가 용도로도 참고가 될 수 있다(전재일 외, 1997: 271).

사회복지사가 이러한 평가양식을 Gantte도표처럼 프로그램 과정평가에도 원용한다면 일목요연하게 일어난 변화를 용이하게 인식할 수 있게 할 뿐만 아니라, 중재계획에 따라 수행되는 과정을 주기적으로 작성을 하면 목표달성 혹은 목표달성 미달에 대한 수량적 증거를 제공하고, 제공된 서비스나 프로그램을 비교할 수 있는 과정평가 자료로 활용할 수도 있다.

나아가 RAI처럼 프로그램 참여자가 직접 작성하게 하거나, 사회복지사와 프로그램 참여자가 함께 작성해서 목표를 설정한 다음에 평가도구로 점검하도록 한다면 서비스 이용자 자신이 얼마나 목표를 달성 하였는가 또는 목표달성이 부진한 부분은 무엇인가를 인식할 수 있게 한다. 이러한 평가자체가 클라이언트체계 안에서 변화를 유도하게 하며, 새로운 목적과 목표를 개발하게 하는 중재효과도 제공하는 장점이 있다.

〈표 8-6〉 사회복지사의 중재결과 평가표

사례번호: W,er 21-04 시작일자 08/07 완료일자 10/29

클라이언트: B군

달성목표 \ 목표달성과정	8/8	9/8	10/8	10/29	예상 완료일 / 실제 달성일
1-1. 과제 75% 달성하기	✓	✓	✓	✓	10/29
					10/15
1-2. 주의 산만 행동 월2회로 감소시키기	✓	✓	✓	✓	10/29
					10/02
2. 교실환경 개선하기	✓	✓	✓		10/29
					10/02
3. 가족기능 개선하기	✓	✓	✓		09/30
					10/08
4. 경제적인 지원하기	✓		✓		10/31
					09/30

결과에 대한 논평: B군은 매일 과제를 75% 완수하며, 교실에서의 주의산만한 행동도 안정되고 있다. B군의 태도개선은 가족기능의 개선에 부응해서 급속한 변화를 보였으며, 교사와의 협조로 또래관계 집단활동과 B군에 대한 교실내에서의 활동배려 등 학급환경 변화를 유도한 접근이 중요한 요인으로 작용하였다고 생각된다.

결과에 영향을 미친 요인: 부모, 교사와 의 유기적인 협조체계에 의해 "카드"라는 매개체를 활용하여 보상함으로써 B군의 과제완성 및 주의산만한 행동을 개선하게 하는데 일조를 하였으며, 특히 6회 부모와의 개별, 합동상담, P.E.T, 가족공동 프로그램 수행과 교사가 B군의 문제해결을 위해 학급환경 조성에 적극적인 개입 그리고 B군 모의 양육부담을 감소시키기 위한 결연후원알선 및 반일반에 B군 동생 2명의 보육위탁 조치로 B군에게는 충분한 지지환경에서 변화를 도모할 수 있었다.

사후지도: B군의 태도, 부모-자녀 및 부부간 그리고 급우들과의 관계가 지속적으로 유지되도록 사후지도를 하기 위해 주기적으로 월1회 부모, 교사 그리고 B군과의 관계를 유지하면서 계속적인 점검이 요구된다.

Ⅴ. 과정목표 설정(G)

York는 목적과 목표 간에 최소한의 적절한 계층구조를 갖추기 위한 요건은 ① 목적 진술은 달성되어야 할 궁극적인 결과를 확인할 수 있어야 하고, ② 무엇이 달성되어야 하는가에 관한 목적 진술은 (측정 불가능한)하위목적 또는 (측정 가능한)하위목표로 표현되어야 하며, ③ 활동목표 또는 소비자 목표는 프로그램 노력을 구체적으로 표현해야 한다(York, 1988: 100)는 것이다.

결국 목적은 목표달성의 성공에 의해서, 목표는 활동목표와 소비자목표의 성공적인 달성에 의해서, 그리고 활동목표와 소비자목표는 성공적으로 프로그램 노력을 수행함으로써 달성됨을 의미한다. 그러므로 프로그램 수행을 통해 달성해야 하는 활동목표이든지, 소비자목표이든지 간에 어린아이가 걸음마를 배우는 과정과 같이 시계열적인 과제수행 단계를 거쳐야 가능한 것이다.

그래서 과정목표 설정은 다음의 ① 목표 간의 논리성, ② 목표달성의 과정성 및 ③ 목표달성의 운영성을 이해해야 가능하다.

1 목표 간의 논리성

사회복지사는 성과목표와 과정목표, 과정목표와 활동내용(과제)간의 관계성을 이해해야 한다. 이를 전술한 〈그림 7-1〉을 참고해서 설명하면, 다섯 손가락을 펴서 엄지손가락부터 순서대로 접어가며 1, 2, 3, 4, 5하고 수를 세듯이 과정목표도 복수의 하위과정목표가 있고 시계열적인 논리성이 존재해야 할 뿐만 아니라, 손가락을 하나씩 움직이는 활동(과제)을 하는 것처럼 과정목표도 하위과정목표 하나하나를 달성하는 것과 같은 이치라는 것이다.

그러므로 과정목표 확인단계에서 초점을 두고 있는 바는 사회복지사가 진술한 목표의 내용면에서 논리적 관계를 구축하도록 의도해야 한다는 것에 강조점을 두어야 한다.

따라서 사회복지사는 과정목표 확인단계에서 수행해야 할 작업과제는 클라이언트의 욕구와 전략적인 고려 등 문제의 우선순위 결정에 따라 가능한 논리적 연속성을 확보할 수 있도록 목표를 배열해야 하는 것이다.

2 목표 달성의 과정성

전술한 〈표 8-6〉 행동계획의 결과평가 양식처럼, 다섯 손가락을 펴서 엄지손가락부터 순서대로 접는 것처럼, 천리길도 한걸음부터 시작되듯이, 목표달성 예정일까지 수행해야 할 과제를 월별, 분기별, 반기별 또는 연도별 등으로 클라이언트와 함께 세분화해서 하위과정목표 하나하나를 순차적으로 달성케 해야 최종목표가 달성되는 과정의 연속되는 특성이 있다. 이를테면 전체를 부분화해서 부분의 목표 하나하나를 성취하게 하는 경험을 통해 더 큰 부분을 감당하게 유도함과 동시에 이 과정 자체를 평가하도록 하는 방안이 권장된다는 의미이다.

3 목표 달성의 운영성

진행상황 검토와 보고 및 프로젝트 완성을 위해서 구체적인 시간을 계획하기 위해서 사업일정도표(Gantt Chart), 프로그램평가검토기법(PERT), 월별 활동계획 카드(Shed-U Graph)가 활용되고 있다. 공동모금회 등에서 주로 사업일정도표를 요구하고 있다고 할 수 있다.

Gantt 도표는 사업이 시작되는 기간부터 마무리되는 기간까지 일정한 기간별로 추진될 프로그램명 또는 과제내용을 사업내용란에 간략하게 기술하고, 해당되는 셀(cell)에 '→' 또는 '음영처리'로 추진계획을 묘사하는 방법으로 작성된다.

실제적으로 사회복지프로그램 개발프로포절 내용에 진행상황 확인 및 과정목표 점검을 위해서 프로그램 시작 시점부터 목표달성 시기까지의 실시기간, 간격, 소요시간 등이 포함되는 Gantt 도표 등의 일정표를 포함시켜야 한다.

다음의 〈표 8-7〉은 프로그램과정 일정도표의 한 예이다.

〈표 8-7〉 프로그램 과정 일정계획(Gantt Chart)

프로그램내용		월별진행표											
		1월	2월	3월	4월	5월	6월	7월	8월	9월	10월	11월	12월
준비단계	기반조성활동	■											
	사업지역 선정	■											
	대상자 모집	■	■										
실행단계	여미자! 단계의 기본교육			■	■	■							
	모이자! 단계의 심화교육 I						■	■					
	즐기자! 단계의 심화교육 II							■	■				
	해보자! 단계의 심화교육 III									■	■		
	나누자! 단계의 재능나눔교육					■				■	■	■	
평가단계	양적목표 달성도 평가												■
	교육 및 재능나눔 효과성, 만족도 및 과정평가												■

Ⅵ. 예산편성(N)

예산은 ① 당해 연도의 현실적인 조직목적과 목표를 금전적인 용어로 기록하는 것이며, ② 당해 연도 동안의 재정활동을 감시 받도록 하는 기능을 수행하기 때문에. 자금과 예산에 대한 행정가와 직원들의 태도, 기관의 이용 가능한 자금과 수입, 보유자금의 효과적 또는 효율적 활용이 중요하다(Skidmore, 1993: 121-130).

1 예산 형식

예산편성은 기본적인 형태인 항목별 예산(line item budgeting), 기능적 또는 성과주의 예산(functional or performance budgeting), 프로그램 예산(program budgeting) 및 영기준 예산(Zero-Based Budgeting; ZBB) 중에서 어느 하나를 사용하거나 기본적인 항목별 예산편성 형태를 중심으로 혼합적으로 사용하고 있다.

다음의 〈표 8-7〉 예산편성 형식의 예를 중심으로 예산편성 형식에 관해 구체적으로 설명하고자 한다(Skidmore, 1983: 67-79).

1) 항목별 예산

가장 기본적인 예산편성 방법으로 당해 회계기간 동안 추진될 사업의 항목별 재정과 증가율을 제시하며, 항목은 관 · 항 · 목으로 구분해서 편성한다. 〈표 8-7〉에서 좌측에 항목 20개와 우측의 총계에서 제시되고 있는 바와 같이 일반적으로 예산편성은 일 년 전에 작성되기 때문에, 올해의 급여는 223, 086＄이며 내년도 급여는 232,170＄가 된다고 편성되어 있다. 그러나 항목별 예산은 투입물을 통제하는데 필요한 정보(항목)는 포함되지만 돈이 왜 사용되어져야 하는지 또는 무엇을 하는 기관인가에 대한 목표,

표적, 프로그램과 산출결과를 제시하지 못하는 한계성이 있다.

〈표 8-7〉 예산편성 형식의 예 (단위: $)

<table>
<tr><th rowspan="2">항목</th><th colspan="4">프로그램서비스</th><th colspan="3">지원서비스</th><th rowspan="2">전체 총액</th><th rowspan="2">전년도 예산</th></tr>
<tr><th>상담</th><th>입양</th><th>가정 위탁</th><th>계</th><th>관리 운영</th><th>모금 활동</th><th>계</th></tr>
<tr><td>1. 급여</td><td>68,068</td><td>33,776</td><td>72,306</td><td>192,150</td><td>32,517</td><td>7,503</td><td>40,020</td><td>232,170</td><td>223,086</td></tr>
<tr><td>2. 각종 수당</td><td></td><td></td><td></td><td></td><td></td><td></td><td></td><td></td><td></td></tr>
<tr><td>3. 소득세 등</td><td></td><td></td><td></td><td></td><td></td><td></td><td></td><td></td><td></td></tr>
<tr><td>4. 소계</td><td></td><td></td><td></td><td></td><td></td><td></td><td></td><td></td><td></td></tr>
<tr><td>5. 전문가비용</td><td></td><td></td><td></td><td></td><td></td><td></td><td></td><td></td><td></td></tr>
<tr><td>6. 비품</td><td></td><td></td><td></td><td></td><td></td><td></td><td></td><td></td><td></td></tr>
<tr><td colspan="10">= 중간 생략 =</td></tr>
<tr><td>19. 예비비</td><td></td><td></td><td></td><td></td><td></td><td></td><td></td><td></td><td></td></tr>
<tr><td>20. 합계</td><td>194,630</td><td>72,820</td><td>161,864</td><td>429,314</td><td>50,615</td><td>11,963</td><td>62,578</td><td>491,892</td><td>463,569</td></tr>
</table>

Source: R. A. Skidmore, 1983, *SOCIAL WORK ADMINISTRATION: Dynamic Management and Human Relationships*, Englewood Cliffs · N.J.: Prentice-Hall, Inc., p. 73.

2) 기능적 또는 성과주의 예산

항목별 예산편성 방법은 예산지출의 통제에 중점을 두고 있음에 비해서 기능적 예산은 효율성을 강조하는 관리를 지향적인 예산편성 방법으로 주로 기관운영에 필요한 지원적 행정서비스를 강조한다. 〈표 8-7〉에서 지원서비스라는 부분이 이에 해당된다.

3) 프로그램 예산

목표달성의 효과성에 중점을 둔 계획지향적인 편성방법으로 〈표 8-7〉에서 프로그램서비스라는 부분이 이에 해당된다. 이 기관은 세 가지 프로그램을 수행하고 있으며,

상담부서의 익년 예산은 194, 630＄, 입양부서는 72,820＄, 가정위탁부서는 161,864＄로 프로그램서비스의 소요예산 총액은 429,314＄이고 나머지 62,578＄가 기타 비용으로 소요되는 것으로 예산이 편성되어 있다.

4) 영기준 예산

전년도의 사업이나 관행에 구애받지 않고 영(zero)에서 출발하여 모든 사업이 매년 처음 시작한다는 전제 하에 ① 프로그램 단위를 중심으로, ② 사업의 필요성에 대한 정당성을 제시하는 대안을 제출하면, ③ 다른 사업과의 경쟁을 전제로 우선순위에 입각해서 ④ 각 대안에 대한 예산배정 수준을 결정하는데 요구되는 예산편성 방법이다. 이 예산형식은 예산의 절약과 사업의 쇄신에 기여하고 재원의 합리적 배분을 기하여 재정운영과 예산배정에 탄력성을 기할 수 있고 나아가 사업의 효율성을 높일 수 있는 장점이 있지만, 시간과 노력이 지나치게 많이 들고 우선순위를 정하는 데 어려움이 있다(유훈, 1994: 387).

2 프로그램 예산편성 방법

특히 프로그램예산 편성방법은 영기준 예산을 토대로 항목별 지출을 프로그램 영역별로 직접 혹은 간접 경비요인을 재구성하는 편성방법으로 다음의 〈표 8-8〉에서와 같이 사회복지공동모금회 배분신청 등에 활용되고 있다.

이와 같이 프로그램예산을 편성할 때 다음을 참고한다.

① 총예산을 인건비, 사업비, 관리비, 기타의 항목으로 구분하여 각 항목의 산출근거를 구체적으로 기록한다.

② 사업비는 실제 프로그램의 운영을 위하여 소요되는 여비, 인쇄비, 소모품비, 식

비, 장비구입, 교육훈련비 등을 말한다.

③ 관리비는 사업비를 제외하고 실제 프로그램의 진행을 지원하기 위하여 소요되는 경비를 말한다. 예를 들어, 전화비, 보험료, 냉·난방비, 차량유지비 등이 포함된다.

④ 산출근거에 간접비와 직접비를 구분하여 기록한다.

⑤ 원 단위를 기준으로 총 사업액과 모금회 신청금액 그리고 기관의 자담예산액을 기입한다.

⑥ 모금회 신청금액 중 인건비는 상근자 및 사업수행에 필요한 인력의 총 인건비를 기입한다.

〈표 8-8〉 프로그램예산 편성방법의 예

(단위: 원)

항 목		산출근거		예산조달계획	
		직접비	간접비	신청금액	자부담
인건비	관장		30,000,000*0.02%*1년 = 600,000		600,000
	프로그램 담당자		15,000,000*0.3%*1년 = 4,500,000	1,000,000	3,500,000
	강사비	20,000원 * 50시간 = 1,00,000		1,000,000	
	소계	1,000,000	5,100,000	2,000,000	4,100,000
사업비	현수막제작	100,000원 * 3개 = 300,000		300,000	
	숙박비	10,000원 * 3일 * 30명 = 900,000		900,000	
	소계	1,200,000		1,200,000	
관리비	냉난방비		1일*50,000원*10일 = 500,000		500,000
	차량유지비		1월*150,000원*2개월 = 300,000		300,000
	소계		800,000		800,000
총계		2,200,000	5,900,000	3,200,000	4,900,000

1) 총사업액	8,100,000 원	
2) 신청금액	3,200,000 원	
3) 자부담	4,900,000 원	(총예산의 60.49%)
4) 신청금액 중 인건비	2,000,000 원	(총예산의 24.69%)

⑦ **직접비**: 신규장비, 물품 등 모금회 신청사업을 위해 직접 현금으로 새롭게 지출되는 경비로 해당 프로그램에만 투입되는 경비를 말한다(신청사업에만 소속된 직원의 임금, 신청사업에만 사용되는 도구나 소모품, 교통비용 등).

⑧ **간접비**: 모금회 신청사업에 기관의 기존장비/물품을 활용하여 투입되는 비용을 말한다. 즉, 기관 내 다른 사업과 공유되는 전화세, 컴퓨터 사용비, 기존 인력의 인건비 등이 포함된다. 기존의 물품을 활용하는 경우에는 감가상각비로 계산한다(건물임차료, 시설비, 회계감사비용 등도 포함).

⑨ 기관의 기존인력 및 시설을 활용하는 경우는 이들이 신청 프로그램에 할당되는 비율을 근거로 간접경비를 계산하고 자원봉사자나 물품기증의 경우는 시장가격을 근거로 간접경비를 계산한다. 신청사업의 담당인력은 무급자원봉사자를 제외하고는 예산에 반영되어야 한다. 즉, 직원의 경우는 연봉대비 할당시간을 계산하여 포함시키고 유급자원봉사자나 시간강사의 경우는 시간당 또는 일당으로 계산하는 것을 원칙으로 한다.

⑩ 항목별예산은 구체적으로 어떠한 내역으로 예산이 지출되는지 실제 수량, 명수, 건수 등을 아주 구체적으로 기록한다.

⑪ 예산조달계획에는 신청금액과 자부담을 기입한다.

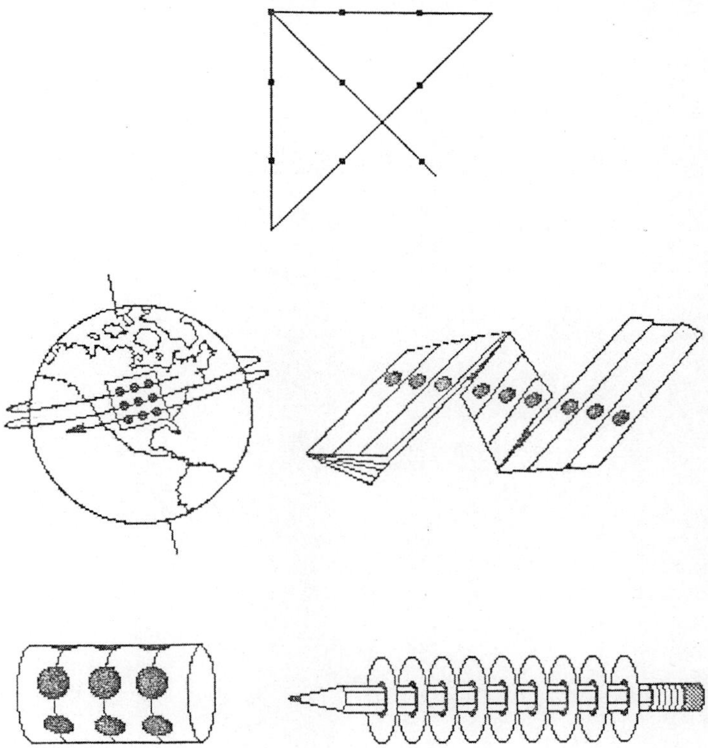

Source: J. L. Adams, *Conceptual Blockbusting* (Second Edition), New York: W. W. Norton & Co., 1979, pp. 26-29.

〈그림 8-4〉 9점 문제에 대한 일반적인 답변과 대체 솔루션

PART 4

프로포절 자체평가와 실행관리(A)

Chapter 09

프로포절 자체평가

지금까지는 사회복지실천의 필요충분조건, 사회복지마케팅, 시너지 개념과 업무형태, 종교와 행복감, 사회적 자본과 교양, 마을 살리기와 공동체, 복지문화, 제4차 산업혁명과 사회복지실천 등을 사회복지사가 가져야 할 전략적 사고로 학습하고, 창조적인 사회복지사로서 'PROGRAM DESIGN' 과정의 결정체로 사회복지프로그램 프로포절을 마련하였다.

이 다음 단계는 작성된 프로포절을 실행하거나 자금제공기관에 제안하게 되거나, 아니면 실행 전이나 제안 전에 사례회의를 하듯이 프로그램 컨퍼런스를 하기도 한다.

그러나 과연 이 계획은 실행하기에 충분한가? 이 계획은 표적집단의 문제해결을 위한 솔루션으로 충분한가? 이 계획은 질적으로 부족함이 없는가? 프로포절 자체를 점검하고 수정보완하려면 어떻게 해야 하는가? 계획자도 프로그램 컨퍼런스 참가자도 관리자로서도 무엇을 어떻게 지도감독 해야 하는가? 등으로 허둥지둥하는 상태에 빠지게 될 수도 있다.

이를테면 Kirst-Ashman & Hull(2001: 28-35)이 다음의 〈그림 9-1〉과 같이 제시한 것처럼 계획과정에서 ① 해결할 문제 확인, ② 현실 재검토, ③ 기본 목표 설정, ④ 영향력 있는 사람 확인, ⑤ 잠재적 비용평가와 Ct · 기관 유익 사정, ⑥ 전문적 · 개인적 위험

재검토, ⑦ 성공적인 변화 잠재력 평가 등이 계획에 반영되어져 있는가를, 그리고 실행 · 평가과정에서 ① 혁신적인 사고로 시작, ② 지원체계 확보와 행동체계 구축, ③ 장점 확인, ④ 목적 · 목표 · 활동과제 구체화, ⑤ 계획 실행, ⑥ 저항 관리, ⑦ 진행상황 평가 등 계획실행을 위한 준비사항을 점검해야 한다는 것이다.

구분	계획과정에서의 과제		실행 · 평가과정에서의 과제	
단계1	P	해결할 문제 확인 Identify **Problems** to address	I	혁신적인 사고로 시작 Start with an innovative **Idea**
단계2	R	거시적 현실 재검토 Review your macro **Reality**	M	지원체계 확보와 행동체계 구축 **Muster** support and formulate an action system
단계3	E	기본 목적 설정 **Establish** primary goals	A	장점 확인 Identify **A**ssets
단계4	P	영향력 있는 사람 확인 Identify **People** of influence	G	목적 · 목표 · 실행단계 구체화 Specify **Goals**, objectives, and action steps to attain them
단계5	A	잠재적 비용 평가 및 Cl · 기관 유익 사정 **Assess** potential costs and benefits to clients and agency	I	계획 실행 **Implement** the plan
단계6	R	전문적 · 개인적 위험 재검토 Review professional and personal **Risk**	N	저항 관리 **Neutralize** opposition
단계7	E	성공적인 변화 잠재력 평가 **Evaluate** potential success of a change process	E	진행상황 평가 **Evaluate** progress

자료: Kirst-Ashman, K. K. & G. H. Hull. jr., 2001. *Generalist Practice with Organizations & Communities*. Belmont: Brooks/Cole, 28-35.

〈그림 9-1〉 계획 및 실행과정에서의 과제

여기에서는 프로그램 실행관리 과정에서 주요한 과제인 계획된 프로그램 실행에 불충분함이 없도록 프로포절 자체평가를 위한 Butterfoss 등(1996)이 개발한 「욕구사정 평가표」와 「프로그램계획 질적 평가표」 그리고 「계획 평가 기록 체크리스트」와 「계획 수정보완 기록 체크리스트」의 활용에 관한 설명과 아울러, 계획 실행에서의 저항관리와 과정목표 달성 관련된 프로그램 모니터링 등의 품질관리에 관해 고찰하고자 한다.

프로그램 계획은 궁극적으로 ① 클라이언트의 구체적인 욕구충족, ② 기금조성프로젝트, ③ 기관 내지 지역사회 정책정보 평가에 의한 클라이언트에게 제공될 서비스 역량강화, ④ 새로운 또는 보다 효과적인 개입방법 평가, ⑤ 기관운영의 내적인 근대화·효율화·안정화 도모, ⑥ 기관자체의 직원 현임훈련의 계획적 실행에 목적을 두고 참신한 아이디어를 전개한 것이다(Kirst-Ashman & Hull, 2001: 223-225).

이와 같이 프로그램을 계획하는 목적에 프로포절이 얼마나 충실한가에 초점을 두고 이를 자체평가하려는 목적은 ① 사전점검과 확인, ② 훈련, ③ 환류 ④ 자문 및 ⑤ 심사에 초점을 두고 있다. 특히 사회복지공동모금회(2021: 95)는 표준 심사기준을 기관평가와 사업평가로 구분하고, 기관평가 영역에는 신뢰성과 사업수행 능력을 심사기준으로 제시하고 있으며, 사업평가 영역에는 사업내용 및 추진전략의 적절성, 예산편성의 합리성, 사업 필요성, 목표 및 평가의 타당성, 사업종료 후 지향점의 적정성, 사업의 일관성 및 체계성 등을 평가기준으로 삼고 있다.

전술한 바와 같이 다양한 프로그램계획의 목적과 심사기준에 따라 열성을 다해 완성한 프로포절이 원만하게 실행되겠느냐 또는 호평적인 심사결과를 받겠느냐 그 여부는 준비단계에서의 점검이 얼마나 충실한가 또는 심사평가자가 고개를 꺼덕꺼덕 흔들 정도로 정성을 다했는가와 비례적인 관계가 있다. 그렇기 때문에 실행 전에 계획서의 내용을 꼼꼼히 자체평가 하는 과정이 매우 중요하다.

이에 Butterfoss 등(1996: 304-331)은 약물 오·남용 예방 커뮤니티를 대상으로 「프로그램계획 질적 평가지표(The Plan Quality Index; PQI)」를 개발해서 질 확보 기준으로 검토하도록 요구하고 있다.

특별하게도 이 지표들은 욕구사정 및 프로그램 계획과 같은 복잡한 프로세스를 수행하는데 길잡이가 요구된다는 전제에 초점을 두고, 계획 수립 및 계획 개선을 위해서 역량강화 및 권한부여적 관점에서 평가를 할 수 있는 지표들을 개발해서 제시하고 있다.

이 PQI 3단계의 개발과정을 거쳐 개선되었으며, 프로그램 계획 및 실행을 위한 능력을 증가시킬 수 있는 권한을 부여하는 도구로 발전되었다. 어떻게 3단계 과정을 거쳐 PQI가 개발되었는가 하는 내용을 고찰한다면 역으로 사회복지사가 어떻게 해야 질적으로 향상된 프로그램계획을 할 수 있느냐 하는 역량강화 관점에서 재점검할 수 있게 한다.

그래서 이를 나름대로 요약 정리한 바를 소개하고자 한다.

다음의 PQI 개발과정에서 나타나는 함의는 사회복지사업법 제43조의2(시설의 평가), 동법 시행규칙 제27조의2(시설의 평가) ①보건복지부장관 및 시·도지사는 3년마다 시설에 대한 평가를 실시하여야 한다는 규정에 따라 시설평가에 임하는 평가자들에게도 유익한 지침이 될 것으로 판단한다.

Ⅰ. PQI 개발과정(Butterfoss 등, 1996: 309~319)의 함의

1단계에서 PQI는 '평가연구 목적을 위한 정량적 도구'로 사용되도록 18개 지표가 개발되었으며, 그 항목은 (a) 목표와 활동이 명확하고 현실적인지를 측정하려는 지역사회욕구와 자원 평가에서 확인한 문제 우선순위 반영과 목표에 관한 3개 항목, (b) 일정, 직원, 대상 인구, 기존 기관 및 프로그램과의 조정을 포함하는 계획의 범위를 측정하려는 6항목, (c) 보조금 지원 기간 이후 현재 활동을 지원할 지역사회의 자원 식별을 측정하려는 3항목, (d) 전반적인 계획 품질을 측정한 6개 항목이 포함하였다.

16개 계획서를 대상으로 1단계 PQI 도구의 각 항목에 대해 0-5점(0=0% 겨우 충족하는, 1=1%-20%, 2=(21%-40%, 3=41%-60%, 4=61%-80 %, 5=81%-100%)을 부여하도록 평가한 결과 평균점수는 90점 만점에 38.3~58.7점으로 나타났고, 요인분석과 신뢰도 검정을 했더니 신뢰도 α는 .58~.86, 최종 신뢰도 .73이었다. 그리고 190명을 대상으로 설문조사한 결과 '계획에 대한 만족도'의 평균값은 5점 만점에 3.0에서 최고 4.2, '계획 작성수준'에 대한 만족도의 평균값은 3.0에서 최고 4.5이었지만 계획에 대한 만족도나 작성수준도 '계획의 품질' 등급과의 상관성 검증에서 거의 차이가 없는 것으로 나타났다. 응답자의 49.3%가 문제를 이해하는데 적절하거나 매우 적절한 교육을 받았다고 응답했고, 33.6%만이 욕구사정을 수행할 수 있을 만큼 숙련되어 있는 것으로 나타났다.

결론적으로 계획의 질과 만족도 간의 상관관계가 없는 이유는 계획이나 평가에 대한 공식적인 교육을 거의 또는 전혀 받지도 못했고 질적으로 더욱 향상된 계획을 할 수 있는 도구가 부족하기 때문에, 계획하려고 노력한 것에는 만족하지만 계획의 질은 낮게 나타나게 되었다는 것이다.

2단계에서는 '컨설팅 도구'가 되도록 개선하고자 1단계의 욕구사정 데이터를 사용하여 프로그램 계획(목적, 목표 및 활동 정의와 예가 포함)을 작성하는 방법에 대한 워크북을 마련해서 이를 설명하는 워크숍을 제공했으며, 또 1단계 PQI 18개 지표 외에 보다 포괄적인 피드백을 제공하기 위한 7개 항목을 추가("지역사회 자원" 아래 4개 항목, "계획의 전반적인 표현" 아래 3개 항목)한 25개 지표를 추가하였다.

이 지표들로 계획서를 평가 한 후 PQI의 각 항목에 대해 평가자마다 점수표와 평가 전반에 관한 설명과 개선을 위한 구체적인 제안(계획에 시작과 종료 시간 미명시 등)이 담긴 평가보고서를 제공하였다. 그랬더니 피평가자들은 계획 평가점수에 자신들의 노력이 충분히 반영되지 않았다고 불만을 터뜨리고, 평가자들은 PQI 점수보다 더 나은 실행을 위한 의견과 제안이 더 도움이 된다고 반복적으로 강조하는 상황이 연출되었다는 것이다.

그래서 실행을 연기하더라도 계획을 수정하여 평가자에게 다시 제출해서 추가 피드백을 받아 재평가하자고 요구를 하고, 솔루션 구축을 위한 진정한 협력을 요청도 했다. 마침내 평가자들은 새로운 평가등급을 마련함과 아울러 "계획상에 시작일과 종료일을 예상할 수 있는 타임라인이 없습니다."에서 "대부분이 시작일과 종료일이 현재 제시되지 않았는데 실행까지는 몇 달의 시간이 있습니다. 계획할 때 프로그램을 시작하고 종료할 시기를 아는 것이 도움이 됩니다. 그래야 프로그램 실행이 가까워지면 이 날짜에 맞추어 마무리되기를 기대합니다."와 같은 형태의 피드백 등 추가적인 지침과 지원을 제공해야 했다는 것이다.

이 지침은 잘못한 점을 말하기보다는 오히려 여전히 해야 할 일이라는 점, 그 이유가 무엇인지에 대해 지침을 주면 사회복지사가 양질의 계획을 세울 수 있는 권한을 부여받을 수 있게 조치했다는 것이다.

3단계에서는 '실행계획을 개선하기 위한 도구'로서의 PQI를 개발하고자 ① 잘 개발된 계획의 특성, ② 미래지향적 개발을 위한 도전 강조 측면, ③ 실행을 위한 준비사항, ④ 요약 등 네 가지 주요 영역을 포함하도록 내러티브 기반의 PQI 피드백으로 개선하였다.

(1) 잘 개발된 계획의 특성

이 영역에서는 계획, 실행 및 품질 보증의 원칙에 따라 계획의 긍정적인 요소와 잘 개발된 측면에 초점을 맞추고 있다(Green & Kreuter, 1991; Lowe, Windsor, & Valois, 1989; Windsor, Baranowski , Clark, & Cutter, 1994). 특히 욕구사정 데이터, 목적과 목표와 활동 간의 연계성, 활동내용과 순서, 조정과 협력 그리고 조직의 자원, 진행상황 모니터링을 심사하였다. 여기에서의 주된 초점은 먼저 긍정적으로 평가의견을 기술한다는 견지에서 이전의 욕구사정 및 계획 노력을 인정하면서 계획의 추가개선을 장려하는 것이다.

(2) 미래지향적 개발을 위한 도전 강조 측면

이 영역에서는 계획의 주요 내용 중 일부를 가능한 세련되게 수정하도록 권장하는 건설적인 제안을 제공하는 것이다. 의견진술은 주요 계획 요소의 단점에 대한 비판과 문제해결 가능성에 대한 칭찬(가능한 경우) 간의 균형을 유지하게 한다. 일정과 표적인구에 대해 보다 현실적인 목표를 구체화하고, 활동노력을 다른 지역사회기관과 연결하고, 필요한 자원을 명확히 하고, 프로그램/활동의 향후 계획과 제도화를 위한 대비, 모니터링과 평가시스템을 마련하가나 개선하도록 장려함에 중점을 두고 건설적인 피드백을 제공하는 것이다.

(3) 실행 준비

이 영역에서는 세부사항과 실행과정에 대한 계획을 구체화하는데 중점을 두고 있다. 여기에서는 본질적으로 소크라테스적인 것(질문으로 학습)이다. 실행일이 다가올수록 더 많은 질문에 해답을 찾도록 하며, 더욱 자세히 계획하도록 다음의 질문에 대해 점검하도록 요구하는 것이다.

- ~에 대한 책임은 누구에게 있습니까?
- 활동은 언제 완료됩니까?
- 이 활동의 계획은 언제 시작되고 종료됩니까?
- 이 활동의 장애요인을 고려했습니까?
- 이러한 노력에 대한 언론 보도를 고려해 보셨습니까?
- ~를 위한 준비는 되어 있습니까?
- ~에 대해서는 어떤 기준이 적용됩니까?
- 이 활동은 어디에서 진행됩니까?
- 어떤 평가/자체 모니터링 방법이 사용됩니까?
- 목표를 달성했는지 어떻게 알 수 있습니까?
- ~는 어떻게 종료하게 됩니까?
- 이 활동에 대한 세부 예산을 고려했습니까?

이에 더하여 다음의 제10장 프로그램 실행관리장 프로그램 실행관리〈표 10-1〉 5W1H 체크리스트도 함께 고려되면 유용할 것이라고 제안한다.

(4) 요약

이 영역은 계획의 주요 강점과 약점을 요약하기 위해 고안되었다. 최종적인 논평은 먼저 계획이 잘 계획되었거나 두드러지게 나타난 측면에 초점을 맞추고 그 다음에 계획의 개선에 대한 요청을 하도록 하는 균형을 주요시 하는 것이다.

이상과 같이 개발된 3단계의 PQI에 따라 1단계처럼 27개 계획에 대해 평가를 하였으며, 각 계획에 대해 ① 평가점수는 의견서를 작성하기 위해 평가자가 내부적으로만 사용하였고, ② 숫자 점수가 아니라 건설적이고 질적인 피드백에 중점을 두었으며, ③ 피드백 내용이 객관적이고 위협적이지 않는 형태로 의견진술을 제시함으로써 피평가자들은 점수와 부정적인 의미에 집착하지 않고 도전과 개선에 집중할 수 있게 했으며, ④ 피드백이 더 자세하게 설명되도록 의견서 내용을 확대함으로써 계획을 실행하는 과정에서 직면할 과제에 대해 더 풍부한 설명을 제공함으로 말미암아 수치적 평가 및 평가 자체의 정당성을 확보하도록 하였다.

이 다음 단계를 수행하기 위해 평가자들은 〈표 9-3〉 실행 전 계획서 평가기록 체크리스트와 〈표 9-4〉 실행 전 수정보완기록 체크리스트 도구를 개발했다. 이 도구는 실행에 불가피한 장애물을 해결하는데 도움을 주기 위한 것이다.

이 PQI 도구의 사용이 1단계에서 3단계로 개선됨에 따라 평가자의 역할도 변화되었다. 1단계에서의 평가자는 '다소 전통적인 컨설턴트'로서 PQI를 사용하여 계획을 검토해서 채점하고 보고하는 역할이었다. 2단계의 평가자는 PQI 점수를 분석하고 프로그램 관리자에게 피드백을 제공하는 '기술적인 조력자'(technical assistants)의 역할을 하면서 피드백에 대한 반응을 바탕으로 직원들과 더욱 문제를 해결하려는 협력적인 관계로 전환되었다. 그리고 3단계에서 평가자는 교육 및 과거 경험을 바탕으로 커뮤니케이션을 명확히 하고 계획 노력을 지원할 수 있도록 유용한 정보와 방향 그리고 자체평가 도구를 제공하는 '코치' 역할을 수행했다(Butterfoss 등, 1996: 310).

Ⅱ. 욕구사정 지표(NAI)에 의한 자체평가

Butterfoss 등은 PQI 개발과정 1단계에서 제기된 욕구사정데이터를 반영한 계획이 이루어지지 않는다는 프로포절 평가결과와 욕구사정 능력이 부족하다는 설문조사 결과를 토대로 지역사회욕구를 사정하는 과정을 일목요연하게 안내하는 「욕구사정 평가지표(Need Assessment Index; NAI)」를 개발해서 욕구사정의 질 확보 기준 내지 욕구사정 과정을 안내하는 지침으로 활용하도록 권장하고 있다.

〈표 9-1〉 욕구사정 지표

기관명: 평가자:

일 시:

※ 평가요령 : 각 질문내용에 해당되는 응답항목 하나를 선택하시오.
+ : 적절하게 수행 됨
△ : 수행하지 않았지만 향후 구체적인 수행방안 제시
− : 부적절하게 수행 됨
NA : 전혀 수행하지 않음

욕구사정 평가지표	평가위원 A	B	C	D	E	F
※ 일반사항에 관한 내용						
1. 욕구사정 수행을 위한 직원훈련이 제공되었는가?						
2. 욕구사정 방법이 적절한가?						
3. 욕구사정 수행일정이 적절한가?						
4. 표적집단 설정이 적절한가?						
5. 표집방법의 전문성은 적절한가?						
6. 조사도구는 유용성, 타당성 및 신뢰도를 확보하고 있는가?						
7. 조사도구는 기관정책을 반영해서 적절하게 개발되었는가?						

	평가위원 A	B	C	D	E	F
※ 데이터수집에 관한 내용						
8. 직원들이 수집한 데이터 형태가 바람직한가?						
9. 조사목적과 관련된 유용한 지표들을 활용하는가?						
10. 조사목적과 관련된 유용한 지표들을 활용하는 방법이 적절한가?						
11. 데이터수집방법(우편조사, 면접조사)이 적절한가?						
12. 데이터 수집을 한 조사원들은 적합한가?						
13. 무응답 처리방법은 적절한가?						
14. 수집한 데이터의 편집작업(editing)이 적절한가?						
15. 수집한 데이터의 코딩설계와 입력내용이 적절한가?						
※ 자료분석에 관한 내용						
16. 데이터분석방법 선정이 적절한가?						
17. 데이터 변환, 변수투입, 결과해석 방법이 적절한가?						
18. 이러한 데이터분석활동의 전문성은 적절한가?						
19. 이용자 특성을 반영한 데이터분석결과가 제시되고 있는가?						
20. 데이터분석결과를 활용하기 위한 방법이 적절한가?						
21. 데이터분석결과가 관련된 다른 지표들과 관련성을 고찰하고 있는가?						
22. 데이터분석결과가 선행된 지역사회욕구사정과의 관련성을 고찰하고 있는가?						
23. 데이터분석결과에 기초한 개입 계획 및 우선성 결정을 위한 방법이 제시되고 있는가?						

이를 위해 〈표 9-1〉에서와 같이 NAI 자체평가 결과 '욕구사정을 수행하지 않았지만 향후 구체적인 수행방안 제시(△)'하였거나 '부적절하게 수행 됨(−) 또는 전혀 수행하지 않음(NA)에 해당되는 평가지표는 현임훈련을 통해 보완되어야 함은 당연한 것이다. 그러나 이미 욕구사정조사가 진행되어 종결된 상태에서는 조사과정 단계마다 부적절한 수행요인이 있다면 수정보완이 거의 불가능할 수 있다. 그렇기 때문에 최대한 욕구사정지침을 준수하고자 최선을 다해야 한다.

Ⅲ. 프로포절 질적 평가지표(PQI)에 의한 자체평가

PQI는 다음의 〈표 9-2〉~〈표 9-4〉에서 제시되고 있는 바와 같이 세 영역으로 구성되어 있다.

① 상기의 〈표 9-1〉 욕구사정 평가지표(NAI)를 토대로 욕구사정한 결과를 프로그램 계획과정에 적절히 활용해서 질적으로 우수한 계획을 수립하는데 유용한 지침이 되는 '프로그램계획 질적 평가지표(PQI)'

② PQI 평가에서 부정적인 평가를 받은 지표에 대한 원인 등에 대한 설명을 기록하는 '계획 평가 기록 체크리스트(Pre-implementation Plan and Summary Checklist)'

③ 이 '계획 평가 기록 체크리스트'를 토대로 실행을 위해서 수정 보완해야 할 대응방안을 기록하는 '계획 수정보완 기록 체크리스트(Pre-implementation Summary Checklist)'

실제적으로 PQI는 다음과 같이 4단계 적용과정을 통해 활용되며, 각 단계마다 기관 및 직원들이 프로그램 계획과 실행 능력을 향상시키는 역량강화적 권한부여 도구로써의 기능을 수행하도록 개발된 지침이자 평가도구이다.

제1단계: 'PROGRAM DESIGN' 각 단계마다 준수해야 하는 내용이 무엇인가를 파악하는데 일차적으로 활용한다. 이렇게 함으로써 계획과정에서 발생될 수 있는 오류를 사전에 차단할 수 있는 지침이 될 수 있을 뿐만 아니라, 계획과정 자체를 사전에 점검할 수 있는 효과가 있다.

제2단계: 여기에서는 평가조사에 목적을 둔 양적 측정도구로 〈표 9-2〉의 PQI를 활용한다. 측정치는 산술평균 또는 이를 표준점수화해서 평균치-중앙값의 결과치가 음(-)인 지표를 파악한다.

제3단계: 제2단계 과정에서 상대적으로 평균치가 낮거나 평균치-중앙값의 결과치가 음(-)인 평가지표에 대해서 평가자는 프로그램담당자에게 프로그램계획의 질적 강화에 관한 환류를 제공하기 위해서 그 원인 · 설명 정보를 〈9-3〉 프로그램계획 평가기록 체크리스트에 간략하게 기술한다.

제4단계: 제2 · 3단계에서 상대적으로 평균치가 낮거나 평균치-중앙값의 결과치가 음(-)인 평가지표에 기관/프로그램담당자가 대응할 수 있도록 PQI개발 3단계에서 언급된 '잘 개발된 계획의 특성' 차원에서의 설명, 미래지향적인 도전을 강조하는 측면, 실행에 앞서 점검하고 수정 · 보완할 사항 및 필요한 현임훈련 등과 같은 제언내용을 〈9-4〉 프로그램계획 평가결과 기록부에 작성하고 조치한다.

이와 같이 PQI는 계획한 프로그램을 실행하면서 부득이 경험할 수 있는 장애요인을 사전점검해서 해결할 수 있게 하는데 도움이 되며, 효과적인 프로그램 실행을 위한 동반자로서의 평가자와도 소통할 수 있는 중요한 수단이 된다.

또한 PQI를 자체평가도구로 활용하면 ① 무엇이 평가되어야 하는가를 명확하게 하고, ② 직원들 간에 평가로 인해서 정보공유와 계획과정의 진행상황을 공유할 수 있게 하며, ③ 계획, 실행 및 평가간의 연계성을 강화시키기 때문에 기관/직원들의 역량강화를 할 수 있게 한다.

이러한 PQI의 유용성에도 불구하고 〈표 9-2〉 하단의 26번, 27번과 같이 실행계획

수립을 위한 'DESIGN'에 포함되는 평가기준과 평가방법 포함 여부와 과정목포 설정을 확인할 수 있는 평가지표가 추가적으로 보완되어야 할 것으로 판단된다.

이를 위해 〈표 9-5〉 D시의 사회복지공동모금회 배분지원사업 심사표와 이를 토대로 저자가 배분심사위원으로서 프로포절을 평가한 결과를 토대로 프로그램 설계 능력강화를 위해 마련한 〈표 9-6〉 프로그램계획과정에 따라 점검할 수 있는 질적 평가지표를 제시한다(조운희, 2004b: 266, 276).

이처럼 사회복지사와 기관은 양질의 계획을 위해서도 직원역량 강화 차원에서도 기존의 PQI 평가지표에 필요한 평가지표를 추가보완해서 활용할 수도 있을 것이다.

〈표 9-2〉 프로그램계획 질적 평가표

기관명: 평가자:

담당부서/팀

일 시: 점 수:

※ 평가요령 : 각 질문내용에 해당되는 응답항목 하나에 ✔하시오.
0 : 전혀 적절하지 않다
1 : 적절한 수준이 20%이하이다
2 : 적절한 수준이 21%~40%이하이다
3 : 적절한 수준이 41%~60%이하이다
4 : 적절한 수준이 61%~80%이하이다
5 : 적절한 수준이 81%~100%이하이다

프로그램계획 질적 평가지표	적합성 수준(%)						점수
	0	1-20	21-40	41-60	61-80	81↑	0-5
※ 목적, 목표 및 활동							
1. 목적은 욕구사정 및 지역주민에게서 확인된 문제/욕구를 토대로 달성코자 하는 산출결과를 적절히 반영하고 있다.							
2. 각각의 목적과 관련된 목표가 적어도 한 개 이상 진술되어 있다.							
3. 각각의 목적달성을 위한 구체적이고 실행 가능한 활동들이 제시되어 있다.							

	적합성 수준(%)						점수
	0	1-20	21-40	41-60	61-80	81↑	0-5
※ 활동체계							
4. 각 활동마다 시작에서 종결까지의 일정이 계획되어 있다.							
5. 각 활동에 관여할 기관/집단/개인의 역할분담 내용이 제시되고 있다.							
6. 지역사회기관 및 집단 간의 조정/협력 관계를 제시하고 있다.							
7. 각각의 활동에 투입될 표적집단을 구체적으로 제시하고 있다.							
8. 새로운 예방활동은 기존의 지역사회 프로그램/활동과의 협력관계를 제시하고 있다.							
9. 계획한 활동에는 지역사회 지지 및 참여를 개발하려는 전략이 제시되어 있다.							
※ 지역사회자원							
10. 예산은 활동에 소요될 세입항목과 세출항목을 편성해서 제시하고 있다.							
11. 직원배치 및 자원봉사자 훈련과 활용방안이 제시되고 있다.							
12. 활동시설 확보 및 활용방안이 제시되고 있다.							
13. 활동 장비와 비품 확보 및 활용방안이 제시되고 있다.							
14. 활동을 촉진시키고자 하는 홍보전략이 제시되고 있다.							
15. 정부지원금 이외의 기금확보 방안이 제시되고 있다.							
16. 계획을 검토/수정하고자 하는 방안이 제시되고 있다.							

	적합성 수준(%)						점수
	0	1–20	21–40	41–60	61–80	81↑	0–5
※ 계획서의 전반적인 표현성							
17. 계획이 명료하고 간결하게 작성되어 있다.							
18. 계획은 교육, 예방 및 중재에 관한 전문적인 기법이 제시되어 있다.							
19. 계획이 논리적으로 전개되어 있다(즉, 욕구사정에 의해 확인된 문제/욕구의 우선성에 기초해서 목적을 진술하고, 이 목적에 따른 목표와, 목표달성을 위한 활동, 활동에 필요한 자원확보 방안이 제시되어 있다).							
20. 계획은 사업수행에 장애요인이 될 수 있는 지역사회의 압력(즉, 사회문화적 또는 정치적)을 고려하고, 이를 극복할 수 있는 수단을 제시하고 있다.							
21. 계획은 탄력성이 있다(즉, 한정된 자원으로 인해 프로그램 규모를 축소해서 운영할 수 있다).							
22. 프로그램 활동은 표적집단에서 효과성이 나타날 수 있을 만큼의 충분한 기간이 제시되고 있다.							
23. 프로그램 활동은 표적집단에서 효과성이 나타날 수 있을 만큼의 충분한 집중성이 제시되고 있다.							
24. 계획은 혁신적이다(즉, 지역특성에 부합되는 창조적인 접근방안).							
25. 지역사회의 일부가 되려는 활동이 계획되어 있다(즉, 지역사회조직화 활동의 50% 이상을 책임지려고 한다)							
26.* 프로그램 활동의 성과를 평가할 수 있는 측정도구 및 측정방법이 제시되어 있다.							
27.* 계획은 월별, 분기별, 반기별, 연도별 등의 과정목표와 그 모니터링이 제시되고 있다.							

*: 저자가 추가한 지표

〈표 9-3〉 계획서 평가 기록 체크리스트

완료일자:		계획담당자:
목적 #	산출결과 #	표적집단
프로그램 참여자 #	# 개입량	개입기간
프로그램 #	프로그램내용 #	필요한 자원
자원제공원	프로그램수행자	프로그램수행자의 역할
프로그램 실시장소 · 지역 · #	프로그램 진행일정	사업비 #
프로그램 실행시 예상되는 장애요인	장애요인 해결방안	관계기관과의 협력
성과측정 도구 및 방법*	과정목표와 모니터링*	

*: 저자가 추가한 지표

〈표 9-4〉 계획 수정보완 기록 체크리스트

완료일자: 계획담당자:

	인지여부?		만약 No한 경우, 수정 · 보완할 정보를 적으시오.
1. 목적	Y	N	
2. 산출결과	Y	N	
3. 표적집단	Y	N	
4. 프로그램 참여자	Y	N	
5. 개입량	Y	N	
6. 개입기간	Y	N	
7. 프로그램	Y	N	
8. 프로그램 내용	Y	N	
9. 필요한 자원	Y	N	
10. 자원제공원	Y	N	
11. 프로그램수행자	Y	N	
12. 프로그램수행자 역할	Y	N	
13. 프로그램 실시장소	Y	N	
14. 프로그램 진행일정	Y	N	
15. 사업비	Y	N	
16. 프로그램 실행시 예상되는 장애요인	Y	N	
17. 장애요인 해결방안	Y	N	
18. 관계기관과의 협력	Y	N	
19. 성과측정 도구 및 방법*	Y	N	
20. 과정목표와 모니터링*	Y	N	

*: 저자가 추가한 지표

〈표 9-5〉 D시의 사회복지공동모금회 배분지원사업 심사표

심사 항목	세부평가 항목	
사업의 필요성	E01	문제의 심각성을 제시하고 있는가
	E02	사업의 목적과 과정, 결과에 대하여 정확하게 언급하고 있는가
	E03	사업의 필요성을 파악하기 위하여 사전욕구조사를 했는가
	E04	사업수행과정이나 결과에 대한 평가 및 개선방안을 만들어두고 있는가
	E05	통계적 근처나 사례를 제시하고 있는가
	E06	지원자가 아니라 클라이언트의 욕구의 문제 입장에서 서술하고 있는가
	E07	필요성을 실증하는 전문가의 연구 또는 진술을 담고 있는가
사업의 창의성	E08	타 기관에서 일상적으로 행하고 있는 사업은 아닌가
	E09	신청기관에서 일상적으로 행하고 있는 사업은 아닌가
	E10	기타 시범적 성격을 입증할만한 타당한 근거를 제시하고 있는가
	E11	향후 타기관들에게 파급효과가 크다고 판단되는가
사업의 실현 가능성	E12	월별 또는 단계별 추진일정이 합리적으로 구성되어 있는가
	E13	인적, 물적 자원동원을 합리적으로 계획하고 있는가
	E14	적절한 대상에게 사업을 제공하고자 하는가
	E15	사업대상자의 규모가 타당한가
	E16	목표가 언제까지 달성될 것인가를 적확히 밝히고 있는가
	E17	근거없는 가정을 하고 있지는 않은가
인력 측면	E18	활동단계에서의 투입인력 및 시간이 적절한가
	E19	인력의 전문성이 확보되어 있는가
	E20	전문인력의 투입과 지역사회의 자원동원이 적절히 이루어져 있는가
	E21	프로그램을 전담하는 인력이 한명이상 확보되어 있는가
	E22	사업에 필요한 관련 기관과의 연계 방안을 제시하고 있는가
예산 편성 측면	E23	전술된 과업들을 수행하기에 과잉책정되어 있지는 않은가
	E24	수혜인원당 투입비용이 적정한가
	E25	자부담의 내용에 타당성이 있는가
	E26	항목의 모든 측면에 대하여 구체적으로 서술하고 있는가
	E27	인건비가 특정한 사유없이 20% 이상 과다하게 책정되어 있지 않은가

〈표 9-6〉 프로그램계획과정에 따른 질적 평가지표

계획과정	세부평가 항목
사정과정	1. 욕구조사, 통계적 근거 및 사례제시 등 경험적 데이터에 의한 문제 심각성이 제시되고 있는가?
	2. 사업의 필요성을 실증하는 전문가의 연구결과를 진술하고 있는가?
	3. 이용자 특성을 반영한 데이터분석결과가 제시되고 있는가?
	4. 문제진술시 가능한 한 목표달성도 "100%" 또는 "0"을 기준으로 현재상태에서의 수준을 기술하고 있는가?
	5. 적절한 서비스영역 설정에 따른 표적집단의 선정이 적절한가?
	6. 기관차원의 전문성, 프로그램의 성공적인 수행을 지지하는 시범사업 등 인적 · 물적 · 재적 자원사정이 제시되고 있는가? 7. 표적집단에 관한 자원사정 결과가 제시되고 있는가?
	8. 사업수행에 지장을 초래할 기관, 지역사회 및 클라이언트에 관한 장애요인을 고려하고 있는가?
	9. 데이터분석결과에 기초한 개입 계획 및 우선성 결정을 위한 방법이 제시되고 있는가?
목적 및 목표설정	10. 목적은 욕구사정 및 지역주민에게서 확인된 문제/욕구를 토대로 달성코자 하는 바람직한 산출결과를 적절히 반영하고 있는가?
	11. 목표설정이 사정결과를 기초로 SMART하게 진술되어 있는가?
프로그램 설계과정	12. 계획은 전체적으로 프로그램가설에 기초하고 있는가(예컨대 욕구사정에 의해 확인된 문제/욕구를 원인가설로 보고, 목표달성을 위한 수단가설과 결과가설 및 평가가설에 의한 일관성이 있다)?
	13. 개입전략은 3P 또는 MCO에 관한 전문적인 기법이 제시되어 있는가? 14. 활동체계는 지역복지실천 차원에서 활동의 일부분을 지역사회의 주민/조직들이 어떠한 형태로든지 간에 감당하도록 하는 원칙에 기초해서 설계되어 있는가?
	15. 프로그램활동에 직접 개입할 사회복지사 및 자원봉사자를 확보하고 있는가? 16. 각 프로그램 활동에 관여할 기관/집단/개인의 역할분담 내용이 구체적으로 제시되고 있는가? 17. 클라이언트의 활동내용과 특약사항을 포함한 활동동의서를 포함하고 있는가? 18. 표적체계의 참여 및 활동을 촉진하는 홍보방안 등이 제시되어 있는가?
	19. 시계열적인 시간기준을 중심으로 과정목표를 설정함과 아울러 관찰방안을 제시하고 있는가?
	20. 항목의 구체성, 예산편성의 현실성, 자부담 및 간접비용의 타당성이 확보되어 있는가?
	21. 프로그램 활동의 과정 및 성과를 평가할 수 있는 측정도구 및 방법이 제시되어 있는가?
	22. 〈표 10-1〉 5W1H 체크리스트의 점검에 불충분함이 없는가?

출처: 조운희, 2004b, "사회복지프로그램 계획 평가에 대한 연구," 神學과 牧會, 제22집, p. 276에서 수정보완 재구성함.

Chapter 10

프로그램 실행과 관리

현재까지 「PROGRAM DESIGN」한 프로그램계획 내용을 평가한 후에 실제적으로 실시하는 이 과정에서 고려되어야 할 바는 프로그램 관련요원의 자발적인 참여와 자원확보가 필수적이다(York, 1988: 178-185).

이에 York는 프로그램 관련요원의 자발적인 참여와 관련해서 프로그램운영의 효과성을 높이기 위해서는 조직관리이론에서 주요변수로 작용하는 과학적 관리와 인간적 요소의 논쟁결과인 X이론, Y이론 중에서 Y이론을 지향함으로써 프로그램계획에서부터 의사결정에의 직원참여 및 기관내 상호의사소통 활성화 등이 결정적인 요인이라고 지적하면서, 행정가는 합리적인 의사결정시 직원들로 하여금 ① 합리성, ② 정보, ③ 수용, ④ 신뢰, ⑤ 갈등, ⑥ 시간 등에 관해서 단계적으로 의사결정에 참여할 수 있도록 질문하는 의사결정 나무(decision tree)를 개발한 Vroom(1973)의 모델을 제시하고 있다(York, 1988: 178-185).

또한 사회복지프로그램의 효과적인 계획과 실행에 필요한 자원의 형태 이른 바 사람, 기술 및 시간이 필수적이다. 이 세 가지 자원 모두가 프로그램계획 시에 적절하게 고려되지 않는다면 합리적인 계획은 전통적인 계획방법보다 유용성이 적을 수 있다. 왜냐하면 기술은 계획실행과정에서 적절하게 활용되어져야 하고, 사람들은 정보가 실제적으로 무엇을 의미하는가를 학습할 수 있는 시간을 반드시 가져야 하며, 계획 및 모니터링 과정의 각 단계마다 필요한 정보가 제때에 활용되도록 준비되어야 하는 시기 적절성이 중요하기 때문이다. 무엇보다 중요한 점은 합리적인 계획과 모니터링과정은 부분의 합보다 더 큰 전체를 추구하는 체계이기 때문에 반드시 필요한 부분이 빠지거나 유용성이 없는 데이터수집에 자원을 낭비 할 수 있는 가능성을 배제하기 위해서 자원활용의 효과성과 비용효과분석 등의 효율성을 고려해야 한다.

이와 같이 계획된 프로그램을 평가한 후에 실제적으로 실행하는 과정에서는 프로그램 관련자들의 자발적인 참여와 자원확보를 고려해야 한다. 이를 위해서 프로그램관련자들의 저항관리와 과정목표 달성과 평가, 그리고 성취모형, 이용자중심모형, 발달모형 및 TQM 등의 사회복지기관 행정모형의 특성에 기초한 프로그램실행을 위해서 주요과제로 다루어져야 한다.

Ⅰ. 저항관리

상기의 〈그림 9-1〉에서 제시되고 있는 바와 같이 프로그램실행단계에서의 주요한 관심사 중의 하나는 '저항을 관리'하는 과제이다(Kirst-Ashman & Hull, 2001: 231). 이 단계에서의 저항관리는 조직관리이론에서 주요변수로 작용하는 과학적 관리와 관련된 저항관리와 인간적 요소와 관련된 저항관리 과제를 다루어야 한다.

먼저 인간적 요소와 관련된 저항관리 측면에서 Kirst-Ashman & Hull은 프로그램 실행단계에서의 저항은 언젠가 우리나라에서도 대중가요 DJ DOC의 '머피의 법칙'으로 알려진 바로 그것이다. "무엇이든지 잘못될 여지가 있으면 그렇게 된다"고 1949년 미국 에드워드 공군기지에 근무하던 Murphy대위가 처음으로 사용한 이래 발전되어온 「머피 법칙(Murphy's Law)」 중에서 일반적으로 표현되는 것을 제시하면 다음과 같다(Bloch,

1977: 11).

① 그 어떤 일도 겉으로 보이는 만큼 쉽지 않다.
② 그 어떤 일도 당신이 생각한 것보다 오래 걸린다.
③ 일의 일부라도 잘못되어질 가능성이 있다면, 가장 큰 피해를 야기하는 경우로 잘못되도록 진행된다.
④ 일이 잘못되거나 함정이 될 수 있는 네 개의 가능성을 인지했을지라도, 다섯 번째의 잘못 내지 함정에 빠트릴 일이 바로 전개된다.
⑤ 방치해 두면, 잘못된 상태에서 더욱 잘못된 상태로 진행되는 경향이 있다.
⑥ 어떤 일이든 하려고 할 때마다 무엇인가 먼저 할 일이 있다.
⑦ 모든 해결책은 새로운 문제거리를 수반한다.
⑧ 예컨대 "누가 속나 그렇게 간단한 일이라면..."라고 말하듯이 바보같이 속는 사람은 없기 때문에 그 어떤 일도 지극히 간단명료한 일이란 불가능하다.
⑨ 인간의 본성은 언제나 숨겨진 결함에 관심을 가진다.

이러한 인간적 요소 측면에서의 저항관리는 머피 법칙과 정반대되는 샐리 법칙(Sally's Law)의 중심에 있어야 가능하다. 샐리 법칙은 1989년 제작된 미국영화 「해리가 샐리를 만났을 때(When Harry Met Sally)」에서 계속해서 좋지 않던 일만 일어나다가 결국 해피엔딩으로 전개되는 여주인공 샐리의 모습에서 비롯된 법칙이다. 일이 우연하게도 자신이 바라는 바대로 진행되는 경우에 적용되는 개념이다. 예컨대 시험 직전에 급하게 펼쳐 본 부분에서 시험문제가 출제된 경우 또는 화창한 날 부득이하게 우산을 들고 있는데 소나기가 쏟아지는 경우가 이에 해당된다.

그리고 과학적 관리와 관련된 저항관리 측면에서 영국의 역사학자이자 경영연구가인 Parkinson(1955)이 사회를 풍자적으로 분석하여 제창한 사회생태학적 법칙, 이른 바 파킨슨 법칙(Parkinson's Law) 중에서 널리 알려진 몇 가지를 소개하면 다음과 같다.

① 일이란 이를 완수하기 위해 주어진 시간까지 연장되며, 일의 중요성과 복잡성에 관한 인식은 소요시간에 비례해서 커진다.
② 지출은 수입만큼 증가한다.
③ 일에 필요한 인원수는 할 일의 양과 관계없이 증가하려 한다.
④ 부하를 늘리기를 원하지만 경쟁자는 원하지 않는다.
⑤ 예산심의에 필요한 시간은 예산액에 반비례한다.
⑥ 유능한 사람은 비즈니스맨이 된다.
⑦ 파티에서 사람들은 중앙부를 피하고 왼쪽으로 편중하여 몰린다.
⑧ 서로를 위하여 서로 일을 만들어낸다.
⑨ 각종 위원회의 정원은 5명 이내로 한정시킬 필요가 있으며 20명 이상의 위원회는 운영불능이 된다.

이와 같이 머피 법칙과 파킨슨 법칙은 경영관리 및 일상생활에서 비유되어 다음과 같이 유행어처럼 사회현상의 일부처럼 회자되는 바를 철저하게 파악해서 대비하도록 그 활용성을 높여야 한다.

- NIH(Not Invented Here)신드롬
- NATO(No Action, Talking Only) 증후군
- NOMB(None Of My Business)신드롬

궁극적으로 프로그램 실행단계에서의 저항관리에 관한 사회복지사의 주요한 책임을 Kirst-Ashman & Hull(2001: 231)은 다음의 두 가지로 정리하고 있다.

① 프로그램수행 과정 및 진행일정에 관여하는 모든 참여자들이 함께 활동하도록 계속적인 조정(coordination)을 해야 한다.
② 설정한 목표를 달성하고자 계획된 각각의 활동이 연속적으로 적시에 효과적으로 완수되는가에 관해 정기적인 점검(checking)을 해야 한다.

Ⅱ. 과정목표와 품질관리(QC)[1]

과정목표는 미시적 · 중간적 · 거시적 수준에서의 상황과 관련된 변수에 대해 계속적으로 변화에 관한 정보를 파악해야 한다. 이를 위해서 설정한 과정목표 달성을 항상 염두에 두고 예기치 않게 노출되는 새로운 쟁점사항, 욕구 그리고 문제에 대응하는 프로그램을 운영하고자 Gantt도표 또는 PERT 등을 활용해서 모니터링 해야 한다.

이렇게 함으로써 Turem(1974: 620-622)이 지적한 바 있는 사회복지조직의 효과성을 극대화할 수 있는 관리능력의 결여에서 벗어나게 하는 중요한 역할을 할 수 있다. 그러므로 프로그램운영은 궁극적으로 인간관계와 관리효율성의 원칙과 조화가 이루어진 사회복지기관행정과 직접적인 관계가 있다(Skidmore, 1983: 17)는 점을 유념해야 한다.

1980년대 후반에 이르러 서비스 효과성과 관리실제를 접목(Patti, Poertner & Rapp, 1987: 1)시키고자 한 사회복지기관행정모형은 생산성, 효과성, 자원획득, 효율성, 직원사기와 관리기술 간에 밀접한 관계(Carter, 1987: 87)가 있다.

그러므로 오늘날 대표적인 사회복지기관 행정모형인 성취모형, 이용자 중심모형, 발달모형, 종합적인 질 관리모형 등의 특성에 기초한 프로그램 운영을 위한 노력이 강조되어야 한다는 것이다(조운희, 1998: 34-47).

1 성취모형

성취모형(performance or implementation model)은 클라이언트를 위한 결과산출이라는 사회복지실천의 기본적인 목적을 달성하고자 하는 관리를 활성화함으로써 결과적으로 사회복지조직의 변화를 계획하고자 한 서비스 효과성 관리모형이라고 할 수

1) 조운희, 1999, "社會福祉館 運營管理의 評價模型 開發에 관한 硏究" 대구대학교 대학원, 박사학위논문, pp. 34-47에서 수정 보완한 것임.

있다(Patti, 1985: 1-14; Patti, 1987: 7-21).

사회복지기관은 우선적으로 ① 얼마의 비용으로 누구를 위하여 얼마나 활동하였는가 하는 노력성, ② 서비스 증가, 프로그램 개발을 위해서 또는 예산부족을 최소화하기 위해서 기관이 환경으로부터 획득한 자원, ③ 조직성원들의 만족/개입, ④ 기관이 제공한 서비스가 클라이언트체계의 변화에 미친 영향성, 서비스의 질, 그리고 클라이언트 만족도에 관심을 두는 서비스 효과성 확보를 운영목표로 삼는다. 그러나 동시에 상기의 4개 운영영역을 극대화한다는 것은 일반적으로 곤란하기 때문에, 일차적으로 서비스 효과성이 사회복지기관행정의 목적이 되어야 하는 이유를 다음과 같다(Patti, 1987: 3-4).

① 서비스 효과성은 대인봉사전문직의 가치와 목적과 거의 일치하고 있다.
② 서비스 효과성은 관리를 위한 흥미있는 기준이다.
③ 사회복지기관행정의 중요한 관심사인 서비스 효과성은 간과할 수 있는 조직운영의 다른 특성이 제기될 수 없게 하는 구실을 한다.

2 이용자중심모형

효과성 확보에만 초점을 둔 성취모형의 단점을 보완하기 위한 대안으로서 이용자중심의 모형(client-centered or consumer-friendly model)은 클라이언트의 산출결과가 사회복지기관행정의 주요한 관심사인 성취모형과는 달리 사회복지사업의 중심을 클라이언트 차원에 초점을 두고 있다(Rapp & Poertner, 1987: 23).

소비자 중심에 관심을 둔 사회복지기관행정 모형이 요구되는 요인은 두 가지로 제시될 수 있다. 그 첫 번째는 직원들의 활동과 행동, 조직구조와 운영과정에서 무엇보다도 중요한 점은 클라이언트와 이들의 안녕이 반영된 서비스 제공 과정이다. 이 과정에는 최대한의 인간존엄성, 존경, 개별성에 의한 클라이언트와의 관계형성과 유지, 인테이크 절차, 서비스 접근성, 접수자의 예의, 각각의 사례 및 프로그램 결정시에 클라이언트를 투입하는 장치 등이 포함된다. 그리고 두 번째는 기관운영의 중심은 기관의 노력에 의해서 클라이언트에게 발생하는 편익이라는 점이다. 이를 위해 사회복지조직은 서비스 효과성과 클라이언트의 산출결과에 초점을 두어야 한다(Rapp & Poertner, 1987: 23).

그러나 실제적으로 오늘날에도 관리측면에서는 기관목표나 기관의 일상적인 활동, 관리에 관한 조사연구에서도 클라이언트와 분리되어 있기 때문에 다음과 같은 심각한 결과를 초래할 수 있다(Gowdy, Rapp & Poertner, 1993: 4-9).

① 수단이 목적으로 전치되어 조직의 일상적인 활동이 조직의 성공을 판단하는 기준으로 활용되며, 이러한 과정은 프로그램의 존재여부와 확장 그리고 목적상실에 영향을 미치게 된다.
② 관리자는 과도한 비용이 소요되는 새로운 관리방안 또는 문제해결 방식을 성급하게 수용하거나, 직원들의 사기저하, 업무 불만족 및 소진 등이 주요한 요인이라고 보고 민감하게 관리방안을 실행하고자 한다.
③ 기관의 규칙과 정책, 클라이언트의 관심사에 대한 무반응은 클라이언트의 무능력감을 악화시키거나, 때로는 수혜과정, 물리적 환경, 직원의 태도 면에서 비인격적인 대우를 받는다고 느끼거나, 기관의 서비스가 비효과적이고 도움이 되지 않으며, 자신들의 편익을 산출하지 못한다고 하는 감정을 클라이언트가 갖게 한다.

이에 Gowdy, Rapp & Poertner는 클라이언트 산출결과, 생산성, 자원획득, 효율성 및 직원의 사기 측면에서 클라이언트 중심의 관리행위를 도출하게 하는 원리 또는 가설이라는 차원에서 4개의 원칙을 제시하고 있다(Gowdy, Rapp & Poertner, 1993: 9-19.; Rapp & Poertner, 1992: 3-25).

① 클라이언트라고 일컬어지는 사람들을 존경하기
② 클라이언트 및 클라이언트의 산출결과 측면에서 초점 개발 및 유지

③ 그럼에도 불구하고 뭔가를 시도(but above all, try something)하려고 하는 불가능성을 경시하는 건강한 인식

④ 발전을 위한 계속적인 학습

실제적으로 이용자중심모형이 적용되기 위해서는 조직체에 의해서 야기되는 역기능적인 조직구조, 일과시간과 기관자원의 35%이상을 소비하는 일선사회복지사의 행정업무, 비생산적인 회의시간 등과 같은 구조적인 장애요인과 비난 내지 변명, 직원들의 심리적인 이탈현상과 같은 심리적인 장애요인과 불평요인 등이 제거되어야 한다. 이를 위해서 직원개발 정보나 기회 제공, 구조적인 지원, 보상체계, 그리고 사회복지사 및 클라이언트를 위한 구체적인 자원개발이 요구된다(Rapp & Poertner, 1992: 285-303).

3 발달모형

발달모형(Developmental Model)은 성취모형과 이용자 중심의 모형을 보완할 수 있는 접근방법이다. 이 모형은 조직관리에 상당한 기여를 할 수 있는 최근의 개발조사(Social R & D, Developmental Research) 또는 발달모형(Model Development) 등의 영역과 관계가 있다(Thomas, 1987: 103).

Thomas(1987: 103-113), Bargal & Schmid(1992: 3-5) 등은 사회복지기관에서 성취모형의 배경 하에서 조직혁신을 도모할 수 있는 계획개발(D & D; Design & Development) 또는 연구개발(R & D; Research & Development)모형을 제시한 바 있다.

발달모형은 크게 두 가지 형태가 제시되고 있다.

첫 번째는 혼합경제, 자유시장의 법칙 및 영리조직의 복지영역 시장 침해 등과 같이 급변하는 환경에 미쳐 조직이 변화하지 못하는 기관운영과 환경변화에 적응하지 못하는 무능력은 조직활동과 생존에 위협이 될 수 있기 때문에, 행정가들은 조직환경도 조직자체도 관리해야 하며 환경관리 활동이 조직관리보다 더욱 중요할 수도 있다는

점을 강조하고 있다(Bargal & Schmid, 1992: 3-5).

두 번째는 조직을 기술적인 하위체계와 사회적인 하위체계의 특성이 분리되어 있는 하나의 실체라고 하는 사회기술체계(socio-technical system)로 보고, 조직의 혁신은 기술적, 사회적인 요인 모두가 성취되지 않는다면 조직운영의 변화는 불가능하다는 관점이 다음과 같이 제시되고 있다(Thomas, 1987: 104-106).

기술적 하위체계에서의 변화는 사회적 하위체계에서의 변화가 요구되고 그 역조건도 성립되기 때문에, 사회적 하위체계와 기술적 하위체계는 당연히 결합되어야 한다는 것이다.

기술적 하위체계는 세 가지의 하위요인이 포함된다. ① 변화목표, 개입표적, 표적집단, 사회복지사 및 피원조자의 역할, 원조상황과 서비스제공 장소, 부가적인 조치와 후원, 사정방법, 중재 계획하는 방법, 개입방법(개입기술과 프로그램 구성), 운영절차, 유지방법, 종결절차, 모니터링 방법, 평가방법, 추후 절차, 행동이론 및 개입이론 등이 포함되는 원조전략의 특성들과 관련된 계획요인, ② 치료프로그램 등과 같이 서비스 전달 또는 개입 시에 요구되는 기술적 하위체계, 그리고 ③ 정보체계관리, 의사결정 지원을 위한 컴퓨터 활용, 평가목적을 달성하기 위한 데이터수집 및 분석방법 등의 관리기술 영역이 이에 포함된다.

그리고 사회적 하위체계에는 지도력의 특성, 권위와 통제체계, 보상, 비공식 체계, 조직의 문화와 분위기 등 기술적인 하위체계를 지원하게 되는 과제, 업무 및 노동 분담 등이 포함된다.

그러나 이러한 발달모형이 실제적으로 적용되기 위해서는 개개 사회복지사의 성취능력을 향상시킴으로써 조직의 운영능력을 개선하는데 초점을 둔 조직적인 접근방법이 요구된다. 이를 위해서 클라이언트의 생활에 보다 나은 개입을 위한 사회복지사의 능력을 강화할 수 있도록 질적, 양적인 정보를 전략적으로 활용하는 가장 효과적인 방법을 모색해야 한다. 이 뿐만 아니라 사회복지실천의 실제, 지도감독 그리고 관리를 통합하고자 하는 우선적인 사고가 선행되어야 한다(Grasso, 1993: 17-28). 이는 조직의 역동성에 대한 충분한 이해를 필요로 한다(Grasso & Epstein, 1987: 100).

4 종합적인 질 관리 모형

종합(전사)적인 질 관리(Total Quality Management; TQM) 모형은 1990년대에 새로운 관리경향으로 확산되고 있으며, 전술한 3가지 관리모형과는 달리 관리철학으로서 TQM은 전통적인 사회복지사업, 특히 사회복지실천의 가치와 조화를 이루는 접근방법이다(Martin, 1993a: 13).

Martin(1993b: 23-25)은 관리철학으로서 TQM의 주요 개념을 다음과 같이 제시하고 있다.

① **질(quality)**: 질은 조직의 일차적인 목표이다.

② **소비자(customers)**: 질이 무엇인가는 소비자/클라이언트의 참여에 의해 정의한다.

③ **소비자 만족(customer satisfaction)**: 이는 조직에 의해서 이루어진다.

④ **변인(variation)**: 종사자의 자긍심 향상과 능력개발 등을 병행해서 이해되고, 감소되어야 할 과정상의 변인도 고려한다.

⑤ **변화(change)**: 팀(team)과 협동작업(team work)에 의한 계속적인 변화를 도모한다.

⑥ **최고관리자에 의한 체계적인 접근**: 최고관리자는 질의 문화 증진, 종사자의 능력개발, 그리고 장기적인 계획을 수행한다.

이처럼 종합적인 질 관리 모형은 질적으로 향상된 산출물과 서비스는 결함과 불만을 보다 감소시키기 때문에, 조직이 질(quality)에 초점을 둘 때 실제적으로 생산성이 향상된다(Martin, 1993b: 6). 이러한 종합적인 질 관리 모형에서 요구되는 질의 특성을 Zeithami 등(1990)과 FQI(1991), 그리고 Juran(1988)의 연구를 중심으로 Martin은 다음의 〈그림 10-1〉과 같이 제시하고 있다(Martin, 1993b: 28).

그러나 TQM이 사회복지조직에 적용되기 위해서는 질이 조직의 일차적인 가치로 자리매김 되어야 하고, 클라이언트와 다른 소비자가 질이란 무엇인가를 인정해야 하며, TQM에 적용할 수 있는 통계적, 분석적인 기법을 습득해야 할 뿐만 아니라, 조직은 결과를 생각하기 전에 장기적인 계획을 수립해야 하는 문제해결이 선행되어야 한다(Martin, 1993a: 13).

〈그림 10-1〉 종합적인 질 관리모형에서의 질(quality) 특성

특성	정의
• 접근성	• 프로그램/서비스는 접근 또는 획득하기 용이하다.
• 확실성	• 직원들은 친절하고, 공손하며, 사려 깊고, 지식이 있다.
• 소통성	• 소비자들은 프로그램/서비스 및 현재까지의 변화에 관해서 이들이 이해할 수 있는 언어로 정보를 제공받는다.
• 전문성	• 직원들은 프로그램/서비스를 제공하는데 필요한 지식과 기술을 보유하고 있다.
• 적합성	• 프로그램/서비스는 기준을 충족시킨다.
• 정중성	• 직원들은 소비자들에게 공손하고, 존중하며 또한 사려가 깊다.
• 충분성	• 불충분성 자체는 질의 특성은 아니다. 다시 말해 소비자의 만족에 미치는 영향이 확인된다.
• 지속성	• 목표달성, 영향 또는 산출결과가 신속하게 사라지지 않는다.
• 공감성	• 직원들은 소비자의 개별성을 이해하고 인정한다.
• 보증성	• 소비자에 대한 존엄성 · 자기가치를 보호하면서 프로그램/서비스를 제공한다.
• 수행성	• 프로그램 · 서비스는 문제의식을 생각하면서 운영한다.
• 신뢰성	• 프로그램 또는 서비스를 제공하는 능력은 시간이나 소비자를 차별하지 않고 일관성 있다.
• 대응성	• 프로그램 및 서비스를 시기적절하게 제공한다.
• 안전성	• 프로그램 또는 서비스는 안전한 장소에서 제공되며, 위험이나 위협요소가 없다.
• 가시성	• 시설의 물리적 상태, 장비, 직원, 출판물

Source: Adapted from Zeithami et al.(1990); FQI(1991); & Juran(1988).

특히 TQM의 활용성에 관한 Berman(1995: 69-70)의 공립사회복지기관을 대상으로 한 전국조사에 의하면, TQM은 제3자에 대한 책임성 확보, 정보 활용에 의한 의사결정, 최고관리자에 의한 접근, 직원훈련에 긍정적인 영향을 미치며, 목표달성이 필수적인 요인으로 제시된 성취모형과는 달리 사회복지기관이 적절한 예산지원 및 생산성 향상을 위해서 계속적으로 TQM의 필요성이 강조될 것이라고 보고하고 있다.

그러므로 사회복지사는 품질관리(QC)를 위해서 「수치데이터」를 처리하여 어떤 현상이나 문제점을 밝히고자 사용하는 ① 특성요인도, ② 파레스토, ③ 그래프 · 관리도, ④ 진단지, ⑤ 히스토그램, ⑥ 산포도 등의 QC도구를 활용하고, 양적데이터로 나타낼 수 없는 「언어데이터」를 정리해서 어떤 현상이나 문제점을 밝히고자 사용하는 ① 친화도법, ② 관련도법, ③ 계통도법, ④ 매트리스도법, ⑤ 에로 · 다이어그램법, ⑥ PDPC법 ⑦ 매트리스 · 데이터해석법 신QC 7가지 도구를 활용하도록 하는 노력이 요구된다(정종우 · 선우덕 역, 일본사회복지협의회 편, 1999: 97-113).

이와 같이 사회복지조직은 근본적인 목적인 서비스 효과성을 극대화하기 위해서는 이용자중심에서 조직 및 직원개발을 도모해서 종합적인 질 관리를 도모하고자 하는 구체적인 목표를 두어야 한다. 이러한 목표를 달성하기 위해서 기관운영 내지 프로그램 계획과 실행의 방향성 정립을 위한 원칙으로 ① 전문직의 가치를 바탕으로 한 책임성 확보, ② 이용자 중심 · 목적지향성, ③ 단순한 운영평가가 지양되는 통합평가, ④ 이용자평가 활용, ⑤ 서비스 질 보장, ⑥ 과정중심, ⑦ 운영의 합리화 도모, ⑧ 정치경제적 관점 반영 및 ⑨ 사회복지마케팅 활용 등이 준수되어야 한다(조운희, 1998: 46-47).

실제적으로 사회복지조직과 사회복지사는 기관운영과 프로그램 실행을 위한 과정에 다음의 〈표 10-1〉 5W1H 체크리스트에 의해 점검함으로써 기관과 프로그램을 운영관리 하는데 도움이 될 수 있다.

〈표 10-1〉 5W1H 체크리스트

Who	• 현재 누가 담당하고 있는가? • 정말 누가 담당하는 것이 좋은가? • 이 프로그램(일)을 담당할 수 있는 사람은 그 이외에 없는가? • 이 프로그램(일)을 담당해야 할 사람은 그 이외에 없는가? • 3무(낭비, 무리, 한결같지 않음)를 하고 있는 사람은 없는가?
What	• 현재 무엇을 하고 있는가? • 정말 무엇을 하는 것이 좋은가? • 이 프로그램(일) 이외에 할 수 있는 것은 없는가? • 이 프로그램(일) 이외에 담당해야 할 것은 없는가? • 3무를 하고 있지 않는가?
When	• 언제 하고 있는가? • 정말 언제 하는 것이 좋은가? • 이 시간 이외에 할 수 있는 시간은 없는가? • 이 시간 이외에 해야 하는 시간은 없는가? • 시간적인 면에서 3무를 하고 있지 않는가?
Where	• 현재 어디에서 하고 있는가? • 정말 어디에서 하는 것이 좋은가? • 이 장소 이외에 할 수 있는 곳은 없는가? • 이 장소 이외에 해야 하는 곳은 없는가? • 장소 면에서 3무를 하고 있지 않는가?
Why	• 왜 그 사람이 담당하는가? • 왜 이 일을 하는 것인가? • 왜 그 시간에 하는 것인가? • 왜 거기서 하는가? • 왜 그 방법으로 하는가? • 사고방식에 3무는 없는가?
How	• 현재 어떤 방법으로 하고 있는가? • 정말 어떤 방법으로 하는 것이 좋은가? • 이 방법 이외에는 없는가? • 이 방법 이외에 할 수 있는 방법은 없는가? • 방법 측면에서 3무는 없는가?

PART
5

측정 및 평가 보고(M)

Chapter 11

정보관리의 필요충분조건[1]

프로그램 계획과정에서는 효과성과 효율성 및 품질을 과학적으로 확인할 수 있는 평가방법과 평가도구를 선정해서 포함시키는 것이 중요한 과제 중의 하나이다.

그렇지만 실행 및 QC과정 전반에 걸쳐 요구되는 중요한 과제 중의 하나는 실행한 결과에 대한 효과성과 효율성 및 품질이 어떠하였는가에 관한 책무성을 확보하기 위한 측정(데이터수집 또는 본조사)하는 것이다. 이와 같이 측정한 데이터를 가지고 결과중심의 성과평가 및 과정 중심의 형성평가 나아가서는 성과평가 및 형성평가를 함께 평가하는 통합평가를 한 결과를 보고하게 된다.

평가에 대해서는 제1장 책임성과 전략적 계획에서 논의되었고, 측정에 관해서는 전술한 제8장의 Ⅳ. 평가방법과 평가도구 선정(I)에서의 설명과 사회복지조사방법론에서 숙지한 데이터수집과 보고서 작성방법의 지식 등을 준용하면 되기 때문에, 여기에서는 측정한 데이터를 통해 어떤 관리정보를 확보해야 하는지, 이 정보들의 효용성은 무엇인지, 사회복지조직 내 · 외부의 저항 없이 운영관리정보로 어떻게 적용되어야 하는지,

1) 조운희, 2001, "사회복지시설의 정보관리전략에 관한 연구," **神學과 牧會**, 제15집, pp. 333-358에서 수정 보완한 것임.

정보관리의 원자료가 되는 사회복지실천기록을 중심으로 논의하고자 한다.

일반적으로 정보체계는 정보의 활용성과 중요성이 강조됨으로 말미암아 의사결정지원체계(Decision Support System; DSS)로 발전되고, 오늘날에는 관리정보체계(Management Information System; MIS) 형태로 자리매김 되었다(Poertner & Rapp, 1988: 177-179). 이러한 정보체계는 계획과정의 요소인 문제확인, 목적설정, 계획 및 평가 간의 상호작용적인 특성이 있고, 또 PDCA관리주기, 이른 바 Plan(계획)-Do(실행)-Check(평가)-Act(개선)의 4단계를 반복하여 업무를 지속적으로 개선하는 것처럼 사례관리 계획-개입-평가, 프로그램 계획-실행-평가, 기관운영 계획-관리-평가도 반드시 사례평가, 프로그램평가, 운영관리평가의 결과를 토대로 지도감독하거나 개선조치를 하게 된다.

사회복지조직이 조직 내 · 외적인 정보를 활용해서 변화하는 환경에 적응하지 못하거나 이를 극복하지 못하는 사회복지기관과 시설 및 조직은 비효과적일 수도 있고 생존에 위협을 받을 수 있다.

특히 Boehm은 사회복지조직은 시장경제를 지향하는 비중이 높아진 경쟁적인 관계가 점진적으로 중요한 역할을 담당하게 된다는 점이 최근의 경향이라고 지적함과 동시에 마케팅 접근방법, 전략적인 계획, 그리고 종합적인 질 관리(TQM)를 도입할 것을 권장하고 있다(Boehm, 1996: 61).

이와 같이 사회복지조직은 조직유지관리기능 강화에 의해서 서비스전달기능이 향상된다거나, 내부마케팅에 의한 외부 마케팅 또는 家和萬事成을 명제로 삼고 관리정보에 의한 조직적인 기관변화 및 프로그램을 관리 운영해야 한다.

Ⅰ. 정보관리 환류체계의 효용성

Rapp & Poertner(1992: 87-89)는 보다 많은 자원과 보다 능력 있는 직원이 확보된다고 하더라도 반드시 보다 나은 사회복지기관 운영을 보증하는 것도 아니며, 보다 나은 기관운영에 종속되는 변인도 아니라고 지적하면서 관리정보에 의한 조직운영을 개선한 항공기공장, 주립복지기관, 지역사회정신건강센터의 사례를 제시하고 있는 바와 같이, 서비스의 효과성과 기관운영의 효율성을 도모하기 위한 실천적인 노력을 사회복지조직이 우선적으로 수행해야 한다는 점이 무엇보다 중요하다.

이는 정보자체가 갖는 의미보다 오히려 개인수준 내지 조직수준에 미치는 환류과정에 의해서 정보의 생명력이 확보됨을 의미한다. Taylor(1987: 195-201)가 운영관리정보에 의한 환류장치는 사회복지조직 종사자의 정서적 · 인지적 · 행동상의 반응에 영향을 미칠 뿐만 아니라 조직의 효과성에도 영향을 미친다고 주장하고 있는 바와 같이, 환류과정은 개개 종사자의 학습과 동기부여를 제공하며, 능숙한 정보관리는 기관운영에 중요한 영향을 미치지만 요용된 정보는 직원의 사기를 감소시키고 프로그램 운영에 역기능적으로 작용하게 할 수 있다.

이와 같이 조직 효과성에 미치는 환류체계는 클라이언트의 서비스 결과와 관련된 ① 서비스의 질적 효과성, ② 생산성과 서비스의 양, ③ 자원획득 및 환경으로부터 필요한 자원을 획득하는 능력, ④ 효율성 또는 투입에 따른 서비스 생산량의 비율, 그리고 ⑤ 직원의 사기 또는 기관종사자의 직무만족도와 같은 기관운영의 주요 차원에 프로그램 계획 · 평가, 인사 · 정보 · 자원관리 등의 영역에서 미치는 영향성이 포함되어야 하며, 환류과정은 클라이언트 환류체계를 바탕으로 직원 및 조직체로의 환류체계가 이루어져야 한다(Rapp & Poertner, 1992: 201-202).

이러한 평가에 의한 정보의 환류체계가 미치는 영향은 사회복지시설 운영의 초점과 방향, 운영개선을 위한 도구를 제공할 뿐만 아니라 승자의 감정, 강화원칙, 조직구성원의 참여 증대 등의 보상에 근거한 환경을 조성케 하며, 운영상의 조직구조와 심리학적인 장애요인을 제거하도록 해서(Rapp & Poertner, 1992: 281-303) 사회복지조직의 효과성을 극대화할 수 있는 관리능력의 결여에서 벗어나게 하는 중요한 역할을 한다(Turem, 1974: 620-622).

Ⅱ. 정보관리의 필요조건

사회복지사업의 운영을 향상시키고 대인봉사서비스의 긍정적인 결과를 산출하게 하는 필수적인 도구가 정보체계이며, 이는 관리자가 의사결정을 하거나 일차적으로 잘못된 영역에 대한 문제해결을 도모하거나 관리지침 또는 문제발견을 위한 필요조건을 가장 효과적으로 충족시킬 수 있게 한다(Poertner & Rapp, 1987: 177).

이와 같이 사회복지조직이 필요로 하는 정보를 신복기 등(2002: 348)은 공통적으로 다음의 〈표 11-1〉과 같이 정리하고 있다. 이러한 정보는 〈그림 11-1〉과 같이 사회복지조직에서 전형적으로 서비스 하위정보체계, 클라이언트 하위정보체계, 기관관리 하위정보체계 및 수행 하위정보체계로 구분되어 제시되고 있다.

실제적으로 사회복지조직이 필요로 하는 정보는 〈표 11-1〉과 〈그림 11-1〉에서 제시된 바를 수집한 데이터 자체가 일차적인 자료로써 활용성이 있지만, 문제를 발견해서 미연에 방지하거나 해결하기 위한 관리지침이 될 수 있는 정보는 운영관리평가에 의한 환류정보가 오히려 유용한 정보가 될 수 있다.

〈표 11-1〉 사회복지조직에 요구되는 정보의 종류

구분	내용
클라이언트(지역사회)정보	클라이언트의 인구학적 특성, 기관 이용현황 등
욕구 정보	지역사회주민과 클라이언트의 복지욕구의 내용 등
서비스와 자원 정보	제공하는 서비스의 종류와 내용, 서비스의 질, 서비스의 이용방법법과 이용시간, 담당자 등
처우 정보	처우계획, 실시 내용 등
기술 정보	사회복지사의 전문적 지식, 활용 가능한 기술 등
참가 정보	후원자, 자원봉사자 활동, 이벤트와 강좌 등
규범 정보	조직내 규칙과 지침서 등
환경 정보	정부시책, 행정방침, 관련정책 · 제도 변화경향 등
관리 정보	조직의 재무, 인사, 문헌과 신문기사, 타 조직에 관한 사항 등
기타 정보	

사회복지조직의 정보체계

서비스 하위정보체계

자료철 형태	포함되어야 할 자료
기관의 서비스	• 프로그램과 세부프로그램 종류, 서비스대상지역 및 서비스 자격기준 등
정보제공 · 의뢰	• 누가 누구에게 무엇을 전달했는가의 데이터, 의뢰한 클라이언트 및 종결 등

클라이언트 하위정보체계

자료철 형태	포함되어야 할 자료
클라이언트 배경	• 연령, 성별, 주소, 문제내용 등
사례관리	• 초기접수일자, 문제유형과 심각성, 제공된 서비스의 유형과 양, 종결과 사후관찰 정보, 계약이행 여부 등

운영관리 하위정보체계

자료철 형태	포함되어야 할 자료
사무관리	• 제공물품, 주소록 등
직원시간과 노력	• 직원별 활동시간과 활동형태
재정관리	• 수입, 지출, 자산, 부채

계획 및 평가 하위정보체계

자료철 형태	포함되어야 할 자료
계획	• 대상 및 표적인구집단, 센서스 자료 등
평가	• 효율성, 효과성, 생산성 척도 등
모니터링과 통제	• 동의 및 계약이행 자료, 자격증, 합격증 등

* 모든 하위정보체계에 공통된 활동

1. 자료철 개발, 수정 및 검색 등 자료관리
2. 보고서 작성
3. 기초적인 계산, 기술통계 및 고급통계분석 등

source: Dick Schoech, *Computer Use in Human Service: A Guide to Information Management*, N.Y.: Human Science Press, 1982, p.80.

〈그림 11-1〉 사회복지조직의 일반적인 정보체계

이에 여기에서는 운영관리평가에 의해서 노출된 관리정보를 사회복지조직 내 · 외적 정보로 구분해서 제시하고자 한다.

1 기관 외부 정보

조직 외적 측면에서의 정보는 최근 사회복지영역에서는 탈시설화, 정상화, 지역사회보호, 파트너십, 마케팅, 시너지, 문화, 공동체, 인권, 사회적 자본 개념 등이 주요한 쟁점으로 등장하고 있다. 이러한 쟁점과 아울러 사회복지영역에 영향을 미치고 있는 전문성, 인간성, 책임성, 다양성, 시장성, 참여복지 및 지역성 등이 고려되어야 할 정보라고 할 수 있다(조운희, 2000a: 57-61).

1) 전문성

사회복지사업법에서는 사회복지사의 전문성을 제고시키기 위해 사회복지사 1급은 국가시험에 합격한 자로 하며(제11조), 사회복지에 관한 전문지식과 기술의 개발 · 보급 및 사회복지사 자질향상을 위하여 한국사회복지사협회를 법정단체로 설립하도록 규정(제46조)하는 등의 제도적인 조치를 하고 있다.

이는 사회복지전문직도 Gustafson(1982: 501-505)이 지적한 바와 같이 다른 전문직과 마찬가지로 ① 사람 중심의 목적(people-oriented purpose), ② 광범위한 지식기반(an extensive knowledge base) 및 ③ 통제 메커니즘(mechanism of control)의 세 가지 특성을 사회복지실제에 적용할 수 있는 기술적인 지식, 개념 및 이론을 습득해야 할 뿐만 아니라, 사회복지교육협의회에서 요구하는 교육과정과 사회복지사협회의 사회복지사 윤리강령 등이 통제기제로 습득하도록 요구하고 있다.

2) 인간성

사회복지사업법의 개정에 반영된 특성 중의 하나는 「요보호대상자」 등으로 지칭해 오던 용어를 「사회복지를 필요로 하는 사람(제1 · 4 · 5조)」으로 표현하고 있으며, 국민기초생활보장법에서도 보호, 피보호자, 보호기관 등 시혜적 성격의 용어들을 보장, 수급권자, 보장기관 등 권리적 성격이 강한 용어로 변경함으로 인해서 사회복지를 필요로 하는 자의 인권과 인간성을 보장하는 상징적인 조치로 이해할 수 있다.

이는 사회복지사가 사회복지서비스를 필요로 하는 자 또는 수급권자로 표현하도록 하는 의도적이고 상징적인 실천이 시작됨으로써 비롯되며, 나아가 사회복지를 필요로 하는 사람 및 이들의 욕구에 대한 다양성을 인식함으로서 실제적으로 구체화된다는 점을 이해해야 할 것이다.

이용자들의 욕구는 곧 이들의 권리라고 전제하고 경제적으로 불충분한 상태 이외에도 사회적 · 문화적 · 사회적 · 신체적인 불만족 상태 및 상대적인 박탈을 포함하는 규범적인 욕구에 대한 이해를 토대로 인지되고 표출되는 상대적인 요인도 고려하는 포괄적인 개념으로 이해해야 하며, 이러한 욕구가 이용자의 권리로 보장되기 위해서 사회복지실제에서 어떻게 기능하고 있는가를 파악하는 것이 무엇보다 중요하다.

이와 더불어 복지업무에 종사하는 사람은 그 업무를 행함에 있어서 사회복지를 필요로 하는 사람을 위하여 차별 없이 최대한 봉사하여야 한다(제5조)고 하는 강제규정은 사회복지사가 사회복지현장에서 사회복지서비스를 필요로 하는 사람과의 관계형성 시에 이들의 잠재력, 성장가능성 및 미래지향성을 내면화한 태도와 사고로 서비스 품질보장을 위한 최선의 노력을 경주할 것을 요구하고 있다.

3) 책임성

사회복지사업법 제43조에서 보건복지부장관 및 시 · 도지사는 보건복지부령이 정하는 바에 따라 시설을 정기적으로 평가할 수 있으며, 이를 시설의 감독 또는 지원 등에 반영 할 수 있도록 규정하고 있으며, 동법 시행규칙 제27조에 3년마다 1회 이상 시설에 대한 평가를 ① 입소정원의 적정성, ② 종사자의 전문성, ③ 시설의 환경, ④ 입소자에 대한 서비스의 만족도, ⑤ 기타 시설의 운영개선에 필요한 사항에 관한 평가기준에 따라 실시하도록 강제규정하고 있다. 또한 동법 제45조에서는 사회복지사업을 수행하는 자가 받은 후원금의 관리를 위한 법적 근거를 신설하여 그 투명성을 확보할 수 있는 근거를 강제규정하고 있다.

그러나 사회복지사업법에 사회복지시설평가의 목적규정을 보완함으로써 동법 시행규칙 제2조의 결과평가 평가기준 보다 오히려 기타 시설의 운영개선에 필요한 사항이라고 규정한 평가기준에 비중을 둔 평가방법과 절차 및 적용방안을 지원할 수 있는 조치도 요구된다. 이와 더불어 사업이 확장되는 경우나 특정지역인 특정대상을 위한 특성화 사업에 대한 평가 및 기본적인 운영비지원을 토대로 한 안정적인 사업별 예산지원 방안 모색이 요구된다. 이와 같이 사회복지조직이 조직 내적인 유지관리기능을 강화함으로써 서비스전달기능에 대한 사회적인 책임성과 효율성을 확보할 수 있도록 지원하는 제도적인 장치의 보완 등의 적극적인 대응을 강구해야 한다.

4) 다양성

사회복지사업법 제6조에서는 "누구든지 정당한 이유 없이 사회복지시설 설치를 방해할 수 없으며, 시장 · 군수 · 구청장이 정당한 이유 없이 이를 지연시키거나 제한하는 조치를 하여서는 아니 된다"고 규정하고 있으며, 또한 동법 제43조에는 사회복지사업의 활성화를 위하여 현행 시설설치 · 운영의 허가제를 신고제로 전환하는 한편, 국가 · 지방자치단체 · 법인 이외에 개인도 사회복지시설을 설치 · 운영할 수 있도록 규정하고 있다.

이와 아울러 시설의 최소 규모를 상시 30인 이상을 수용할 수 있는 시설에서 10인

이상을 수용할 수 있는 시설로 완화하고 있으며, 동법 제2조 제1항에 사회복지사업의 정의에 포함된 개별법에 10인 미만의 소규모시설을 따로 규정하고 있거나 이용시설인 경우는 예외규정을 두고 있다.

이와 같이 사회복지를 행하는 자의 범위를 확대하고 이들이 사회복지사업에 참여할 수 있는 기반조성 및 여건을 마련함으로써 파트너십의 개념에 보다 충실할 수 있는 토대가 구비되었기 때문에 사회복지 주체 및 대상의 다양성 측면에서 실천 · 응용하는 파급효과가 기대된다.

5) 시장성

상기의 사회복지 주체 및 대상의 다양성 측면에서 실천 · 응용하는 노력은 사회(적) 문제 내지 욕구의 다양성에 기초한 지역사회 특성 반영, 틈새시장에 초점을 둔 프로젝트사업을 강화할 수 있는 실천적인 방안이 요구된다.

이를테면 지역적인 특성을 반영한 프로젝트, 중간시설(Halfway House), 그룹홈(Group Home) 그리고 기관중심의 학교사회복지실천 등을 통한 틈새시장에 노출된 사회복지서비스를 필요로 하는 사람들을 위한 사업, 지역(마을) 공동체 형성과 복지문화 구축을 도모할 수 있는 사업에 초점을 둔 실천방안과 아울러 사회적 자본 개발을 위한 사업 등을 공모 · 심의하여 예산 등을 행정지원 하는 프로그램 중심의 예산지원 방식으로의 전환에 대비할 수 있도록 프로그램 개발과 평가 능력을 배양하도록 노력해야 할 것이다.

이는 사회복지를 필요로 하는 사람들 내지 욕구의 다양성에 기초해서 틈새시장을 대상으로, 공동체를 대상으로, 사회적 기업 또는 협동조합 등에 의한 사회복지시장을 개척하는 사회복지창업이 사회복지영역뿐만 아니라 영리조직, 학교 · 종교 등의 비영리조직 및 개인의 관심과 참여가 보다 활발해져야 한다. 더욱이 이러한 사회복지창업의 노력은 전문성을 배양하고 사회적인 책임성을 확보하도록 하는 노력과 아울러 정책적이고 행정적인 지원을 적극적으로 하는 조치가 수반되어야 다양성에 부합된 참여복지가 이루어질 것이다.

6) 참여복지

모든 국민은 오늘의 사회복지서비스 공급자는 내일의 소비자가 될 수 있고 그 역도 성립된다는 소비자-공급자 원칙과 소비자의 욕구에 의해 사회복지사업이 수행되어야 가장 효과적으로 목표가 달성될 수 있다.

그러므로 자원봉사, 모니터제도, 복지옴부즈맨제도, 민간복지 참여 활성화 방안 이외에도 지방자치단체, 민간사회복지기관, 사회복지전문직은 하나의 서비스나 프로그램을 통하여 발생할 직접적 또는 근시안적인 효과에 치중하는 자체는 지양해야 한다. 오히려 과정목표의 달성에 초점을 두면서 기대되는 파급효과 · 환류효과에 비중을 두는 프로그램 내지 기관운영이 오히려 장기적으로 효과적일 수 있다는 점을 지적하고자 한다.

이는 옴부즈맨 · 모니터링 활동, 사회복지교육, NGO 또는 NPO, 사회적 자본 개발 등에 의한 사회개발 등을 도모할 수 있는 구체적인 실천목표를 개발함과 아울러, 민간자원의 동원 창구인 공동모금 기부문화 확산과 마을 단위의 지역복지공동체 형성을 위한 기초 활동도 유도되어야 할 것이다.

7) 지방화

지방자치제 실시로 중앙정부 중심의 획일적이고 수직적인 복지행정체계의 상당부분이 지방정부에 그 책임과 역할을 이양하는 것이 절실히 요청되고 있으며, 보건복지사무소의 설치운영의 전국적인 확대 및 동사무소의 행정복지센터로의 전환 등의 정책변화는 공 · 사 사회복지조직간 또는 중앙정부와 지방정부간의 상호협력성과 역할 분담을 촉진하고 있다고 할 수 있다.

이는 지역을 하나의 치료단위로 보고 지역사회보호에 기초해서 지역사회 내에 존재하는 다양한 문제와 욕구를 파악하고 이를 토대로 적절한 서비스를 개발하고, 관련된 사회복지기관 간의 업무를 조정하는 등의 역할에 대한 주요성 비중이 높아지고 있다. 이를 위해 한국 · 시 · 도 사회복지협의회가 사회복지사업법에 의한 법정단체로 설립되어 활동하고 있지만 보다 연구 · 개발 · 조정 및 협의 기능과 이에 따른 역할이 강화되어야 할 것으로 지적되고 있다.

이러한 제도적인 변화에 대한 흐름을 사회복지사가 세부적으로 이해를 해야 하는 이유는 기관운영 내지 운영평가를 통해서 달성해야 할 과제일 뿐만 아니라, 이를 기관 내적인 정보로 전환해서 계획 · 실행 · 평가 · 환류과정에 대입하거나, 기관정책 형성 내지 기관변화를 위한 기초자료로 활용해야 하기 때문에 중요하다.

2 기관 내부 정보

사회복지조직은 인간봉사조직으로서의 구조적 특성(성규탁 역, 1992: 312-315)으로 인한 보수적인 조직 습성과 불안은 현재 상태를 고집하려는 역동성에 영향을 미치고, 이는 조직전략, 구조, 과정, 절차 그리고 인적자원의 변화와 발달에 역기능을 초래하고 있다고 Bargal & Schmid(1992: 2)가 지적하고 있는 바와 같이, 이러한 역기능적인 요인이 운영평가과정에서 나타난 바를 지적하면 다음과 같다.

① 평가지표 및 평가방법에 대한 이해가 부족하고 태도가 적극적이지 못하다.
② 기관 진단 컨설팅 중심의 평가가 이루어지지 않고 있다.
③ 그래서 결과적으로 자체평가결과를 바탕으로 현장평가에 대비한 전략이 불충분하다.

이에 저자가 참여한 자발적인 사회복지시설평가 결과(전재일 등, 1996: 206-221; 박태영 · 조운희, 2000: 54-67), 1999, 2001, 2002년 대구광역시 달서구 사회복지관 평가와 2000, 2003년 사회복지관 및 요양시설 현장평가에 참여한 과정에서 인식한 보완되어야 할 주요정보를 직원 · 조직개발을 통한 서비스 효과성을 향상시키고자 하는 발달론적인 측면에서 기술하면 다음과 같다.

1) 기관정책 및 운영목표 설정

사회복지기관행정의 기본적인 목적이 우선적으로 명료하게 설정되어 있지 않다고 Patti(1985: 1)가 지적하고 있는 바와 같이, 사회복지조직은 이용자 중심에서 직원 및 조직 개발을 통해서 종합적인 질 관리를 도모하는데 기관운영의 방향성 내지 목적으로 삼고, 이를 위한 과정목표를 설정해서 이용자들을 위한 결과적인 차원에서의 운영목표 달성 및 목표와 프로그램간의 인과관계를 입증하는 효과성 평가가 이루어지도록 전략적인 계획을 강화해야 한다.

2) 하드웨어적 정비 및 운영의 내실화

운영자문위원회 구성 측면에서 부분적이기는 하지만 사회복지학계, 자원봉사자 및 지역주민 또는 이용자 대표 등을 포함하도록 해서 실질적인 운영과 규정상의 위임사항을 구체적으로 명시할 필요성이 있으며, 또한 구조조정과 관련해서 시설 공간 활용 및 그 효과성 측면에서 유휴여유 공간을 중 · 장기적으로 중간시설 등으로 전환하기 위한 당위성을 모색할 필요성이 요구되고 있다.

3) 아메바(amoeba)적인 조직화

사회복지기관과 시설은 구조적으로 나름대로의 부 · 과 · 팀 · 센터 등의 조직을 구성해서 나름의 운영체계를 모색하고 있지만, 실제적인 측면에서 팀 또는 협동작업이 유기적이고 기능적으로 이루어지지 않고 있다고 판단되기 때문에, 사회복지조직은 생태학적이고 탄력적인 균형을 유지하는 아메바(amoeba)적인 유기체로서 기능을 실제적으로 도모할 수 있는 팀제도가 확립되어야 할 것이다.

4) 기관 나름의 직원개발 방안 강구

직원개발체계는 직장내 훈련(OJT)을 통한 자체적인 직원개발을 위한 노력보다는 대체로 외부의 교육활동에 참여하도록 지원하는 형태이기 때문에 직원 스스로에 의해 제안된 현임훈련의 필요성을 존중해서 기관 자체적인 직원개발 계획과 실천이 요구된다고 할 수 있다. 이를테면 직원개발체계를 보다 기관중심에서 종사자 중심으로 의도적인 다양한 기회를 제공한다면 직원들은 동료들과 서로의 역할과 책임성을 존중하며 협력적으로 연구발표를 하고 다른 직원들도 참여하도록 격려함으로 말미암아 현장이 바탕이 된 전문지식의 습득과 그 적용능력을 향상시킬 수 있는 방안이 강구되어야 한다.

5) 사례관리 능력 배양

① 집중관리케이스의 경우에도 사례조사에 의한 사정 및 중재를 위한 사례계획이 미흡하거나 수립되어 있지 않으며, 사례조사, 중재계획 수립 및 기록을 위한 서비스기록부를 개발해서 활용되어야 할 필요성이 있다.

② 이로 인해 제공되는 서비스 내용은 기능주의적 관점에서 서비스/프로그램 이용 내지 제공 수준에 머물고 있는 상태이며, 사회복지사의 「계획적, 유목적적, 의도적인 노력」이 부족한 상태이다.

③ 사례기록이 불충실하고 전문용어의 활용도를 높이고 최소한 1~2가지의 중재방법을 실제적으로 적용하는 능력이 부족하다.

6) 프로그램 계획 능력 배양

포괄적인 서비스 계획 및 실행 작업체계를 구성해서 운영하거나, 서비스 설명서를 작성할 수 있는 능력에 대한 보완이 요망된다. 이를테면 서비스 설명서는 직원들 간의 정보교환과 개개 서비스나 프로그램에 대한 전 직원들의 이해를 향상시키게 하는 수단이며, 이용자들에게는 서비스나 프로그램에 대한 참여의도를 확인하고 이용자 나름의 목적과 세부목표를 설정하여 참여할 수 있도록 하는 사전정보 제공 등의 기능을 기 때문에 정기적 내지 수시로 「프로그램 컨퍼런스」를 수행한다.

7) 관리자의 지도감독 기능 강화

① 지도감독일지를 구비하거나 업무일지 · 직원 회의록에 별도의 지도감독란을 마련해서 활용하거나, 업무일지를 체크리스트 형태가 아닌 개방형으로 작성해야 할 필요성이 있으며, 계획서나 기안 등의 수정본을 일정기간 보관하는 것도 하나의 방법이라고 생각된다.

② Turem(1986: 19)이 일선사회복지사에서 지도감독자 또는 중간관리자로 지위변화에 따라 당연히 요구되는 관리, 지도감독 및 교육기능을 담당할 수 있는 훈련장치가 거의 없는 상태라고 지적한 것처럼 최고 · 중간 관리자의 의지, 역할과 기능에 따라 운영관리 및 평가결과에 미치는 영향이 크다고 판단되기 때문에 전략적인 계획 및 평가대비 전략을 수립해서 실행할 수 있는 능력과 기능이 강화되어야 할 것이다.

8) 미학적 요소를 포함한 시설관리 방안 강구

① 안내실이 있지만 유명무실하게 운영되고 있는 기관과 시설은 주민봉사실 등으로

전환함으로서 주민과의 의사소통 창구로 활용하는 방안과 최소한 장애인 이동램프를 구비하도록 권장하며, 전반적으로 상담실에 대한 관심이 부족한 것으로 지적된다.

② 시설관리 관련법에 의한 소방교육기록부, 전기수리 작업일지, 자위소방대 편성표, 소방계획서, 제조소 설치 허가증 등을 구비하고, 비품관리 등을 위한 재물조사, 안전점검과 하자보수 기록을 보다 철저히 해야 할 것이다.

③ 건물외부구조는 제외하더라도 미학적 요소를 충분히 반영하여 건물 내·외부를 도장하거나, 내부 공간, 전시, 직원복장 등에 대한 인식, 후각적·촉각적 요인 등 서비스 전달장소에 대한 이미지 관리에도 유념한다.

9) 지역특성 반영한 서비스/프로그램 개발·운영

① 지역특성에 대한 명확한 진술이 되어 있지 않다.

② 지역특성을 반영한 사업이라는 연관성 내지 근거를 충분히 제시하지 못하고 있다.

③ 이로 인해 프로그램 계획시의 지역사회문제 해결을 위한 목표설정이 불명확하게 나타나므로 문제확인에 기초한 목표설정과 이를 달성하려는 구체적·의도적인 방안으로 프로그램을 개발·시행·평가하는 노력이 요망된다.

10) 사회복지마케팅 전략 모색

① 장기적인 측면에서 운영평가는 사회복지기관간의 평준화를 초래한다고 할 수 있기 때문에 운영관리평가 정보에 의한 서비스/프로그램, 비용, 판촉활동, 서비스 전달장소, 인적자원 차원에서 차별화를 도모하기 위한 내부마케팅에 의한 외부마케팅을 전략적으로 수행한다.

② 특수프로그램 내지 지역특성을 반영한 프로그램, 수혜자-제공자 원칙에 의한 그

리고 원외출장 · 상주서비스 실시에 대한 방안을 경로당 내지 주민자치센터 및 종교시설 등과 연계하는 적극적인 방안이 모색되어야 할 것이다.

③ 사회복지법제상의 임의규정을 활용하거나, 중앙정부 또는 지방자치단체의 보건복지정보를 활용하는 정보마케팅, 향후 복지정책 형성 내지 제도화를 위한 촉진자, 대변자 내지 옹호자로서의 사회행동마케팅과 사회광고에 대한 관심, 직원과 조직개발을 위한 전략으로서의 분위기마케팅, 사회복지실천 가치를 활용한 가치마케팅 등 그 적용범위를 확대해야 할 것이다.

11) 수혜자-제공자 원칙에 기초한 조직화 사업의 강화

이용자 · 지역주민을 대상으로 1차적인 표출기능에 초점을 둔 의도적인 조직화 활동을 지속함과 아울러, 표출기능에 중점을 둔 집단이 2차적 · 수단적 목표를 성취할 수 있도록 하는 기술적인 노력이 요구된다. 이를테면 이용자 · 지역주민에 의해 서비스나 프로그램이 요구되어지거나, 이용자의 권리보장에 관한 사항 등과 같은 다양한 제안 · 옹호 · 지도 등의 활동이 활발하게 이루어질 수 있도록 하거나, 서비스 수혜자로 참여한 이용자들이 결과적으로 서비스를 제공한다는 수혜자-제공자 원칙에 기초한 촉진자의 역할이 요구된다. 이는 운영평가 대비전략으로서 임의표집에 의한 이용자평가와 관련해서 장기간에 걸쳐 기반조성사업으로 추진되어야 할 필요성이 있다.

12) 사례 및 프로그램 평가 능력 배양

사례 및 프로그램 계획 시에 이용자 만족도 및 서비스 효과성 입증을 위한 조사도구의 신뢰성과 타당성 확보 및 전 · 의사 · 전통적 실험조사설계 형태 적용 등 구체적인 방안이 포함되도록 하고, 시험적인 단계에서 벗어나 조사 · 평가결과를 반영하고 활용한 근거를 마련하도록 하는 노력이 요구된다.

13) 노력성을 표현할 수 있는 능력과 기술 개발

사례와 프로그램 파일을 마련해 두고 그 개입과 시행 과정에 대한 기록 작성이 대체로 불충실하거나 산발적 · 비체계적이며, 일지 · 출석부 등의 기능과 사회복지사가 프로그램을 개발 · 관리운영 하는 과정을 총괄적으로 기록하는 프로그램파일과의 구분이 요구된다. 또한 전반적으로 평가자료 작성에서도 평가지표 이해가 불충분하거나 표현 미숙으로 누락되는 경우 또는 구체적인 자료를 제시하지 못하거나, 기록된 근거자료가 없기 때문에 노력성을 충분히 설명하지 못한 측면도 있다는 점에 유의해야 할 것이다.

Ⅲ. 정보관리의 충분조건

관리정보는 궁극적으로 인간관계와 관리 효율성의 원칙과 조화가 이루어진 사회사업행정 또는 사회복지기관행정과 직접적인 관계(Skidmore, 1983: 17)가 있다. 그러므로 서비스 효과성과 관리 실제를 접목(Patti, Poertner & Rapp, 1987: 1)시키고자 한 성취모형, 이용자중심모형, 발달모형, 종합적인 질 관리 모형 등의 사회복지기관행정모형의 특성을 반영한 기관운영을 목표로 삼아야 한다.

이와 같이 설정한 기관운영 목표를 달성하기 위해서는 Weissman이 언급하고 있는 클라이언트, 직원 및 기관으로부터의 저항을 극복해야 하는 점이 선행되어야 한다 (Weissman, 1988: 208-213).

1 클라이언트의 저항관리

클라이언트의 저항은 다음의 세 가지 형태로 나타난다.

1) 순진성

일부의 순진한 클라이언트는 공공기관이라는 자체에 대한 또는 이에 대해 작은 의혹을 가지거나 비판을 하면 서비스를 받지 못하는 처벌을 받지는 않을까 하는 순진성이 있으며, 공식적인 기록을 두려워해서 이름을 밝히는 그 어떤 것도 원치 않으며, 당연히 즐거운 마음으로 감사해야 한다고 느끼기 때문에 프로그램 또는 기관에 대한 사실적인 정보를 제공하지 않을 수 있다. 이러한 클라이언트의 순진성을 극복하기 위해서는 우선은 클라이언트에게 익명성을 확신시켜 주어야 하고, 서비스/프로그램 종결 시에 정보수집을 하는 시간상의 적절성(when), 환류체계의 중요성을 설명하는 사람이 누구이며(who) 어디에서(where) 면접해야 할 것인가를 고려해야 한다.

2) 냉소적인 태도

환류에 의한 변화가 전혀 없을 것이라고 하는 냉소적인 태도를 가진 일부의 클라이언트들로부터 획득한 정보는 편견적일 수도 있다. 이러한 경우는 클라이언트의 대표자 집단을 활용해서 환류 결과가 없다는 점을 논쟁거리로 클라이언트들이 다루도록 정보를 노출한다거나, 클라이언트들 간에 회자되고 있는 내용이 기관의 주요 관심사라는 점에 대한 의견을 경청하거나, "우리 집에는 왜 사회복지사가 방문하지 않는지 몰라"하는 등의 질문과 같이 다른 형태의 요구가 있을 수 있다는 점을 인식해야 한다.

3) 보호적 태도

매우 보호적인 생각을 가진 일부의 클라이언트는 기관이 누군가를 압박하려고 한다고 느끼거나 이를 위한 원인제공자가 되기를 원하지 않는다거나 보복을 두려워하기 때문에 사실을 말하지 않는 경향도 있다.

2 직원의 저항관리

직원의 저항은 다음의 4가지 형태로 나타난다.

① "내가 무능한 사회복지사로 노출되지 않을까"에 대한 두려움 내지 이로 인해 공격받지 않을까 하는 위협으로 야기되는 저항을 느끼게 된다.
② "내가 정말 사회복지사로서의 능력이 있는가?" 하는 자기회의감(self-doubt)을 갖게 하거나, 변화에 대한 위협 내지 강제적인 변화 상황에 처하게 되지는 않을까 하는 두려움이 저항으로 나타난다.
③ 환류체계는 사회복지사에게 직접적으로 작용해서 사회복지사가 무엇을 해야 하는가에 긍정적인 영향을 미친다. 그러나 서비스에 부정적으로 작용하는 기관 또는 다양한 체계에 대해서는 직접적인 영향으로 작용하지 않는다는 점에서 저항할 수도 있다.
④ 사회복지사는 이미 평가결과를 바탕으로 정당성을 확보하고 있는데 칭찬과 격려도 없이 오히려 비판적인 질타를 받는다고 한다.

이러한 직원들의 저항을 극복하기 위해서 다음의 조치를 취한다.

① 우선 클라이언트 환류체계의 초점이 문제 직원을 다루기 위한 것이 아닌 클라이언트를 다루는 기관의 방법을 파악하는데 둔다.

② 안심하고 환류체계를 활용할 수 있는 절차를 개발한다.

③ 직원들을 평가과정에 참여시키는 장치가 무엇보다 중요하다.

3 조직의 저항관리

클라이언트 환류체계로부터 갖는 조직의 저항은 다음의 4가지 형태로 나타난다.

① 조직차원의 저항은 기관노출에 방어적이고 클라이언트의 기대감 증대 내지 이로 인해 초래될 기관이 감당하지 못할 결과에 민감하다.

② 클라이언트 환류에 대한 신뢰성을 다소 불신하는 경향이 있다.

③ 행정가는 기관 안정성에 미칠 위협에 민감하게 받아들인다.

④ 행정가는 클라이언트가 기관에 대해 본래 호의적이지 않다거나 프로그램 계획에 활용할 만한 정보를 제공할 능력이 클라이언트에게 없다고 인식하는 경향이 있다.

이와 같은 기관의 저항을 극복하기 위해서 무엇보다 중요한 것은 총체적인 기관운영을 이해하고자 하는 토대 위에서 환류체계를 활용해야 하며, 클라이언트 환류에 기초한 기관운영을 어떻게 할 것인가? 하는 명확한 단계적인 계획이 클라이언트 중심의 기관행정을 위한 해법(key)이라고 할 수 있다.

그러므로 평가결과 및 문제를 판단하는데 있어서의 자신감은 계획을 강화하게 되므로 비판적인 평가결과를 투입할 수 있는 지지분위기를 개발해야 한다.

이를 위해서 다음의 질문에 관한 해답을 모색해야 한다.

① 직원과 기관이 클라이언트 환류를 최대한 활용하기 위한 조직상황은 어떠한가?

② 클라이언트 환류와 직원훈련 및 다른 형태의 조사와의 관련성은 어떠한가?

③ 직원들이 클라이언트 환류체계로 전환하는데 얼마나 많은 시간과 돈과 노력이

필요한가?

④ 클라이언트 환류체계를 수행하는데 필요한 훈련부서 또는 조직수준 등과 같은 다른 지원요소는 무엇인가?

Ⅳ. 정보관리의 필요충분조건

필요조건으로써의 운영관리정보가 상기의 충분조건을 만족시키는 정보관리체계는 Rapp & Poertner(1992: 93-100)가 지적하고 있는 다음이 전제되어야 한다.

① 조직은 학습을 지지하는 조직문화 또는 이를 위한 부수적인 조치가 수반되어야 한다.

② 관리자는 운영향상을 도모할 수 있도록 정보를 활용하는 지식과 기술, 이를테면 무엇이 중요하고, 만인의 관심을 어떻게 집중시키는가, 또는 그다지 중요하지 않는 요인에 초점이 맞추어져 관심이 산만해져 있지는 않는가 등에 민감해야 한다.

③ 향상된 운영정보를 측정하고, 저장하며, 재활용할 수 있는 정보체계가 있어야 한다.

이는 궁극적으로 관리자가 이용자 중심적(client-oriented), 운영 중심적(performance-oriented), 직원에게 보상적인(rewarding to staff), 문제에 민감한(problem-sensing) 그리고 학습 지향적인(learning oriented) 환경 또는 문화를 창조하고 유지하기 위한 도구로써 운영지침체계로 활용하게 한다(Rapp & Poertner, 1992: 138).

이와 같이 사회복지조직이 클라이언트 환류체계를 바탕으로 이용자 중심에서 직원 및 조직 개발을 도모함으로써 보다 질적으로 향상된 서비스를 제공하기 위해서는 ① 조직의 일차적인 목표로서의 질(quality), ② 소비자/클라이언트 참여에 의한 질 정의,

③ 조직에 의해 이루어지는 소비자 만족, ④ 종사자의 자긍심 향상 조치 및 능력개발을 병행해서 이해되고 감소되어야 할 과정상의 변인, ⑤ 팀(team)과 협동작업(team work)에 의한 계속적인 변화 도모 그리고 ⑥ 최고관리자의 체계적인 접근에 의한 질 문화 증진, 종사자의 능력개발, 장기적인 계획수행 등 TQM의 관리철학(Martin, 1993b: 23-25)이 필요충분조건이 되어야 한다.

Chapter 12

사회복지실천기록[1]

사회복지실천과정의 상호의존적인 특성은 실천과정의 각 단계를 분리해서 활용하는 방법보다 오히려 문제확인, 목적설정, 서비스계획, 평가 및 사회복지실천기록을 통합적으로 활용하고자 하는 개념과 적용방법으로 적용되어져야 한다.

실제적으로 사회복지실천계획 과정 및 실행과 사회실천기록이 통합적으로 사회복지사의 과제수행순서에 따라 용이하게 적용되어야 한다. 그럼에도 불구하고 사회복지실천기록과 관련된 문제점으로 ① 기록할 시간의 부족, ② 기록에 투입되는 시간의 과대한 소요, ③ 사회복지사의 기록에 대한 반감, ④ 사무적인 보조 부족, ⑤ 기록물을 보관할 공간 부족, ⑥ 최신 정보가 기록에 포함되지 않음, ⑦ 기록의 질 저하, ⑧ 재원확보 및 인가 획득을 위한 기록이 비현실적으로 과중할 뿐만 아니라, 기록의 유용성이 없고 중요한 기록의 누락되며 기록양식이 중복되거나 지침이 비현실적이고 정보검색의 곤란 등이 지적되고 있다(Kagle, 홍순혜 · 한인영 역, 1999: 34).

이러한 기록과 관련된 문제점은 오늘날 사회복지실천기록이 갖는 목표들, 이른 바 책무성(accountability), 효율성(efficiency) 및 사적권리(privacy)를 포괄적으로 충족할

1) 조운희, 2003, "사회복지실천계획을 위한 주요개념과 기록에 관한 연구," **神學과 牧會**, 제20집, pp. 347-372에서 사회복지실천기록에 관한 부분을 수정 보완한 것임.

수 있는 내담자나 사회복지사 중심이 아닌 서비스 중심기록(Service-Centered Record)을 바탕으로 해야 해결이 가능하며, 다음의 내용이 사회복지실천기록에 포함될 때 적합하다고 할 수 있다(Kagle, 홍순혜 · 한인영 역, 1999: 38-39).

> 어떻게 내담자-상황과 이용 가능한 자원들이 서비스의 목적, 목표, 계획과정을 포함하여 서비스에 관한 결정과 활동의 근거가 되고 있는가, 이와 반대로 이러한 근거들이 어떻게 내담자-상황과 이용 가능한 자원들에 영향을 주고 있는가

위와 같이 내용이 포함된 사회복지실천기록이 되기 위해서는 ① 내담자-상황, 개인과 환경체계간의 교류 관찰, ② 사회복지지식과 가치를 관찰에 적용하는 전문가 판단과 관련된 사정, ③ 사정에 사용된 기준이 반드시 구성요소로 포함되어야 한다.

사회복지실천현장에서 활용되고 있는 기록방법은 이야기체 기록(Narrative Records), 문제중심기록(Problem-Oriented Record; POR), 시계열적 기록(Time-Series Records; TSR) 및 목표성취척도(Goal Attainment Scaling; GAS) 등이 활용되고 있다. 그러나 POR 형식은 새로운 또는 수정된 정보(Supplemental), 관찰(Observations), 과제(Activities), 견해(Impressions), 목적(Goals)과 계획(Plan)을 포함한 SOAIGP형태로 수정해서 Kagle(1991)이 제시하고 있지만 사회심리적 정보, 사회복지서비스와 활동에 관한 전체 범위를 포괄할 수 있도록 수정되어야 할 필요성이 있으며, 또한 시계열적 기록은 측정과정 자체가 서비스과정과 효과에 영향을 줄 수 있고, 목표성취척도는 목표의 적절성과 중요성, 효율성과 효과성 및 개입효과의 직접적인 원인 파악이 곤란하다고 지적되고 있다(Kagle, 홍순혜 · 한인영 역, 1999: 118-134).

이러한 사회복지실천 기록방법의 한계성은 바람직한 평가를 위해서라도 ① 기록과정과 보고과정에 목적의식을 불어넣는 체계 개발, ② 사회복지실천가의 전문적인 평가기술을 강화시키는 체계 개발, ③ 최소한의 시간이 요구되는 평가체계 개발을 할 수 있도록 보완되어야 할 전제조건이라고 할 수 있다(Allen-Mears, Washington & Welsh,

1986: 257).

이와 같이 사회복지실천기록체계는 오늘날의 주요 쟁점인 사회복지기관 활동에 대한 책임성 확보를 위해 SOAP, POR, TSR 및 GAS 기록형식이 사회복지사의 계획과정 순서에 따라 적용할 수 있도록 보완되어야 할 뿐만 아니라, 각 기관의 특성을 감안해서 개발한 다양한 형태의 기록양식의 표준화 및 전산시스템과의 호환성을 고려해서 활용되어야 한다.

그러므로 사회복지실천기록체계도 사회복지사의 계획과정 작업체계와 일관작업으로 적용되기 위해서는 다음과 같은 장점이 있어야 한다(조운희, 2002: 122).

① 체계이론, 생태체계이론, 강점이론, 권한부여이론 등의 사회복지실천 관점을 반영한 실천기록을 가능하게 해야 한다.
② 미시적, 중간적, 거시적 수준에서의 사정과 평가방법까지를 포함하는 계획을 함께 기록할 수 있게 해야 한다.
③ 클라이언트, 사회복지사 및 기관 등의 행동체계가 문제점을 공유하고 개선방안을 검토하기 위해서 과정중심에서 기록할 수 있어야 한다.
④ 사회복지실제에서의 서비스계획을 지향하는 체계적 접근의 작업순서와 부합된 사회복지실천기록을 가능하게 하는 장점이 있어야 한다.

이에 저자는 사회복지실천을 위한 포괄적인 개념으로 규정하고 사회복지계획 내지 사회복지실천기록의 준거로 제안한 연구(조운희, 2002: 105-129)를 토대로, 본 저서 제2장에서「프로그램 계획」의 영문표기인「PROGRAM DESIGN」의 머리글자로 시작되는 사회복지실천계획의 단계별 과제를 〈그림 2-5〉와 〈그림 2-7〉과 같이 사례 및 프로그램계획뿐만 아니라 사회복지사의 기록체계로 이미 제시하였다.

이러한「PROGRAM DESIGN」기록체계는 다음과 같은 장점이 있다고 할 수 있다.

① 미시적 · 중간적 · 거시적 수준의 클라이언트와 사회복지사가 함께 일관된 과제수행을 가능케 한다.

② 문제확인을 위한 탐색연구과정을 충실히 수행할 수 있다.
③ 초기관계 형성이 용이하다.
④ 프로그램계획에서의 사정 및 계획단계의 주요과제를 기록과 동시에 수행할 수 있게 한다.
⑤ 과정목표 달성도를 직접 확인 할 수 있다.
⑥ 문제해결 중심의 기록을 하게 한다.
⑦ 개별화된 개입전략을 수립할 수 있는 장점이 있다.

그러므로 사회복지실천기록체계는 Kagle이 제시하고 있는 기록내용의 요소들(Kagle, 홍순혜 · 한인영 역, 1999: 44)을 사회복지실천의 메타개념에 기초한 계획과정에 따라 다음의 〈그림 12-1〉과 같이 재구성되어야 한다(조운희, 2003: 359).

이를 구체적으로 고찰하면 사정단계에서는 클라이언트의 특성과 사회력 조사를 바탕으로 사정한 클라이언트-상황에 관한 정보와 서비스 전달을 위한 서비스 제공 방법과 이유, 자원과 장애요인에 관한 사정이 사회복지실천기록에 포함되어야 할 내용이며, 계획단계에서는 목적과 목표 진술, 프로그램가설 개발 등 서비스 실행계획에 관한 DESIGN 주요과제 수행 결과를 기록해야 한다.

또한 실행단계에서는 클라이언트-상황에 대한 데이터를 보완하고 중간평가에 관한 내용이 클라이언트-상황에 관한 정보로, 서비스 전달에 관한 정보는 서비스 계획(DESIGN) 검토, 기초선 확보, 실행과 서비스과정 · 활동 · 사건 · 계획변화에 관한 과정평가, 정보관리(MIS) 및 서비스 재검토 등 산출평가에 대비한 모니터링 데이터 확보를 위해 꼼꼼히 기록해야 한다.

그리고 종결단계에서는 클라이언트-상황에 관한 결과평가와 사후지도에 관한 내용이 클라이언트-상황에 관한 정보로, 서비스 전달에 관한 정보는 제공된 서비스 결과평가와 환류, 서비스 활동 요약 및 추후 서비스 제안 등이 기록되어야 한다.

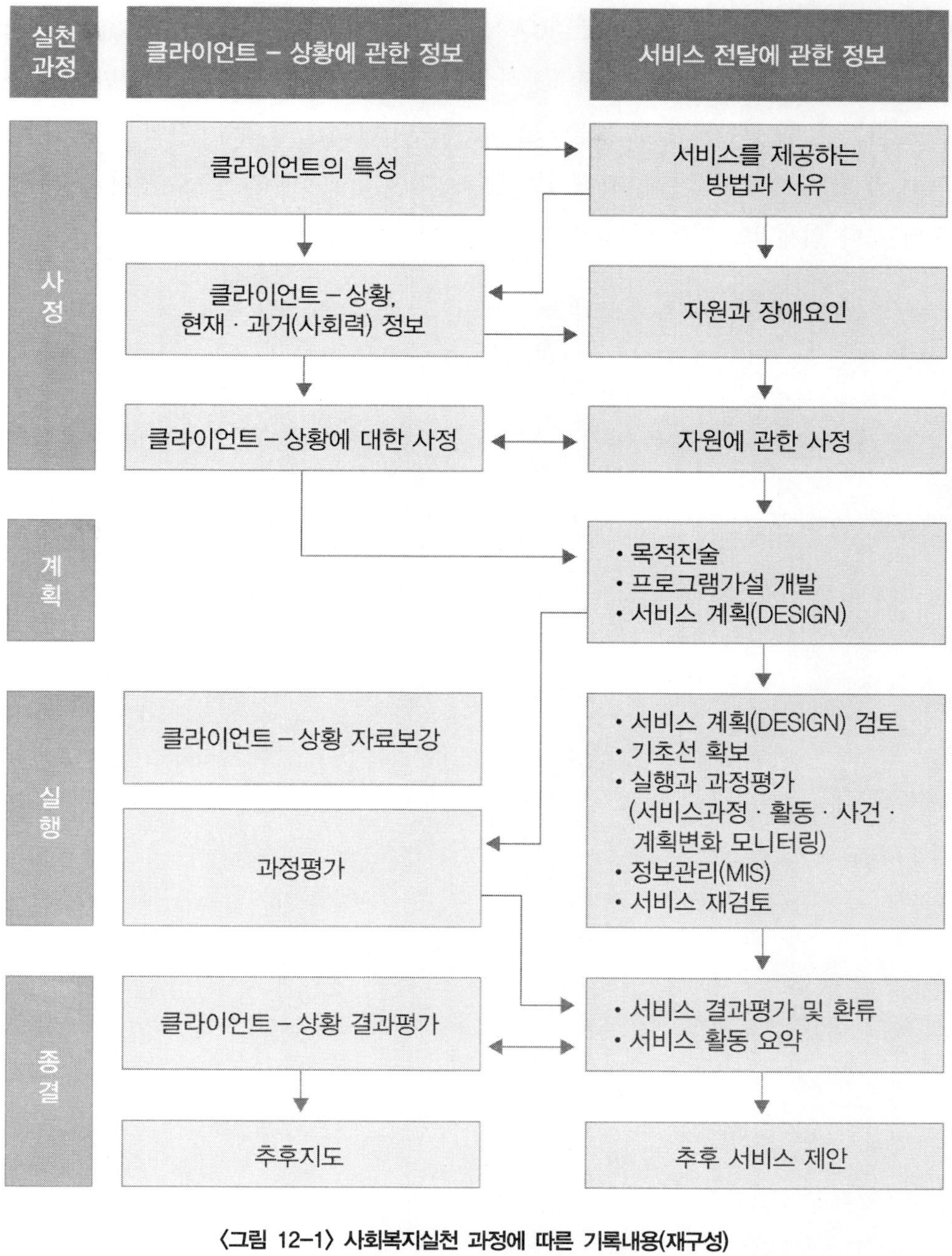

〈그림 12-1〉 사회복지실천 과정에 따른 기록내용(재구성)

이러한 기록체계와 함께 품질관리(QC)를 위해 활용되는 ① 특성요인도, ② 파레스토, ③ 그래프 · 관리도, ④ 진단지, ⑤ 히스토그램, ⑥ 산포도 및 QC도구뿐만 아니라, ① 친화도법, ② 관련도법, ③ 계통도법, ④ 매트리스도법, ⑤ 에로 · 다이어그램법, ⑥ PDPC법 및 ⑦ 매트리스 · 데이터해석법 신QC 7가지 도구를 추가적으로 선택 활용함으로써 보다 입체적인 기록이 될 수 있을 것이다.

PART
6

프로그램 개발과 평가 실제

Chapter 13

사례계획과 평가 실제

사회복지사에게는 다음과 같이 4가지 범주의 계획과 평가방법이 요구된다고 할 수 있다.

① 개인 또는 가족에게 문제해결을 도모하기 위해 제공한 직접적인 서비스의 계획과 효과성을 평가하는 방법이고,

② 문제해결 또는 자신의 잠재력을 성취하지 못하는 위험에 처한 클라이언트에게 제공하는 집단중심의 프로그램 및 서비스에 대한 계획과 효과성을 평가하는 방법이며,

③ 기관운영의 효과성과 효율성을 도모하기 위한 평가계획 및 운영관리평가방법이다.

④ 그리고 의도한 목적을 달성코자 설계한 프로그램이 원만하게 진행되겠는가의 여부를 준비단계에서 충실하고 적절하게 점검 및 확인하는 프로그램계획서 자체를 평가하는 방법이다.

이에 본 장에서는 사회복지실천 실제에서 활용성이 높은 사례계획평가의 한 형태와 마을복지실천가 양성 프로그램을 지금까지 설명해 온 계획과정에 대한 참고용 내지 프로포절 자체평가 훈련용의 실례로 제시하고자 한다.

본 사례는 사회복지실천의 메타개념「PROGRAM DESIGN」개발의 단초가 된 Allen-Mears, Washington과 Welsh(1986: 264-273)가 문제진술, 목적, 자원, 장애요인, 실천목표, 중재, 성공기준 그리고 결과평가 등의 8가지 개념을 중심으로 서비스계획을 위한 체계적 접근방법을 설명하고자 공동저서인 학교사회사업(1997)에서 저자가 집필한 제9장 사정과정과 제11장 평가 및 종결과정에 적용한 사례이다.

〈초등학교 6학년인 B군의 사례 개요〉

사회복지사에게 의뢰된 초등학교 6학년인 B군은 머리는 명석한데 과제를 완수하는 적이 없으며, 주먹으로 치고 발로 차고 괴성을 지르는 등의 심한 장난을 치고 말썽을 부리기 때문에 학급친구들로부터 따돌림을 당하고 있었다. B군은 장난을 치지 않을 때는 세계사 또는 과학에 대해 제법 어른스러운 이야기로 친구들에게 감명을 주려고 노력했지만 학급친구들은 B군을 아는 체하는 아이라고 생각했다.

교사는 사회복지사에게 B군의 행동을 이해하면서도, 뛰어난 지능을 활용할 수 있도록 도움을 줄 수 없었기 때문에 좌절감을 느꼈다고 하였다.

사회복지사는 B군의 어머니와 면담한 결과, 그녀는 11세 미만인 4명의 아이를 양육하면서 남편을 내조하고, 혼자 경제적으로 어려운 살림살이를 꾸려나가는데 힘겨워 하는 전형적으로 생활고에 지친 정서적으로 메마른 여성이었으며, B군이 무엇인가를 요구해도 들어주지 않고 거절하는 편이었다. 이러한 가정에서 잠시라도 벗어나면 정신적으로 좀 안정되겠지, 잘되면 부업이라도 할 수 있겠지 하는 생각으로 사회복지관의 기능교육 프로그램에 가능하면 빠지지 않고 주3회 참여하고 있었다.

B군과 B군의 어머니도 아버지의 역할에 대해 불만스럽게 이야기했다. B군은 아버지를 존경하며 본받고 싶은 사람으로 인정하지만 B군이 아버지에게 도움을 청할 때마다 매번 거절당했다. B군의 어머니도 B군의 아버지에게 무엇인가 요구하면 "벌어먹기도 힘들고, 바쁜데 그럴 여유가 어디 있냐!" 또는 "피곤해~" 하는 태도로 일관하는 편이었다.

B군의 아버지는 자전거 수리 및 판매를 하는 조그만 가게를 교외에서 성실하게 운영하고 있었다. B군의 어머니는 남편으로부터 받는 적은 생활비로 아이들을 양육해야 하기 때문에 아이들을 내심으로 원망했다. "요즘 세상에 아이 한두 명도 아니고 다섯 명이나 키우려면 얼마나 힘들어요!" 하면서 "그래도 애 다섯은 되어야 한다고 고집을 피운 남편 때문에 낳기는 했지만..." 하는 변명은 사회복지사가 보기에 가식적이고 설득력이 없었으며 그녀와 아이는 남편의 시간과 관심을 서로 차지하려고 다투었던 것이 분명했다.
또한 B군의 어머니는 한편으로 "우리 애(B군)가 친구들과 마음껏 놀지도 못하고, 어떻게 보면 외롭고 불쌍하지요." 하면서도, 다른 한편으로는 "무슨 낙이 있어야 사는 재미가 있지요. 애들이나 믿고 살아야지 별 수 있나요." 하면서 자신의 의존욕구를 만족시키기 위한 유일한 방도로 특히 장남인 B군이 성인의 역할을 하도록 계속 강요했다.
여러 가지 심리검사와 면접을 한 결과 B군의 지능지수는 145였고 사물을 이해하는 능력도 우세하였지만, 산만하고 괴상한 행동을 함으로써 학업성적에 자신의 잠재력을 거의 사용하지 못하고 있는 상태이었으며, 뛰어난 지적능력으로 과잉행동과 공상을 통해 만족감을 성취함으로써 또래집단으로부터 고립을 초래하고 있음이 확인되었다. B군은 사회복지사에게 자신이 얼마나 지루한 학교생활을 했는가를 설명하는 와중에, 사회복지사가 사이좋게 지낼 친구가 없어 외롭지 않느냐고 질문하자 B군은 "그래요, 내 친구는 겜보이 뿐이에요" 하면서 울기 시작하였다. B군은 절망적으로 어른들과 급우의 인정을 얻기 위해 자신의 지적능력을 사용해 왔지만 언제나 뒷모습은 아주 외로운 평범한 소년이며, 진정으로 B군이 원하는 것은 부모와 여타의 어른과 아동으로써 의존적인 관계와 급우들과의 동등한 관계를 갖는 것이었다. 또한 B군은 이러한 욕구가 가정에서 충족치 못한 상태에서 학교의 교실에서도 문제에 직면하게 되면 노력하지도 않고 쉽게 포기하는 경향을 보이고 있었다.

※ 제시된 사례를 중심으로 다음의 양식에 따라 사례계획을 수립하시오.

문제 번호: 클라이언트:

날 짜: 20 . . .

문제진술:	문제지표:
자원:	장애요인:

목적:

목표	활 동(사회복지사)	활동(클라이언트)	성공평가 척도 · 방법

목표	사회복지사 · 기관 활동	클라이언트 활동	성공평가 척도 · 방법

목표달성과정도 / 달성목표	/	/	/	/	예상완료일 / 실제달성일
					/
					/
					/
					/
					/
					/
					/
					/
					/
					/
					/
					/
					/
					/
					/
					/
					/
					/
					/
					/
					/
					/

〈표 X- 4〉 사회복지사의 중재결과 평가표

사례번호: 시작일자: 완료일자:
클라이언트:

목표달성과정 / 달성목표	/	/	/	/	예상 완료일 / 실제 달성일
1.					/
					/
2.					/
					/
3.					/
					/
4.					/
					/
5.					/
					/

결과에 대한 논평:

결과에 영향을 미친 요인:

사후지도:

Chapter 14

프로그램개발과 평가의 실제

본 사례는 저자가 직 · 간접적으로 추진한 2015년 포항종합사회복지관 수탁운영 신청을 위해 작성한 것을 일부 수정보완 하였다. 종합사회복지관 본래의 지역복지사업의 기능과 역할을 충분히 감당하지 못한 이유로 그 정체성 위기론까지 대두됨에 따른 시대적인 요구를 반영하고자 특성화 정책 중점사업으로 제안된 프로젝트 중의 하나이다. 현재에도 마을활동가 양성사업이 다양한 내용과 접근방법으로 실행되고 있는 사업이다.

1 사업명: “H.A.P.P.Y.한 마을활동가” 양성 프로그램

2 사업의 필요성

1) 인간의 행복에 대한 사회복지 패러다임의 변화[1)]

인간의 행복과 경제력간의 관계를 재조명한 카네만(D. Kahneman)의 보고가 중요하

1) 조운희(2015), “종교와 행복: 행복감, 교회몰입 및 구전효과 간의 관계,” 『담론 201』, 제18권 제3호. pp. 111-135.

다고 여겨진다. 그는 가구소득이 약 75,000달러 정도 그 이상을 넘으면 인생의 자잘한 즐거움을 누릴 수 있는 능력이 줄어들기 때문에 소득 관련 행복경험이 평균적으로 전혀 늘어나지 않는다는 포만감 수준이 있다고 지적하면서, 개인이 불쾌하게 보내는 시간비율(U지수)을 낮추려고 하는 걸 목표로 우선 우울함과 극단적 빈곤해결을 최우선 과제로 삼고 즐기는 일을 할 시간을 더 많이 가지도록 하는 시간사용을 통제하는 행복증진 사회정책을 제안하고 있다(Kahneman, 이진원 역, 2011: 484-485).

이러한 카네만의 주장처럼 행복감은 일정수준 이상에 이르면 더 이상 풍족하다고 해서 반드시 행복한 것만은 아니기 때문에 이는 매슬로의 욕구위계이론 확장, 카네만의 포만감 소득수준, 라캉의 욕망이론, 올포트의 성숙이론을 통섭적 관점에서 인식한 접근방안 모색이 필요하다는 것이다.

더군다나 최근 세계은행이 '국부(國富)는 어디에 있는가(Where Is the Wealth of Nations?)'라는 보고서에서 국가의 부를 만들어내는데 후진국의 경우는 자연자본 26%, 만들어 낸 자본 16%, 무형자본 59%이고, 개발도상국의 경우는 자연자본 13%, 만들어 낸 자본 19%, 무형자본 68%이며, 선진국(OECD)의 경우 자연자본은 기껏해야 2%, 만들어 낸 자본은 17%이지만 무형자본이 80%가 그 역할을 한다고 제시하고 있다. 무형의 자본(intangible capital)'은 순수노동, 인적자본, 사회적 자본, 제도의 질과 같은 다양한 요인들을 포함한다(THE WORLD BANK, 2006: 3-5)고 언급하고 있다.

이러한 보이지도 손에 잡히지도 않는 무형의 사회적 자본(social capital)을 퍼트남(Putnam, 2000)은 교량적(bridging) 유형과 결속적(bonding) 유형으로, 포르테스(Portes, 1998)는 목적요인과 도구적 요인으로 구분해서 설명하고 있으며, 사회자본의 효과는 사회적 수준에는 퍼트남이 그 구성요소로 제시한 사회의 신뢰, 네트워크, 규범 등이 포함되며, 개인적 수준에는 실질적 자원과 심리적 자원이 포함되지만 개인수준에서는 오히려 심리적 자원의 중요성이 강조되고 있다(김봉섭, 2012:83-84).

특히 오늘날 아동복지관, 장애인복지관, 노인복지관 등으로 세분화되고 있는 경향으로 인해 종합사회복지관의 위상과 그 역할과 기능 측면에서 정체성 혼란과 아울러 존재위기론까지 대두되고 있는 상황이라고 할 수 있다.

그러므로 시민참여와 협력 거버넌스 구축, 보다 나은 경제발전과 삶의 질 향상, 연대와 협력을 통한 사회적 효율성 증진 등 주로 사회적 자본의 낙관적 효과에 주류를 두고 있음(김봉섭, 2012:81)에 초점을 둔 지역사회조직화 접근을 위한 종합사회복지관의 역할과 기능정립에 대한 정체성을 확보해야 할 시대적 과제에 노출되어 있다.

2) 우리나라 사회적 자본의 수준과 행복수준[2)]

2009년 삼성경제연구소가 수행한 OECD 국가 간의 사회적 자본 비교연구 결과 조사대상 OECD 29개국 중 22위로 나타남. 한국보다 사회적 자본이 취약한 국가는 남유럽의 그리스, 포르투갈, 구공산권 헝가리, 남미의 멕시코 등에 불과함

2012년 7월 한국보건사회연구원이 발표한 행복지수 순위에 따르면 조사대상 34개 OECD 국가 중 32위로 나타남

- OECD국가 중 자살률과 저출산률 1위라는 통계도 우리사회 행복지수 결과를 뒷받침해주고 있음
- '현대 사회학의 아버지'라 불리는 「자살론」 저자 뒤르켐은 자살은 개인문제가 아니라 사회적 연대의식이 무너지면서 생기는 사회문제로 규정(사회적 연대는 현대에 와서 사회적 자본으로 해석됨)

물질적 풍요에도 불구하고, 행복하지 않은 우리 사회에 대한 처방은 사회적 자본의 형성이라는 목소리가 높아지고 있음.

그러므로 사회적 자본의 형성은 과정을 강조한 지역조직화를 통해서 공동체의 사회복지문화 형성이 우선적으로 확보되지 않으면 실효성이 없기 때문에 이를 위한 접근에 대한 필요성이 대두됨.

2) 곽현근. 2013. "사회적 자본의 이해와 마을 만들기." 『사회적 자본 확충을 위한 대전형 좋은 마을 만들기 참여자 교육』, 대전평생교육진흥원.

3) 포항지역 복지문화 환경적 특성

포항시 북구 기계면 문성리가 『새마을운동 발상지 마을』로서 근대화와 산업화의 토대를 마련한 자랑스러운 고장으로 새마을 운동의 세계화를 계속 추진

민선5기는 감사도시, 현재 민선6기는 창조도시를 모토로 『함께하는 변화, 도약하는 포항! 창조도시 포항!』을 정책목표로 삼고, '현장행정, 협력행정, 창의행정'을 시정기조로 시민과의 소통과 공감 속에서 함께 꿈꾸고, 함께 그 꿈을 실현할 수 있는 창조도시를 지향하면서 다음의 주요 복지정책을 수립 추진

- 노인의 활기찬 사회참여 여건조성
- 저소득층 취약계층 보호지원 및 지역사회 정주여건 개선
- 시민과 함께하는 안전문화도시 만들기
- 자원봉사조직의 활성화 및 섬김문화의 확산 등

특히 포항시는 2015년 원도심 재생사업의 의욕적인 추진을 선언하였지만,

참고 1 마을공동체사업* 진단 결과 통계표

* 정부지원 마을공동체 사업 : 한국정책학회에 따르면 읍·면·동 또는 마을에서 주민들의 공동체 활동 지원에 필요한 인프라 구축, 교육·컨설팅 등의 활동을 진작시키기 위한 모든 정부재정 투자사업을 일컬음

□ 사업별 운영현황

○ 총괄표

(단위: 개)

사업명		시공 중 사업	완료사업			총합계
			현재 운영(활용) 사업 수	현재 운영(활용) 중단사업 수	합계	
1. 마을기업		4	1,056	86	1,142	1,146
2. 희망마을		21	127	4	131	152
3. 정보화마을		0	332	5	337	337
4. 평화생태마을		15	10	0	10	25
5. 체험휴양마을		10	465	33	498	508
6. 농촌공동체회사육성		1	103	1	104	105
7. 신규마을		25	61	0	61	86
8. 도시활력증진지역 개발사업		41	19	10	29	70
9. 자연생태우수마을		0	33	1	34	34
10. 발전소주변지역 지원사업		62	80	0	80	142
일반농산어촌 개발사업	11. 농촌중심지 활성화 사업	189	48	0	48	237
	12. 창조적 마을만들기 사업	312	180	9	189	501
	13. 시·군역량 개발사업	–	78	0	78	78
14. 산촌생태마을		4	89	3	92	96
총 계		684	2,681	152	2,833	3,517

○ 토론자로 참석한 한국지방행정연구원 전대욱 박사는 앞으로 정부는 인프라 위주의 마을사업에서 벗어나 공동체를 키울수 있는 쪽으로 정책의 우선순위를 두어야 한다고 강조했다.

【④행자부, 의견수렴절차 거쳐 제도개선 추진】

□ 행자부는 앞으로 마을 현장에서 직접 주민, 활동가와 함께 '작은 포럼'을 여러 차례 개최하고, 11월에 있을 '공동체 글로벌 한마당', '공동체 대토론회' 등을 통해서 마을공동체 사업의 발전방안에 대해 폭넓게 의견수렴을 해 나갈 계획이다.

□ 정종섭 행정자치부장관은 "앞으로 정부지원 마을공동체 사업에 있어서 재정낭비 요인을 최소화하고, 단순 시설투자보다 공동체가 활성화 될 수 있도록 제도적 개선 방안을 마련하겠다."라고 밝혔다.

이에 포항시도 창조도시 실현을 위한 다음의 극복과제 및 방안을 제시

- 선진국의 글로벌 철강경쟁력 강화와 중국 등 신흥국 부상 ⇒ 강소기업 육성 등 산업구조 다변화
- 일자리 창출 부족, 도시발전 ⇒ 신성장산업 육성, 친환경 생태도시
- 시민 공감대 부족, 소득 양극화 현상 ⇒ 시민 눈높이에 맞는 현장행정 · 복지시책

그러므로 인간의 행복에 대한 사회복지패러다임의 변화뿐만 아니라, 오늘날 종합사회복지관의 3대 주요사업인 사례관리, 가족기능강화 서비스제공 및 지역조직화 기능 중에서 특히 지역조직화 사업의 부진으로 인해 사회복지관 본래의 기능과 역할을 충분히 감당하지 못하였기 때문에 정체성위기론까지 대두되고 있으며, 포항시는 선행하고 있는 여타 지방자치단체의 마을만들기 사업 및 사회적자본지원센터 등의 경험을 타산지석으로 삼아 포항종합사회복지관이 민간차원에서 지방자치단체와의 상생적인 협력 파트너로서의 역할강화와 '주민의 필요에 따라 주민이 스스로 계획하고 주민이 직접 만드는 마을공동체를 창조적으로 수행'할 수 있도록 사람을 변화시킬 수 있는 마을활동가 양성 사업이 매우 긴요함.

4) 경험적 근거

포항종합사회복지관 관장(내정)은 마을만들기 사업과 관련하여 그 전신인 CCF 대구경북 지부 사회복지사로 1980년대 초 경북 성주군 월항면, 초월면 지역 마을에 한우입식사업과 유아원 설치사업을 추진해서 농촌저소득가정의 자립자활, 농번기 보육사업을 추진한 바 있음. 일소를 키워 농번기 노동력 확보와 성장한 암소에게서 생산한 송아지 한 마리를 이웃에게 재입식하고 농번기 보육에 기여한 바 있음.

포항종합사회복지관 관장(내정)은 대구 가정봉사원훈련원장을 겸직한 경험도 있음.

중앙엘림복지재단 설립기획자이고 재단이사인 영남신학대학교 사회복지(문화복지재활)학과 조운희 교수는 우리 고장의 자랑인 새마을운동발상지(포항시 북구 기계면

문성리) 마을에 귀촌하여 거주중이고, 포항종합사회복지관 사회복지사 근무경험과 사회복지관 운영평가 전공자로서 새마을운동을 사회복지 측면에서의 현재화를 위한 연구와 기획연구처장으로서의 캠퍼스 공동체문화 변화를 위한 학교행정 경험 등이 마을활동가 양성사업에 기여할 것임.

조운희 이사는 대구광역시 중구 도심재창조사업으로 진행된 북성로 개발사업에 참여한 한일문화교류북카페 『대구하루』(대표: 박승주, 대구광역시 중구 대안동 20-2)를 운영하기까지 인문학 강좌 멤버로 마을운동가 입문, 건물구입, 리모델링, 사회적 기업으로의 성장과정을 간접적으로 체험.

중앙엘림복지재단 설립주체인 포항중앙교회는 8,000여명의 성도가 출석하는 대형교회로 『하나님과 지역사회를 감동시키는 교회』를 목회정책으로 삼고, 교회자체의 교유기능인 성도들의 교제와 조직화 경험이 사회적 자본화로 응용될 노하우를 가지고 있으며, 특히 교구지도자, 구역지도자, 평신도지도자 양성과정, 교사수련회, 제자훈련 등과 20여년 지속해온『천사운동』, 『전교인 택시타기 운동』, 2014년부터의『사랑의 연탄배달운동』과 최근 2015년부터 『포항운하 걷기대회』실행 경험 등이 마을복지실천가 인재양성과 H.A.P.P.Y.한 마을공동체 만들기 운동에 직 · 간접적으로 기여할 것으로 판단됨.

5) 본 사업과 관련된 지역복지자원 현황

- 포항시의 원도심 등 도시재생사업 정책의지
- 새마을운동발상지 기념관과 인성교육관
- 관내 포항공과대학교, 한동대학교, 위덕대학교 등의 교육자원 인프라가 구축되어 있으며, 이들 대학교와의 MOU협약에 의해 적정기술을 중심으로 하는 도시 재생,

환경 보전, 지역 협치, 사회적 경제 등과 지속적인 마을공동체 발전을 위한 지역문화 정체성 확보, 일자리와 사회적 돌봄, 사회적 경제, 안전 대응 등에 대한 교육협업 도모

- 서울, 대전, 대구, 부산 등 선진 사회적자본지원센터, 마을공동체 사업 및 마을활동가 양성교육센터
- 학산종합사회복지관, 창포종합사회복지관, 기쁨의복지재단, 노인복지회관, 장애인복지관, 청소년복지관, 사회복지생활시설 및 사회적 기업 등
- 통·반장, 새마을지도자 협의회, 새마을부녀회, 노인회, 아파트자치회 등의 조직 및 행복한 마을 만들기에 관심을 둔 일반시민이 중간지원세력으로 투입하여 마을을 살리고 보존해 지속 가능한 미래를 위해 참신한 아이디어로 한번 해보자! 하는 의식, 의미있는 삶의 갈구 이 자체가 주요한 자원으로 만날 수 있을 것임.
- 특히 대전형 좋은 마을 만들기 모이자, 해보자, 가꾸자 지원사업(2013)을 수행할 역량있는 '마을복지실천가 양성 교육훈련사업 개발과 실행'이 요구됨.

3 서비스 지역, 서비스 대상 및 실인원 수

1) 서비스 지역

포항시 33개 읍면동(14개 읍면과 19개 동)으로 이루어져 있고, 포항종합사회복지관이 위치한 포항시 남구는 3개읍, 4개면, 7개동을 포함하고 있으며, 2013년 현재 포항시의 전체인구 524,093명 중에 252,538명이 남구에, 271,555명이 북구에 거주하고 있음.

2013년 현재 포항시의 국민기초생활보장수급자는 10,971가구에 16,345명이다. 이 중 남구에 4,971가구 7,288명이 분포되어 있으며, 포항종합사회복지관을 중심으로 읍면동별 기초생활보장수급자 분포현황을 살펴보면 해도동에 715가구 1,086명이, 상대동에 583가구 879명이, 송도동에 547가구 816명이, 오천읍 767가구 1,236명이, 구룡포읍에

537가구 729명이, 죽도동에 607가구 883명이 상대적으로 집중거주하고 있음. 북구는 우창동에 1,059가구 1,758명, 중앙동에 982세대 1,356명이 집중 거주하는 것으로 나타남.

특히 포항시 남구의 구룡포읍, 오천읍, 송도동은 지리적으로 포항도심에서 소외된 지역으로 접근성이 제한되어 있는 형편이기 때문에, 일반 시민들이 복지 서비스 혜택을 지역단위에서 받을 수 있는 근린생활권 중심의 자조적인 서비스전달시스템이 요구됨.

1차적인 서비스 지역은 포항종합복지관이 위치한 상대동, 중앙엘림복지재단이 위치한 죽도동, 남구의 기초수급대상가구 밀집지역인 구룡포읍, 오천읍, 포항운하 재정비촉진지구로 지정된 송도동, 해도동으로

2차적으로는 구도심재생사업이 추진될 포항역사 주변 지역과 중앙동 등 중앙상가지역을 표적으로 마을활동가로 하여금 행복한 마을 만들기 사업이 추진되도록 서비스대상지역으로 설정함.

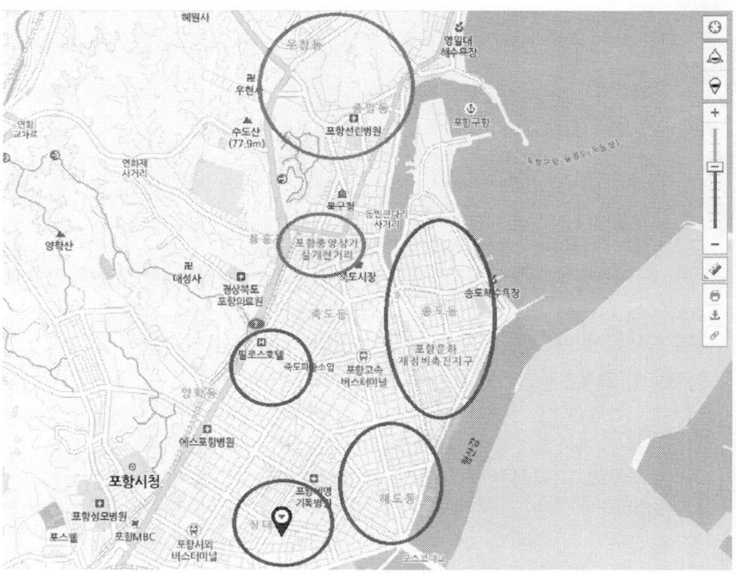

〈그림 14-1〉 포항종합사회복지관 서비스 표적지역 설정 계획도

2) 서비스 대상

특히 지리적 특성으로 인해 상대적인 박탈감을 가질 수 있는 상대동, 죽도동, 구룡포읍, 오천읍, 포항역사 및 구도심재생사업 지역인 중앙동 상가 지역 그리고 해도동과 송도동 포항운하 재정비촉구지역의 통 · 반장, 새마을지도자 협의회, 새마을부녀회, 노인회, 아파트자치회, 종교기관 등의 조직 및 행복한 마을 만들기에 관심을 둔 일반시민을 서비스 대상으로 설정하고자 함

3) 서비스 대상 선정기준 및 방법

- 포항시 및 사회복지관련 시설과 단체 추천
- 서비스대상 지역별로 비례적인 분포를 고려하여 선발
- 자발적인 참여자 우선 선발

4) 실인원수

대상구분	서비스대상자 산출근거	단위수(명)
일반대상	포항시에 거주하는 경제활동참가율 59.3%의 시민	308,044명
위기대상	일반대상 중에서 포항시 상대동, 죽도동 구룡포읍, 오천읍, 포항역사 및 구도심재생지역인 중앙상가 지역 및 포항운하 재정비촉진지역인 해도동, 송도동의 경제활동참가율 59.3% 시민	100,063명
표적대상	위기대상 중에서 통 · 반장, 새마을지도자 협의회, 새마을부녀회, 노인회, 아파트자치회, 종교기관 등의 조직 및 행복한 마을 만들기에 관심을 둔 일반시민	5,000명
실인원수	표적대상 중 마을활동가 교육에 참여하는 자 (기초교육 2회+심화교육 1회+보수교육 1회+탐방 2회)	매년 165명

4 사업 목적 및 목표

1) 사업목적

인간의 행복에 대한 사회복지 패러다임의 변화에 적극 대응함과 아울러 종합사회복지관의 본래의 지역조직화 기능과 역할을 충분히 감당하기 위해서 결과중심이 아닌 과정중심에 초점을 두고, '주민의 욕구에 따라 주민이 스스로 계획하고 주민이 직접 만드는 마을공동체를 창조적으로 수행'하도록 사람과 마을을 변화시킬 수 있는 마을활동가를 양성하는 교육훈련사업을 추진함에 1차적인 목적을 두고 있음.

2차적인 목적은 포항시가 추진코자 하는 포항운하 재정비촉진지역, 원도심재생사업 등 하드웨어적 접근에 마을주민들이 상생적인 협력파트너로서 역할과 기능을 수행할 수 있는 시민의식문화운동 등의 소프트웨어적 접근으로 그 기반조성에 기여하고자 함.

2) 사업목표

① 마을활동가로서 갖추어야 할 마인드 및 기초지식을 갖추게 하는 여미자! 또는 배우자! 단계의 기본교육을 매년 25명씩 2회 실시한다.

② 마을활동가로서 씨앗이 되는 주민과 함께하는 활동에 필요한 실제적인 지식과 기술을 습득할 수 있도록 모여서, 즐기며, 해보자! 심화교육 단계의 관계 맺기, 마을자원 탐방, 행복한 마을만들기 계획수립 및 실천에 관한 교육을 매년 25명씩 1회 실시한다.

③ 마을활동가의 주민자치리더십 개발을 위해 나누자! 단계의 마을활동가 보수교육 50명 1회, 선진 마을공동체 탐방 20명씩 2회, 재능나눔 마을활동 20명씩 4회, 마을공동체축제 1회를 매년 실시한다.

5 사업내용

<table>
<tr><th rowspan="2">성과
목표</th><th rowspan="2">세부
사업명</th><th rowspan="2">세부사업 내용</th><th colspan="4">수행방법</th></tr>
<tr><th>시행
시기</th><th>수행
인력</th><th>참여
인원</th><th>시행
횟수
시간</th></tr>
<tr><td>여미자!
단계의
기본
교육</td><td>마을
활동가
기본
교육</td><td>• 마음나누기1: 나는 누구인가?
• 마음나누기2: 우리는 누구인가?
• 마을에 대한 이해
• 마을공동체에 대한 이해
• 마을활동가에 대한 이해
• 도시재생사업에 대한 이해
• 마을공동체 활동 사례
• 마을활동가의 자질과 소양
• 마을활동가에게 필요한 전문성
• 주민과 함께 만드는 마을활동
• 행정과 함께 만드는 마을활동
• 마을활동가로서의 적합성 검토</td><td>매년
3월
9월</td><td>복지사
2명

전문
강사
12명</td><td>50명

25명
*
2회</td><td>주2회
2시간
(6주)</td></tr>
<tr><td>모여서
즐기며
해보자!
단계의
심화
교육</td><td>행복한
마을
만들기
계획
수립과
실천
심화
교육</td><td>• 퍼실리데이션의 이론과 실제
• 주민조직화 실제
• 마을활동가 사례연구
• 마을공동체 우수사례 연구
• 마을살이 꿀팁 나누기
• 마을자원조사 마을탐방
• 마을 살리기 및 마을공동체사업 제안서 작성
• 마을 살리기 사업계획 컨퍼런스
• 아카이빙(기록 남기기)
• 마을활동 실습</td><td>매년
4월</td><td>복지사
2명

전문
강사
10명</td><td>25명
*
1회</td><td>주1회
2시간
(10주)</td></tr>
<tr><td rowspan="2">나누자!
단계의
재능
나눔
실천</td><td>마을
활동가
보수
교육</td><td>보수교육(세미나)
전년도 양성된 마을활동가를 대상으로 마을활동 촉진을 위한 보수교육(세미나)을 1회 실시한다.</td><td>매년
6월</td><td>복지사
2명
전문
강사 1명</td><td>50명
*
1회</td><td>1회
2시간</td></tr>
<tr><td>선진
마을</td><td>마을활동가의 실제적인 활동을 확산하기 위해 타지역의 다양한 마을 만들기</td><td>매년
4월</td><td>복지사
2명</td><td>40명</td><td>1회
1일</td></tr>
</table>

성과 목표	세부 사업명	세부사업 내용	수행방법			
			시행 시기	수행 인력	참여 인원	시행 횟수 시간
	공동체 탐방	사업이 활성화된 마을을 방문하는 견학을 2회 실시한다.	9월		20명 * 2회	
	재능 나눔 마을 활동	마을활동가의 재능나눔으로 주민욕구와 마을문제해결을 위한 다양한 마을공동체 활동을 계획·실행을 매년 20명씩 4회 실시한다.	매년 3월 6월 9월 12월	복지사 2명	80명 20명 * 2회	1회 1일
	마을 공동체 축제	마을활동가 주도로 마을주민이 함께 마을공동체 활동 보고대회를 겸한 마을축제를 매년 1회 실시한다.	10월	복지사 5명	300명	1회 1일

6 산출목표와 성과목표 평가방법

1) 산출목표와 모니터링 방법

세부사업명	산출목표	모니터링 방법
마을활동가 기본교육	매년 1회 25명, 2회 실시	출석부, 진행일지
행복한 마을 만들기 계획수립과 실천 심화교육	매년 25명, 1회 실시	
마을활동가 보수교육	매년 50명, 1회 실시	참여자명단, 결과보고서
선진 마을공동체 탐방	매년 1회 20명, 2회 실시	
재능나눔 마을활동	매년 1회 20명, 4회 실시	참여자명단, 진행일지
마을공동체축제	매년 1회 실시	지역주민인식조사

2) 성과목표 평가방법

성과목표	평가도구 및 방법	측정시기
여미자! 단계의 기본교육	• 성과지표: 교육만족도 • 평가도구: 강의평가질문지 • 평가방법: 대응집단t검증	개강일 및 종강일
모여서 즐기며 해보자! 단계의 심화교육	• 성과지표: 교육만족도 • 평가도구: 강의평가질문지 • 평가방법: 대응집단t검증	개강일 및 종강일
나누자! 단계의 재능나눔 실천	• 성과지표: 지역주민인식도 • 평가도구: 주민설문지 • 평가방법: 시계열적 검증	마을공동체축제 당일

3) 사업진행 일정(Gantt Chart) 및 과정평가

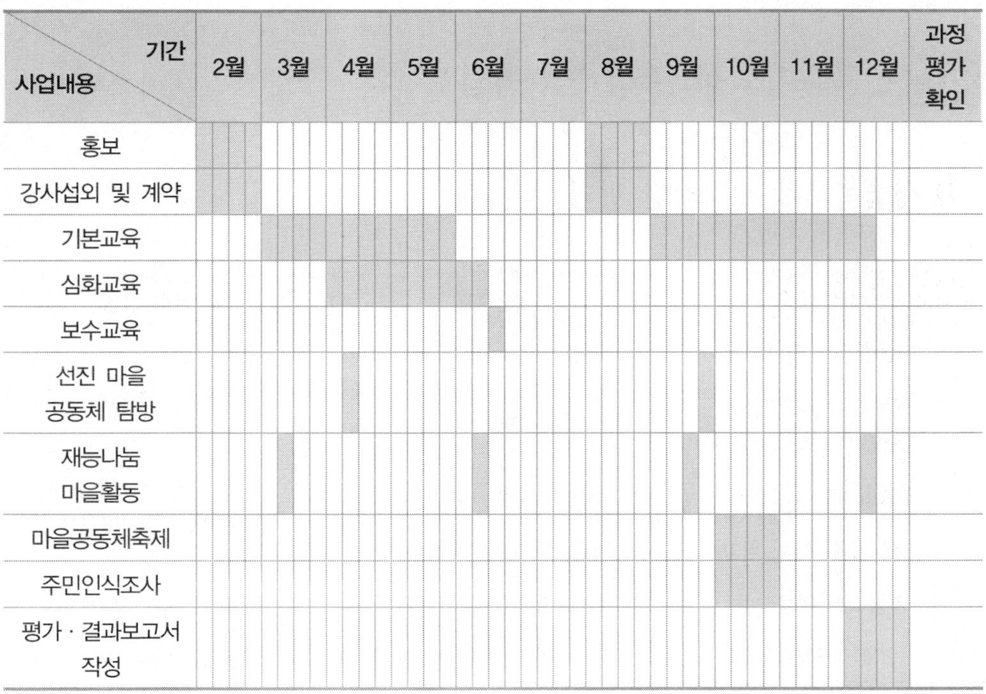

4) 소요예산

- 『사회복지공동모금회 예산편성기준표』에 의거 예산편성
- 법인전입금 일정액을 "H.A.P.P.Y.한 마을활동가" 양성 프로그램 특성화사업 비용으로 매년 활용
- 포항시의 원도심지 재생사업 및 포항운하 재정비 촉진지구 사업과 연계협의로 매칭펀드 방안 강구

가. 수입: 금24,740,000원

나. 지출: 금24,740,000원(금이천사백칠십사만원)

다. 산출내역

(단위: 원)

항목	금액	산출근거	비고
합계	24,740,000	–	–
강사비	11,460,000	(1급 강사비) 280,000×1회=280,000 (2급 강사비) 180,000×34회=6,120,000 (원고료) 120,000×34회=4,080,000 (시외여비) 20,000×35회=700,000 (자문비 2시간이하) 70,000×4회=280,000	
교육 진행비	5,160,000	(홍보비) 40,000×2회=80,000 (다과비) 50,000×34강=1,700,000 (문구비) 10,000×50명=500,000 (교재) 300,000×3회=900,000 (단체복) 30,000×50명=1,500,000 (현수막) 40,000×4식=160,000 (평가회)8,000×20명×2회=320,000	
선진 마을 공동체 견학	1,800,000	(임차료여행자보험) 1,000,000×1대=1,000,000 (식사비) 10,000×20명×2회=400,000 (다과비) 3,000×20명×2회=120,000 (현수막) 40,000×1식×2회=80,000 (예비비) 200,000	

마을활동지원비	2,000,000	(마을활동비) 500,000×4회=2,000,000	
마을 공동체 축제	4,320,000	(테이블, 의자, 무대 등 부스운영물품) 2,000,000×1식=2,000,000 (축제준비비용) 2,000,000×1식=2,000,000 (예비비) 240,000 (현수막) 40,000×2식=80,000	

7 기대효과

- 지역조직화 사업을 중심으로 하는 종합사회복지관의 본래의 역할과 기능 회복으로 그 정체성 확보와 모범적 사회복지관으로서의 위상 강화
- 포항종합사회복지관 1차 서비스대상 지역인 남구 해도동, 상대동, 송도동, 오천읍, 구룡포읍, 죽도동 이외에, 2차적으로는 도심재생사업이 추진될 포항역사 주변 지역과 중앙동 등 중앙상가지역, 그리고 북구의 우창동, 중앙동 및 흥해읍에 대한 행복한 마을 만들기 사업이 추진되도록 학산종합사회복지관, 창포종합사회복지관 등과의 상생적인 사업협력 관계 활성화 및 서비스지역 분담 구체화에 기여
- 포항시의 원도심지 재생사업 및 포항운하 재정비 촉진지구 사업과 연계
- 시민의 자발적인 참여와 의식의 변화는 계속 살고 싶은 마을, 관주도의 개발과 성장 정책의 성과 향상에 마을주민들이 상생적인 협력 · 지원하는 기반조성에 기여
- 다문화공동체, 상가마을공동체, 공동주택공동체, 노인돌봄공동체, 자원봉사공동체, 자녀교육공동체, 농어촌공동체, 공동육아공동체, 마을기업공동체, 안전마을공동체, 건강마을공동체, 문화공동체 등 다양한 창조적인 공동체의 활성화에 기여
- 퇴직한 시니어 세대들의 사회적 경험과 역량을 기반으로 마을활동가로서 사회공헌활동 유도 또는 시니어 마을활동가 노인일자리 창출에 기여
- 2015년 현재 포항시가 여성옴부즈맨 형태로 추진하고 있는『여성친화도시 시민모

니터』활동에서 보다 확장된 역할을 수행할 수 있는 여성주의 관점(여성친화적, 성평등 또는 안전 마을공동체)의 마을활동가 또는 여성친화마을 플래너 양성 등으로 인한 사회공헌 및 여성일자리 창출에 기여

- 지역주민과 귀농귀촌인이 함께 하는 마을활동가 양성과정으로 발전 등

<참고문헌>

곽현근. 2013. "사회적 자본의 이해와 마을 만들기." 『사회적 자본 확충을 위한 대전형 좋은 마을 만들기 참여자 교육』 대전평생교육진흥원.

김봉섭. 2012. "블로그 이용에따른 사회적 연결망 유형과 사회자본 효과 연구." 『언론과학연구』 10(2): 73-104.

김태진 · 최용민 · 조운희 · 장덕희. 2002. 『포항시 사회복지 욕구 조사에 따른 사회복지 정책 방향』. 포항시지역사회복지협의체.

대전광역시. 2013. 『대전형 좋은마을 만들기 사업의 성과와 발전방안 마련을 위한 사회적 자본 정책 세미나』.

조운희. 2014. "경상북도 아동 · 여성 생활환경조성 방안," 『지역안전조사 사업보고서』, 여성가족부 · 여성긴급전화 1366경북센터.

조운희. 2014. "영남신학대학교 사회복지학과의 문화복지 중심 특성화에 관한 연구," 『신학과목회』 제24집.

조운희. 2015. "종교와 행복: 행복감, 교회몰입 및 구전효과 간의 관계," 『담론201』 18(3).

포항시, 2014. 『제55회 포항통계연보』. Online 〈PDF〉.

http://www.ipohang.org/open_content

Kahneman D.. 이진원 옮김. 2014. 『생각에 관한 생각』. 서울, 김영사.

THE WORLD BANK, 2006. *WHERE IS THE Wealth of NATIONS? – Measuring Capital for the 21st Century*. Washington, DC, Online 〈PDF〉.

부록

사회복지공동모금회 배분사업 안내*

* 출처 : 사회복지공동모금회 https://chest.or.kr/bbs/1004/initPostDetail.do

사랑의열매
사회복지공동모금회

Ⅰ. 2021년도 배분기준 기본사항

가. 개 요

사회복지공동모금회법 제20조에 따라 2021 회계연도 사회복지공동모금회(이하 "모금회"라 함)의 배분기준을 공고함.

나. 배분대상

1) 배분대상자

① 사회복지사업 기타 사회복지활동을 행하는 법인·기관·단체 및 시설

② 사회복지서비스를 필요로 하는 개인

※ 개인신고시설 포함

※ 사업별 신청자격은 "사업별 세부사항" 참조

2) 배분제외대상

○ 동일한 사업으로 국가·지방자치단체 또는 다른 기관으로부터 지원을 받았거나 받기로 확정된 사업(다만, 모금회 배분분과실행위원회의 심의결과 지원이 필요하다고 인정되는 경우에는 예외로 함)

○ 법령상 금지된 행위에 사용되는 비용

○ 정치·종교적 목적에 이용될 수 있는 경우

○ 수익을 주된 목적으로 하는 사업

○ 공직선거법에 위반되는 경우

○ 모금회의 제재조치에 따른 배분대상 제외기간에 배분신청한 경우

○ 모금회 배분분과실행위원회의 심의결과 배분대상 제외 필요성이 인정되는 사업 또는 비용

다. 배분사업의 종류

구 분	사업내용	배분한도	신청 시기	배분신청서 제출처
신청사업	사회복지 증진을 위하여 자유주제 공모형태로 복지 사업을 신청 받아 배분하는 사업	3,000만원 이하 (※ 지회별로 배분한도 내에서 조정 가능)	2020년 7월~8월	지회
기획사업	모금회가 그 주제를 정하여 배분하는 사업 또는 배분대상자로부터 제안 받은 내용 중에서 선정하여 배분하는 시범적이고 전문적인 사업	별도지정	별도 공고	중앙회/ 지회
긴급지원사업	재난구호 및 긴급구호, 저소득층 응급지원 등 긴급히 지원해야 할 필요가 있는 경우에 배분하는 사업	별도지정	별도 공고	
지정기탁사업	사회복지 증진을 위하여 기부자가 기부금품의 배분지역·배분대상자 또는 사용용도를 지정한 경우 그 지정취지에 따라 배분하는 사업	별도지정	수시	

※ 일부사업에 대해 지역별로 분리 시행 및 별도 공지할 수 있음.
※ "기획사업"과 "긴급지원사업"의 경우 세부사업 시행 공지는 사업의 성격과 내용에 따라 생략할 수 있음.
※ "긴급지원사업"의 경우, 개인 대상 배분사업이라도 사회복지사업 기타 사회복지활동을 행하는 법인·기관·단체·시설 및 공공기관을 통해 신청할 수 있음.

라. 배분신청

- ㅇ 모금회에 배분신청을 하고자 하는 경우에는 배분사업별로 공고된 기일 내에 모금회가 정한 배분신청 서류를 제출하여야 함.
- ㅇ 동일 년도에 시행되는 신청사업, 기획사업을 각각 신청할 수 있으나 동일 또는 유사 사업은 중복하여 제출할 수 없음.
- ㅇ 동일 법인에서 운영하는 기관의 경우, 사업장의 위치가 다르고 독립회계를 하는 기관·시설은 개별적으로 배분신청이 가능함.
- ㅇ 배분신청 시 배분사업별로 정한 배분한도액을 초과하여 신청할 수 없으며, 배분사업별로 자부담 원칙을 별도로 정하는 경우 이를 준수하여야 함.
- ㅇ 모금회는 제출된 사업계획 및 예산의 조정을 요청할 수 있으며, 이 경우 배분신청한 기관·단체는 조정된 사업계획과 예산을 반영한 조정사업계획서를 제출하여야 함.

마. 심사기준 및 과정

1) 심사기준

ㅇ 기관평가 : 신뢰성, 사업수행 능력

ㅇ 사업평가 : 사업내용 및 추진전략의 적절성, 예산편성의 합리성, 사업 필요성, 목표 및 평가의 타당성, 사업종료 후 지향점의 적정성, 사업계획의 일관성 및 체계성

※ 제시된 표준 심사기준은 사업의 특성에 따라 일부 항목이 가감될 수 있음.

2) 심사과정 : 예비심사, 서류심사, 면접심사, 현장심사

※ 사업의 특성에 따라 일부 과정을 추가 또는 생략할 수 있음.

ㅇ 예비심사 : 본 심사의 효과성 제고를 위한 기초 심사(신청 자격 등)

ㅇ 서류심사 : 배분신청서를 근거로 기관의 사업수행 능력 및 사업 실현가능성 등 심사

ㅇ 면접·현장심사 : 사업 특성에 따라 면접 혹은 현장방문을 실시하여 해당 기관의 사업내용 및 수행 능력을 심사

바. 기타사항

ㅇ 세부사업기준은 "사업별 세부사항"에 따름.

ㅇ 기타 지원 관련 제반사항은 사회복지공동모금회법과 모금회 회규에 정한 바에 따름.

ㅇ 모금회는 사업결과보고서에 대한 평가 결과가 부정적인 경우, 관련 회규에 정한 바에 따라 기 지급한 배분금 환수, 일정기간 배분대상 제외 등의 제재조치를 할 수 있음.

ㅇ 배분결정통지 후에 다음에 해당하는 사유가 발생한 경우, 모금회는 배분을 취소하고 지급된 배분금을 환수할 수 있음.

- 배분제외대상에 해당하는 사업 또는 비용임이 발견된 경우
- 배분금을 목적 외의 경비로 사용한 경우
- 배분대상 사업이 중지되거나 목적달성이 불가능한 경우
- 사회복지공동모금회법 제23조에 따른 모금회의 서류제출 요구 또는 조사에 불응한 경우
- 당해 배분과 관련하여 모금회에 제출하거나 보고한 내용이 허위로 판명된 경우
- 모금회 배분분과실행위원회가 배분 취소 및 환수를 해야 할 사유가 있다고 판정한 경우

Ⅱ. 배분사업 신청 유형

배분사업 신청 유형은 프로그램, 기능보강 사업으로 구분되며, 프로그램은 성과중심형, 성과확산형, 산출중심형 3가지 유형으로 분류됩니다. 유형별 세부 내용은 아래 내용을 참고하여 주시고, 배분사업 신청 안내 시 사업 유형에 따라 양식이 제공되오니 안내된 양식을 기준으로 작성하시기 바랍니다.

〈배분사업 신청 유형〉

사업 유형		내용	표준 신청 양식
프로그램 사업	성과 중심형	• 성과 목표 달성을 통해 사업 참여자의 의미 있는 변화를 꾀하고, 나아가 지역사회 변화의 기초를 다지는 사업 • 주로 단년도 형태를 띠며, 사업 참여자의 역량강화 또는 소규모의 지역사회 네트워크 구축 등의 사업을 포함	• 배분신청서 • 신청기관 현황 • 사업계획서
	성과 확산형	• 2년 이상 계획하는 다년도 사업으로 사업 참여자의 의미 있는 변화뿐만 아니라 지역사회, 나아가 우리 사회에 파급력(Impact)을 미치는 것을 지향하는 사업	• 배분신청서 • 신청기관 현황 • 3개년 사업계획서 • 1차년도 사업계획서
	산출 중심형	• 현재 당면한 지역사회 이슈 및 개인(또는 가족)의 문제 해결을 위한 지원사업으로 성과목표 달성 보다는 사업수행 과정에 중점을 두는 사업	• 배분신청서 • 신청기관 현황 • 사업계획서
기능보강 사업		• 기능보강을 통해 현재의 문제를 해소하거나 보다 의미 있는 사업을 향후 수행하고자 하는 사업 • 장비보강, 개보수, 자동차 구입 등이 해당	• 배분신청서 • 신청기관 현황 • 사업계획서

※ 100만원 이하 사업의 경우 약식 사업계획서 작성(배분신청서, 신청기관 현황, 사업계획서)

Ⅲ. 배분신청서 및 사업계획서

1 배분신청서 표준 양식(공통)

배분신청서[1]

기 관 명			고유번호 (사업자등록번호)		
사 업 명	〈대상+목적+방법 : 부제〉				
사업 기본 정보	연차	___①1년차 ___②2년차 ___③3년차 ___④기타( )			
	대상 지역		사업수행 인력		명
	사업 기간	년 월 일 ~ 년 월 일(총 개월)			
사업 참여자[2]	참여자 구분	___①아동/청소년 ___②노인 ___③장애인 ___④여성/다문화 ___⑤위기가정 ___⑥지역사회 ___⑦북한/해외/기타			
	핵심 참여자		인원수		명

사업구분	모금회 지속가능발전목표(C-SDGs)
□ 기초생계 지원	□ 경제적 빈곤 퇴치 □ 영양 및 급식지원/기아종식
□ 교육/자립 지원	□ 교육 및 자립역량 강화 □ 양질의 일자리 만들기 □ 적정기술과 정보기술격차 해소 지원
□ 주거/환경 개선	□ 모두를 위한 깨끗한 에너지 □ 지속가능한 지역사회 인프라 구축 □ 지속가능한 생산과 소비 □ 기후변화와 대응 □ 해양생태계 보존 □ 육상생태계 보호
□ 보건/의료 지원	□ 신체·정서적 건강과 회복 □ 깨끗한 물과 위생
□ 심리/정서 지원	□ 신체·정서적 건강과 회복
□ 사회적 돌봄 강화	□ 사회적 배제 감소와 불평등 완화
□ 소통과 참여 확대	□ 성평등 □ 지속가능한 지역사회 인프라 구축 □ 사회적 약자의 권리증진
□ 문화 격차 해소	□ 사회적 배제 감소와 불평등 완화

성과목표	해당사항이 없을 경우에는 공란으로 표기					
주요 사업 내용	세부 사업명	주요 내용				
사 업 비	총 사업비	원	신청금액			원
신청금액 세부내역	사업비	원	인건비	원	관리 운영비	원
		%		%		%
담 당 자	성명		직통전화		E-mail	@
	직위		휴대폰		FAX	

위와 같이 2021년도 사업을 신청합니다.

2020년 월 일

기관대표자 : (인)

사회복지공동모금회장 귀하

1) 온라인 배분신청 시 온라인배분신청사이트(http://proposal.chest.or.kr)에서 작성
2) 기능보강 사업은 이용 대상자 기재

2 신청기관 현황 표준 양식(공통)

신청기관 현황[3)]

<table>
<tr><td colspan="2">기 관 명</td><td colspan="3"></td><td colspan="2">대 표 자</td><td colspan="2"></td></tr>
<tr><td colspan="2">고유번호
(사업자등록번호)</td><td colspan="3"></td><td colspan="2">전화번호</td><td colspan="2"></td></tr>
<tr><td colspan="2">E-mail</td><td colspan="3"></td><td colspan="2">FAX</td><td colspan="2"></td></tr>
<tr><td colspan="2">홈페이지</td><td colspan="3"></td><td colspan="2">설립연월일</td><td colspan="2">년 월 일</td></tr>
<tr><td colspan="2">주 소</td><td colspan="7">□□□□□</td></tr>
<tr><td colspan="2" rowspan="2">직원 현황</td><td rowspan="2">총 명
(①+②)</td><td colspan="3">상근 (①)</td><td colspan="3">비상근 (②)</td></tr>
<tr><td colspan="3">명</td><td colspan="3">명</td></tr>
<tr><td rowspan="2">기관
주요
사업</td><td>구분</td><td colspan="7">___① 노인복지 ___② 영유아/아동복지 ___③ 장애인복지 ___④ 노숙인복지
___⑤ 지역복지 ___⑥ 정신보건 ___⑦ 여성복지 ___⑧ 가족복지
___⑨ 청소년복지 ___⑩ 다문화지원 ___⑪ 북한/해외지원 ___⑫ 기타( )</td></tr>
<tr><td>내용</td><td colspan="7"></td></tr>
<tr><td rowspan="4">결산</td><td rowspan="2">세입</td><td>총 계</td><td>보조금수입</td><td>전입금</td><td colspan="2">후원금수입</td><td>사업수입</td><td>기타수입</td></tr>
<tr><td>원</td><td>원</td><td>원</td><td colspan="2">원</td><td>원</td><td>원</td></tr>
<tr><td rowspan="2">세출</td><td>총 계</td><td>인건비</td><td>관리운영비</td><td colspan="2">사업비</td><td>재산조성비</td><td>기타지출</td></tr>
<tr><td>원</td><td>원</td><td>원</td><td colspan="2">원</td><td>원</td><td>원</td></tr>
<tr><td rowspan="4">예산</td><td rowspan="2">세입</td><td>총 계</td><td>보조금수입</td><td>전입금</td><td colspan="2">후원금수입</td><td>사업수입</td><td>기타수입</td></tr>
<tr><td>원</td><td>원</td><td>원</td><td colspan="2">원</td><td>원</td><td>원</td></tr>
<tr><td rowspan="2">세출</td><td>총 계</td><td>인건비</td><td>관리운영비</td><td colspan="2">사업비</td><td>재산조성비</td><td>기타지출</td></tr>
<tr><td>원</td><td>원</td><td>원</td><td colspan="2">원</td><td>원</td><td>원</td></tr>
<tr><td rowspan="5">운영
법인
또는
단체</td><td>운영주체
성격</td><td colspan="7">___① 사회복지법인 ___② 사단법인 ___③ 종교법인 ___④ 학교법인
___⑤ 재단법인 ___⑥ 국가지방자치단체 ___⑦ 임의단체 ___⑧ 개인(신고)
___⑨ 법인(기타) ___⑩ 단체(기타)( ) ___⑪ 개인(기타) ( )</td></tr>
<tr><td>법인
(단체)명</td><td colspan="3"></td><td colspan="2">대 표 명</td><td colspan="2"></td></tr>
<tr><td>고유번호
(사업자번호)</td><td colspan="3"></td><td colspan="2">전화번호</td><td colspan="2"></td></tr>
<tr><td>홈페이지</td><td colspan="3"></td><td colspan="2">설립연월일</td><td colspan="2">년 월 일</td></tr>
<tr><td>주소</td><td colspan="7">□□□□□</td></tr>
</table>

※ 신청기관 조직도, 운영위원회 및 운영법인 이사회 명단은 별첨자료로 첨부 요망
※ 조직도, 운영위원회 및 운영법인 이사회 명단은 별도 첨부

3) 온라인 배분신청 시 온라인배분신청사이트(http://proposal.chest.or.kr)에서 작성
※ 온라인배분신청사이트(http://proposal.chest.or.kr) 내 최신 기관정보 업데이트 요망

3 사업계획서 작성 매뉴얼

가. 사업명

1) 작성 가이드

○ 1개년 사업이라면 1년 동안의, 3개년 사업이라면 3년의 전체 기간 동안에 추진할 사업의 제목을 적습니다.

○ 사업명을 통해 그 사업이 누구에 대한 어떠한 목적으로 무엇을 하려는 사업인지 명확하게 알 수 있도록 합니다.

○ 사업명을 인상 깊게 슬로건으로 표현하고자 하는 경우에라도 사업명을 먼저 적고 그 아래에 슬로건은 부제(副題)로 병기하는 것이 좋습니다.

좋은 예	대상, 목적, 방법을 파악할 수 있는 사업명
	• 성인 발달장애인의 자립생활을 지원하기 위한 식생활 개선 프로그램 - Rainbow 영양지원, 다양한 자립의 길! • 장애·비장애 청소년의 지역네트워크 형성을 통한 또래통합프로그램
피해야 할 예	제목만으로는 누구에게 어떤 프로그램을 진행하는지 알 수 없는 경우
	• 내 일을 잡(Job)아라! - 너의 손안에 펼쳐질 세계가 있다. • 색다른 문화공감, Rainbow • 빼앗긴 보금자리에서 새 희망을 안고 가는 “Happy Van”

2) 지혜로운 지피지기(知彼知己)

○ 심사자는 제목을 보고 이후 서술될 사업내용의 전개방향에 대해 감(感)을 갖게 됩니다. 제목에서 관련 정보를 얻을 수 없다면 사업계획서를 보고서야 비로소 사업내용을 이해하게 됩니다.

○ 여러 편의 배분신청서를 심사하는 심사자로서는 제목과 사업내용을 연결시키지 못하면 이후에 다시 제목을 보더라도 어떤 사업인지 기억하기 어렵습니다. 제목만으로도 심사자의 시선을 사로잡기 위해서는 ‘화려한 슬로건’ 보다 ‘정확한 제목’을 작성하는 것이 중요합니다.

○ (성과확산형 사업) 다른 사업유형에 비해 규모나 지향하는 가치, 성과 면에서 차이가 있습니다. 보다 거시적이고 사회에 대한 울림을 가져올 수 있는 사업이라는 점을 염두에 두시고, 사업 전체를 아우를 수 있는 사업명을 제시하셔야 합니다.

> 심사자는 사업을 심사함에 있어서 자신의 선입견이나 부정적인 경험이 부적절하게 심사에 영향을 미치지 않고 최대한 객관적으로 심사하기 위해 노력합니다. 하지만 사업내용을 읽다보면 더 읽고 싶어지는 것이 있는가 하면, 보면 볼수록 '무슨 사업을 어떻게 하겠다는 것인지' 이해하기 어려울 때도 있습니다.
> 읽으면 읽을수록 그 다음에 어떤 내용이 펼쳐질까 궁금한 사업계획서와 읽으면 읽을수록 앞뒤가 맞지 않거나 내용이 분절적이고 연결이 되지 않는 사업계획서 어떤 것에 더 마음이 갈까요?
> 심사 여정의 처음이 사업명입니다.
> 이후의 내용을 가장 압축적으로 표현하면서 내용을 이끄는 제목 – 첫 인상의 시작입니다.

나. 사업 내용 및 추진 전략

1) 사업 참여자 모집 전략

(1) 작성 가이드

1 사업참여자의 개념적 의의 및 종류

○ 예전에는 사업참여자를 '사업대상자'라고 표기했습니다. 공급자가 일방적으로 서비스를 제공할 때는 사업대상자로 불리는 것이 맞지만 프로그램 사업에서의 참여자는 기관 직원의 권유에 의해 참여하기도 하지만 참여여부를 결정하는 것은 당사자입니다. 이제 그들을 피동적인 '대상'으로 간주하기 보다는 '주체적인 참여자'로 바라보고자 합니다.

○ 사업참여자는 크게 두 종류로 구분됩니다.

- 첫째는 '핵심참여자(Main Participants, 핵참)'입니다. 핵심참여자는 성과목표 달성에의 주인공으로 성과목표 달성여부와 직결되는 사람을 말합니다.
- 둘째는 '주변참여자(Sub Participants, 변참)'입니다. 성과목표를 달성하는데 또는 핵심참여자가 변화하는데 매우 밀접하게 관여되는 중요한 주변인입니다.

예 시	사업 참여자를 명확히 구분하여 제시
	• 핵심참여자 : 손자녀를 양육하고 있는 조부모 10명 • 주변참여자 : 손자녀의 어머니 10명(손자녀 1명당 어머니 1명)

- '손자녀에 대한 조부모의 양육기술향상 프로그램'에서 참여자는 앞선 예와 같이 핵심참여자는 '조부모'입니다. 그런데 이 때 손자녀 부모의 매개적 역할이 필요하다면 사업내용 중에 손자녀 부모에 대한 세부 프로그램이 운영될 수 있고, 사업예산을 사용할 수 있습니다. 하지만 이 모든 것의 초점은 조부모에게 있습니다. 즉, 손자녀의 부모에 대한 프로그램 진행과 관련하여 산출목표가 설정될 수 있지만 성과목표는 최종적으로 「조부모의 양육기술이 향상되었는지」의 여부입니다.

○ 핵심참여자와 주변참여자를 구분함으로써 누가 주인공이며 성과목표 달성여부를 점검하는 대상인지, 성과목표 달성여부 측정대상이 아니라도 이 사업에 참여하여 최종적인 목표달성에 조력할 조연 역할은 누가하게 되는지를 알 수 있도록 하고자 합니다.

2 참여자 선정 기준

○ 흔히 참여자 선정방법에 대해 저소득층, 국민기초생활수급자 우선 등 소득 기준을 매우 중요하게 생각합니다. 하지만 사회서비스는 공적 부조 및 사회보험과 달리 욕구에 대한 대응이 중요합니다. 즉, 욕구에 대한 고려 없이 소득 기준을 획일적으로 적용하는 선정 방법은 적절하다고 볼 수 없습니다.

○ 그러므로 사업의 성격을 고려하여 누구를 우선으로 이 사업에 참여시킬 것인지 생각해봐야 하며, 참여 희망자 수가 모집 상한 규모를 넘어서는 경우 누구에게 기회를 줄 것인지 그 기준을 명확히 해야 합니다.

○ 모집 기준을 설정할 때 고려해야 할 요소들은 아래 예시와 같습니다. 어느 쪽에 방점을 두든 사업 내용이 분명하고 체계적으로 구성되어 있다면 의미 있는 사업으로 인정받게 됩니다.

• 욕구의 크기 우선인가, 저소득층 우선인가?
  - 저소득층의 욕구가 큰 경우가 많지만 반드시 일치하지 않는다는 점을 유의
    예) 도벽이 있는 아동에 대한 개입은 소득기준보다는 도벽 성향의 심각성에 초점

• 변화의 가능성이 어느 정도 엿보여야 하는가, 변화의 가능성을 발굴하는 쪽이어야 하는가?
  - 기관의 미션, 비전과 연계되는 요소로, 남들이 돌아보지 않는 심각한 경우에 초점을 둘 것인지, 개입을 통한 성과물로 사회적 환기를 통해 사업 확장을 의도하는 것인지를 판단

• 제도권에 있는가, 아니면 경계선급인가?
  - 제도권이라 하더라도 정부지원의 사각지대는 있고 급여수준이 낮아서 이를 보충하는 개념인지, 아예 정부 지원 대상은 아니지만 현실에서 어려움을 겪고 있는 자들에 대한 대응인지 판단
    예) 장애인 또는 장애인은 아니지만 경계선급인 아동 / 수용자 또는 수용자의 가족

3 참여자 모집 방안

○ 참여자는 프로그램 기획자의 마음대로 움직여 주지 않을 때가 많습니다. 제일 경계해야 할 것은 '종전에 내가 해 오던 방식대로 하면 되겠지'라는 생각이나 '예전의 성공해 본 경험이 있기 때문에 이번에도 좋은 결과가 있을 것'이라는 막연한 기대감을 갖는 것입니다.

○ 그 보다는 이번에 참여하게 될 분들이 겪고 있는 어려움과 아픔, 살아가는 현실에 대한 보다 깊은 이해와 관심이 전제되어야 합니다. 예전의 경험에 비추어 일반화해서는 안되며, 잠재적인 사업참여자를 발굴하여 사업에 적극적으로 참여하도록 하는 방안이 무엇인지에 대해 고민해야 합니다.

- ① 지역사회 내 어디에 잠재적인 사업참여자가 있는지, ② 어떤 매력을 제시해야 잠재적인 사업참여자가 실제 참여하겠는지, ③ 사업에 참여할 때 배려해야 할 부분은 무엇인지 등에 대한 고민들이 드러나야 합니다.

○ 참여자 모집 방법은 사업의 성격과 지역에 따라 달라질 수 있습니다. 공개적으로 널리 홍보해야 할 때도 있고 때로는 눈덩이방식(Snowballing)으로 비슷한 처지에 있는 분들을 소개 받아 모집할 때도 있습니다. 또 서로간의 친밀감이 높은 지역사회와 익명성이 높은 지역사회에서의 접근방법이 달라집니다.

• 흔히 작성자가 속한 기관을 이미 이용하고 있는 분들이 자연스럽게 참여하는 경우가 많은데 아래와 같은 장단점이 있으니 이에 대해 대안을 고민해 보면서 선택하시기 바랍니다.
  - (장점) 기관과 참여자 간에 어느 정도의 라포(Rapport)가 형성되어 있고, 일정 정도 경험을 공유하고 있어 사업착수에 용이하다는 점, 기관 실무자가 어느 정도 참여자의 욕구를 알고 있기 때문에 사업을 통한 개입지점 등을 상대적으로 잘 이해하고 있다는 점
  - (단점) 참여자 간의 기존의 영향력 관계가 그대로 적용되어 새로운 질서를 만드는데 어려움을 겪을 수 있다는 점, 준비 시점에서 기관이용자에게 우선순위 부여 시 기관을 이용하지 않는 사람은 일부 참여하지 못하게 되어 형평성 시비가 일어날 수 있다는 점, 기존 멤버가 대다수를 차지하고 배타성을 보일 때 신규 멤버들과 갈등이 생길 수 있다는 점 등

(2) 지혜로운 지피지기(知彼知己)

○ 심사자는 사업제목과 핵심참여자가 일치하는지, 핵심참여자에 대한 성과목표, 성과지표, 평가방법이 잘 연결되어 있는지를 살펴보게 됩니다. 만약 이들 간의 연결이 매끄럽지 않을 경우 심사자는 사업체계에 일관성이 없다고 생각하여 완결도가 낮은 사업계획서라고 생각하게 됩니다.

○ 심사자는 선정기준과 모집방안이 사업의 내용과 체계에 맞게 개별적으로 고민되어진 내용인지를 보게 됩니다. 사업 홍보의 첫 시작이 참여자 모집과정입니다. 작은 차이로 인해 홍보의 성패는 좌우될 수 있습니다. 심사자는 참여자 모집전략이 사업의 내용과 기관의 역사와 특성, 지역사회의 현실을 감안한 것인지를 살펴보게 됩니다.

• 사업이 선정되어 사업을 수행하는 기관에서 사업 초기에 겪는 어려움 중의 하나가 사업 참여자를 예상과 달리 제 때에 모집하지 못하는 경우입니다.
  - 면접심사에서 사업 참여자가 잘 모일 것이라고 생각하는 근거를 물어보면 의아해하며 자신감을 피력하는 경우가 있습니다. 하지만 실제 사업이 시작되면 고전을 면치 못하는 경우가 많습니다.

• 낙관적인 입장보다는 비관적인 입장에서 참여자를 모을 방법을 구체적으로 고민하신다면 좋은 결과가 있을 것이라 생각합니다.

2) 사업 내용 및 사업 집행 전략

(1) 작성 가이드

1 주요 요소

○ 하고자 하는 사업이 무엇인지 자유롭고 창의적으로 표현하시되, 아래의 관점을 충족시킬 수 있도록 구성하여 주시기 바랍니다.

- (충분성) 문제의식을 사업에 충분히 반영해서 소기의 목표를 달성하는데 충분하도록 내용을 구성되어야 합니다. 물론 예산과 시간의 제약이 있습니다. 주어진 예산과 시간 범위 내에서 사업을 수행해야 하기 때문에 한계를 지닐 수밖에 없습니다. 하지만 허용 가능한 범위 내에서 할 수 있는 핵심 사업을 포함시켜야 할 것입니다.
- (세부 프로그램 간의 연계성) 사업내용은 몇 가지의 세부 프로그램으로 구성됩니다. 이러한 세부 프로그램은 상호 연결되어 있음을 설명해 줄 필요가 있습니다. 세부 프로그램들이 분절적이고, 마치 여러 가지를 단순히 나열한 것이라는 느낌을 주지 않도록 해야 합니다. 이 모든 세부 프로그램이 설정하는 목표를 달성하는데 유의미하게 기여할 수 있다고 설명해야 합니다.

2 사업 내용 작성 방법

○ 무엇을, 언제, 누구에게, 언제부터 언제까지 몇 회를, 누가 수행하는지와 함께 홍보 계획에 대해서는 적절한 방법으로 기술해 주시기 바랍니다.

- 사업을 몇 개의 단위 사업으로 구분하여 주시고, 다음의 제시된 양식을 활용하여 표로 설명하셔도 되고 글로 표현하셔도 됩니다.

세부 사업명	활동 내용(수행방법)
	(시행방법, 시행 시기, 횟수 등 포함하여 작성)

- 사업추진일정은 아래 표를 참고하여 음영으로 표기해주시기 바랍니다.

기간 내용		1월											
(세부 사업명)	(활동 내용)												

○ (성과확산형 사업) 3년치 계획 전부에 대한 활동 내용을 세부적으로 설계하기 어렵다는 점을 감안하여 3개년 사업 추진 일정 작성을 생략하고, 1차년도 사업계획서에서만 추진일정을 제시해 주시기 바랍니다.

(2) 지혜로운 지피지기(知彼知己)

- 사업내용은 몸통에 해당합니다. 사업명, 문제의식, 성과목표, 향후 계획 등이 모두 사업내용에서 파생됩니다. 사업내용이 바뀌면 이 모든 것들이 함께 연동해서 수정되어야 합니다.
- 추진하고자 하는 목표를 달성하기 위한 세부 사업내용은 작성자마다 다를 수 있습니다. 보는 관점과 갖고 있는 전문성이 각각 다르기 때문입니다. 발달장애인에 대한 미술치료와 모래치료 중에 어느 것이 더 적합한지는 사업내용과 작성자의 경험에 따라 달라질 수 있습니다.
- 그러므로 지금 선택한 세부프로그램들이 가장 적합하다는 것을 얼마나 논리적으로 설명되는지가 중요합니다. 뿐만 아니라 해당 세부 사업내용을 제시되는 것이 적절한지, 세부사업내용들 간의 관계가 명확한지 등도 살펴보게 됩니다. 핵심은 심사자가 읽고 나서 '작성자가 어떤 내용의 사업을 어떤 방식으로 어떻게 전달하는지'를 명확하게 알 수 있어야 한다는 것입니다.
- (성과확산형 사업) 3개년 전체 사업의 구성과 흐름이 각 연도 간에 잘 연결되어 전체 사업의 구도를 잘 이해할 수 있도록 해야 합니다. 또한 각 연도 내에서도 세부사업내용들도 각각을 추진해서 종국적으로 달성하고자 하는 목표를 잘 성취할 수 있는 것인지도 살펴야 합니다.

3) 기관 연계협력 전략

(1) 작성 가이드

1 연계협력의 필요성

- 사업을 수행함에 있어 많은 경우에 적극적인 형태로 또는 소극적인 형태로 지역사회 내 유관기관들과 연계·협력하는 것이 필요합니다. 특히 사업의 아이디어는 좋은데 수행기관이 보유하고 있는 전문성이 부족한 경우에는 더불어 사업을 수행하는 방식을 강구하는 것이 좋습니다.
- 예컨대 종합사회복지관에서 재가장애인에게 영양교육사업을 하면서도 관내 장애인 관련 시설 내 영양사 또는 보건소 직원 영영사와 아무런 연계협력 없이 대학교의 영양 관련 학과 교육의 전문성만 빌어서 사업을 수행한다는 것은 한계를 지닐 수밖에 없습니다. 대학교의 관련 학과가 기여할 수 있는 방법도 유용하겠지만 기관들 간의 호혜협력 파트너십 정신은 결코 간과되어서는 안 될 것입니다.

2 연계협력 방안 제시 방법

○ 연계·협력의 방식은 사업의 내용과 성격에 따라 매우 다양하게 나타날 것입니다. 사업수행기관이 중심을 잡되 여러 기관들이 컨소시엄으로 사업을 수행하는 경우에는 대등한 관계에서의 파트너십이 필요한 경우도 있을 것이며, 사업수행기관이 사업을 수행하는 과정에서 필요한 부분들에 대한 협조를 받는 형태도 가능할 것입니다.

○ 네트워크가 구축된다는 것은 사업을 수행함에 있어서 우리 기관이 할 일이 무엇이고, 협력기관이 해야 할 일이 무엇인지, 그러한 순환적 관계를 어떻게 이루어나갈 것인지를 명확하게 한다는 것을 의미합니다.

○ 네트워크를 구축할 기관·단체가 많은 경우에는 어떤 기관들이 네트워크 구축 대상인지 간단하게 적어주시고 네트워크 구축에서 핵심 파트너 기관 2~4개 기관에 대한 내용만 작성하도록 하며 아래의 예시를 참고하여 작성해 주시기 바랍니다.

	협력 기관명	세부 사업명	협력 계획	비고
예 시	☆☆장애인 종합사회복지관	재가장애인 영양교육	• 본 기관 : 참여자 발굴 협조 요청, 사업수행관련 자문 요청 • 협력 기관 : 참여자 의뢰 및 정보제공 사업수행관련 자문 제공 본 기관과 공동모니터링	
	☆☆구 복지행정팀	긴급지원 기금 모금	• 본 기관 : 사업 홍보 컨텐츠 제공 기금 및 후원자 관리 • 협력 기관 : 본 기관과 공동모금행사 주관 ○○단지 입주기업 대상 사업 홍보	MOU체결 예정

(2) 지혜로운 지피지기(知彼知己)

○ 심사자는 작성자가 수행하고자 하는 사업에 있어 자신이 갖는 장점이 무엇이고 한계가 무엇인지, 협력을 통해 사업수행의 효율성이나 효과성을 높일 수 있는 방안이 무엇인지에 대해 깊이 있게 고민을 했는지를 살펴보게 됩니다. 만약 전문성과 관련하여 기관이 갖는 아킬레스건이 있음에도 관련 유관기관 간의 연계를 도모하지 않는다면 현실에 기반한 사업수행방식을 찾지 못하고 아이디어 차원에서 머물고 있는 것은 아닌지에 대해 의구심을 가질 수밖에 없습니다.

○ 결국은 필요한 네트워크는 구축되어야 하며 연계협력기관과 사업수행기관 간에 어떻게 협력할 것인지의 역할이 구체적으로 드러날 때 높은 점수를 받을 수 있게 됩니다. 중요하지 않은 것까지 모두 나열하여 양적으로 과시하려는 욕구는 자제되어야 하며, 스스로도 중요도에 대한 우선순위를 어떻게 가져갈 것인지를 생각해 보아야 할 것입니다.

다. 예산 편성

1) 작성 가이드

(1) 예산 편성 시 고려 사항

- ○ (사업내용과의 연계성) 제시하신 사업내용을 실제 구현하는데 투입되는 자원을 돈으로 표현한 것이 예산이기 때문에 사업내용과 예산편성은 불가분의 관계에 있습니다. 작성한 사업을 충실히 이행하는데 소요되는 예산을 빠짐없이 적어주시기 바랍니다.
- ○ (과대포장금지) 제시해 드린 편성기준에 따라 작성해 주시고 예산 삭감 등을 감안하여 처음부터 예산을 부풀려서 편성한다면 신청기관을 신뢰하지 못하게 되고 나아가 신청한 사업 전체에 대한 신뢰를 흔드는 결과를 초래하게 됩니다.
- ○ (세부 사업 이해 도모) 편성된 예산을 보면 구성하신 세부 사업의 얼개와 흐름을 쉽게 알 수 있습니다. 물론 세부 사업을 어려움 없이 이해할 수 있도록 산출근거나 총량을 쉽게 알 수 있도록 작성해야합니다.

(2) 예산 편성 방법

- ○ (목) 아래의 항목을 참고하여 인건비, 사업비, 관리운영비를 분류하여 편성합니다.

목	설명	해당 항목
인건비	해당 사업을 직접적으로 수행하는 인력에 투입되는 비용	프로그램 담당자/보조담당자 인건비
사업비	프로그램의 수행에 필요한 직접비용 (실인원수에게 제공되는 서비스에 필요한 비용)	강사비, 자원봉사자 관리비, 자문비, 회의비, 행사진행비, 홍보물품 구입, 프로그램 준비물 구입, 사업결과보고서/결과물 제작 등
관리 운영비	프로그램의 수행에 필요한 간접비용 (사업관리에 필요한 비용)	사무용품, 냉난방비, 우편료, 사업담당자 교통비 등

(세목/세세목) 세목은 사업 내용 작성 시 분류한 '세부 사업명' 단위로 기재하고 항목이 다양하거나 단위가 큰 경우에는 세세목으로 구분하여 작성합니다.

(산출근거) 구체적으로 어떠한 내역으로 예산을 지출할 것인지 실제 단가, 수량, 인원수, 건수, 횟수 등을 구체적으로 기록해야 합니다. 예산편성기준표 예시("별첨3" p.92)를 참고하여 기재하여 주시기 바랍니다.

(예산조달계획) 모금회에 신청하는 금액 및 자부담 금액을 기입합니다. 자부담이 없는 경우에는 공란으로 비워둡니다. 신청 금액에 대한 비율은 신청금액 대비 각 항목이 차지하는 비율을, 자부담의 경우, 전체 자부담 대비 해당 자부담의 비율을 산출하여 기입합니다. 자부담 재원은 자체예산/외부지원(지원처)/수익금(참가비 등) 등으로 구분하도록 합니다.

(비품/장비 구입 시) 프로그램 수행을 위해 직접적으로 필요한 비품/장비인 경우(장애인작업장 생산장비 구입, 컴퓨터 교실 운영을 위한 컴퓨터 구입 등) 사업비에 편성합니다. 프로그램 사업에서는 간접적으로 필요한 비품/장비 지원은 지양하도록 하며, 그럼에도 불구하고 간접적으로 사업 운영에 도움이 되는 비품/장비는 관리운영비에 편성 가능합니다.

(성과확산형 사업) 3개년 예산서는 큰 흐름만 알 수 있도록 세목(세부 사업) 단위로 금액을 기재하시고, 1차년도 사업계획서에서는 위의 내용을 참고하여 상세히 작성하시면 됩니다.

- 3개년 예산 편성표를 통해서 어떤 단위사업에 얼마의 예산을 사용할 예정이며, 각 목간에 상대적인 비중이 어느 정도인지를 가늠할 수 있습니다. 또 크게는 사업비 내에서도 어떤 사업에서 어떤 사업으로 중심축이 이동하는지 등에 대해 파악하게 됩니다. 정확하게 기재하시되, 전체적인 예산흐름을 한눈에 알아보기 쉽도록 작성해 주시면 됩니다.

- 아래의 3개년 사업 예산 편성표 예시를 참고하여 작성해주시기 바랍니다.

(단위 : 천원)

구분	1차년도			2차년도			3차년도		
목	세목	신청금액	자부담	세목	신청금액	자부담	세목	신청금액	자부담
	총 계	90,668	20,000	총 계	171,953	10,000	총 계	141,690	20,000
인건비	담당자 급여	23,000		담당자 급여	25,000		담당자 급여	20,000	5,000
	소 계	23,000		소 계	25,000		소 계	20,000	5,000
사업비	심리정서 지원	8,820		심리정서 지원	6,780		심리정서 지원	7,530	
	직업 역량강화	52,128		직업 역량강화	56,438		직업 역량강화	60,350	
	인턴십 센터 운영	2,100	20,000	인턴십 센터 운영	80,815	10,000	인턴십 센터 운영	50,890	15,000
	소 계	63,048	20,000	소 계	144,033	10,000	소 계	118,770	15,000
관리 운영비	사무용품	1,900		사무용품	1,900		사무용품	1,900	
	출장비	720		출장비	1,020		출장비	1,020	
	집기비품	2,000		-	-		-	-	
	소 계	4,620		소 계	2,920		소 계	2,920	

2) 지혜로운 지피지기(知彼知己)

○ 심사자는 작성가이드에서 제시되어 있는 기준들이 잘 준수한 예산편성표인지를 보게 됩니다. 특히 심사자는 사업내용을 읽을 때 실제 소요될 예산이 잘 편성되어 있는지를 한꺼번에 보는 경우가 많습니다. 이 때 사업내용을 실제 추진할 때 소요될 것으로 예상되는 예산이 편성되어 있지 않거나, 사업내용에 기재되어 있지 않은 항목이 예산으로 편성되어 있다면 심사자는 배분신청 전체 내용의 일관성 및 상호연계성이 부족하다고 판단하게 됩니다. 그러므로 사업내용과 예산편성 간의 연계가 잘 되어 있는지 점검하는 것이 필요합니다.

○ 자부담을 하는 것은 기관이 신청하는 사업을 하고자 하는 의지와 연결된다고 볼 수 있습니다. 그렇지만 집행할 의도가 없음에도 선정이 되기 위해 사업계획서에 자부담 예산을 기재한다거나 다른 사업에 집행할 예산을 억지로 짜집기하여 편성하는 것은 사업 선정에 도움이 되지 않습니다. 실제 집행할 의도가 있고, 직접 투입되는 비용에 대해서만 작성하여 주시기 바랍니다.

라. 문제 의식(사업 필요성)

1) 작성 가이드

○ '이 사업이 왜 필요한가?'라는 질문에 대한 대답은 결국 그 사업이 해결되면 당면하고 있는 현실이 '어떤 상태가 되기를 바라는가?'와 결과적으로는 동일한 지점에 이르게 됩니다. '사업의 필요성'은 결국 '사업목적'과 크게 다르지 않습니다. 전자는 사업을 시작하기 전의 이야기라면, 후자는 사업을 수행해서 정해진 목표가 달성되면 어떤 상태에 이르고 싶은지에 대한 이야기입니다.

○ 그렇다면 '문제의식'은 사업내용과도 연결되어 있고, 또 이 사업이 지향하는 종국적인 목적과도 닿아 있음을 알 수 있습니다. '문제의식'과 '목적'이 실제 연결되도록 작성하는 것은 사업계획서의 일관성과 논리성을 담보하는 지름길입니다.

○ (성과확산형 사업) 성과확산형 사업은 타 사업 유형에 비해 좀 더 근본적인 변화를 꿈꾸면서 3년 뒤에 나타날 성과를 성취할 것임을 명확하게 인식하고 도전하는 취지가 드러나는 것이 좋습니다. 1차년도에는 무엇을 할 것이며, 2차년도에는 어떻게 연결시켜서 종국적인 성과와 사회적 영향력을 거둘 것인지를 깊이 있게 고민하여 '사업 필요성'에 대한 내용을 적시해 주시기 바랍니다. 아울러 왜 다년도 사업이어야 하는지에 대한 작성자의 명확한 인식이 논리에 묻어나야 합니다.

(1) 사업 계획 배경

- '무엇을 어떻게 하겠다'라고 하는 사업 아이디어와 내용은 작성자나 신청기관의 문제의식에서 출발합니다. 왜 이 사업을 기획하여 배분을 신청하는지에 대한 스토리(story)를 들려주시기 바랍니다.
- 비슷한 스토리라 하더라도 문제 상황을 어떤 시각에서 어떻게 바라보는가에 따라 접근방식이 달라집니다. 그러므로 변화시키고자 하는 개입지점에 대해 작성자(기관)가 어떤 관점에서 바라보는지를 적어주시기 바랍니다.

> '장애인에게 이런 교육을 받게 하면 훨씬 더 역량이 강화되고 취업이 쉬울텐데...'라고 생각하게 되면 그 교육과정을 잘 구성하는데 초점을 맞추어야 하고, '장애인이 아무리 노력해도 사회의 부정적인 인식과 태도 때문에 실업상태에 머물 수밖에 없다'고 생각하면 대안은 자연스럽게 '사회와 기업의 장애인에 대한 이해와 수용 정도가 높아지도록 하는' 사업에 몰입하게 되듯이, 보는 시각에 따라 사업내용이 달라집니다.

(2) 기존 유사사업과의 차별성

- 작성자가 기획하는 사업이 해당 지역사회에서 발생하는 특수한 여건 때문인지, 아니면 보편적인 상황에서 신청기관이 좀 더 발 빠르게 대응하려고 하는 것인지에 대해 적어주시기 바랍니다.
- 뿐만 아니라 다른 지역이나 기관에서 이미 충분히 해당 주제에 대하여 동일한 또는 유사한 사업을 많이 해 오고 있다면 그러한 경험치가 축적되어 있는데도 불구하고 배분신청을 하는 이유에 대해서 적어주시기 바랍니다.
- 이 항목을 작성하는 이유는 다른 기관이 수행해 본 사업을 선정하지 않겠다는 취지가 아니라 동일한 또는 유사한 사업이 진행되었지만 신청기관이 처한 지역 여건이 동일하지 않다는 점과 유사한 주제라도 작성자에 따라서 얼마든지 달라질 수 있다는 점 때문에 작성자가 구성한 사업 내용의 구체적인 배경이 타당한지에 대해 보다 깊이 살펴보기 위함입니다.
- 그러므로 다른 기관의 사업을 그냥 벤치마킹하기 보다는 그 사업의 장점과 성공적인 면, 그리고 감춰진 시행착오, 상황의 상이성 등을 고려하시고 아울러 새로운 관점 등을 생각하셔서 기관 여건과 기획의도에 맞게 반영할 필요가 있습니다.

> 신청기관이 사업을 수행함으로써 새로운 사각지대를 메울 수 있는 좋은 기회인지, 기존의 접근방식과는 달리 새로운 시각에서 문제해결방안을 모색해 볼 수 있다든지, 최근 강조되고 있는 시각 또는 접근방법을 동원한 것이라든지 등등 이 사업에 대한 결과보고서가 나왔을 때 타 기관에게 귀감이 될 수 있는 부분이 나타나도록 적시해 주시면 좋겠습니다.

(3) 신청기관의 강점

○ 신청하는 사업이 아이디어 차원에서 구상·제시된 것이 아니라 치밀한 조사와 관련분야 수행 경험에 근거해서 구성되었으며, 신청기관이 이 사업을 수행함에 있어 갖는 또 다른 장점이 있다면 보다 설득력 있게 그 논거를 제시하여 주시기 바랍니다.

2) 지혜로운 지피지기(知彼知己)

○ 심사자는 신청기관 내 전문기획자에 의해 작성된 사업계획서에 대해서 그리 호의적이지 않습니다. 기관으로서는 재원을 유치해야 하므로 기획능력이 뛰어난 분들을 전략적으로 배치할 수 있을 것입니다. 하지만 그런 경우 '기획자 따로, 선정 이후 담당자 따로'라는 결과를 초래하게 될 가능성이 큽니다. 이후 사업을 담당하게 되는 직원은 대부분의 경우 사업에 대한 이해와 사업추진의 속도가 느릴 수밖에 없습니다. 결국 사업이 지연되고, 사업의도를 살리기 어려운 위기에 처하기도 합니다. 그러므로 심사자는 기획을 위한 사업인지, 사업을 추진하기 위해 배분 신청한 것인지를 구분하기 위해 이 사업을 기획하게 된 연유를 확인하게 됩니다.

○ 또 이 사업이 이미 충분히 여러 지역에서 검증된 프로그램이라면 굳이 왜 그 기관에 다시 사업을 추진할 기회를 주어야 하는지에 대해서도 심사자 스스로 납득이 되어야 합니다. 물론 현실을 변화시키는데 필요한 재원이 없어 안타까운 현실을 목도하고 있는 기관의 입장도 이해합니다. 하지만 제한된 자원으로 배분사업을 선정해야하는 심사자로서는 '단순히 열악하다'는 이유만으로 지원근거의 충분성을 확보했다고 보기는 어렵습니다.

○ 아울러 심사자가 안심하고 지원할 수 있도록 관련 내용을 마련하는 것이 필요합니다. 최선을 다한 후의 실패나 아쉬운 부분은 아름답지만, 시작부터 성공가능성이 낮은 사업을 지원할 수는 없습니다. 그렇기 때문에 접수된 많은 사업계획을 심사하면서 사업 아이템의 매력이 비슷하다면 보다 성공가능성이 높은 기관이 선정될 확률이 높아집니다. 그러므로 귀 기관이 이 사업을 수행해야 하는 이유와 그렇게 지원하면 사업을 성공적으로 수행할 수 있다고 판단하는 근거를 제시해 주시기 바랍니다.

마. 목표 및 평가

1) 작성 가이드

(1) 산출목표

○ 산출목표는 성과목표 달성에 기여하는데 필요한 수단적 성격의 목표를 말합니다. 산출목표로 설정될 수 있는 것은 ① 활동(Activities)에서 기재한 사업내용을 실제로 수행한 것이거나, ② 활동(Activities) 결과, 프로그램 공급자(기획자)가 마음대로 하기는 어렵지만 실제 성과목표를 달성하는데 반드시 필요한 목표치인 경우를 말합니다. 이 두 가지 중에 보다 집중해야 할 것은 실제 수행한 활동보다는 성과목표 달성에 반드시 필요한 목표치입니다.

○ 산출목표는 아래의 요소를 고려하여 작성하며, 산출목표에 따른 모니터링 방법은 산출 목표 달성 여부에 대한 확인 또는 달성을 위한 관리 방법을 기재하여 주시기 바랍니다.

- (과대 설정 금지) 선정되기 위해서 과도하게 산출목표를 잡기 보다는 사업의 규모와 성격에 맞게 필요한 것을 적정 수준으로 적어야 합니다.
- (측정가능성) 산출목표는 달성여부를 알 수 있도록 측정 가능해야 합니다.

	세부 사업명	산출 목표	모니터링 방법
예 시	맹학교 학생에 대한 미술교육	3개학교 6개학급 총 30명에게 각 학급당 24회 미술교육 실시	• 교육 계획안, 결과보고 작성 • 출석부 확인

(2) 성과목표 및 평가 방법

1 성과목표

○ 성과목표란 인적·물적 노력과 시간을 조직·투여하여 최종적으로 달성하고자 하는 목표를 말합니다. 성과목표의 차원과 초점은 매우 다양하게 설정될 수 있습니다. 예를 들어 소년원에 있는 청소년들에게 코딩(coding) 교육을 시킨다고 한다면 코딩 실력의 향상이 성과가 될 수도 있고, 자살 시도 경험이 있는 사업참여자와 상담프로그램을 진행한다면 우울감 감소가 성과가 될 수도 있습니다.

○ 성과목표는 사업참여자, 사업내용, 성과지표 등과 연결되어 있습니다. 사업을 수행한다는 것은 "누구를 어떤 개입을 통해서 어디까지 변화를 이끌어 낼 것인가"를 구체적으로 실행하는 것입니다. 변화의 목표치는 변화의 대상, 변화의 수단을 함축하고 있습니다. 특히 성과목표는 사업참여자 중에서 핵심참여자에 대한 내용입니다.

○ 성과목표는 일반적으로 측정 가능해야 합니다. 그렇기 때문에 성과지표와 연결되어 있다고 이야기하는 것입니다. 하지만 성과목표가 반드시 측정 가능해야 하는 것은 아닙니다. 양적으로 측정하기 어려운 질적인 변화도 성과가 될 수 있기 때문입니다. 너무 가시적인 성과에 편중되어 있으면, 감추어진 성과를 드러내는데 관심을 덜 두게 되거나 의미 있는 변화를 드러내지 못하는 잘못을 범하게 됩니다.

○ 그러나 양적으로 측정하지 못하면서 아울러 질적인 성과평가로도 연결되지 못하는 내용으로 성과목표를 기술해서는 안 됩니다. 또 양적으로 분명히 측정가능하고 또 의미도 있는 성과목표가 설정될 수 있음에도 이를 간과하고 질적 성과평가를 염두에 둔 성과목표 진술이어서도 곤란합니다. 보다 자세한 내용은 목표설정방법 안내(“별첨5” p.96)을 참고하여 주시기 바랍니다.

○ (성과확산형 사업) 3개년 사업계획서에서는 3년 동안의 사업을 추진한 이후에 달성할 목표를, 1차년도 사업계획서에서는 1차년도 사업 범위 내에서 고려할 수 있는 중간 과정의 성과목표를 제시하시면 됩니다.

좋은 예	**사업 내용에 따른 궁극적인 성과가 제시되는 경우**
	• 장애 자녀에 대한 이해 증진 및 부모 관계개선 프로그램 - 장애 자녀에 대한 부모의 이해도 증진 - 장애자녀의 부, 모 상호 간 관계 개선도 향상
피해야 할 예	**산출목표를 성과목표로 기재하는 경우**
	• 장애 자녀에 대한 이해 증진 및 부모 관계개선 프로그램 - 이해증진 프로그램 탈락률 5% 미만 - 상호관계개선 프로그램 출석률 90% 이상

2 평가 방법

○ 평가 계획은 어떻게 성과를 평가할 것인지에 대한 틀(Framework)을 말합니다. 평가 도구 및 방법에는 성과목표의 달성여부를 측정할 수 있는 성과지표와 누구에게서 어떤 도구를 활용하여 자료를 수집할 것인지에 대해 기재하여 주시고, 측정 시기는 언제 평가를 실시한 것인지에 대한 내용을 적어주시면 됩니다.

○ 평가방법은 양적 평가방법과 질적 평가방법으로 나뉩니다.

- 양적 평가방법은 양적인 측정이 가능한 지표나 척도를 사용하여 설문조사를 하거나, 양적인 참여관찰을 하게 됩니다.

- 질적 평가방법은 양적 측정이 어려운 경우에 질적인 변화수준과 그 변화의 의미를 드러내는 것을 말합니다. 주로 질적인 참여관찰이나 인터뷰를 통해 자료를 수집합니다. 보다 자세한 내용은 평가방법 작성 안내(“별첨6” p.102)를 참고하여 주시기 바랍니다.

○ (성과확산형 사업) 3개년 사업계획서에서는 3년차에 완성될 성과목표에 대하여 이를 어떻게 평가할 것인지를 작성하고, 1차년도 사업계획서에서는 1차년도 사업 성과목표의 평가 방법을 작성해주시기 바랍니다. 질적인 성과평가 또한 3차년도 사업계획서에서는 최종적인 사업참여자에 대한 질적인 인터뷰, 참여관찰, 문헌조사를 통해 이루어지도록 해야 합니다.

	성과 목표	평가 도구 및 방법	측정 시기
양적 평가 예시	장애 자녀에 대한 부모의 이해도 증진	• 성과지표 : 자녀 이해도 10% 증진 • 평가도구 : 자녀 인식 척도 • 평가방법 : 자녀 부모 중 주 양육자에게 자녀이해 설문지를 작성하도록 하여 사전, 사후 증진 정도 확인	• 사업 시행 전(3월) • 사업 종료 후(9월)
	성과 목표	**평가 도구 및 방법**	**측정 시기**
질적 평가 예시	장애 자녀에 대한 이해 증진 및 상호 관계개선	• 평가주체 : 사업 담당자 • 평가방법 : 자녀 부모대상 인터뷰를 통해 성과목표 달성 여부와 삶의 질 개선 정도 확인	• 사업 종료 후(9월)

(3) 성과목표 및 평가 방법

○ 과정 평가는 성과확산형 사업의 경우에만 해당하는 항목으로 성과확산형 사업일지라도 필수 항목은 아니며, 작성자의 필요에 따라 선택하시면 됩니다.

○ 성과확산형 사업은 단년도에 그치는 것이 아니고 시계열적으로 장기간에 걸쳐서 수행되며, 최종적인 성과는 3년차가 종결될 시점에 나타나게 됩니다. 이런 점에서 어떤 과정을 통해 그러한 성과에 이르게 되었는지를 상세하게 기술하는 것이 필요할 수 있습니다. 그 이유는 타 기관에 사례를 전파하기 위해서는 단순한 사업 틀과 결과만으로는 부족할 수 있기 때문입니다.

○ 과정평가에 대한 자세한 내용은 평가방법 작성 안내(“별첨6” p.102)를 참고하여 주시고 아래 사항을 충분히 고려하시기 바랍니다.

- 과정평가에서 중요한 것은 ① 어떠한 과정을 통해 사업이 진행되었는지, ② 당초 계획과 시행이 달라졌다면 그 이유가 무엇인지, ③ 주요과정별로 얻은 교훈이 무엇인지, 다시 사업을 추진한다면 어떻게 할 것인지 등에 대해 가능한 한 자세하게 기록해야 합니다. 이러한 내용을 어떻게 담아낼 것인지에 대한 계획을 적으시면 됩니다. 이는 ‘전체 사업흐름 중에 어느 부분에 대해 보다 집중하여 과정평가를 할 것인지, 그 이유가 무엇인지, 어떻게 자료를 수집·관리·분석할 것인지’ 등에 관한 내용이라고 할 수 있습니다.

예시	평가대상 내용	평가 방법	측정 시기
예시	자녀 이해 교육 추진 과정	• 평가주체 : 외부 평가위원 • 평가방법 : 교육 참여 관찰 및 사업 담당자 인터뷰	• 참여관찰- 매회기 • 인터뷰- 종료 후

2) 지혜로운 지피지기(知彼知己)

○ 성과목표는 앞서 설명한 바대로 사업명, 사업내용, 성과지표 등과 모두 연결되어 있기 때문에 성과목표의 정확성을 검토할 때 반드시 관련 내용들을 찾아보게 됩니다. 이 때 성과목표로 제시된 내용이 이후 평가방법에서 설정한 성과지표로 평가하기 어렵다면 감점될 수밖에 없습니다.

○ 아울러 산출목표를 성과목표로 제시하여 산출목표와 성과목표에 대한 기본적인 이해를 결여하고 있는 것은 아닌지 의심을 들게 하는 경우, 제시한 성과목표를 달성하는데 적절한 사업내용인지에 대해 의문이 제기되는 경우 등은 아무래도 관련 내용이 분명한 배분신청기관보다 낮은 평가를 받을 수 밖에 없습니다.

○ 평가 방법은 기관실무자들이 어려워하는 부분이면서 또 실제 심사해보면 가장 오류가 많은 부분이기도 합니다. 산출목표를 성과목표로 적는 경우, 목표를 추상적으로 적어서 목표로써 가치가 없는 경우, 성과목표와 핵심참여자 등 목표와 관련 정보간의 관계에 일관성이 없는 경우가 많습니다.

- 그러므로 설정한 성과목표가 과연 이 사업을 통해서 종국적으로 변화를 지향하는 지점이 맞는지, 주변정보와 잘 조응하는지를 최종적으로 배분신청서의 앞뒤를 오가며 검토하는 것이 필요합니다.

○ (성과확산형 사업) 과정평가는 3년 동안 최종적인 성과목표 달성을 위해 노력하는 과정에 대한 평가입니다. 사업은 아무런 수정 없이 계획대로 집행되는 것은 거의 불가능합니다. 오히려 상황에 맞게, 사업진행과정에서 생기는 여러 가지 변수를 고려하여 수정될 필요가 있습니다. 하지만 이러한 수정 외에도 예상치 못한 위험요인(Risk factors)을 만나 수정이 불가피해지기도 하고, 당초 사업계획 수립 시에 예측하지 못했던 요인 때문에 변경되기도 합니다. 여기서 우리가 주목해야 할 것은 이러한 변화과정에서 어떤 교훈을 얻을 수 있고, 이 사업을 해 보겠다고 하는 타 기관 실무자에게 어떤 조언을 줄 수 있을지에 대한 내용을 잘 담아내야 하는데 어떻게 이를 담아낼 것인지에 대해 자세하게 기술해 주시면 됩니다.

사. 사업 종료 후 지향점

1) 작성 가이드

(1) 기대 효과 및 사업결과의 활용 계획

○ 여기에서는 신청하신 사업이 선정되어 지원금을 받은 후 신청사업을 성공적으로 수행한다면 기대되는 효과는 무엇인지 작성하시면 됩니다. 기대 효과는 '사업의 목적'과 연계된다고 이해하시면 됩니다.

○ 또한 사업 수행을 통해 얻게 되는 지식과 지혜, 경험을 토대로 무엇을 앞으로 계획하고 있는지, 수행한 사업결과를 어떻게 활용할 것인지에 대한 내용을 적어주시기 바랍니다. 사업결과 활용계획은 종국적으로 이 사업이 지향하는 방향 및 가치와 연결되어 있습니다.

(2) 사업 지속 유지 전략

○ 사업 지속 유지 전략은 성과확산형 사업의 경우에만 해당하는 항목으로, 신청 사업에 대한 지원이 종료된 이후에 재정적인 부분을 포함하여 계속 사업을 수행할 수 있는 능력을 어떻게 갖출 것인지에 대한 전략을 말합니다.

○ 재정 확보를 위한 전략은 내부전략과 외부전략이 있습니다.

- 내부적인 전략은 사업수행기관이 운영주체(법인, 단체, 조합 등)로부터 안정적인 예산을 지원받거나 수익사업을 통해 안정적인 수입원을 확보하는 것입니다.

- 외부전략은 크게 3가지로 나뉩니다. ① 국가 또는 지방자치단체 사업으로 설정되고 정부보조금을 받는 경우, ② 사업 지속추진의 필요성 및 우수성을 인정받아 다른 민간재단으로부터 지원을 받아 사업을 계속 수행하는 경우, ③ 불특정 다수로부터 후원을 받아 사업소요재원을 확보하는 경우 등이 있습니다.

○ 여러 방법 중에 사업신청기관이 가장 적합하다고 생각하는 전략을 정하고 이에 대한 추진방법을 적어주시기 바랍니다.

• 사업 지속 유지 전략은 기재 의무사항은 아닙니다. 또한, 사업을 지속해야할 필요가 있는 사업임에도 지속 유지 전략을 수립하고 실현시키기 어려운 경우도 있습니다. 다만, 동일한 규모로 유지할 수 없더라도 지속 유지하기 위한 기관의 노력은 긍정적인 평가로 이어질 수 있습니다.

• 지속 유지 전략 마련이 어려운 경우에는 왜 어려운지 또는 적용되기 어려운 경우에는 왜 그러한지를 적어주시기 바랍니다.

  - 예를 들어 3개년에 걸쳐 지표를 개발하는 사업의 경우 굳이 지속 유지 전략이 필요한 것은 아닐 수 있습니다.

2) 지혜로운 지피지기(知彼知己)

(1) 기대 효과 및 사업결과의 활용 계획

- ○ 사업결과 활용계획을 통해 알아보고자 하는 것은 신청기관이 사업내용을 시계열적으로 어떻게 확대·확산시켜 나갈 것인지에 대한 전망을 알고 싶어서입니다. 또한 사업내용과 사업종료 후 지향점은 한 맥락 속에 위치한다고 볼 수 있으며 이 들 간의 연결도 중요한 관전 포인트가 될 것입니다.
- ○ 어떤 사업이든지 그 자체로서 최종적인 종착지점이라고 하기에는 아쉬운 점이 많습니다. 예산상의 제약, 수행인력의 제약 등으로 인해 어떤 부분에 집중해서 사업을 수행하게 됩니다. 하지만 삶이라는 것은 동시다발적인 여러 사회관계망 속에서 이루어집니다. 그렇기 때문에 이번 사업에서 어떤 부분에 특정하여 사업을 수행했지만 당사자의 실질적인 변화를 위해 다른 각도에서 보다 더 넓은 관계자를 포함시켜서 사업을 수행해야 할 필요가 있게 됩니다.
- ○ 뿐만 아니라 수행사업을 통해 얻어진 다양한 결과물을 기반으로 전혀 다른 사업에 활용할 계획을 가질 수도 있습니다. 예를 들어 아동에 대한 학대예방 프로그램을 실시했다면, 이를 기반으로 장애아동에 대한 학대예방사업에 기초로서 활용될 수도 있습니다.
- ○ 이러한 활용계획은 신청기관이 이 사업을 왜 구상했고, 또 이를 어떤 관점에서 바라보고 있으며, 전체 사업 조감도에서 어느 지점에 두고 이해하고 있는지를 보여주게 되며, 심사자는 신청사업이 신청기관의 전체 사업수행에 어떤 의미를 가지는지를 보게 됩니다. 이러한 이해는 이 사업의 필요성에 대해 공감하는데 도움이 될 것입니다.
- ○ (성과확산형 사업) 성과확산형 사업은 더 나아가 사업 종료 후 우리 사회의 변화 방향에 초점을 두게 됩니다. 사업내용을 구성하고 연차별로 사업추진을 가속화하면 어떤 변화가 나타나며 그러한 변화들을 모아서 만들어 가고자 하는 우리 사회의 모습이 무엇인지를 전망하게 함으로써 작성자가 구성한 3년간의 사업을 다시 돌아보게 하는 역할도 하게 됩니다.

(2) 사업 지속 유지 전략

- ○ 심사자는 제시되어 있는 전략을 목표설정의 적절성, 구현방법의 타당성 등을 세부적으로 살펴보게 됩니다.
  - 목표치도 중요하지만 실제 그러한 목표치를 달성하기 위해서 적어도 2년차부터는 어떤 노력을 할 것인지 그 로드맵이 구체적으로 제시되어야 합니다.
  - 전략 수립이 어려운 경우에도 어려운 사유가 타당한지를 살펴보게 됩니다.

Ⅳ. 표준 심사기준

※ 제시된 심사기준은 표준심사양식으로 사업의 특성이나 내용에 따라 일부 항목이 가감되어 사용될 수 있음을 안내드립니다.

<table>
<tr><th colspan="3">구분</th><th>주요내용</th></tr>
<tr><td rowspan="8">심사</td><td rowspan="2">기관
평가</td><td>신뢰성</td><td>• 모금회와 사업수행 경험이 있으며 사업수행결과는 양호한가
• 이사진 구성(혹은 운영위원회)은 적절한가</td></tr>
<tr><td>사업수행
능력</td><td>• 제안한 사업내용과 유사 혹은 동일한 사업 수행 경험이 있는가
• 사업 관련 담당자(혹은 수퍼바이저)의 지식과 경험이 사업을 수행하기에 충분한가
• 조직, 인력, 예산 등 제반여건을 고려할 때 제안한 사업을 책임성을 가지고 수행할 능력이 있는가</td></tr>
<tr><td rowspan="6">사업
평가</td><td>사업내용 및
추진전략의 적절성</td><td>• 참여자 및 선정기준, 모집방안은 적절한가
• 목표 달성을 위한 프로그램이 충분하게 구성되어 있는가
• 수행사업의 시행 방법, 시기, 횟수 등의 구성은 적절한가
• 연계협력기관 등 지역자원의 활용 방안을 적합하게 제시하고 있는가</td></tr>
<tr><td>예산편성의 합리성</td><td>• 사업비 및 인건비 구성과 투입비용 수준은 적절한가(타당한가)
• 예산 항목의 각 요소가 구체적으로 서술되어 있는가
• (자부담이 필수인 경우)자부담 비율은 적정하며 타당성이 있는가</td></tr>
<tr><td>사업 필요성</td><td>• 참여자의 욕구 및 문제분석을 위한 사전조사 등 경험적 기반에 의한 문제의식이 명확한가
• 문제 해결을 위한 기관의 노력 및 사업기획이 유사사업과 차별성이 있는가
• 해당사업에 대하여 신청기관의 사업수행이 반드시 필요한가</td></tr>
<tr><td>목표 및 평가의
타당성</td><td>• 사업주제에 부합하는 목표가 설정되어 있는가
• 목표는 실현 가능하게 설정되어 있는가
• 목표 측정 시기 및 평가 방법이 구체적이고 타당한가</td></tr>
<tr><td>사업종료 후
지향점의 적정성</td><td>• 사업의 기대효과 및 활용계획이 구체적으로 서술되어 있는가
• (성과확산형의 경우) 사업종료 후 사업 지속·유지 전략은 적절한가</td></tr>
<tr><td>사업의 일관성
및 체계성</td><td>• 사업계획 내용이 일관되고 체계적으로 작성되었는가
• 사업계획 내용이 구체적이며 실현 가능한가</td></tr>
</table>

참고 문헌

곽현근(2013). "사회적 자본의 이해와 마을 만들기." 사회적 자본 확충을 위한 대전형 좋은 마을 만들기 참여자 교육. 대전평생교육진흥원.

권택영(1999). "라캉의 욕망이론". 권택영 편. **자크 라캉 욕망이론**. 서울: 文藝出版社.

김문(1999). **공격마케팅**. 서울: 현대미디어.

김봉섭(2012). "블로그 이용에 따른 사회적 연결망 유형과 사회자본 효과 연구." **언론과학연구**. 10(2): 73-104.

김성이 · 채구묵(1997). **욕구조사론**. 서울: 아시아미디어리서치.

김영종(1999). **사회복지 조사방법론**. 서울: 학지사.

김영종(2001). **사회복지행정론**. 서울: 학지사.

김청택(2015). "동아시아의 창조성." **아시아리뷰**. 4(2)(통권 8호), pp.31-49.

김태진 · 김용범 · 이경은 · 이준상 · 조운희 · 최경애(2001). 2001 경북의 사회복지지표. 경상북도사회복지협의회.

김태진 · 최용민 · 조운희 · 장덕희(2002). 포항시 사회복지 욕구 조사에 따른 사회복지 정책 방향. 포항시지역사회복지협의체.

김형균(2017). "다양한 사회관계의 변화 대응 위해 새로운 공동체 신뢰구조 정착 필요". 부산발전포럼. 3 · 4월호, pp. 16-25.

김형식(1997). **사회복지프로그램 평가기법**. 서울: 아시아미디어리서치.

김형용(2013). "포용적 사회와 나눔문화의 현실: 소비주의 나눔에 대한 비판적 해석." **한국사회복지행정학**. 15(4)(통권 제41호), pp. 87-113.

남세진 · 최성재(1991). **사회복지조사방법론**. 서울: 서울대학교출판부.

남희은 · 김남숙 · 김선희 · 임유진 · 이미란 · 배은석 · 백정원 · 박해긍 · 손지현 · 윤기혁 · 이희윤(2018). "한국의 미래 사회변화에 대응하는 사회복지교육에 대한 전문가 인식". **한국사회복지교육**. Vol. 43, pp. 55-80.

대니얼 카너먼. 이진원 역(2014). **생각에 관한 생각**. 서울: 김영사.

대전광역시(2013). 대전형 좋은마을 만들기 사업의 성과와 발전방안 마련을 위한 사회적 자본 정책세미나.

박경수(2014). **기획은 퍼즐이다**. 서울: 한빛비즈(주).

박종삼(2000). "사회사업의 시각에서 본 교회의 봉사활동." 이삼열 편. **사회봉사의 신학과 실천**. 서울: 한울, 2000). pp. 176-176.

박태영 · 조운희(2000). 노인복지회관의 운영평가와 모형개발-대구광역시 노인종합복지회관을 중심으로. 대구광역시 노인종합복지회관.

사회복지공동모금회(2018). **공동모금회 배분사업 성과측정을 위한 척도집**. 서울: 동신씨앤피.

사회복지공동모금회(2020). 2021 배분사업안내.

삼성복지재단(1991). 1991년 사회복지관 프로그램지원 사례집.

서울대학교 공과대학(2015). **축적의 시간-Made in Korea, 새로운 도전을 시작하자**. 서울: 지식노마드.

성규탁(1994). **사회복지행정론**. 서울: 법문사.

신복기 · 박경일 · 장중탁 · 이명현(2002). **사회복지행정론**. 서울: 양서원.

신응철(2004). **철학으로 보는 문화**. 서울: ㈜살림출판사.

유훈(1994). **재무관리론**. 서울: 법문사.

이정동(2017). **축적의 길-Made in Korea의 새로운 도전**. 서울: 지식노마드.

이지성(2019). **에이트-인공지능에게 대체되지 않는 나를 만드는 법**. 서울: 차이정원.

전명수(2015). "종교사회복지의 이념과 실천 방식에 대한 재성찰-종교사회복지의 이론화작업의 일환으로." **담론201**. 18(3): pp. 65-92.

전재일 · 권복순 · 조운희 · 이경은 · 이성국(1997). 학교사회사업, 대구: 사회복지개발연구원.

전재일 · 김규수 · 조운희 · 이경은(1996). 산격종합사회복지관 운영평가. 사회복지개발연구원.

전재일 · 이종복 · 조운희 · 이준상 · 이애재 · 이성희(2002). **사회복지실천론**. 서울: 형설출판사.

전재일 · 조운희 · 이경은 · 이애재(1995). "사회복지관사업 평가도구 개발을 위한 연구." **사회복지개발연구**, 1(2). pp. 145-163.

정무성(2005). **사회복지프로그램개발론**. 서울: 학현사.

정무성 · 정진모(2001). **사회복지프로그램 개발과 평가**. 서울: 양서원.

정순둘(2003). "사회복지실천과 조사연구의 활용: 이론적 검토." 교수논총. 제14집. pp. 505-527.

정연순(1999). "사회복지프로그램 안내." 98년 작은 나눔 큰사랑 지원기관 우수사례집, 삼성복지재단, pp. 7-10.

정종우 · 선우덕 역(1999). **일본전국사회복지협의회 편. 사회복지기관 서비스향상 가이드 – 사회복지 QC 활동의 실제**. 서울: 인간과 복지.

정종현 · 김성건(2009). "종교체험의 사회학적 영향력-성령체험을 중심으로." **담론201**. 12(3): pp. 117-136.

정지운 · 김지자(1986). **사회교육개론**. 서울: 서울대학교출판부.

조운희(1977). "사회복지관 운영평가 원칙에 관한 연구." **사회복지개발연구**. 3(2). pp. 156-177.

조운희(1988). "집단경험이 빈곤 · 결손가정 청소년의 사회심리적 특성에 미치는 영향." 대구대학교 대학원 석사학위논문.

박종삼(2000). "사회사업의 시각에서 본 교회의 봉사활동." 이삼열 편. **사회봉사의 신학과 실천**. 서울: 한울.

박태영 · 조운희(2000). 노인복지회관의 운영평가와 모형개발-대구광역시 노인종합복지회관을 중심으로. 대구광역시 노인종합복지회관.

사회복지공동모금회(2018). **공동모금회 배분사업 성과측정을 위한 척도집**. 서울: 동신씨앤피.

사회복지공동모금회(2020). 2021 배분사업안내.

삼성복지재단(1991). 1991년 사회복지관 프로그램지원 사례집.

서울대학교 공과대학(2015). **축적의 시간-Made in Korea, 새로운 도전을 시작하자**. 서울: 지식노마드.

성규탁(1994). 사회복지행정론. 서울: 법문사.

신복기 · 박경일 · 장중탁 · 이명현(2002). 사회복지행정론. 서울: 양서원.

신응철(2004). 철학으로 보는 문화. 서울: ㈜살림출판사.

유훈(1994). 재무관리론. 서울: 법문사.

이정동(2017). 축적의 길–Made in Korea의 새로운 도전. 서울: 지식노마드.

이지성(2019). 에이트–인공지능에게 대체되지 않는 나를 만드는 법. 서울: 차이정원.

전명수(2015). "종교사회복지의 이념과 실천 방식에 대한 재성찰-종교사회복지의 이론화작업의 일환으로." 담론 201. 18(3): pp. 65-92.

전재일 · 권복순 · 조운희 · 이경은 · 이성국(1997). 학교사회사업. 대구: 사회복지개발연구원.

전재일 · 김규수 · 조운희 · 이경은(1996). 산격종합사회복지관 운영평가. 사회복지개발연구원.

전재일 · 이종복 · 조운희 · 이준상 · 이애재 · 이성희(2002). 사회복지실천론. 서울: 형설출판사.

전재일 · 조운희 · 이경은 · 이애재(1995). "사회복지관사업 평가도구 개발을 위한 연구." 사회복지개발연구. 1(2). pp. 145-163.

정무성(2005). 사회복지프로그램개발론. 서울: 학현사.

정무성 · 정진모(2001). 사회복지프로그램 개발과 평가. 서울: 양서원.

정순둘(2003). "사회복지실천과 조사연구의 활용: 이론적 검토." 교수논총. 제14집. pp. 505-527.

정연순(1999). "사회복지프로그램 안내." 98년 작은 나눔 큰사랑 지원기관 우수사례집, 삼성복지재단, pp. 7-10.

정종우 · 선우덕 역(1999). 일본전국사회복지협의회 편. 사회복지기관 서비스향상 가이드 – 사회복지 QC 활동의 실제. 서울: 인간과 복지.

정종현 · 김성건(2009). "종교체험의 사회학적 영향력-성령체험을 중심으로." 담론201. 12(3): pp. 117-136.

정지운 · 김지자(1986). 사회교육개론. 서울: 서울대학교출판부.

조운희(1977). "사회복지관 운영평가 원칙에 관한 연구." 사회복지개발연구. 3(2). pp. 156-177.

조운희(1988). "집단경험이 빈곤 · 결손가정 청소년의 사회심리적 특성에 미치는 영향." 대구대학교 대학원 석사학위논문.

조운희(1998). "사회복지관 운영관리의 평가모형 개발에 관한 연구." 대구대학교 대학원 박사학위논문.

조운희(1999). 사회복지관 운영관리평가 – 관리실제를 위한 기관진단 워크북. 서울: 아시아미디어리서치.

조운희(2000a). "운영정보관리를 위한 사회복지마케팅 적용방안 연구." 사회복지개발연구. 6(4), pp. 537-559.

조운희(2000b). "노인복지회관 운영모형 개발에 관한 연구." 영신논단. 창간호. 영남신학연구소. pp. 203-224.

조운희(2002). "제너럴리스트실천에서의 포괄적인 개념과 적용에 관한 연구." 사회복지개발연구. 8(1). 사회복지개발연구원, pp. 105-129.

조운희(2003). "사회복지실천계획을 위한 주요개념과 기록에 관한 연구." 신학과 목회. 제20집. 영남신학대학교. pp. 347-372.

조운희(2004a). 사회복지프로그램 개발과 평가–창조적 사회복지사를 위한 지침서. 서울: 청목출판사.

조운희(2004b). "사회복지프로그램 계획 평가에 관한 연구." 신학과 목회. 제22집. 영남신학대학교. pp.

263-287.

조운희(2006). 사회복지시설 운영평가론. 서울: 한국학술정보(주).

조운희(2014). "영남신학대학교 사회복지학과의 문화복지 중심 특성화에 관한 연구." 神學과 牧會. 제42집. pp. 97-123.

조운희(2015). "종교와 행복: 행복감, 교회몰입 및 구전효과 간의 관계," 담론201. 18(3): 111-135.

조운희(2015a). 사회복지조사론 - 학습자 중심의 논제 설정부터 보고서 작성까지. 서울: 양서원.

조운희(2015b). "종교와 행복-행복감, 교회몰입 및 구전효과 간의 관계." 담론201. 18(3). pp.111-135.

조운희(2017). "'작은 교회' 신학정립을 위한 목회진단 조사연구." 영남신학대학교 작은교회신학정립위원회 편. 작은 교회 신학 세우기- 마을목회의 신학적 토대. 서울: 나눔사. pp. 32-114.

조운희(2020). "교회사회복지 논제분석에 나타난 사회복지학과 특성화 연구-'마을복지실천가' 양성을 중심으로." 신학과 목회. 제54집. pp. 257-284.

진관훈(2013). 사회적 자본과 복지거버넌스. 서울: 도서출판 각.

최일섭 · 이창호(1993). 사회계획론. 서울: 나남.

최종혁 · 이연 · 안태숙 · 유영주(2009). "문화복지 개념 정립을 위한 질적 연구: 휴먼서비스 실천가들의 인식을 중심으로." 사회복지연구. 40(2). pp. 145-182.

탁정언(2005). 기획의 99%는 컨셉이다. 서울: 원앤원북스.

포항시(2014). 제55회 포항통계연보. Online 〈PDF〉. http://www.ipohang.org/open_content

홍선미 · 최명민(2010). "사회복지교육 실태진단 및 사회복지교육의 질관리방안에 관한 탐색적 연구." 한국사회복지교육. Vol. 11, pp. 1-31.

Allen-Mears, P., R. O. Washington & B. L. Welsh. (1986). *Social Work Services in Schools*. New Jersey: Prentice-Hall · Englewood Cliffs.

Allport, G. W. & J. M. Ross. (1967). "Personal Religious Orientation and Prejudice," *Journal of Personality and Social Psychology , Vol. 5*, pp. 432-443.

Amabile, T. M.. (1988). "A MODEL OF CREATIVITY AND INNOWION IN ORGANIZATIONS." *Research in Organizational Behavior. Vol. 10*, pp. 123-167.

Bargal, D. & H. Schmid. (1992). "Organizational Change and Development in Human Service Organizations: A Prefatory Essay." *Administration in Social Work. Vol. 16*, No. 3/4, pp. 1-13.

Berman, E. M.. (1995). "Implementing TQM in State Welfare Agencies." *Administration in Social Work. Vol. 19*, No. 1, pp. 55-72.

Bloch, A.. (1977). *Murphy' law and other reasons why things go wrong*. Los Angles: Price/Stern/Sloan.

Bloom, M. & J. Fischer. (1982). *Evaluating practice: Guidelines for the accountable professional*. Englewood Cliffs, NJ: Prentice Hall.

Boehm, A.. (1996). "Forces Driving Competition in Human Service Organizations and Positional Competitive Responses." *Administration in Social Work. Vol. 20*, No. 4, pp. 61-78.

Bradshaw, J.. (1972). "The Concept of Social Need." *New Society. Vol. 19*(March), pp. 640-643.

Butterfoss, D. M., R. M. Goodman, A. Wandersman, R. F. Valois & M. J. Chinman. "The Plan Quality

Index: An Empowerment Evaluation Tool for Measuring and Improving the Quality of Plans." in D. M. Butterfoss, S. J. Kaftarian & A. Wandersman eds.. 1996. ***Empowerment Evaluation: Knowledge and Tools for Self-Assessment & Accountability***. Thousand Oaks: SAGE Publications, pp. 304-331.

Compton, B. R. & B. Galaway. (1984). ***Social Work Process***. Homewood · Illnois: The Dorsey Press.

Davis, G. A.. (1981). ***Creativity Is Forever***. Cross Plains · Wis.: Badger Press.

Diener, Ed., Louis Tay & David G. Myers. (2011). "The Religion Paradox: If Religion Makes People Happy, Why Are So Many Dropping Out?" ***Journal of Personality and Social Psychology***. *101*(6), pp. 1278-1290.

Dior, Y.. (1967). "The Planning Process: A Facet design." in F. J. Lyden & E. G. Miller eds.. ***Planning-Programming-Budgeting***. Chicago: Markham Publishing Co., pp. 93-116.

Elikin, R. & M. Molitor. (1986). "A Conceptual Framework for Selecting Management Indicators in Nonprofit Organizations." ***Administration in Social Work. Vol. 3***, No. 4, pp. 13-23.

Fabun, D.. (1971). ***You and Creativity***. Beverly Hills, Calif.: Glencoe Press.

Genkins, M.. (1985). "Strategic Planning for Social Work Marketing." ***Administration in Social Work. Vol. 9***, No. 1(Spring), pp. 35-46.

Gilbert, N. & H. Specht. (1979). "The Incomplete Profession." in H. Specht & A. Vickery eds., ***Intergrating Social Work Methods***. London: George Allen & Unwin Ltd., pp. 219-232.

Gowdy, E. A., C. A. Rapp & J. Poertner. (1993). "Management Is Performance: Strategies for Client-Centered Practice in Social Service Organizations." ***Administration in Social Work. Vol. 17***, No. 1, pp. 3-22.

Grasso, A. J. & I. Epstein. (1987). "Management by Measurement: Organizational Dilemmas and Opportunities." ***Administration in Social Work. Vol. 11***, No. 3/4, pp. 89-100.

Grasso, A. J.. (1993). "Developmental Social Administration." ***Administration in Social Work. Vol. 17***, No. 2, pp. 17-29.

Gustafson, J. M.. (1982). "Professions as callings." ***Social Service Review. Vol. 56***, No. 4, pp. 501-515.

Hasenfeld, Y.. *HUMAN SERVICE ORGANIZATIONS*. 성규탁 역. (1992). **사회복지행정조직론**. 서울: 박영사.

Heffernan, J., G. Shuttlesworth & R. Ambrosino. (1992). ***Social Work and Social Welfare***. New York: West Publishing Company.

Heus, M. J. & A. Pincus. (1986). ***The Creative Generalist: A Guide to Social Work Practice***. Barneveld: Micamar Publishing. http://www.newstown.co.kr/news/articleView.html?idxno=173834

Johnson, L. C. & S. J. Yanka. (2001). ***Social Work Practice-A Generalist Approach***. Boston: Allyn and Bacon.

Kagle, J. D.. *Social Work Records*. 홍순혜 · 한인영 역. (1999). **사회사업기록 – 이론과 실제**. 서울: 학문사.

Kahneman D.. 이진원 옮김. (2014). **생각에 관한 생각**. 서울, 김영사.

Kettner, P. M., R. M. Moroney & L. L. Martin. (1999). *Designing and Managing Programs: An Effectiveness-Based Approach*. Thousand Oaks: SAGE Publications.

Kingthon, A. & N. Heidelman. (1984). "Managing Human Service Organization with Limited Resources." *Social Work. Vol. 29*, No. 6(Nov.-Dec.), pp. 531-535.

Kirst-Ashman, K. K. & G. H. Hull. jr.. (1999). *Understanding Generalist Practice*. Chicago: Nelson-Hall Publishers.

Kotler, P.. (1982). *Marketing for Non-profit Organizations*. 2th. ed., N. J.: Prentice-Hall.

Lauffer, A.. (1986). "To Market, To Market: A Nuts and Bolts Approach to Strategic Planning in Human Service Organizations." *Administration in Social Work. Vol. 10*. No. 4(Winter), pp. 31-39.

Lenard, W. K.. (1995). "Marketing Techniques for Home Care Programs." in W. K. Lenard eds., New *Developments in Home Care Services for Elderly: Innovations in Policy, Program, and Practice*. New York · London: The Haworth Press, pp. 133-156.

Martin, L. L.. (1993a). "Total Quality Management: The New Managerial Wave." *Administration in Social Work. Vol. 17*, No. 2, pp. 1-15.

Martin, L. L.. (1993b). *Total Quality Management in Human Service Organizations*. Newbury Park: Sage Publications.

Martinez-Brawley, E. E. & S. M. Delevan. (1993). "Centralizing Management and Decentralizing Services: An Alternative Approach." *Administration in Social Work. Vol. 17*, No. 1, pp. 81-102.

NASW. (1999). *Code of Ethics of the National Association of Social Workers*.

Patti, R. J., J. Poertner & C. A. Rapp. (1987). "Introduction to the Special Issue: Managing for Service Effectiveness in Social Welfare Organization." *Administration in Social Work. Vol. 11*, No. 3/4, pp. 1-6.

Patti, R. J.. (1987). "Managing for Service Effectiveness in Social Welfare: Toward a Performance Model." *Administration in Social Work. Vol. 11*, No. 3/4, pp. 7-21.

Patti, R.. (1985). "In Search of Purpose for Social Welfare Administration." *Administration in Social Work. Vol. 9*, No. 3(Fall), pp. 1-14.

Petr, C. G.. (1991). "A Consumer-Friendly Model of Implementation." *Administration in Social Work. Vol. 15*, No. 3, pp. 67-82.

Pincus, A. & A. Minaham. (1973). *Social Work Practice: Model and Method*. Illinois: F. E. Peacock Publishers.

Poertner, J. & C. A. Rapp. (1987). "Designing Social Work Management Information Systems: The Case for Performance Guidance System." *Administration in Social Work. Vol. 11*, No. 3/4, pp. 177-190.

Rapp, C. A. & J. Poertner. (1987). "Moving Clients Center Stage Through the Use of Client Outcomes." *Administration in Social Work. Vol. 11*, No. 3/4, pp. 23-38.

Rapp, C. A. & J. Poertner. (1992). *Social Administration: A Client-Centered Approach*. New York · London: Longman.

Reid, W. J.. (1974). "Developments in the Use of Organized Data." *Social Work. Vol. 19*, No. 5(September), pp. 585-593.

Reid, W. J.. (1975). "Test of a task-centered approach." *Social Work. Vol. 20*(January), pp. 3-9.

Reid, W. J.. (1977). "Social Work for Social Problems." *Social Work. Vol. 22*, No. 5, pp. 374-381.

Saleeby, D., (1997). *The strength perspective in social work practice*(2th ed.), N.Y.: Longman.

Schoech, D.. (1982). *Computer Use in Human Service: A Guide to Information Management*. N.Y.: Human Science Press.

Skidmore, R. A.. (1983) *Social Welfare Administration: Dynamic Management and Human Relationships*. Englewood Cliffs · N. J., Prentice-Hall.

Stornor, M. R.. (1986). "Marketing of Social Services Gains Prominence in Practice." *Administration in Social Work. Vol. 10*, No. 4(Winter), pp. 41-52.

Taylor, M. S.. (1987). "The Effects of Feedback on the Behavior of Organizational Personnel." *Administration in Social Work. Vol. 11*, No. 3/4, pp. 191-203.

THE WORLD BANK, (2006). *WHERE IS THE Wealth of NATIONS? - Measuring Capital for the 21st Century*. Washington, DC, Online 〈PDF〉.

The World Bank. (2006). *Where IS the Wealth of Nations?: Measuring Capital for the 21st Century*. Washington, DC.: A publication of the World Bank. Online 〈PDF〉. https://openknowledge.worldbank.org/bitstream/handle/10986/7505/348550REVISED0101Official0use0ONLY1.pdf?sequence=1&isAllowed=y

Thomas, E. J.. (1987). "Design and Development in Organizational Innovation." *Administration in Social Work. Vol. 11*, No. 3/4, pp. 103-113.

Torrance, E. P.. (1977). "Creativity in the Classroom; What Research Says to the Teacher." *Search Education Resources*. National Education Association, Washington, D.C. , pp. 1-37.

Trecker, H. B.. (1971). *Social Work Administration: Principles and Practices*. New York: Association Press.

Tripodi, T. & I. Epstein. (1978). "Incorporating Knowledge of Research Methodology into Social Work Practice." *Journal of Social Service Research*. 2:1, 65-78, DOI: 10.1300/J079v02n01_06

Turem, J. S.. (1974). "The Call for a Management Stance." *Social Work. Vol. 19*, No. 5(September), pp. 615-623.

Weiner, M. E.. (1987). "Managing People for Enhanced Performance." *Administration in Social Work. Vol. 11*, No. 3/4, pp. 147-160.

Weissman, H. H.. (1987). "Planning for Client Feedback: Content and Context." *Administration in Social Work. Vol. 11*, No. 3/4, pp. 205-220.

Williams, R. M. Jr.. (1967). "Individual and Group Values." *Annals. Vol. 371*, pp. 20-37.

York, R. O.. (1988). *Human Service Planning: Concepts, Tools, & Methods*. Chapel Hill: The University of North Carolina Press.

찾아보기

ㅇ

ㅊ

ㅎ

기타

저자 소개

■ 조 운 희 (趙 云 熙)

【학력 및 주요경력】

- 대구대학교 사회복지학과 (문학사, 문학석사, 철학박사)
- 초록우산 한국어린이재단 사회복지사, 복지과장
- 대구광역시 달서구 사회복지관 프로그램영역 평가위원
- 한국보건사회연구원 사회복지시설 평가단
  (종합사회복지관, 아동복지시설, 노인양로시설) 평가팀장
- 대구광역시 사회복지공동모금회 배분위원, 기획위원
- 대구광역시사회복지협의회 감사, 포항시사회복지사협회장
- 사회복지법인 엘림복지재단, 대구 가정복지회 이사
- 대구사회복지신문 집필위원
- 재단법인 경북행복재단 운영위원
- 영남신학대학교 교회사회복지연구소장, 기획연구처장
- 현재, 영남신학대학교 사회복지학과 교수

【저서 및 논문】

- 학교사회사업(공저)
- 사회복지실천론(공저)
- 사회복지시설 운영평가론–사회복지관 임파워먼트 평사 지침서
- 사회복지조사론–연구자 중심의 논제설정부터 보고서 작성까지
- 사회복지 프로그램 개발과 평가–창조적 사회복지사를 위한 지침서
- 빈곤 · 결손가정 청소년의 사회심리적 특성에 미치는 영향(석사학위논문)
- 사회복지관 운영관리의 평가모형 개발에 관한 연구(박사학위논문)
- 산격종합사회복지관 운영에 관한 평가 연구(공동)
- 대구광역시 노인종합사회복지회관 운영평가 및 모형개발 연구(공동)
- 경상북도 노인복지시설 정책개발 조사연구(공동)
- 경상북도 사회복지지표 개발(공동)
- 포항시 사회복지욕구조사에 따른 사회복지정책 방향(공동)
- 경상북도 아동 · 여성 생활안전 환경조성 방안–지역안전조사 사업보고서
- 예배 및 선교요인이 교회사회복지 참여성에 미치는 영향에 대한 영성의 매개효과
- 노인요양시설 입소노인의 인권이 종사자의 학대충동에 미치는 영향
- 종교와 행복–행복감, 교회몰입 및 구전효과 간의 관계
- 작은 교회 신학정립을 위한 목회진단 조사연구
- 개척교회 목회자의 행복감에 영향을 미치는 목회변인 연구 등 논문 다수

사회복지프로그램 개발과 평가
– 개념설계에 기초한 창조적 사회복지사의 워크북

1판 1쇄 발행 — 2021년 7월 23일
1판 2쇄 발행 — 2023년 8월 30일

주　　소 – 조운희
발 행 인 – 강철원
발 행 처 – 양성원
주　　소 – 경기도 파주시 검산로 173번길 29-12
전　　화 – 031-946-3861(代)
팩　　스 – 031-946-3864
이 메 일 – tnwpub@naver.com
홈페이지 – tnwpub.co.kr
출판등록 – 2015년 8월 31일 제2015-000211호

ISBN 979-11-6126-384-7

정가 22,000원